Althaler · Jodlbauer · Reitner

Wirtschaftsmathematik

Joachim Althaler · Herbert Jodlbauer · Sonja Reitner

Wirtschaftsmathematik

Fallstudie zur
Beherrschung unternehmerischer
Komplexität

ENNSTHALER VERLAG STEYR

FH-Prof. Mag. Dr. Joachim Althaler
FH-Steyr
Wehrgrabengasse 1-3
4400 Steyr
e-mail: joachim.althaler@fh-steyr.at

FH-Prof. Dipl.-Ing. Dr. Herbert Jodlbauer
FH-Steyr
Wehrgrabengasse 1-3
4400 Steyr
e-mail: herbert.jodlbauer@fh-steyr.at

Mag. Dr. Sonja Reitner
FH-Steyr
Wehrgrabengasse 1-3
4400 Steyr
e-mail: sonja.reitner@fh-steyr.at

www.ennsthaler.at

ISBN 978-3-85068-648-8

2., erweiterte und verbesserte Auflage 2010

Ennsthaler Gesellschaft m.b.H. & Co KG, 4400 Steyr, Österreich
Umschlag, Satz und Gestaltung: Joachim Althaler, Herbert Jodlbauer, Sonja Reitner

Vorwort zur ersten Auflage

Die Formalismen der Mathematik sind für viele Studenten eine Hürde in ihrer Ausbildung. Für den Neuling und ungeübten Leser mögen die Schreibweisen und die mathematischen Denkmuster abgehobenen, überflüssigen Ballast darstellen, der für den Insider jedoch als zugleich elegantes sowie mächtiges Hilfsmittel unverzichtbar wird. Stures Lernen von „Kochrezepten“ und das wiederholte Anwenden von Regeln verwehren den Blick auf die eigentliche Stärke der mathematischen Methoden.

Mathematik, wie Sie in diesem Lehrbuch verstanden wird, ist ein **Werkzeug**, um konkret definierte Aspekte und Teile der **Realität** zu **modellieren und zu analysieren** mit dem Ziel,

- die inneren Zusammenhänge von Sachverhalten zu verstehen,
- entscheidende Kriterien herauszuarbeiten,
- Alternativen zu bewerten,
- Verbesserungspotentiale aufzuspüren und
- den bestmöglichen Weg, Prozess, Ablauf, ... zu finden.

Grundlage für jede mathematische Modellierung und Analyse ist eine Beschreibung des zu untersuchenden Tatbestandes. Diese Beschreibung erfolgt im ersten Schritt **mündlich und schriftlich** durch die Sprache. In diesem Schritt ist zu entscheiden, was die wichtigen Aspekte sind, welche realen Tatbestände für die Abklärung vernachlässigbar sind und was das eigentliche Ziel der Untersuchung ist.

Im zweiten Schritt wird die textuelle Beschreibung des Problems in ein **abstraktes mathematisches Modell** transferiert. Mit Hilfe des mathematischen Modells und mathematischer Methoden können Szenarien entwickelt, Alternativen verglichen und optimale Parameter berechnet werden.

Zur Entwicklung der Szenarien wird das Modell mit Daten „gefüttert“. Hier wirft sich unmittelbar die Frage auf, welche Daten Verwendung finden können und wie sie dem Modell zugeführt werden. Die heutige Zeit ist gekennzeichnet von der vielzitierten „Informationsflut“. Wir sind mit einer Unmenge von Daten konfrontiert. Zahlenwerke, Messwerte und Untersuchungsergebnisse sollen veranschaulicht, die wichtigsten Aspekte dabei herausgefiltert und schließlich auf Grund der Daten und deren Interpretation bestmögliche Entscheidungen getroffen und Maßnahmen gesetzt werden.

Der dritte und letzte Schritt ist das **Zurückführen des mathematischen Ergebnisses in die Realität bzw. die Interpretation der Resultate und deren Umsetzung**.

Ein Manager sollte Schritt 1 (klare Problem- und Zielformulierung) und Schritt 3 (Interpretation der Ergebnisse und Umsetzung in die Realität) voll beherrschen. Die Umwandlung der Problembeschreibung in ein mathematisches Modell und das Verständnis grundlegender mathematischer Methoden aus Schritt 2 stehen ebenfalls auf seinem Anforderungsprofil. Er sollte in der Lage sein, unter Einsatz von EDV-Hilfsmitteln, Gestaltungs- und Lenkungsaufgaben aus den verschiedenen Unternehmensbereichen selbständig modellieren, lösen und interpretieren zu können.

Das gegenständliche Lehrbuch versucht, die Mathematik gerade im obigen Sinne als anwendungsorientiertes Werkzeug zur Problembeschreibung und Problemlösung für angehende Manager darzustellen.

In diesem Buch wird ein neuer didaktischer Ansatz gewählt. Es wird nicht die Theorie erarbeitet und dann zwanghaft versucht, Anwendungen dafür zu kreieren. Vielmehr hat der Student die Aufgabe, im Kapitel „Unternehmensfallbeispiel" für ein fiktives, aber realitätsnahes Unternehmen vorgegebene Unternehmensziele zu erreichen. Bestandteil der Problemlösung muss die Formulierung und Erarbeitung der unternehmerischen Aufgabenstellung sein. Während der Lösung dieser Aufgaben wird der Student nach geeigneten Werkzeugen suchen und diese in den Methoden der Kapitel „Mathematische Grundlagen", „Lineare Algebra" sowie „Analysis" auch finden. Zur EDV-mäßigen Umsetzung werden zahlreiche Hinweise und Hilfestellungen gegeben. Die Mathematik kann so als Instrumentarium zur Lösung von Unternehmensaufgaben verstanden, begriffen und später im beruflichen Alltag angewandt werden.

In diesem Sinne ist vorliegendes Buch kein klassisches Mathematikbuch im Stil „Definition-Satz-Beweis", sondern ein auf die Betätigungsfelder eines Managers abgestimmtes anwendungs- und umsetzungsorientiertes Lehrbuch.

Steyr im September 2004

Joachim Althaler, Herbert Jodlbauer, Sonja Reitner

Vorwort zur zweiten Auflage

Die Erfahrungen der vergangenen Jahre aus dem Lehrbetrieb sowie den Rückmeldungen von Absolventen, die weiterstudiert haben oder inzwischen in verschiedensten Managementpositionen tätig sind, haben einmal mehr deutlich gezeigt, dass die Beherrschung quantitativer Methoden nicht nur notwendige Voraussetzung für ein erfolgreiches Vorankommen in wirtschaftswissenschaftlich orientierten Berufsfeldern ist, sondern eine eigenständige Kompetenz darstellt. Sowohl in strategischen Entscheidungen – also die „richtigen“ Dinge zu tun - als auch in taktischen und operativen Arbeitsbereichen – die Dinge „richtig“ zu tun – bilden sie eine Basis für differenziertes Abwägen der Optionen.

Auch wenn viele mathematische Methoden implementiert in Software bereits auf Knopfdruck abrufbar sind, so versteht sich von selbst, dass sie nur dann den Blick für wesentliche Einflussfaktoren und Zusammenhänge schärfen, wenn der Anwender in der Lage ist, aus einer kritischen Distanz zu den „nackten“ Zahlen das dahinterliegende Grundprinzip und Modell mit all seinen Vereinfachungen und Abstrichen in Bezug zur Realität zu durchschauen. Erst damit schließt sich der Kreis fundierter, problemadäquater Entscheidungsfindung. Grundvoraussetzung dafür ist eine zuverlässige Methodenkenntnis, die über das reine Benennen und Aufzählen hinausgehend auf das Anwendenkönnen auf annähernd reale Szenarien abzielt. Dies inkludiert sowohl die Modellbildung als auch eine zufriedenstellende numerische Lösungsfindung mittels Standardtabellenkalkulationsprogrammen sowie Solvern bzw. eine Spezifikation der notwendigen Modelldaten für die Berechnung mittels spezieller Mathematikprogramme.

Der hier gewählte didaktische Rahmen geht konform mit modernen Bildungskonzepten, die der Tendenz zur Reduktion von Präsenzzeit der Studierenden in einzelnen Lehrveranstaltungen im hochschulischen Bereich u. a. bedingt durch die Umstellung auf ein Bachelor/Master-System Rechnung tragen, indem das vorliegende Buch trotz des Druckes durch „viel Stoff in wenig Zeit“ einen Weg aus der „Vollständigkeitsfalle“ vorzeichnet. Durch eine gezielte Auswahl von Themen, die bis zur konkreten Umsetzungsempfehlung verfolgt werden, sowie gleichzeitiges Schaffen des für die Orientierung notwendigen Überblicks liegt die Betonung gleichermaßen auf einer korrekten Umsetzung mathematischer Methodenkenntnis bei wirtschaftswissenschaftlichen Fragestellungen wie auch der fachadäquaten Vermittlung des theoretischen Bezugsrahmens. Der Fokus liegt jedoch eindeutig nicht auf dem Beweisen mathematischer Sätze, sondern dem Nutzen ihrer Stärke für die Bearbeitung der verschiedensten Fragenkomplexe aus wirtschaftswissenschaftlichen Berufsfeldern. Das vorliegende Buch kann sohin erstens als Lehrveranstaltungsunterlage und zweitens für eine intensive Auseinandersetzung im Selbststudium vorzügliche Dienste leisten. In der Lehre hat es sich bisweilen für die zwei folgenden Organisationsformen bestens bewährt:

1. Zwei Semesterwochenstunden umfassende Vorlesung in Präsenz samt zugehöriger Übung im Ausmaß von einer Semesterwochenstunde. In dieser Form eignen sich die Themenblöcke

- optimales Jahresproduktionsprogramm
- optimales Jahresabsatzprogramm in Monatsauflösung
- Investitionsplanung
- optimale Beschaffungsplanung,

um den mathematischen Bezugsrahmen über die lineare Algebra und die Analysis zu spannen. Das Zeitkontingent von zwei Semesterwochenstunden Vorlesung und einer einstündigen Übung ist jedoch aus den Erfahrungen der letzten acht Jahre für dieses Programm auch für ambitionierte Studierende und Lehrende als absolutes Minimum zu erachten.

2. Zweimal zwei Semesterwochenstunden umfassende Vorlesung in Präsenz samt zugehöriger Übung im Ausmaß von jeweils einer Semesterwochenstunde (z. B. in zwei konsekutiven Semestern abgehalten). Da in dieser Form wesentlich mehr Zeit zur Verfügung steht, können erstens die obigen Themenblöcke noch intensiver bearbeitet und zweitens zusätzlich weitere Themen aufgegriffen werden. Das Gesamtprogramm umfasst damit

- optimales Jahresproduktionsprogramm
- optimales Jahresabsatzprogramm in Monatsauflösung
- Kapazitätsabgleich
- Investitionsplanung
- optimale Beschaffungsplanung
- optimale Instandhaltung.

In der zweiten Auflage sind aufgrund der vielen wertvollen Rückmeldungen und Erfahrungen aus dem Einsatz in der Lehre zusätzliche Erläuterungen und zahlreiche Rechenbeispiele hinzugekommen, die eine bessere Lesbarkeit und damit besonders das Selbststudium unterstützen sollen.

Wir wünschen Ihnen mit der vorliegenden Ausgabe eine spannende und wertvolle Lektüre für Ihren Kompetzenerwerb und damit viel Spaß beim Schaffen Ihrer ganz persölichen Erfolgspotenziale.

Steyr im März 2010

Joachim Althaler, Herbert Jodlbauer, Sonja Reitner

Alle Daten für das gesamte Unternehmensfallbeispiel sind in einer Excel-Datei unter folgendem Link verfügbar: http://www.fh-ooe.at/campus-steyr/forschung-entwicklung/publikationen/wirtschaftsmathematik/

Inhaltsverzeichnis

I Unternehmensfallbeispiel

Im Mittelpunkt der gesamten Betrachtungen im ersten Kapitel steht die ALPHA 2000 AG, ein fiktives aber realitätsnahes Unternehmen. Die Lösung wesentlicher planerischer und gestalterischer Aufgaben für dieses Unternehmen, die Interpretation der Ergebnisse und das Ableiten von Maßnahmen bilden ein breites Betätigungsfeld des Managements, um den Unternehmenserfolg sicherstellen zu können. Die Palette der behandelten Aspekte reicht vom Erfassen essentieller Unternehmensdaten und Strukturen über die langfristige Produktionsprogramm- und mittelfristige Absatzprogrammplanung, den Jahreskapazitätsausgleich und die langfristige Investitionsplanung bis zur optimalen Beschaffung und vorausschauenden Instandhaltung. Fragen wie „Wie sieht der optimale Produktmix aus?“, oder: „Wie viele neue Arbeitsplätze sind einzuplanen?“, sind nur zwei Beispiele für die zu bewältigenden Herausforderungen.

1 Darstellung des Unternehmens

Ziel dieses Abschnitts ist das Vertrautwerden im Umgang mit einem Datendschungel, wie er in jedem Wirtschaftsbetrieb vorzufinden ist. Die Vielzahl der aus formaljuridisch und betrieblich motivierten Gründen gesammelten Daten beinhalten ein Abbild unternehmerischen Agierens. Sie so aufzubereiten und weiterzuverarbeiten, dass darauf basierend fundierte Entscheidungen gefällt werden können, ist ein wesentlicher Aspekt des Berufsbildes eines Managers.

Die ALPHA 2000 AG ist ein Technologieunternehmen, das mit den zwei Produktgruppen Handy und CD-Walkman am Markt vertreten ist. Die ALPHA 2000 AG konzentriert sich auf die Entwicklung, Assemblierung und den Vertrieb der Produkte; die Teilefertigung hingegen findet nicht im eigenen Unternehmen statt, sondern vielmehr werden die Komponenten weltweit beschafft (**global sourcing**).

Durch die starke internationale Konkurrenz ist ein hoher Kostendruck gegeben. Ständige Kostensenkungsprogramme bei gleichzeitiger Sicherstellung der Produktqualität müssen daher umgesetzt werden. Als Konsequenz erfordert dieser Umstand durch eine Weiterentwicklung der Produkte, neue Strategien im Einkauf, moderne Planungsverfahren und kontinuierliche Optimierung der Prozesse eine Senkung der Kosten zu erzielen. Im Folgenden wird die Situation des Betriebes und die Struktur der Produkte skizziert, wie sie sich einem Manager darstellen.

1.1 Marktdaten und Vertrieb

Der Vertrieb ist durch starkes Wachstum in der Produktgruppe Handy und durch Stagnation im Bereich CD-Walkman gekennzeichnet. Eine Untersuchung der **Absatzzahlen** lässt erkennen, dass beide Produktgruppen einer saisonalen Schwankung unterliegen (vgl. Abbildung 1.1).

In der Produktgruppe Handy sind die drei Finalprodukte „Handy1000“, „Handy200“ und „Handy100“ vorhanden. Die Finalprodukte unterscheiden sich lediglich in der Verpackungsgröße. Die CD-Walkmans werden in den zwei Verpackungsgrößen „CD-Walkman200“ und „CD-Walkman100“ vertrieben.

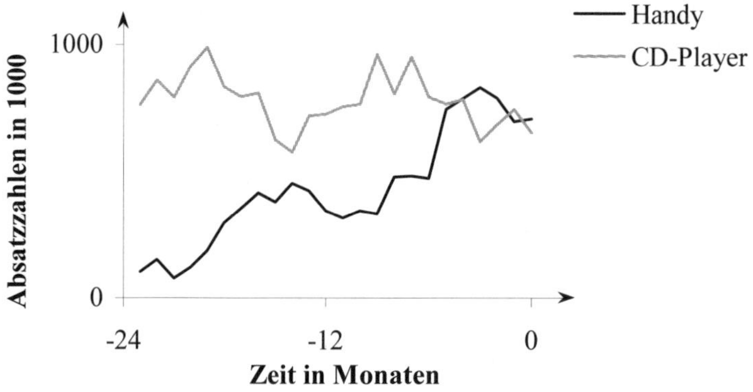

Abbildung 1.1 Absatzzahlen der vergangenen zwei Jahre

Die derzeitigen **Verkaufspreise** der fünf Finalprodukte in € und die Jahresabsatzmengen des laufenden Jahres gestalten sich wie folgt:

	H1000	H200	H100	W200	W100
Verkaufspreise	44.185	9.279	4.779	6.119	3.151
Absatzmengen	3.343	10.795	14.625	29.182	34.277

Tabelle 1.1 Aktuelle Verkaufspreise der Finalprodukte in € und Jahresabsatzmengen verteilt auf die Finalprodukte

Bei gleichbleibender Preisstruktur ist laut Marktforschung der Absatz der Produktgruppe CD-Walkman weiterhin stagnierend, die Absatzahlen der Produktgruppe Handy werden stark wachsen (vgl. Abbildung 1.2).

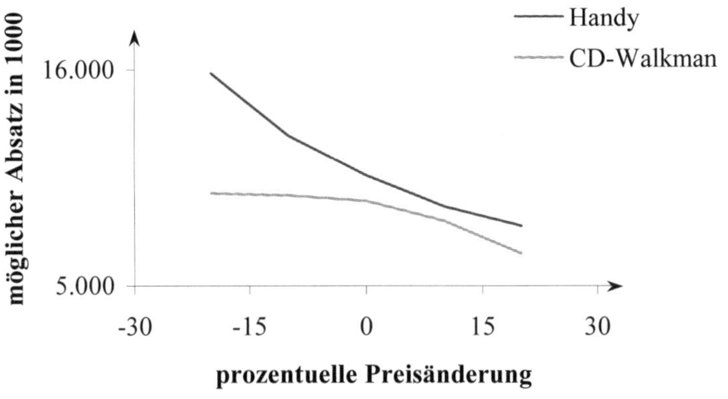

Abbildung 1.2 Prognose der Jahresabsatzmengen in Abhängigkeit einer prozentuellen Preisänderung (**Preis-Absatz-Funktion**)

1.2 Produktion und Montage

Die **Montage** der Produkte findet im Werk 1, dem Stammwerk, und im Werk 3 statt. In Werk 1 können beide Produkte assembliert werden. Im neuen Werk 3 können nur Handys zusammengebaut werden. Im Werk 2 werden die Produkte kundenspezifisch verpackt und, falls erforderlich, gelagert.

Für die Produktgruppe Handy gibt es die drei verschiedenen Verpackungseinheiten 1.000, 200 und 100 Stück. Ein Handy besteht aus den zwei Teilen H-Gehäuse und H-Innenteil. In der **Vormontage** wird das Innenteil aus den beiden Blöcken Tastaturblock und Trägerblock zusammengesetzt. Die Stückliste ergibt sich durch den in Abbildung 1.3 gezeigten **Gozintographen**.

Die CD-Walkmans werden in den zwei Verpackungsgrößen 200 und 100 Stück vertrieben. In der Montage, die nur im Werk 1 möglich ist, werden das W-Gehäuse und der W-Innenteil zum CD-Walkman zusammengebaut. Der W-Innenteil besteht aus der Abspieleinheit und dem W-Trägerblock. Der Aufbau ist wiederum in Abbildung 1.4 dargestellt.

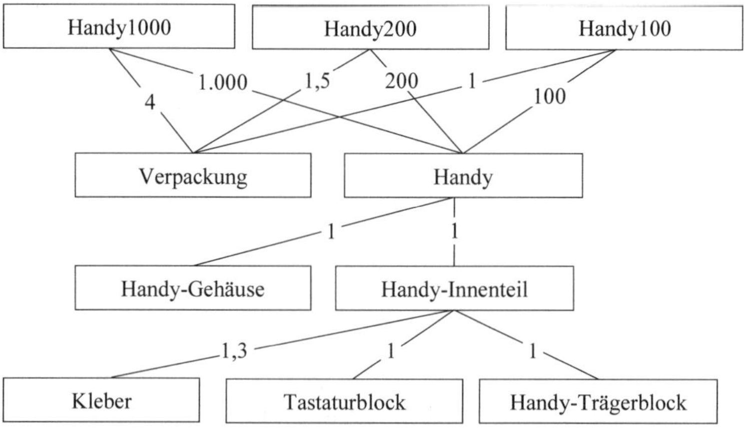

Abbildung 1.3 Stückliste der Produktgruppe Handy als Gozintograph

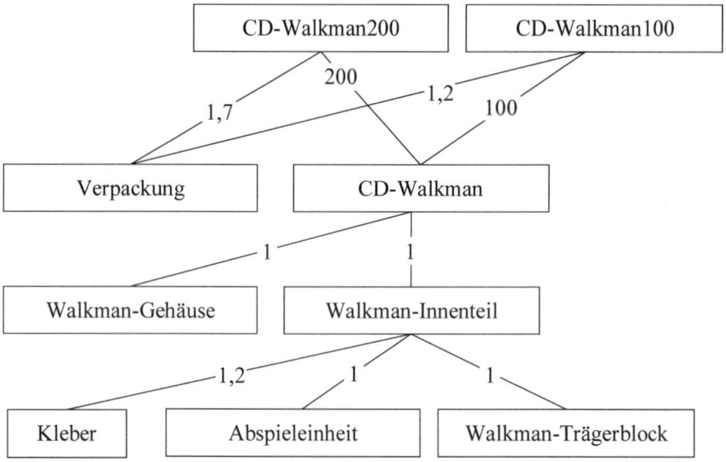

Abbildung 1.4 Stückliste CD-Walkman als Gozintograph

Zur Beschreibung der Produktionsprozesse werden **Arbeitspläne** herangezogen, in denen in der entsprechenden Reihenfolge der erforderlichen Arbeitsgänge die jeweiligen geplanten Zeitdauern (**Vorgabezeiten**) festgelegt sind. Tabelle 1.2 zeigt für die jeweiligen Werke und Produkte die Arbeitspläne.

Die Vormontage beim Handy ist ein komplizierter Klebevorgang, wobei im Werk 3 ein Kleberoboter eingesetzt wird, der aufgrund eines speziellen Endeffektors 15 Handyinnenteile parallel kleben kann, im Werk 1 hingegen der Klebevorgang mit Hilfe einer Vorrichtung zum Einspannen manuell mit nur vier Innenteilen parallel durchgeführt wird.

Durch Beimengung eines Härters zum Kleber kann der Trocknungsvorgang beschleunigt werden. Gleichzeitig wird aber die Genauigkeit und Haltbarkeit der Klebeverbindung verschlechtert. Der Roboter fixiert den Trägerblock, bringt den Kleber auf die Klebestellen des Tastaturblocks auf und positioniert den Tastaturblock auf dem Trägerblock. Während der Aushärtedauer hält der Roboter die zu verklebenden Teile unter Druck zusammen. Beim manuellen Klebevorgang muss der Werker die Vorrichtung beschicken und während der Aushärtezeit kontrollieren. Die nachstehende Tabelle 1.3 stellt den Einfluss des Härters auf Klebevorgang und Klebequalität dar. Durch eine höhere Zugabe an Härter wird die Aushärtedauer verkürzt, die Klebeverbindung wird jedoch spröder, was sich auf die Passgenauigkeit und die Lebensdauer negativ auswirkt.

Derzeit wird der Kleber mit einem Härteranteil von 0,8 % gemischt. Dadurch benötigt die Vormontage für eine Beschickung an Handys im Werk 3 8 Minuten, die sich aus einer Beladezeit von 0,4 Minuten und einer Aushärtedauer von 7,6 Minuten ergibt, aufgrund der manuellen Zuführung und Ausschleusung im Werk 1 jedoch insgesamt 10 Minuten.

Die diversen Qualitätskontrollen werden nach einem vorgegebenen Qualitätsplan statistisch vorgenommen. Aktuell wird jeweils von 100 Teilen zufällig eines entnommen und einer Qualitätskontrolle unterzogen.

Vorgabezeiten beziehen sich jeweils auf einen Werker und auf die einmalige Durchführung des Arbeitsschrittes.

In allen drei Werken ist ein **Zweischichtbetrieb** möglich. Eine dritte Schicht ist nur durch langfristige Verhandlungen realisierbar. Die **Personalkosten** in der zweiten Schicht erhöhen sich um 50 % und in der dritten Schicht um 70 % der Kosten im Einschichtbetrieb. Die Werkerstunde für den Einschichtbetrieb kostet derzeit für die Verpackung € 9,45, für die Montage € 10,90 und für die Qualitätskontrolle € 12,35. Die Kosten für eine Betriebsstunde des Roboters werden mit € 11,63 veranschlagt und sind von der Schicht unabhängig.

Zur Vereinfachung wird angenommen, dass der Stammmitarbeiterstand während eines Jahres nicht geändert werden kann. Lediglich die Anzahl der eingesetzten Leasingarbeiter kann innerhalb der Arbeitsplatzgrenzen flexibel angepasst werden.

Leasingarbeiter verursachen jedoch 20 % höhere Werkerstundenkosten. Es fallen für Leasingarbeiter keine Einstellungs- bzw. Freisetzungskosten an.

Arbeitsplan Werk 1	**Vorgabezeit in Min**
Q-Kontrolle Walkman Trägerblock	3
Q-Kontrolle Walkman Abspieleinheit	3
Vormontage Walkman	7,6
Montage Walkman	4
Q-Kontrolle Walkman	3
Q-Kontrolle Handy Trägerblock	6
Q-Kontrolle Handy Tastaturblock	6
Vormontage Handy (4 parallel)	10
Montage Handy	9
Q-Kontrolle Handy	5

Arbeitsplan Werk 2	**Vorgabezeit in Min**
Verpackung Handy1000	23
Verpackung Handy200	6
Verpackung Handy100	4
Verpackung CD-Walkman200	7
Verpackung CD-Walkman100	5

Arbeitsplan Werk 3	**Vorgabezeit in Min**
Q-Kontrolle Handy Trägerblock	5
Q-Kontrolle Handy Tastaturblock	5
Vormontage Handy (15 parallel)	8
Montage Handy	7
Q-Kontrolle Handy	4

Tabelle 1.2 Arbeitspläne

Anteil Härter in Prozent	Dauer Aushärtung in Minuten	empirische Streuung in mm	mittlere Lebensdauer in Jahren
0,1	20	0,002	35
0,5	13,5	0,016	27,75
0,6	10,8	0,023	26,76
0,7	8,9	0,032	25,59
0,8	7,6	0,041	24,24
0,9	7,14	0,052	22,71
1,0	6	0,064	21
1,1	4,74	0,077	19,11
1,2	3,36	0,092	17,04

Tabelle 1.3 Einfluss des Härters auf Klebevorgang, Qualität und Lebensdauer

Wegen den räumlichen Gegebenheiten ist pro Schicht die Anzahl der einsetzbaren Werker beschränkt durch die in Tabelle 1.4 vorgegebenen Werte.

Abteilung	Personalbeschränkung pro Schicht
Werk 1, Qualität	5
Werk 1, Montage	510
Werk 1, Verpackung	3
Werk 2, Verpackung	5
Werk 3, Qualität	7
Werk 3, Montage	350
Werk 3, Verpackung	5

Tabelle 1.4 Maximal einsetzbare Anzahl Werker pro Schicht

Pro Schicht stehen 440 produktive Minuten zur Verfügung. Insgesamt ist pro Jahr durchschnittlich mit 240 produktiven Tagen zu kalkulieren.

Markt- und Konkurrenzbeobachtungen lassen den Schluss zu, dass über die Erhöhung der kumulierten Ausstoßmenge und Aktivierung geeigneter Kostensenkungsprogramme eine Kostensenkung entlang der **Erfahrungs-**

kurve mit einer **Lernrate** von 10 % - bei Verdoppelung der kumulierten Ausbringungsmenge werden die Gesamtstückkosten um 10 % reduziert - möglich sein muss.

Die aktuellen Lagerbestände sind durch die Werte in folgender Tabelle ersichtlich.

Lagerbestände Finalprodukte	**Werk 1**	**Werk 2**	**Werk 3**
Handy1000	0	3	0
Handy200	0	12	0
Handy100	0	15	0
CD-Walkman200	0	19	0
CD-Walkman100	0	5	0

Lagerbestände Zwischenprodukte	**Werk 1**	**Werk 2**	**Werk 3**
Handy	3.000	2.000	2.000
CD-Walkman	3.000	1.500	0
H-Innenteil	4.000	0	2.000
W-Innenteil	3.000	0	0

Lagerbestände Beschaffungsteile	**Werk 1**	**Werk 2**	**Werk 3**
Verpackung	0	3.000	0
H-Gehäuse	900	0	1.500
Tastaturblock	1.200	0	2.000
H-Trägerblock	800	0	1.500
W-Gehäuse	1.300	0	0
Abspieleinheit	2.000	0	0
W-Trägerblock	4.000	0	0

Tabelle 1.5 Lagerbestände der Werke

Die **Lagerkosten** setzen sich aus Infrastruktur-, Personal- und Kapitalbindungskosten zusammen. Die Infrastrukturkosten können als langfristig konstant angesehen werden, sofern die vorhandenen Lagerkapazitäten ausreichen, welche in Tabelle 1.6 ersichtlich sind.

Verfügbare Lagerkapazität	Werk 1	Werk 2	Werk 3
Finalprodukte	200	100	200
Zwischenprodukte	200	200	200
Beschaffungsprodukte	200	200	200

Tabelle 1.6 Verfügbare Lagerkapazitäten der Werke in Palettenstellplätzen

Zu lagerndes Teil	Menge/Lagerpalette
Handy1000	1
Handy200	5
Handy100	10
CD-Walkman200	5
CD-Walkman100	10
Handy	1.000
CD-Walkman	1.000
H-Innenteil	1.000
W-Innenteil	1.000
Verpackung	300
H-Gehäuse	1.000
Tastaturblock	1.000
H-Trägerblock	1.000
W-Gehäuse	1.000
Abspieleinheit	4.000
W-Trägerblock	1.000

Tabelle 1.7 Maximal zu lagernde Menge pro Palette

Die Personalkosten im Lager hängen von den Palettenbewegungen ab. Ein Lagerarbeiter kann 88 Palettenbewegungen pro Schicht bewältigen und verursacht dabei die gleichen Arbeitsstundenkosten wie ein Verpackungsmitarbeiter.

Die **Kapitalbindungskosten** am Lager werden mit 13 % Jahresverzinsung gerechnet.

Der erforderliche Lagerraum für die verschiedenen Teile ist durch die maximal auf einer Palette zu lagernde Menge vorgegeben. Die Angaben finden sich in Tabelle 1.7.

1.3 Beschaffung

Für die Beschaffungsteile gibt es in der Regel mehrere Lieferanten zur Auswahl. Abhängig vom Lieferanten ändern sich die **Stückpreise**, die **Transportkosten**, eventuelle **Rabatte** und bei einigen kritischen Teilen auch die Produktqualität. Die entsprechenden Werte (Geldwerte in €) sind in Tabelle 1.8 und Tabelle 1.9 dargestellt.

Beschaffungsteile	**Stückpreise**	**Menge/Transportpalette**	**Bestellkosten**
Verpackung Lieferant 1	0,72	300	87
Verpackung Lieferant 2	0,65	300	87
Gehäuse H Lieferant 3	2,47	1.000	91
Gehäuse H Lieferant 4	2,25	1.000	91
Gehäuse H Lieferant 5	2,04	1.000	91
Trägerblock H Lieferant 6	3,78	1.000	94
Trägerblock H Lieferant 7	3,63	1.000	94
Tastaturblock H Lieferant 7	4,51	1.000	94
Gehäuse W Lieferant 3	2,25	1.000	91
Gehäuse W Lieferant 4	1,96	1.000	91
Trägerblock W Lieferant 6	1,53	1.000	94
Abspieleinheit Lieferant 6	3,05	4.000	94
Klebstoff Lieferant 7	0,65	500	94

Tabelle 1.8 Beschaffungsstruktur (Stückpreise und Bestellkosten in €)

In einem LKW können jeweils 24 Transportpaletten transportiert werden. Abhängig vom Lieferanten fallen unterschiedliche **Transportkosten pro LKW** an, die in Tabelle 1.10 angegeben sind.

Beschaffungsteile	Jahresrabattmenge und Rabattmenge		Rabattreduktion in %
Verpackung Lieferant 1	1.000.000	250.000	10
Verpackung Lieferant 2	900.000	200.000	12
Gehäuse H Lieferant 3	500.000	25.000	15
Gehäuse H Lieferant 4	500.000	38.000	10
Gehäuse H Lieferant 5	400.000	41.000	12
Trägerblock H Lieferant 6	500.000	30.000	20
Trägerblock H Lieferant 7	400.000	30.000	22
Tastaturblock H Lieferant 7	500.000	20.000	15
Gehäuse W Lieferant 3	500.000	35.000	10
Gehäuse W Lieferant 4	400.000	35.000	12
Trägerblock W Lieferant 6	500.000	25.000	18
Abspieleinheit Lieferant 6	500.000	25.000	20
Klebstoff Lieferant 7	---------	35.000	10

Tabelle 1.9 Rabattstaffel für langfristige und kurzfristige Vereinbarungen

Transportkosten pro LKW	Werk 1	Werk 2	Werk 3
Lieferant 1	290,69	290,69	290,69
Lieferant 2	436,04	436,04	436,04
Lieferant 3	254,36	254,36	254,36
Lieferant 4	581,38	581,38	581,38
Lieferant 5	508,71	508,71	508,71
Lieferant 6	363,36	363,36	363,36
Lieferant 7	312,49	312,49	312,49
Werk1	0	36,34	87,21
Werk2	36,34	0	65,41
Werk3	87,21	65,41	0

Tabelle 1.10 Transportkosten der verschiedenen Lieferanten und des innerbetrieblichen Transports zwischen den Werken in €

Insgesamt stellt sich der **Materialfluss** zwischen den einzelnen Werken in Richtung Fertigprodukte wie in Abbildung 1.5 visualisiert dar.

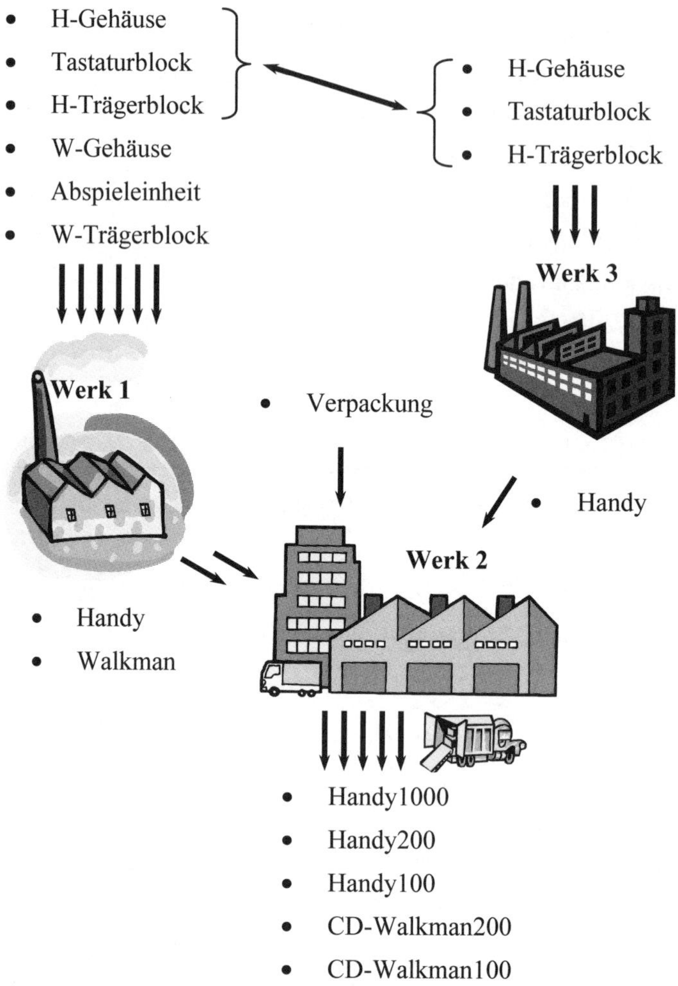

Abbildung 1.5 Materialfluss der verschiedenen Teile durch die Werke

1.4 Übungsaufgaben

Aufgabe 1.1

Beschreiben Sie ein textuelles Modell der wesentlichsten Größen Ihres Unternehmens, der ALPHA 2000 AG. Diskutieren Sie dabei die relevanten Daten der verschiedenen Bereiche Vertrieb, Produktion und Beschaffung. Ziel hier ist nicht ein Aufsatz, sondern die stichwortartige Zusammenfassung der Daten und Fakten.

Aufgabe 1.2

Recherchieren Sie der obigen Klassifikation entsprechende Daten eines Ihnen bekannten Unternehmens und zeigen Sie verschiedene interessante Größen wie beispielsweise die Zahl der Produkte oder die Absatzzahlen auf.

2 Fallbeispiel zur Linearen Algebra

2.1 Modellierung des Absatz-, Produktions- und Beschaffungsprogramms

Dieser Abschnitt zielt darauf ab, das **Absatz-, Produktions- und Beschaffungsprogramm** in eine mathematische Struktur zu fassen und grundlegende Zusammenhänge aufzuzeigen, um dann mit geeigneten mathematischen Methoden Lösungen bzw. Abschätzungen für die folgende Aufgabe ermitteln zu können: Wie viel soll von welchem Produkt verkauft bzw. produziert und damit beschafft werden? Hierbei finden mathematische Begriffe und Strukturen aus Kapitel 5 Funktionen und Kapitel 6 Vektoren erstmals Verwendung.

Im Absatzprogramm wird in Abhängigkeit der Zeitperiode angegeben, welche Produkte bzw. Produktgruppen in welchem Umfang bezogen auf diese Zeitperiode verkauft werden. Es kann sich dabei um Planungs- oder auch Istdaten handeln. Oft wird ebenfalls die Bezeichnung **Verkaufsprogramm** verwendet.

Offensichtlich ist das Absatzprogramm eine Funktion in Abhängigkeit der Zeit. Die Funktionswerte sind dabei die Anzahl der verkauften Produkte. In der Regel sind mehrere Produkte vorhanden, wodurch eine mathematische Struktur notwendig wird, die mehrere Produkte referenzieren kann. Das gelingt durch die Verwendung eines Vektors:

Das Verkaufsprogramm ist zusammengefasst eine Funktion der Form

$$\begin{aligned} a &: Z \to \mathbb{R}_n \\ z &\mapsto a(z) = \begin{pmatrix} a_1(z) \\ a_2(z) \\ \vdots \\ a_n(z) \end{pmatrix} \end{aligned} \tag{2.1}$$

mit

Z ..... die Menge der betrachteten Zeitperioden z. B.

$Z = \{\text{Jänner, Februar, ... , Dezember}\}$

$\mathbb{R}_n$ ..... Menge aller reellen Spaltenvektoren der Dimension $n \in \mathbb{N}$

z ..... Funktionsstelle (eine konkrete Zeitperiode, z. B. März)

$a_i(z)$ ..... Anzahl der verkauften Einheiten des Produktes i in Periode z.

Ähnlich wie das Verkaufsprogramm kann das Produktionsprogramm beschrieben werden. In diesem wird angegeben, welches Produkt in welcher Zeitperiode mit welchem Umfang gefertigt wird bzw. wurde.

$$x : Z \to \mathbb{R}_n$$

$$z \mapsto x(z) = \begin{pmatrix} x_1(z) \\ x_2(z) \\ \vdots \\ x_n(z) \end{pmatrix}, \tag{2.2}$$

wobei $x_i(z)$ die Anzahl der produzierten Einheiten des Produktes i in Periode z angibt.

Das Fertigteillager stellt einen Puffer zwischen diesen beiden Programmen dar. Der Lagerbestand kann wieder als Funktion von der Zeitperiode aufgefasst werden.

$$\ell : Z \to \mathbb{R}_n$$

$$z \mapsto \ell(z) = \begin{pmatrix} \ell_1(z) \\ \ell_2(z) \\ \vdots \\ \ell_n(z) \end{pmatrix}, \tag{2.3}$$

wobei $\ell_i(z)$ die Anzahl der gelagerten Einheiten des Produktes i am Ende der Periode z angibt.

Zwischen **Lagerbestand** im Fertigteillager am Ende einer Periode, dem Lagerbestand am Ende der Vorperiode (entspricht dem Lagerbestand am Beginn der aktuellen Periode), dem Produktionsprogramm und Absatzproramm einer Periode besteht folgender Zusammenhang (2.4):

$$\ell(z) = \ell(z-1) + x(z) - a(z) \tag{2.4}$$

In 6.5.4 auf Seite 161 findet sich eine weitere Möglichkeit diese Beziehung mathematisch korrekt auszudrücken.

Falls der Zeitbezug sich nur auf eine einzige Zeitperiode erstreckt, wie dies zum Beispiel bei der hoch aggregierten Betrachtung einer Jahresauflösung der Fall ist, erübrigt sich eine Funktionsdarstellung. Hier genügt dann eine reine Vektordarstellung der entsprechenden Programme. Wird beispielsweise das potentielle Absatzprogramm a des nächsten Jahres gesucht, wobei der Lagerbestand an Finalprodukten am Ende des Jahres durch ℓ ausgedrückt wird und x das Jahresproduktionsprogramm bezeichnet, so gilt

$$a = \ell + x. \tag{2.5}$$

Soll zusätzlich ein Sicherheitsbestand s Berücksichtigung finden, dann lautet der potentielle Jahresabsatz

$$a = \ell + x - s. \tag{2.6}$$

Das Beschaffungsprogramm besitzt die gleiche mathematische Struktur wie die obigen Programme und gibt an, welche Beschaffungsteile in welchem Umfang in welcher Zeitperiode beschafft werden bzw. wurden. Der Zusammenhang zwischen Beschaffungsprogramm und Produktionsprogramm stellt sich wegen des Produktionssystems komplizierter dar als der zwischen Verkaufs- und Produktionsprogramm.

2.2 Bedarfsbestimmung der Beschaffungsteile

Ziel dieses Abschnitts ist die Vermittlung der Anwendung von **Matrizen** und der Matrizenrechnung zur Bestimmung der benötigten Mengen von Zukaufteilen. Dieser Abschnitt verwendet die in Kapitel 7 eingeführten Matrizen, ein einführendes Beispiel findet sich unter 7.5.2 auf Seite 184. Grundaufgabe der Mengenplanung ist, ausgehend von einem bekannten Produktionsprogramm den Bedarf an Beschaffungsteilen für die Produktion zu berechnen. Im Kern ist also ein Zusammenhang zwischen Fertigprodukten und Beschaffungsteilen zu suchen.

Nach Durchsicht der Unternehmensdaten kristallisiert sich heraus, dass dieser Zusammenhang durch die **Stückliste** gegeben ist. In einer Baumstruktur ist festgelegt, welche Produkte in welchem Umfang zusammengebaut ein neues Produkt ergeben.

Mathematisch kann die Auflösung eines solchen sequentiellen Baumes durch die Matrizenmultiplikation erfolgen. Im ersten Schritt erfolgt eine Überführung der grafisch gegebenen Stückliste in das Schema einer Matrix. Der Zeilenindex soll die Beschaffungsteile und der Spaltenindex die Finalprodukte referenzieren.

Das Unternehmen bietet die Finalprodukte „Handy1000“, „Handy200“, „Handy100“, „CD-Walkman200“ und „CD-Walkman100“ an. Als Beschaffungsteile werden Verpackung, Handy-Gehäuse, Tastaturblock, Handy-

Trägerblock, Walkman-Gehäuse, Abspieleinheit und Walkman-Trägerblock sowie Kleber verwendet. Das Matrixelement in der i-ten Zeile und j-ten Spalte definiert also, wie viele Stück des i-ten Beschaffungsteiles für ein Finalprodukt j erforderlich sind. Setzt man den letzten Satz konsequent um, so kann der Zusammenhang zwischen Produktionsprogramm und Bedarf an Beschaffungsteilen durch Tabelle 2.1 dargestellt werden.

	H1000	**H200**	**H100**	**W200**	**W100**
Verpackung	4	1,5	1	1,7	1,2
H-Gehäuse	1.000	200	100	0	0
Tastaturblock	1.000	200	100	0	0
H-Trägerblock	1.000	200	100	0	0
W-Gehäuse	0	0	0	200	100
Abspieleinheit	0	0	0	200	100
W-Trägerblock	0	0	0	200	100
Kleber	1.300	260	130	240	120

Tabelle 2.1 Übergangsmatrix Finalprodukte zu Beschaffungsteilen

Als Matrix angeschrieben ergibt sich

$$G = \begin{pmatrix} 4 & 1{,}5 & 1 & 1{,}7 & 1{,}2 \\ 1.000 & 200 & 100 & 0 & 0 \\ 1.000 & 200 & 100 & 0 & 0 \\ 1.000 & 200 & 100 & 0 & 0 \\ 0 & 0 & 0 & 200 & 100 \\ 0 & 0 & 0 & 200 & 100 \\ 0 & 0 & 0 & 200 & 100 \\ 1.300 & 260 & 130 & 240 & 120 \end{pmatrix} \in \mathbb{R}_8^5 . \tag{2.7}$$

Die Matrix G wird auch **Übergangsmatrix** genannt, weil sie den Übergang vom Produktionsprogramm auf das Beschaffungsprogramm angibt.

Besonders anzumerken ist, dass gewisse Werte in der Übergangsmatrix (zum Beispiel Verpackungseinheiten für das Finalprodukt Handy1000 = 4) direkt aus der Stückliste und andere Werte (zum Beispiel: Anzahl der H-Trägerblöcke für ein Handy1000 = Anzahl der Handys für ein Finalprodukt Handy1000 $\cdot$ Anzahl der H-Innenteile für ein Handy $\cdot$ Anzahl der H-Trägerblöcke für ein H-Innenteil = $1000 \cdot 1 \cdot 1 = 1000$) nur durch geeignete Multiplikation entlang der Baumstruktur berechnet werden können.

Dieses „händische" Multiplizieren kann durch geeignete Matrizenmultiplikationen ersetzt werden. Dazu löst man die Stückliste sequentiell in mehrere Stufen auf (vgl. Abbildung 2.1). Die einzelnen Stufen werden wiederum durch entsprechende Übergangsmatrizen verbunden.

Die höchste Stufe ist die Fertigproduktstufe. Die dazugehörige Übergangsmatrix gibt an, wie viel Stück der vorhergehenden Stufe für ein Finalprodukt benötigt werden. Gemäß Stückliste sind die direkten Vorgänger der fünf Fertigprodukte Verpackung, Handy und CD-Walkman. Für die entsprechende Übergangsmatrix $G_{4\to 3}$ ergibt sich die Struktur von Tabelle 2.2 bzw. in Matrixschreibweise

$$G_{4\to 3} = \begin{pmatrix} 4 & 1{,}5 & 1 & 1{,}7 & 1{,}2 \\ 1.000 & 200 & 100 & 0 & 0 \\ 0 & 0 & 0 & 200 & 100 \end{pmatrix} \in \mathbb{R}_3^5. \tag{2.8}$$

Der Übergang von Stufe 3 (Verpackung, Handy und CD-Walkman) zu Stufe 2 (H-Gehäuse, H-Innenteil, W-Gehäuse und W-Innenteil) kann durch Tabelle 2.3 bzw. wieder das mathematische Äquivalent, eine Matrix, dargestellt werden.

$$G_{3\to 2} = \begin{pmatrix} 0 & 1 & 0 \\ 0 & 1 & 0 \\ 0 & 0 & 1 \\ 0 & 0 & 1 \end{pmatrix} \in \mathbb{R}_4^3 \tag{2.9}$$

Für die Übergangsmatrix $G_{2\to 1}$ ergibt sich Tabelle 2.4.

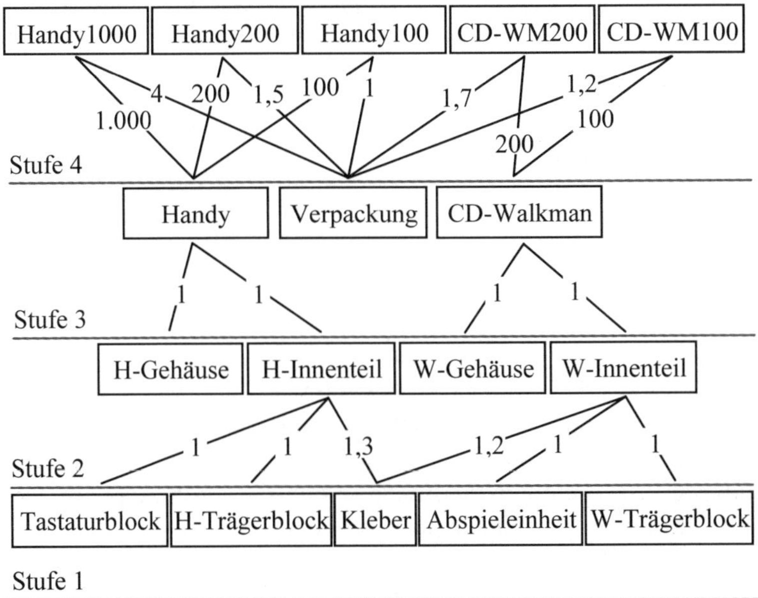

Abbildung 2.1 Auflösen der Stücklistenstufen

	H1000	H200	H100	W200	W100
Verpackung	4	1,5	1	1,7	1,2
Handy	1.000	200	100	0	0
CD-Walkman	0	0	0	200	100

Tabelle 2.2 Übergangsmatrix Stufe 4 zu Stufe 3

	Verpackung	Handy	CD-Walkman
H-Gehäuse	0	1	0
H-Innenteil	0	1	0
W-Gehäuse	0	0	1
W-Innenteil	0	0	1

Tabelle 2.3 Übergangsmatrix Stufe 3 zu Stufe 2

	Handy-Gehäuse	Handy-Innenteil	WM-Gehäuse	WM-Innenteil
Tastaturblock	0	1	0	0
H-Trägerblock	0	1	0	0
Abspieleinheit	0	0	0	1
W-Trägerblock	0	0	0	1
Kleber	0	1,3	0	1,2

Tabelle 2.4 Übergangsmatrix Stufe 2 zu Stufe 1

Eine Nullspalte in einer Übergangsmatrix $G_{i+1\to i}$ bedeutet, dass kein Produkt aus der i-ten Stufe für das entsprechende Produkt aus der Stufe $i+1$ notwendig ist, oder in anderen Worten das entsprechende Produkt ein Beschaffungsteil ist. Die durch die Zeilen referenzierten Produkte in der ersten Übergangsmatrix $G_{2\to 1}$ sind ebenfalls Beschaffungsteile.

Durch Multiplikation der richtigen Übergangsmatrizen kann man die entsprechende Stufe substituieren. So stellt die Matrix bzw. Tabelle 2.5 den Übergang von Stufe 4 zu 2 dar. Weitere Multiplikation mit $G_{2\to 1}$ ergibt den Übergang von Stufe 4 zur Stufe 1.

$$
\begin{aligned}
&G_{4\to 2} = G_{3\to 2} G_{4\to 3} = \\
&= \begin{pmatrix} 0 & 1 & 0 \\ 0 & 1 & 0 \\ 0 & 0 & 1 \\ 0 & 0 & 1 \end{pmatrix} \begin{pmatrix} 4 & 1,5 & 1 & 1,7 & 1,2 \\ 1.000 & 200 & 100 & 0 & 0 \\ 0 & 0 & 0 & 200 & 100 \end{pmatrix} = \\
&= \begin{pmatrix} 1.000 & 200 & 100 & 0 & 0 \\ 1.000 & 200 & 100 & 0 & 0 \\ 0 & 0 & 0 & 200 & 100 \\ 0 & 0 & 0 & 200 & 100 \end{pmatrix} \in \mathbb{R}_4^5
\end{aligned}
\tag{2.10}
$$

Die Zahl 1000 in der ersten Spalte und zweiten Zeile bedeutet zum Beispiel, dass 1000 Stück H-Trägerblöcke benötigt werden, um ein Fertigprodukt Handy1000 fertigen zu können. Da nicht nur in der ersten Stufe Beschaffungsteile enthalten sind, ist die Übergangsmatrix $G_{4\to 1}$ nicht ident mit der Übergangsmatrix G.

	H1000	**H200**	**H100**	**W200**	**W100**
H-Gehäuse	1.000	200	100	0	0
H-Innenteil	1.000	200	100	0	0
W-Gehäuse	0	0	0	200	100
W-Innenteil	0	0	0	200	100

Tabelle 2.5 Übergangsmatrix von Stufe 4 nach Stufe 2

$$G_{4\to1} = G_{2\to1}G_{3\to2}G_{4\to3} = G_{2\to1}G_{4\to2} =$$
$$= \begin{pmatrix} 0 & 1 & 0 & 0 \\ 0 & 1 & 0 & 0 \\ 0 & 0 & 0 & 1 \\ 0 & 0 & 0 & 1 \\ 0 & 1{,}3 & 0 & 1{,}2 \end{pmatrix} \begin{pmatrix} 1.000 & 200 & 100 & 0 & 0 \\ 1.000 & 200 & 100 & 0 & 0 \\ 0 & 0 & 0 & 200 & 100 \\ 0 & 0 & 0 & 200 & 100 \end{pmatrix} = \tag{2.11}$$
$$= \begin{pmatrix} 1.000 & 200 & 100 & 0 & 0 \\ 1.000 & 200 & 100 & 0 & 0 \\ 0 & 0 & 0 & 200 & 100 \\ 0 & 0 & 0 & 200 & 100 \\ 1.300 & 260 & 130 & 240 & 120 \end{pmatrix} \in \mathbb{R}_5^5$$

Weil in der Matrix $G_{2\to1}$ die erste Spalte eine Nullspalte ist, kann gefolgert werden, dass das erste Produkt der zweiten Stufe, also das H-Gehäuse ein Zukaufteil ist. Analoges gilt für das W-Gehäuse. In der Matrix $G_{4\to2}$ kann der Bedarf an den beiden Beschaffungsteilen H-Gehäuse und W-Gehäuse für jeweils ein Finalprodukt, in der Zeile für die Verpackung der Übergangsmatrix $G_{4\to3}$ schließlich der Bedarf an Verpackung für jeweils ein Fertigprodukt abgelesen werden.

Es bietet sich nun die Möglichkeit, von einem bekannten bzw. fix eingeplanten Produktionsprogramm auf die Anzahl der erforderlichen Beschaffungsteile zurückzurechnen, indem man die Stückliste auflöst, oder mathematisch ausgedrückt mit der Übergangsmatrix G multipliziert. Dadurch erhält man den sogenannten Bruttobedarf. Durch Berücksichtigung des Lagerbestandes an Beschaffungsteilen kann der Nettobedarf bestimmt werden. Der Nettobedarf stellt die Basis für eine eventuelle Bestellung dar. Zusätzlich sind die Lieferzeiten bei einer konkreten Bestellung zu berücksichtigen.

$$\begin{aligned} b_{brutto} &= Gx \\ b_{netto} &= b_{brutto} - \ell \end{aligned} \qquad (2.12)$$

mit

b_{brutto} ..... Bruttobedarf an Beschaffungsteilen $\in \mathbb{R}_m$

b_{netto} ..... Nettobedarf an Beschaffungsteilen $\in \mathbb{R}_m$

ℓ ..... Lagerbestand an Beschaffungsteilen $\in \mathbb{R}_m$

G ..... Übergangsmatrix Finalprodukte zu Beschaffungsteile $\in \mathbb{R}_m^n$

m ..... Anzahl der Beschaffungsteile

n ..... Anzahl der Finalprodukte

x ..... Produktionsprogramm $\in \mathbb{R}_n$

2.3 Jahresproduktionsprogramm

In diesem Abschnitt steht die Kalkulation eines kumulierten Produktionsprogramms für eine längere Periode zum Beispiel ein Jahr im Vordergrund. Die oben hergeleiteten Teile werden stufenweise zu einem Modell zur Bestimmung des **Jahresproduktionsprogramms** vervollständigt, und dieses dann konkret für die ALPHA 2000 AG umgesetzt. Verwendung findet die Lineare Optimierung aus Kapitel 9.

Im ersten Schritt ist zu klären, welche Größen unabhängig von anderen und damit zu suchen bzw. frei wählbar sind. Da das betrachtete Unternehmen aus drei Werken besteht, handelt es sich beim Jahresproduktionsprogramm hier um die drei Produktionsvektoren in den verschiedenen Werken

$$\begin{aligned} &x_{W_1} \geq 0 \in \mathbb{R}_2 \quad \text{Jahresproduktionsprogramm Werk 1} \\ &x_{W_2} \geq 0 \in \mathbb{R}_5 \quad \text{Jahresproduktionsprogramm Werk 2} \\ &x_{W_3} \geq 0 \in \mathbb{R} \quad \text{Jahresproduktionsprogramm Werk 3.} \end{aligned} \qquad (2.13)$$

Systematische Abhängigkeiten und Zusammenhänge der Produktionsvektoren in Bezug auf Kapazitäten, Absatzgrenzen, Kosten und Erlöse spiegeln die unternehmerische Realität im mathematischen Modell wider, das jetzt stufenweise entwickelt wird. Die relevanten Zusammenhänge, in mathematischen Modellen in der Regel als sogenannte Nebenbedingungen formuliert, ergeben ein Gesamtbild des betrachteten Gegenstandes.

2.3.1 Kompatibilität

Aus Kontinuitätsgründen müssen die im Werk 2 verarbeiteten Handys in Summe durch Werk 1 und Werk 3 hergestellt werden, d. h. es darf weder ein Lageraufbau noch Schwund zwischen Werk 1 und Werk 2 bzw. Werk 3 und Werk 2 entstehen. Analog müssen die erforderlichen CD-Walkman im Werk 1 produziert werden.

Damit sind nachstehende **Kompatibilitätsgleichungen** zu erfüllen.

$$\begin{aligned} \left(x_{W_1}\right)_1 + x_{W_3} &= \left(1.000 \quad 200 \quad 100 \quad 0 \quad 0\right) x_{W_2} \\ \left(x_{W_1}\right)_2 &= \left(0 \quad 0 \quad 0 \quad 200 \quad 100\right) x_{W_2} \end{aligned} \qquad (2.14)$$

Die erste Zeile in (2.14) entspricht der Gesamtanzahl an produzierten Handys, die zweite Zeile der Gesamtanzahl der Walkmans. Diese Umrechnung löst also die verschiedenen Verpackungsgrößen der Finalprodukte in eine mit den Produktionsprogrammen der jeweiligen Werke vergleichbare Einheit auf.

2.3.2 Kapazitätsbeschränkung

Wesentliche Bedeutung kommt der Bestimmung des durch die Produktion verursachten **Kapazitätsbedarfes** (in weiterer Folge auch Last genannt) in den einzelnen Werken zu. Es ist also die Frage zu beantworten, wie viel Arbeitszeit in den Abteilungen Qualitätskontrolle, Montage und Verpackung erforderlich ist, um ein spezifisches Fertigprodukt herstellen zu können. Ein einführendes Beispiel dazu ist unter 7.5.3 auf Seite 186 zu finden.

Die **Stückliste** und die **Arbeitspläne** sind die Basis für diese Berechnung. Die Arbeitspläne enthalten die Information über die erforderlichen Arbeitsschritte samt **Vorgabezeiten**. Aus dem Arbeitsplan zur Herstellung von Handys im Werk 1 geht hervor, dass für das Zwischenprodukt Handy unter Berücksichtigung der Stückliste folgende Arbeiten für die Qualitätskontrolle (Q-Kontrolle) im Werk 1 anfallen:

- Kontrolle jedes Handy-Trägerblocks
- Kontrolle jedes Tastaturblocks
- Kontrolle jedes Handys

Der Aufwand hängt maßgeblich davon ab, wie die Q-Kontrolle durchgeführt wird. Derzeit wird jeder hundertste Teil kontrolliert. Durch Multiplikation mit der entsprechenden Arbeitsdauer aus dem Arbeitsplan, Berücksichtigung des Quotienten 100 und Aufsummierung der erforderlichen Zeiten der drei Tätigkeiten errechnet sich der kalkulatorische Aufwand der Q-Abteilung für die Herstellung eines Handys. Der Aufwand der Q-Kontrolle für ein Finalprodukt Handy1000 ergibt sich dann durch Multiplikation mit 1.000, wobei dieser Faktor allgemein mittels Stücklistenauflösung bestimmt wird.

Konsequentes, wiederholtes Anwenden dieser Überlegungen liefert nachstehende **Kapazitätsmatrizen** mit dem erforderlichen Kapazitätsaufwand in Minuten (vgl. Tabelle 2.7 und Tabelle 2.6) bzw. wieder in mathematisch exakter Schreibweise die entsprechenden Kapazitätsmatrizen in den Formeln (2.15).

	H1000	**H200**	**H100**	**W200**	**W100**
Werk 2, V	43,133	10,05	6,033	11,056	7,04

Tabelle 2.6 Kapazitätsaufwand in Werk 2 in Minuten

	Handy Werk 1	**CD-Walkman Werk 1**	**Handy Werk 3**
Qualität	0,17	0,09	0,14
Montage	11,5	11,6	7
Transport	0,05	0,0425	0,05
Roboter Vormontage			0,533

Tabelle 2.7 Kapazitätsaufwand in Minuten in Werk 1 und Werk 3

Eine allgemeine Einführung der Kapazitätsmatrizen ist in Abschnitt 7.2 auf Seite 175 zu finden.

$$
\begin{aligned}
A_{W_1} &= \begin{pmatrix} 0{,}170 & 0{,}090 \\ 11{,}500 & 11{,}600 \\ 0{,}050 & 0{,}043 \end{pmatrix} \in \mathbb{R}_3^2 \\
A_{W_2} &= \begin{pmatrix} 43{,}133 & 10{,}050 & 6{,}033 & 11{,}056 & 7{,}040 \end{pmatrix} \in \mathbb{R}_1^5 \\
A_{W_3} &= \begin{pmatrix} 0{,}140 \\ 7{,}000 \\ 0{,}050 \\ 0{,}533 \end{pmatrix} \in \mathbb{R}_4^1
\end{aligned}
\qquad (2.15)
$$

Bei der Vormontage der Handys ist jeweils zu berücksichtigen, dass die Zeit für eine Operation in den Arbeitsplänen angegeben ist. In dieser Zeit werden jedoch 4 bzw. 15 Zwischenprodukte hergestellt. Da sich die Kapazitätsmatrix auf ein Teil bezieht, muss der entsprechende Bruchteil der Vorgabezeit eingetragen werden.

Jeweils auf ein Werk bezogen gibt die Kapazitätsmatrix an, wie viel (zeitliche) Ressourcen (hier in Minuten) notwendig sind, um genau ein Fertigprodukt des jeweiligen Werkes zu fertigen. In Werk 1 und Werk 3 sind Handy bzw. CD-Walkman die Fertigprodukte. Hingegen sind im Werk 2 die Finalprodukte die in verschiedenen Größen abgepackten Paletten.

Die Berechnung der erforderlichen **Transportlast** in obigen Kapazitätsmatrizen ist noch zu diskutieren. Sie steht jeweils in der Zeile der Transport- bzw. Verpackungsmitarbeiter in der Kapazitätsmatrix, da diese Mitarbeiter für den innerbetrieblichen Transport sprich Palettenbewegungen zuständig sind. Aus den Arbeitsplänen geht hervor, dass jeweils zwei Lagerbewegungen für eine Palette Beschaffungsteile, Zwischenprodukt Handy und CD-Walkman sowie Finalprodukte erforderlich sind.

Mit der Information, welche Stückzahl an diesen Teilen auf einer Palette Platz findet, wie viel Zeit durchschnittlich eine Palettenbewegung benötigt sowie dem Wissen über den innerbetrieblichen Fertigungsablauf (wie in Abbildung 2.2 beispielhaft für die Produktgruppe Handy skizziert ist), kann die entsprechende Zeile in der Kapazitätsmatrix bestimmt werden.

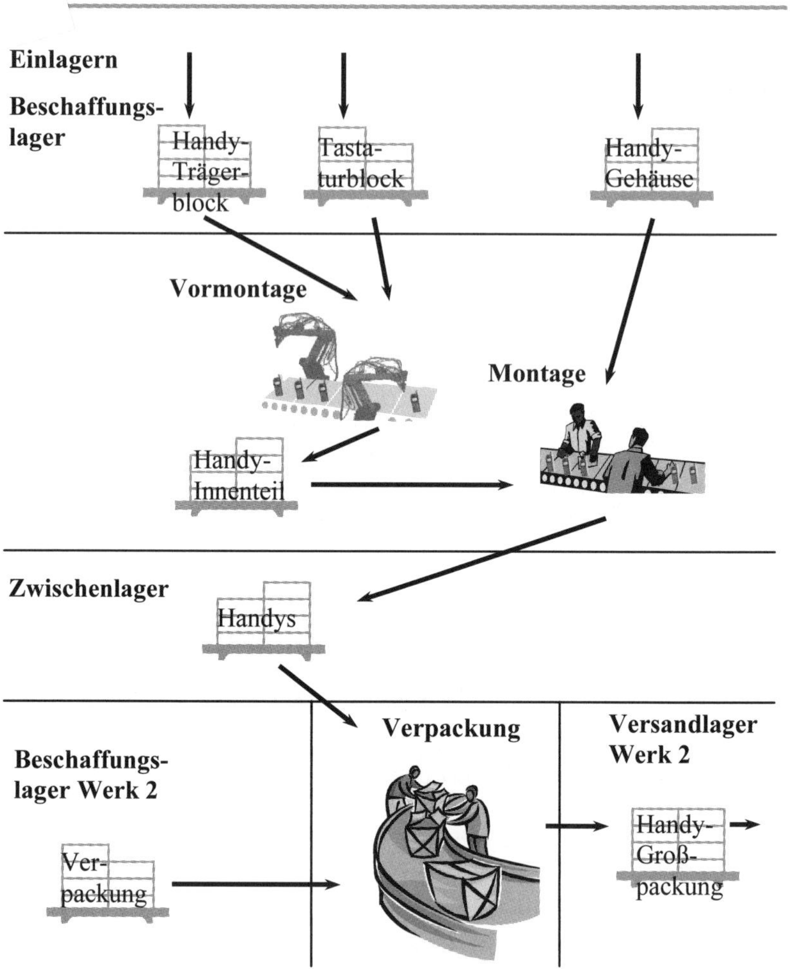

Abbildung 2.2 Fertigungsprozess mit Materialfluss für Produktgruppe Handy

Als weitere Forderung muss für die ALPHA 2000 AG postuliert werden, dass die erforderlichen Kapazitäten in den Werken, welche zur Fertigung der Produktionsprogramme benötigt werden, die aus einem Zweischichtbetrieb resultierenden verfügbaren Jahreskapazitäten nicht übersteigen. Die Lasten berechnen sich durch Multiplikation der Kapazitätsmatrizen mit den entsprechenden Produktionsprogrammen jeweils bezogen auf ein Werk. Die vorhandenen Kapazitäten pro Werk erhält man aus dem Produkt des doppelten maximal möglichen Personalstandes pro Schicht mit der Anzahl der produktiven Minuten pro Jahr und ist somit in Minuten angegeben. Über die

Kapazitätsvektoren wird also der Bezug zu einer bestimmten Periode – hier ein Jahr – hergestellt. Ergebnis dieser Betrachtung sind die folgenden **Kapazitätsrestriktionen**:

$$A_{W_1} x_{W_1} \le \begin{pmatrix} 1.056.000 \\ 107.712.000 \\ 633.600 \end{pmatrix}, A_{W_2} x_{W_2} \le (1.056.000)$$
$$A_{W_3} x_{W_3} \le \begin{pmatrix} 1.478.400 \\ 73.920.000 \\ 1.056.000 \\ 8.448.000 \end{pmatrix} \quad . \qquad (2.16)$$

In diesem Fallbeispiel sind die betrachteten Kapazitätsressourcen bis auf die Roboter ausschließlich Personalressourcen, sodass neben der benötigten Roboterkapazität hauptsächlich der **Personalbedarf** zur Realisierung der Produktionsprogramme bestimmt wird.

Die Bedeutung oben stehender Ungleichungssysteme kann mit folgender Merkregel zusammengefasst werden: Die erforderliche Kapazität darf nicht größer sein als die verfügbare Kapazität. Ein allgemeines Modell zur Berechnung der erforderlichen Kapazitäten und Berücksichtigung von Kapazitätsbeschränkungen ist in Modell 7.3

auf Seite 187 dargestellt.

2.3.3 Absatzbeschränkung

Aus den Vertriebsinformationen sind **Verkaufsunter- und Verkaufsobergrenzen** erkennbar. Die Jahresabsatzmengen der Finalprodukte müssen zwischen diesen Grenzen liegen. Für das vorliegende Fallbeispiel wird in diesem Abschnitt zunächst als Verkaufsuntergrenze jeweils die Jahresabsatzmenge des Vorjahres angenommen. Die Verkaufsuntergrenzen spiegeln die Notwendigkeit wider, Finalprodukte in gewissen Mengen anbieten zu müssen, um vertraglichen Zusagen und anderen Verpflichtungen den Kunden gegenüber nachkommen zu können. Für die Verkaufsobergrenze wird in der Produktgruppe Handy mit einer Erhöhung um 100 % und für CD-Walkman um 30 % kalkuliert.

Für die gesamte Berechnung wird weiters angenommen, dass sämtliche im Jahresverlauf produzierten Güter auch tatsächlich im gleichen Jahr abgesetzt werden können. Jahresproduktionsprogramm im Werk 2 und Jahresabsatzprogramm sind hier daher identisch. Es muss also gelten:

$$u \leq x_{W_2} \leq o \in \mathbb{R}_5 \tag{2.17}$$

mit der unteren Verkaufsgrenze u oder der oberen Verkaufsgrenze o:

$$u = \begin{pmatrix} 3.343 \\ 10.795 \\ 14.625 \\ 29.182 \\ 34.277 \end{pmatrix}, \quad o = \begin{pmatrix} 6.686 \\ 21.589 \\ 29.250 \\ 37.937 \\ 44.560 \end{pmatrix} \tag{2.18}$$

2.3.4 Zielfunktion

Im Allgemeinen sind die betrachteten Gleichungs- und Ungleichungssysteme (2.14), (2.16) und (2.18) nicht eindeutig lösbar. Es existieren meist unendlich viele Lösungen, und jede nichtnegative Lösung stellt einen potentiellen Kandidaten für das Produktionsprogramm dar. Offenbar fehlt im Modell ein Kriterium, das die möglichen Produktionsprogramme so einschränkt, dass die Suche nach dem „richtigen" nicht zu jener nach der Nadel im Heuhaufen entartet. Dem Modell fehlt eine geeignete **Zielfunktion**, die vom Produktionsprogramm abhängt, und deren Zielwert in einer definierten Art optimal sein soll. Eine derartige Funktion hat allgemein folgende Gestalt:

$$\begin{aligned} z : \mathbb{R}_n &\to \mathbb{R} \\ \begin{pmatrix} x_1 \\ \vdots \\ x_n \end{pmatrix} &\mapsto z(x) \end{aligned} \tag{2.19}$$

mit

$x \in \mathbb{R}_n$ ..... Produktionsprogramm

$z(x) \in \mathbb{R}$ ..... Zielwert.

Der Vektor x ist dann je nach Anwendungsfall so zu berechnen, dass die Zielfunktion maximal oder minimal wird.

Konkret stellt sich jetzt die Aufgabe, für die ALPHA 2000 AG ein Modell zur Berechnung eines optimalen Jahresproduktionsprogramms, ausgehend von Vertriebsdaten, zu erstellen. Zur Vereinfachung werden alle Kapazitätsbedarfe zunächst lediglich zu Kosten in der ersten Schicht bewertet, auch wenn die zweite Schicht in Anspruch genommen wird. In diesem Modell muss insbesondere die Aufteilung der Produktionslasten für die Produktgruppe Handy auf zwei Werke berücksichtigt werden. Es ist eine geeignete Bewertung durch eine Zielfunktion einzuführen. Als sinnvoll erscheint es hier, den erzielbaren **Periodendeckungsbeitrag** zu maximieren. Der Periodendeckungsbeitrag ist als Differenz von Periodenerlös und stückabhängigen Periodenkosten zu sehen.

Die **Periodenkosten** lassen sich als Summe der Kosten aller Beschaffungsteile und der lastabhängigen Produktionskosten ermitteln, wobei der Begriff „Last" hier die benötigte Kapazität bezeichnet. Die Produktionskosten werden über die Lastvektoren je Werk und die festgelegten Stundensätze in den jeweiligen Abteilungen berechnet. Derzeit belaufen sich die Kosten pro Stunde in Abteilung Qualität auf 12,35 €, in der Montage auf 10,90 € und für Transport- bzw. Verpackungsmitarbeiter auf 9,45 €. Für Roboter wird ein Stundensatz von 11,63 € angesetzt.

Die Beschaffungskosten können direkt aus der Stücklistenauflösung der Finalprodukte in Beschaffungsteile sowie deren Gewichtung mit Beschaffungsstückkosten bestimmt werden. Die Stückkosten der Beschaffungsteile bzw. Zukaufteile sind in Tabelle 2.8 angegeben.

	Kosten
Verpackung	0,65
H-Gehäuse	2,04
Tastaturblock	4,51
H-Trägerblock	3,63
W-Gehäuse	1,96
Abspieleinheit	3,05
W-Trägerblock	1,53
Kleber	0,65

Tabelle 2.8 Stückkosten der Beschaffungsteile in €

Im Modell wird diese Tabelle in den folgenden Vektor übergeführt:

$$k_{Zukauf} = \begin{pmatrix} 0,65 & 2,04 & 4,51 & 3,63 & 1,96 & 3,05 & 1,53 & 0,65 \end{pmatrix} \in \mathbb{R}^8 \qquad (2.20)$$

Durch Multiplikation mit der Übergangsmatrix (2.7) und dem Verkaufsprogramm x_{W_2} berechnen sich die Gesamtkosten der Beschaffungsteile

$$K_{Beschaffung} = k_{Zukauf} G x_{W_2} . \tag{2.21}$$

Lastabhängige Produktionskosten sind je nach Werk zu unterscheiden. Die oben angeführten Kapazitätsmatrizen (2.15) werden mit den jeweiligen Produktionsprogrammen multipliziert und von Minuten in Stunden umgerechnet, sodass die Last der einzelnen Werke in Stunden mit den Stundensätzen bewertet werden kann. Da sowohl Werk 1 als auch Werk 3 eine Handy-Montage durchführen kann, muss die im jeweiligen Werk montierte Anzahl an Produkten mit den entsprechenden Kostensätzen berücksichtigt werden. Folglich resultieren die Kosten der Jahreslast

$$\begin{aligned} K_{Last} = \frac{1}{60}\Bigg(& \left(A_{W_1} x_{W_1}\right)^T \begin{pmatrix} 12,35 \\ 10,90 \\ 9,45 \end{pmatrix} + 9,45 \cdot A_{W_2} x_{W_2} + \\ & + \left(A_{W_3} x_{W_3}\right)^T \begin{pmatrix} 12,35 \\ 10,90 \\ 9,45 \\ 11,63 \end{pmatrix} \Bigg) \end{aligned} \tag{2.22}$$

Andererseits ergibt sich der Periodenerlös als Produkt der absetzbaren Stückzahl mit dem erzielbaren Stückpreis. Dieser Preis hängt gemäß Abbildung 1.2 von der am Markt angebotenen Stückzahl ab, was aber erst später berücksichtigt wird. Der Grundpreis für die fünf Finalprodukte entspricht den Werten aus Tabelle 1.1.

Durch Multiplikation des Preisvektors p mit dem Absatzprogramm x_{W_2} ergibt sich der Gesamterlös oder Umsatz U zu

$$U = p x_{W_2}, \; p = \begin{pmatrix} 44.185 & 9.279 & 4.779 & 6.119 & 3.151 \end{pmatrix} . \tag{2.23}$$

Zusammenfassend erhält man für den Jahres-Deckungsbeitrag

$$DB = U - K_{Last} - K_{Beschaffung} . \tag{2.24}$$

Der Jahres-Deckungsbeitrag lässt sich auch durch Multiplikation des Absatzes mit dem Stück-Deckungsbeitrag berechnen. Diese weitere Berechnungsmöglichkeit gewährt einen tieferen Einblick in die innere Struktur der Optimierungsaufgabe. Bei der Berechnung des Stück-Deckungsbeitrages ist zu berücksichtigen, dass die Stückkosten in der Produktgruppe Handy vom produzierenden Werk abhängen. Daher sind die durchschnittlichen Stückkosten, berechnet durch das gewichtete Mittel der einzelnen Produktionsmengen, zu verwenden. Hier gilt dann:

$$DB = \left(p-k\right)x_{W_2}. \tag{2.25}$$

Dabei verbergen sich hinter dem Stückkostenvektor k die Stückbeschaffungskosten und die lastabhängigen Stückkosten, genauer gilt:

$$\begin{aligned}
&k = k_{Last} + k_{Beschaffung} \in \mathbb{R}^5 \\
&k_{Beschaffung} = k_{Zukauf} G \in \mathbb{R}^5 \\
&k_{Last} = \frac{9,45}{60} A_{W_2} + \\
&+\begin{pmatrix} \frac{12,35}{60} & \frac{10,90}{60} & \frac{9,45}{60} \end{pmatrix} A_{W_1} \begin{pmatrix} \frac{\left(x_{W_1}\right)_1}{\left(x_{W_1}\right)_1 + x_{W_3}} & 0 \\ 0 & 1 \end{pmatrix} \\
&\begin{pmatrix} 1000 & 200 & 100 & 0 & 0 \\ 0 & 0 & 0 & 200 & 100 \end{pmatrix} + \\
&+\begin{pmatrix} \frac{12,35}{60} & \frac{10,90}{60} & \frac{9,45}{60} & \frac{11,63}{60} \end{pmatrix} A_{W_3} \\
&\begin{pmatrix} 1000 & 200 & 100 & 0 & 0 \end{pmatrix} \frac{x_{W_3}}{\left(x_{W_1}\right)_1 + x_{W_3}} \in \mathbb{R}^5 \quad .
\end{aligned} \tag{2.26}$$

Mit dem Divisor 60 erfolgt die Umrechung von Stunden auf Minuten.

2.3.5 Optimale Lösung

Durch Lösen des Optimierungsproblems $DB \rightarrow$ Max. unter den Nebenbedingungen Nichtnegativität (2.13), Kompatibilität (2.14), Kapazitätsrestriktionen (2.16) und Absatzrestriktionen (2.18) erhält man unter Verwendung von Excel-Solver™ (siehe Abschnitt 9.9)

$$x_{W_1} = \begin{pmatrix} 0 \\ 9.264.130 \end{pmatrix},\ x_{W_2} = \begin{pmatrix} 6.686 \\ 11.485 \\ 14.625 \\ 29.182 \\ 34.277 \end{pmatrix},\ x_{W_3} = 10.445.076 \tag{2.27}$$

und einen Jahresdeckungsbeitrag von $DB = 540.810.981$. In Tabelle 2.9 sind die Kapazitätsbedarfe und die verfügbaren Kapazitäten aufgegliedert.

	Jahreslast	**Jahreskapazität**
Qualität Werk 1	833.772	1.056.000
Montage Werk 1	107.463.910	107.712.000
Transport Werk 1	393.726	633.600
Verpackung / Transport Werk 2	1.056.000	1.056.000
Qualität Werk 3	1.462.311	1.478.400
Montage Werk 3	73.115.531	73.920.000
Transport Werk 3	522.254	1.056.000
Roboter Vormontage Werk 3	5.570.707	8.448.000

Tabelle 2.9 Jahreslast und Jahreskapazitäten aller Werke in Minuten zur Realisierung des optimalen Produktionsprogramms

Jene Zeilen in den Kapazitätsungleichungen, die „scharf" sind, weisen auf die Ressourcen hin, die maximal möglich beansprucht werden - man nennt diese Ressourcen **Engpässe**. Würde man mehr Kapazität bei den Engpassressourcen zur Verfügung stellen können, dann könnte man mehr Produkte mit positivem Deckungsbeitrag fertigen und damit den Jahresdeckungsbeitrag erhöhen unter der Vorraussetzung, dass der Markt einen höheren Absatz erlaubt.

In erster Linie wird nicht jenes Finalprodukt durch das Modell bevorzugt, das den höchsten **Stück-Deckungsbeitrag** (kurz: Stück-DB) hat, sondern jenes, das den höchsten Quotienten aus Stück-DB und erforderlicher Gesamtstücklast aufweist. Diese Aussage gilt jedoch nur, falls kein Engpass vorhanden ist. Mit höchster Priorität würde das Produkt Handy100 vor Handy200 und Handy1000 gefertigt. Da aber genau ein **Engpass** bei der

Verpackung in Werk 2 auftritt, können nur soviel Produkte gefertigt werden, wie mit der zur Verfügung stehenden Kapazität verpackt werden können. Deshalb wird in dieser Situation jenes Produkt mit dem höchsten Stück-DB im Verhältnis zum Verpackungsaufwand priorisiert, nämlich Handy1000, dessen Produktionsstückzahl somit bis zur Absatzobergrenze realisiert wird. Handy200 hat damit zweite Priorität, kann aber aufgrund mangelnder Kapazität in Werk 2 nur wenig über dem unteren Limit produziert werden. Die Produktionsstückzahlen der restlichen Finalprodukte erreichen gerade die jeweiligen unteren Absatzgrenzen.

	Stück-DB	**Stück-DB/Last**	**Stück-DB/Engpasslast**
Handy1000	31.749	4,09	736,07
Handy200	6.791	4,37	675,72
Handy100	3.534	4,54	585,80
CD-W200	4.226	1,79	382,19
CD-W100	2.204	1,87	313,09

Tabelle 2.10 Verschiedene Stück-Deckungsbeiträge

In obigen Berechnungen wurden einige Abhängigkeiten nicht berücksichtigt:

- So wurde die Preis-Absatz-Funktion negiert. Bei der Berechnung des Erlöses müsste man den Verkaufspreis pro Stück in Abhängigkeit der Jahres-Absatzmenge entsprechend der Preis-Absatz-Funktion setzen. In der Berechnung des optimalen Absatzprogramms (siehe Abschnitt Verkaufsprogramm auf Seite 46) werden die vorhandenen Marktdaten zur Beschreibung dieses Zusammenhangs verwendet.
- Eine weitere Vereinfachung war, dass bei den Beschaffungskosten einfach beliebig ein Lieferant ausgewählt wurde und nur der Stückpreis der Beschaffungsteile in die Rechnung einging. Transport-, Logistik-, Bestellkosten und eventuelle Rabatte wurden nicht berücksichtigt. Im Abschnitt Optimale Losgrößen in der Beschaffung auf Seite 84 werden diese Punkte aufgenommen.

- Die Vormontage beim Produkt Handy ist ein Klebevorgang. Abhängig vom Härteranteil wird nicht nur die Vorgabezeit, sondern auch die Qualität und die Lebensdauer des Bauteils beeinflusst. Diesen Aspekten kann mit stochastischen Modellen und statistischen Methoden Rechnung getragen werden, die im Rahmen dieses Buches jedoch nicht thematisiert werden.

2.4 Verkaufsprogramm

Der vorliegende Abschnitt setzt sich zum Ziel, zwei weitere Modellbestandteile kennen zu lernen und in ein integrales Gesamtmodell einzubinden. Zuerst soll ein **Forecast** der zukünftigen Absatzzahlen Aufschluss über die Entwicklung des künftigen Verkaufsprogramms geben. Als zweite Stoßrichtung ist die Einarbeitung der Wirkung des Marktes über die **Preis-Absatz-Funktion** in das Basismodell für das Jahresproduktionsprogramm zu nennen. Aus mathematischer Sicht sind besonders die Verwendung von Funktionen (Kapitel 5), die Gleichungssysteme und Regressionsrechnung (Kapitel 8) und Optimierung (Kapitel 9 Lineare Optimierung bzw. 12 Mehrdimensionale Differentialrechnung) hervorzuheben.

2.4.1 Forecast der Absatzzahlen

Für die genauere Planung zukünftiger Produktionsprogramme ist die Kenntnis bzw. eine Abschätzung der realisierbaren Absatzmengen notwendig. Im Folgenden wird daher, ausgehend von den Marktdaten, eine realistische Prognose des zukünftigen Verkaufsprogramms in Monatsauflösung erarbeitet.

Eine erste Analyse der vergangenen Verkaufszahlen je Produktgruppe zeigt, dass offensichtlich saisonale Schwankungen auftreten und zumindest beim Handy ein Aufwärtstrend festzustellen ist (vgl. Abbildung 2.3).

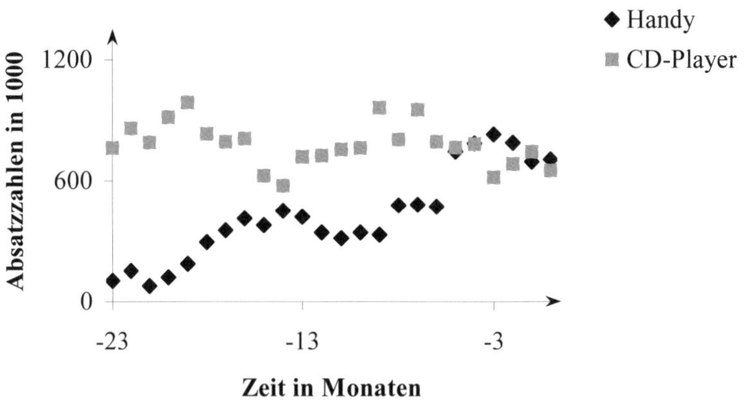

Abbildung 2.3 Absatzzahlen der vergangenen zwei Jahre

Unter der Annahme, dass in Zukunft die Verkaufszahlen ein qualitativ identes Verhalten aufweisen wie in den vergangenen zwei Jahren, kann der qualitative Verlauf der zukünftigen Absatzzahlen über einen geeigneten **least-squares-Ansatz** (Methode der kleinsten Fehlerquadrate siehe Abschnitt 8.5 Überbestimmte Gleichungssysteme) berechnet werden.

Wird der Absatz als Funktion der Zeit modelliert, so muss diese folgende Kriterien erfüllen:

1. Saisonale Schwankung, wobei die Zykluslänge 12 Monaten entspricht
2. Trend

Ein allgemeiner Funktionsansatz, der diese Kriterien modellieren kann, wird durch folgende Funktionsvorschrift beschrieben:

$$f(t) = d + kt + H \cdot cos\left(\frac{2\pi(t+\phi)}{12}\right) \tag{2.28}$$

Dabei ist t in Monatseinheiten die Zeit, d der Abstand der Trendgeraden auf der y-Achse zum Nullpunkt, k die Steigung der Trendgeraden, H die Amplitude und ϕ die Phasenverschiebung in Monatseinheiten. In Abbildung 2.4 ist nochmals die Bedeutung der einzelnen Parameter anhand zweier beispielhafter Funktionsgraphen verdeutlicht.

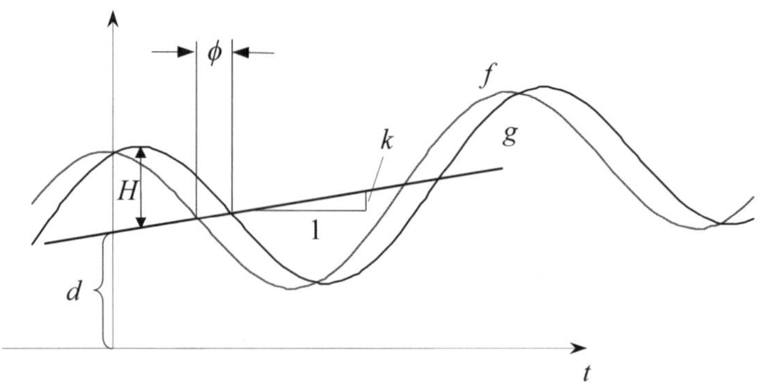

Abbildung 2.4 $f(t)$ und $g(t) = d + kt + H \cdot cos\left(\frac{2\pi t}{12}\right)$

Die unbekannten Parameter *d*, *k*, *H* und ϕ können durch einen nichtlinearen least-squares-Ansatz bestimmt werden. Nichtlinear deshalb, weil der Parameter ϕ in der Funktion Cosinus verarbeitet ist.

Der Ansatz lautet folgendermaßen: Seien $t_1, t_2, \ldots, t_{24}$ die Monate der letzen zwei Jahre und $y_1, y_2, \ldots, y_{24}$ die dazugehörigen Monatsabsatzmengen. Dann sind die Parameter *d*, *k*, *H* und ϕ so zu bestimmen, dass die Summe der kleinsten Fehlerquadrate minimal wird, also

$$\sum_{i=1}^{24} \left(f(t_i) - y_i\right)^2 \to \text{Min.} \qquad (2.29)$$

Wegen der Nichtlinearität der Funktion *f* in Abhängigkeit zur Phasenverschiebung kann obige Minimierungsbedingung nicht in eine äquivalente Normalgleichung übergeführt werden. Vielmehr entsteht durch Ableiten nach den gesuchten Parametern und Nullsetzen der einzelnen Ableitungsausdrücke ein nichtlineares (zumindest bezüglich ϕ) Gleichungssystem.

$$
\begin{aligned}
&\frac{\partial}{\partial d}\sum_{i=1}^{24}\left(f(t_i)-y_i\right)^2 = 2\sum_{i=1}^{24}\left(f(t_i)-y_i\right)=0\\
&\frac{\partial}{\partial k}\sum_{i=1}^{24}\left(f(t_i)-y_i\right)^2 = 2\sum_{i=1}^{24}\left(f(t_i)-y_i\right)t_i=0\\
&\frac{\partial}{\partial H}\sum_{i=1}^{24}\left(f(t_i)-y_i\right)^2 = 2\sum_{i=1}^{24}\left(f(t_i)-y_i\right)cos\left(\frac{2\pi(t_i+\phi)}{12}\right)=0\\
&\frac{\partial}{\partial \phi}\sum_{i=1}^{24}\left(f(t_i)-y_i\right)^2 =\\
&=-\frac{2H}{12}\sum_{i=1}^{24}\left(f(t_i)-y_i\right)2\pi sin\left(\frac{2\pi(t_i+\phi)}{12}\right)=0
\end{aligned}
\tag{2.30}
$$

Durch geschicktes Umformulieren kann man (2.30) als Matrixgleichung anschreiben in der Form

$$
D_1^T D_2 \begin{pmatrix} d \\ k \\ H \end{pmatrix} = D_1^T y, \tag{2.31}
$$

wobei die einzelnen Bestandteile sich wie folgt darstellen:

$$D_1 = \begin{pmatrix} 1 & t_1 & cos\left(\frac{2\pi(t_1+\phi)}{12}\right) & 2\pi sin\left(\frac{2\pi(t_1+\phi)}{12}\right) \\ 1 & t_2 & cos\left(\frac{2\pi(t_2+\phi)}{12}\right) & 2\pi sin\left(\frac{2\pi(t_2+\phi)}{12}\right) \\ \vdots & \vdots & \vdots & \vdots \\ 1 & t_{24} & cos\left(\frac{2\pi(t_{24}+\phi)}{12}\right) & 2\pi sin\left(\frac{2\pi(t_{24}+\phi)}{12}\right) \end{pmatrix}$$

$$D_2 = \begin{pmatrix} 1 & t_1 & cos\left(\frac{2\pi(t_1+\phi)}{12}\right) \\ 1 & t_2 & cos\left(\frac{2\pi(t_2+\phi)}{12}\right) \\ \vdots & \vdots & \vdots \\ 1 & t_{24} & cos\left(\frac{2\pi(t_{24}+\phi)}{12}\right) \end{pmatrix}, \; y = \begin{pmatrix} y_1 \\ y_2 \\ \vdots \\ y_{24} \end{pmatrix} \tag{2.32}$$

Die numerische Lösung des Systems kann allgemein mit Hilfe des Newtonverfahrens im $\mathbb{R}^n$ gefunden werden. Die mathematischen Voraussetzungen werden in der Differentialrechnung (siehe Kapitel 12) dargestellt, die Lösung erfolgt mit Hilfe des Excel-Solver™.

Durch Modellierung der Gleichung (2.31) in Excel und Anwendung von Excel-Solver™ ergeben sich die gesuchten Parameterwerte aus Tabelle 2.11.

	d	***k***	***H***	***ϕ***
Handy	713,97914	24,914108	119,199	147,3317
CD-Walkman	771,347	-0,506162	120,8865	55,71009

Tabelle 2.11 Parameterwerte durch least-squares-Ansatz

In folgender Abbildung 2.5 sieht man die entsprechenden Ausgleichskurven für die Absatzzahlen, die den Funktionsgraphen der Funktionen mit den ermittelten optimalen Parameterwerten entsprechen. Man spricht auch von einer **Approximation** der Absatzzahlen der letzten zwei Jahre. Durch Einsetzen der Monate für das nächste Jahr erhalten wir die Absatzzahlen für das nächste Jahr, die sich gemäß der zugrunde gelegten Interpolationsfunktion entwickeln. Dieses Weiterschreiben in die Zukunft wird auch als **Extrapolation** oder **Forecast** bezeichnet. Dabei wird unterstellt, dass sich die zukünftigen Absatzzahlen ebenfalls saisonal und mit einem gleichbleibenden Trend entwickeln.

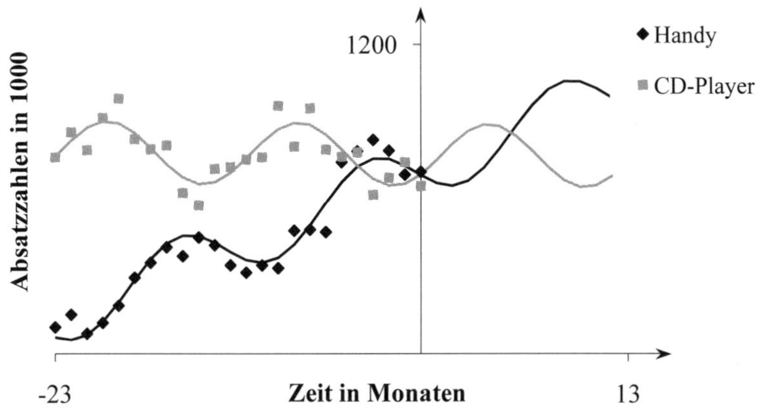

Abbildung 2.5 Ausgleichskurven und Extrapolation für die Absatzzahlen

Durch die nächste Überlegung wird sichergestellt, dass das angestrebte zukünftige Verkaufsprogramm einen maximalen Jahresdeckungsbeitrag einbringen wird.

2.4.2 Preis-Absatz-Funktion

Die Fläche unterhalb der Absatzkurve im Zeitraum eines Jahres ist der Jahresabsatz. Durch Berücksichtigung von Jahresabsatzunter- und –obergrenzen, der vorhandenen Jahreskapazität, **Preis-Absatz-Funktionen** und des maximalen Jahresdeckungsbeitrages können jetzt optimale Jahresabsatzmengen berechnet werden. Die Absatzkurven der beiden Produktgruppen sind so vertikal zu verschieben, dass die Flächen zwischen horizontaler Achse und Funktionsgraphen den optimalen Jahresabsätzen entsprechen.

Die Unter- und Obergrenzen können sinnvoller Weise durch die Preis-Absatz-Funktionen definiert werden, weil außerhalb keine gesicherten Daten zur Verfügung stehen. Das Absatz- bzw. Produktionsprogramm $a = x$ bezieht sich bei dieser Betrachtung auf die Produktgruppen.

$$\begin{pmatrix} 8.044.228 \\ 6.640.123 \end{pmatrix} \leq a \leq \begin{pmatrix} 15.817.302 \\ 9.701.853 \end{pmatrix} \tag{2.33}$$

Unter der durch Abschnitt 2.3 gerechtfertigten Annahme, dass Handys ausschließlich im Werk 3 gefertigt werden und grundsätzlich nur Zweischichtbetrieb gefahren wird, kann die Kapazitätsbedingung formuliert werden durch

$$\underbrace{\begin{pmatrix} 0 & 0{,}09 \\ 0 & 11{,}6 \\ 0 & 0{,}0425 \\ 0{,}0489515 & 0{,}0608765 \\ 0{,}14 & 0 \\ 7 & 0 \\ 0{,}05 & 0 \\ 0{,}5333333 & 0 \end{pmatrix}}_{=A} x \leq \underbrace{\begin{pmatrix} 971.520 \\ 99.095.040 \\ 582.912 \\ 971.520 \\ 1.360.128 \\ 68.006.400 \\ 971.520 \\ 7.772.160 \end{pmatrix}}_{=b} . \tag{2.34}$$

Hierbei wird berücksichtigt, dass nicht die gesamte Jahreskapazität zur Verfügung steht, sondern durch unvorhersehbare Ereignisse sowie Wartungs- und Instandhaltungsarbeiten sich die maximale Kapazität auf 92 % der Normalkapazität reduziert. Außerdem entsteht dadurch für den **Kapazitätsausgleich** (siehe Abschnitt 2.5) mehr Spielraum.

Die Kapazitätsmatrix A leitet sich unter Annahme eines anteilsmäßig unveränderten Produktmixes aus den Kapazitätsmatrizen (2.15) ab, und b setzt sich aus den entsprechenden Beschränkungen in (2.16) zusammen. Genauer formuliert gilt: Mit den Jahresabsatzmengen der fünf Finalprodukte des letzten Jahres

$$\begin{pmatrix} a_{H_1} & a_{H_2} & a_{H_3} & a_{WM_1} & a_{WM_2} \end{pmatrix} = \begin{pmatrix} 3.343 & 10.795 & 14.625 & 29.182 & 34.277 \end{pmatrix}$$

ergibt sich die Kapazitätsmatrix zu

$$A=\left(\begin{array}{c|c} 0 & \left(A_{W_1}\right)_{12} \\ 0 & \left(A_{W_1}\right)_{22} \\ 0 & \left(A_{W_1}\right)_{32} \\ \hline \dfrac{a_{H_1}\left(A_{W_2}\right)_{11}+a_{H_2}\left(A_{W_2}\right)_{12}+a_{H_3}\left(A_{W_2}\right)_{13}}{1000a_{H_1}+200a_{H_2}+100a_{H_3}} & \dfrac{a_{WM_1}\left(A_{W_2}\right)_{14}+a_{WM_2}\left(A_{W_2}\right)_{15}}{200a_{WM_1}+100a_{WM_2}} \\ \hline \left(A_{W_3}\right)_{11} & 0 \\ \left(A_{W_3}\right)_{21} & 0 \\ \left(A_{W_3}\right)_{31} & 0 \\ \left(A_{W_3}\right)_{41} & 0 \end{array}\right) \tag{2.35}$$

Für die Berechnung des Deckungsbeitrages sind die Herstellkosten (Material- und Personalkosten) und der Verkaufspreis jeweils abhängig von der Produktionsmenge bzw. Absatzmenge zu bestimmen. Nochmals soll betont werden, dass zur Vereinfachung die Jahresabsatzmengen gleich hoch ist wie die Jahresproduktionsmengen angenommen werden (keine Berücksichtigung von Lägern).

Weil jetzt das Produktionsprogramm auf Produktgruppenebene ermittelt wird, muss eine Umrechnung von Finalproduktebene auf Einzelproduktebene erfolgen. Die durchschnittlichen Stückkosten können durch Gewichtung mit den Absatzzahlen des letzten Jahres bezogen auf die Finalprodukte zurückgerechnet auf die Einzelprodukte bestimmt werden, also

$$\begin{aligned} k_H &= \frac{\sum_{i=1}^{3} a_{H_i} k_{H_i}}{\sum_{i=1}^{3} a_{H_i} g_{H_i}} = 12 \text{ mittlere Stückkosten Handy} \\ k_{WM} &= \frac{\sum_{i=1}^{2} a_{WM_i} k_{WM_i}}{\sum_{i=1}^{2} a_{WM_i} g_{WM_i}} = 9 \text{ mittlere Stückkosten Walkman} \end{aligned} \tag{2.36}$$

mit

k_{H_i} ..... Stückkosten der Finalprodukte der Produktguppe Handy

g_{H_i} ..... Zahl der Einzelprodukte in Finalprodukt Gruppe Handy

k_{WM_i} ..... Stückkosten der Finalprodukte der Produktgruppe Walkman

g_{WM_i} ..... Zahl der Einzelprodukte in Finalprodukt Gruppe Walkman.

Die Preis-Absatz-Funktion wird durch Interpolation der Punktewolke, die nur an endlich vielen Stellen den Zusammenhang von Preis und Absatz darstellt, gewonnen. Qualitativ ist darauf zu achten, dass die Preis-Absatz-Funktion durch eine monoton fallende Funktion beschrieben wird. Bei einem größeren Mengenangebot im Markt ist für das einzelne Produkt nur mehr ein niedrigerer Preis erzielbar.

Für Produktgruppe Handy lässt sich die Punktewolke durch einen quadratischen Polynomansatz gut annähern, für Produktgruppe Walkman durch einen linearen Ansatz. Die Resultate dieser **Approximationen** sind in Abbildung 2.6 und Abbildung 2.7 veranschaulicht.

Zusammenfassend ergeben sich folgende Abbildungsvorschriften:

$$\begin{aligned} p_H(a_H) &= 2{,}083071227 \cdot 10^{-13} a_H{}^2 - 7{,}261086847 \cdot 10^{-6} a_H + 99{,}32 \\ p_{WM}(a_{WM}) &= -3{,}472105638 \cdot 10^{-6} a_{WM} + 61{,}19 \end{aligned} \tag{2.37}$$

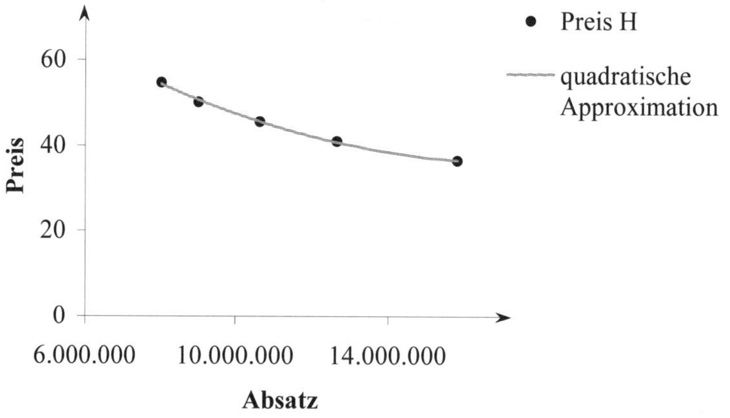

Abbildung 2.6 Approximation der Preis-Absatz-Funktion für Handy

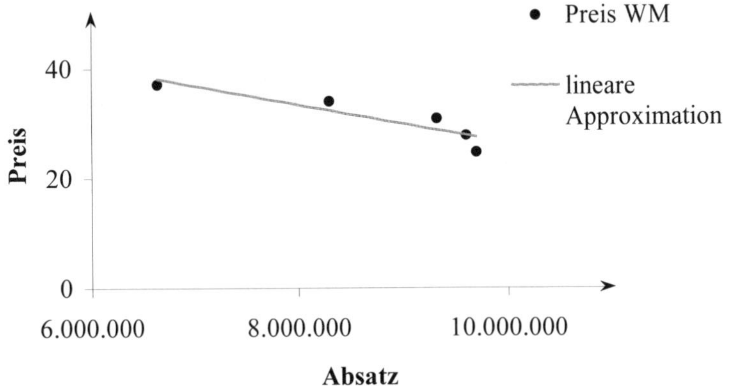

Abbildung 2.7 Approximation der Preis-Absatz-Funktion für Walkman

2.4.3 Optimales Jahresabsatzprogramm in Monatsauflösung

Das Zielfunktional, das den Jahresdeckungsbeitrag maximiert, ist mit den oben berechneten Funktionen gegeben durch die Vorschrift

$$DB = \begin{pmatrix} p_H(a_H) - k_H & p_{WM}(a_{WM}) - k_{WM} \end{pmatrix} \begin{pmatrix} a_H \\ a_{WM} \end{pmatrix} \to \text{Max.} \qquad (2.38)$$

Durch Maximierung dieser Zielfunktion unter den Nebenbedingungen Nichtnegativität, (2.33) und (2.34) errechnet sich als optimales Jahresverkaufsprogramm der Vektor

$$\begin{pmatrix} a_H \\ a_{WM} \end{pmatrix} = \begin{pmatrix} 9.715.200 \\ 7.448.608 \end{pmatrix} \qquad (2.39)$$

mit dem Jahresdeckungsbeitrag von $DB = 542.369.012$.

Der Verlauf der extrapolierten Absatzfunktion der letzten zwei Jahre zeichnet für die Zukunft nur dann ein realistisches Bild, wenn der Markt sich nicht verändert (keine neuen Mitbewerber treten auf, welche die Marktanteile strittig machen) und der Trend weiterhin anhält (kein Markteinbruch).

Da der Absatz jedoch laut Markforschung gemäß der Preis-Absatz-Funktion durch den Preis beeinflusst werden kann, stimmt bei einer Preisänderung demnach der extrapolierte Absatzverlauf nicht mehr.

Dennoch ist es möglich, aus der Absatzfunktion die qualitativen Merkmale wie Trend und saisonale Schwankung unverändert zu übernehmen, weil die Markforschung und die Beobachtung des Marktes nichts Gegenteiliges vermuten lässt. Es muss also lediglich der Parameter d in den Absatzfunktionen so angepasst werden, dass die Flächen unterhalb der jeweiligen Funktionsgraphen für die Produktgruppe Handy und Walkman den optimalen Verkaufsprogrammen entsprechen.

Dies wird hier bewerkstelligt, indem die monatlich vorliegenden extrapolierten Absatzzahlen um die konstante Differenz pro Monat verschoben werden. Die neuen Monatsabsatzzahlen berechnen sich pro Produktgruppe also gemäß der Formel

$$a(t) = f(t) + \frac{a_{DB-optimal} - a_{Extrapolation}}{12} \quad \text{für } t = 1,\ldots,12 \qquad (2.40)$$

$a(t)$ ..... DB-optimaler Monatsabsatz in Monat t

$f(t)$ ..... prognostizierter Monatsabsatz in Monat t

$a_{DB-optimal}$ ..... DB-optimaler Jahresabsatz

$a_{Extrapolation}$ .....prognostizierter Jahresabsatz

Zusammenfassend ergeben sich als DB-optimale Lösungen die Werte aus Tabelle 2.12 und die Monatsabsatzzahlen wie in Tabelle 2.13 sowie in Abbildung 2.8 dargestellt.

	Extra-polation	**DB-optimales Jahresprogramm**	**Differenz/Monat**
Handy	10.511.050	9.715.200	-66.321
CD-Walkman	9.216.683	7.448.608	-147.340

Tabelle 2.12 Optimales Jahresabsatzprogramm und extrapolierter Absatz

Monat	Produktgruppe Handy	Produktgruppe Walkman
12	926.027	542.354
11	962.576	505.813
10	988.175	499.449
9	989.291	525.105
8	958.947	576.041
7	898.600	638.744
6	817.743	696.549
5	731.367	734.103
4	655.939	741.479
3	604.995	716.836
2	585.510	666.912
1	596.029	605.221

Tabelle 2.13 DB-optimales Jahresabsatzprogramm in Monatsauflösung

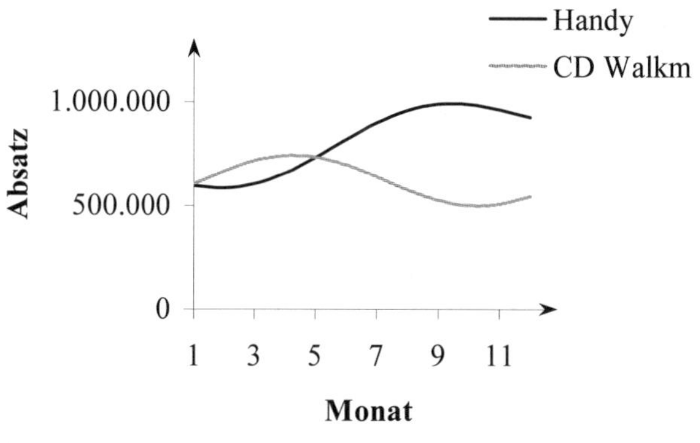

Abbildung 2.8 DB-optimales Absatzprogramm in Monatsauflösung

2.5 Jahreskapazitätsausgleich

Ziel dieses Abschnitts ist die Erarbeitung eines Modells zum **Kapazitätsausgleich** unter beschränkten Rechenressourcen für die numerische Umsetzung. Aus mathematischer Sicht werden vor allem Erkenntnisse aus dem Kapitel 9 Lineare Optimierung verwendet.

Bei der Bestimmung des Jahresverkaufsprogramms im vorigen Abschnitt wurde eine starke saisonale Schwankung für beide Produktgruppen festgestellt. Die Produktgruppe Handy wird zusätzlich noch von einem stark wachsenden Trend überlagert. Würde das Produktionsprogramm zeitparallel zum Verkaufsprogramm durchgeführt werden, so würde die Ressourcenlast auch stark schwanken. Schwankungen in der Ressourcenlast verursachen jedoch Mehrkosten, weil entweder die vorhandenen Ressourcen nicht voll genützt werden (Opportunitätskosten) oder Zusatzressourcen zu überhöhten Kosten bereitgestellt werden müssen.

Es soll jetzt ein Jahresproduktionsprogramm so bestimmt werden, dass die Mehrkosten wegen der Lastschwankungen möglichst gering sind. Die Möglichkeiten der ALPHA 2000 AG zur Abfederung der Lastschwankungen bestehen

- im Einsatz von **Leasingarbeitern** und
- in der **Produktion auf Lager**.

In weiterer Folge wird ein Modell erarbeitet, mit dessen Hilfe das Unternehmen in der Lage ist, den optimalen Mix zwischen Leasingarbeitskräften und Produktion auf Lager unter Sicherstellung der Lieferfähigkeit zu bestimmen.

2.5.1 Modell

Da die Last immer über der Kapazität der ersten Schicht liegen wird, kann die erste Schicht voll mit Stammmitarbeitern beschickt werden. Dies ist auf jeden Fall günstiger, als bereits in der ersten Schicht mit Leasingpersonal zu arbeiten.

In der zweiten Schicht wird versucht, eine möglichst hohe Anzahl von Stammmitarbeitern, die nie zu wenig ausgelastet sind, zu beschäftigen. Stammmitarbeiter können während des Jahres weder aufgenommen noch entlassen werden, ihre Anzahl muss als konstant angesetzt werden.

Die Kapazitätsbedarfsspitzen werden durch Leasingarbeiter, die Kapazitätsbedarfstiefs durch Produktion auf Lager geglättet. In einem mathematischen Modell formuliert, stellt sich dieser Sachverhalt folgendermaßen dar:

1. Kapazitätsbeschränkung

$$Bx(z) \le c_1 + c_2 + c_{2Leasing}(z),\ z \in \{1,2,...,12\} \quad (2.41)$$

2. Kapazitätsbeschränkung der zweiten Schicht

$$c_2 + c_{2Leasing}(z) \le b,\ z \in \{1,2,...,12\} \quad (2.42)$$

3. Lagerbilanz

$$\ell(z) = \ell(0) + \sum_{i=1}^{z} \big(x(i) - a(i)\big),\ z \in \{1,2,...,12\} \quad (2.43)$$

4. Lieferfähigkeit

$$\ell(z) \ge 0,\ z \in \{1,2,...,12\} \quad (2.44)$$

5. Nichtnegativität

$$x(z) \ge 0, c_2 \ge 0, c_{2Leasing}(z) \ge 0,\ z \in \{1,2,...,12\} \quad (2.45)$$

6. Kosten der Abfederung der Schwankungen

$$\sum_{i=1}^{12} \big(c_2 k_2 + c_{2Leasing}(i) k_{2Leasing} + k_\ell \ell(i)\big) \to \min \quad (2.46)$$

Die verwendeten Größen im Detail sind:

z ..... Zeit in Monaten

B ..... Kapazitätsmatrix

$x(z)$ ..... Produktionsprogramm

c_1 ..... Kapazität durch Stammpersonal in erster Schicht

c_2 ..... Kapazität durch Stammpersonal in zweiter Schicht

$c_{2\,Leasing}(z)$ ..... Kapazität durch Leasingpersonal in zweiter Schicht in Periode z

b ..... maximale Kapazitätsgrenze in der zweiten Schicht

$\ell(z)$ ..... Lagerbestand am Ende der Periode z

$a(z)$ ..... Absatz in Periode z

k_2 ..... Kosten der Kapazitätseinheit in der zweiten Schicht

$k_{2\,Leasing}$ ..... Kosten der Kapazitätseinheit für Leasingpersonal in der zweiten Schicht

k_ℓ ..... Lagerkostenvektor pro Mengen- und Zeiteinheit

Bedingung 1 garantiert, dass der Kapazitätsbedarf das Kapazitätsangebot durch das Stammpersonal in zwei Schichten und das Leasingpersonal in der zweiten Schicht, nicht überschreitet.

Der Einsatz von Stammpersonal und Leasingarbeitern in der zweiten Schicht ist ebenfalls nur beschränkt möglich und wird durch Bedingung 2 modelliert.

In Bedingung 3 wird der Lagerbestand zu einem Zeitpunkt durch den Anfangslagerbestand und der Kumulierung aller Zu- und Abflüsse bis zum Betrachtungszeitpunkt berechnet.

Die Lieferfähigkeit in Bedingung 4 in der entsprechenden Zeitauflösung garantiert die Verfügbarkeit der Produkte für die Betrachtung in der entsprechenden Zeitauflösung, jedoch kann es in einer feineren Auflösung zu Lieferengpässen kommen.

Die Kosten für die Abfederung der Schwankungen werden in (2.46) berechnet. Sie verteuern zwar die Realisierung des DB-optimalen Absatzprogramms, jedoch sollte man sich vor Augen halten, dass dadurch die Umsetzung überhaupt erst ermöglicht wird.

Im Modell sind also die vorerst unbekannten Größen $x(z)$, c_2 und $c_{2\,Leasing}(z)$ so zu ermitteln, dass die Kostenfunktion minimal wird.

2.5.2 Implementierung

Die Implementierung obigen Modells erfordert zunächst die Festlegung der Zeitauflösung, z. B. wird im vorliegenden Fall die Monatsauflösung realisiert.

Zur weiteren Vereinfachung wird hier in der Kapazitätsmatrix die Summe aller Arbeitsminuten betrachtet, die für die Herstellung eines Produktes notwendig sind – es erfolgt also keine Unterscheidung zwischen Qualitätsabteilung, Montage oder Verpackung. Dies wird deshalb notwendig, weil obiges Modell auf Werks- und Abteilungsebene den Rahmen der Restriktionen von Excel-Solver™ bezüglich der Anzahl der Variablen und Nebenbedingungen sprengen würde. Diese Vergröberung entspricht jedoch weitgehend nicht mehr der Realität, weshalb die Gewährleistung der Durchführbarkeit des Produktionsprogramms über weitere Nebenbedingungen zu implementieren ist. Eine explizite Darstellung beider Fälle – mit und ohne Kapazitätsnebenbedingung auf Abteilungsebene – soll die Wirkung einer zu starken Aggregation herausarbeiten.

Die Kapazitätsmatrix wird umgerechnet von der Einheit „Minuten pro Produkt“ auf die Einheit „Mitarbeitermonat pro Produkt“. Die Kleberoboter werden separat in dieser Matrix berücksichtigt. Zusätzlich wird unterstellt, dass alle Handys im Werk 3 gefertigt werden und die Aufteilung in Finalprodukte innerhalb einer Produktgruppe im Verhältnis der vergangenen Periode vorliegt.

Die Kapazitätsmatrix entspricht in dieser Aggregation also

$$B = \begin{pmatrix} \sum_{i=1}^{7} A_{i1} & \sum_{i=1}^{7} A_{i2} \\ A_{81} & 0 \end{pmatrix} \cdot \frac{12}{440 \cdot 240}, \tag{2.47}$$

wobei die Werte von A_{ij} aus (2.35) stammen. Ihre Koeffizienten der ersten Zeile geben an, wie viele Mitarbeitermonate benötigt werden, um ein Handy bzw. einen Walkman zu erzeugen. Für die Umrechnung auf Mitarbeitermonate wird mit 440 Minuten pro Schicht und 240 produktiven Tagen im Jahr kalkuliert.

c_1 gibt damit die Kapazität der ersten Schicht in Mitarbeitermonaten an, b ist die obere Kapazitätsschranke in der zweiten Schicht. Da die erste Schicht voll besetzt wird, gilt $c_1 = 885 = b$.

Die Arbeitskosten sind in dieser Betrachtung Durchschnittskosten gewichtet nach der Verteilung der Lasten auf die drei Abteilungen Qualität, Montage und Verpackung gemäß dem Verkaufsprogramm der letzten Periode. Die Lagerkosten pro Monat ergeben sich aus dem Verkaufspreis und dem kalkulatorischen Zinssatz. Genauer betrachtet kann festgehalten werden:

$$k_2 = k_{Std} \cdot \left(\frac{50 + 100}{100} \right) \cdot 8 \cdot 20 \tag{2.48}$$

sind die mittleren Kosten der Fertigung pro Monat und Mitarbeiter in der zweiten Schicht, wobei die durchschnittlichen Stundenkosten für die Fertigung als Mittelwert der Fertigungskosten der letzten Periode über die in der letzen Periode aufgetretenen Lasten berechnet wird, unter der Annahme, dass Produktgruppe Handy nur in Werk 3 produziert wird. Es gilt also:

$$k_{Std} = \begin{pmatrix} 12,35 & 10,9 & 9,45 \end{pmatrix} \begin{pmatrix} \dfrac{(Ax)_1 + (Ax)_5}{\sum_{i=1}^{7} (Ax)_i} \\ \dfrac{(Ax)_2 + (Ax)_6}{\sum_{i=1}^{7} (Ax)_i} \\ \dfrac{(Ax)_3 + (Ax)_4 + (Ax)_7}{\sum_{i=1}^{7} (Ax)_i} \end{pmatrix} . \qquad (2.49)$$

Der Lastvektor Ax wird aus (2.34) übernommen.

Die monatlichen Kosten für eine Leasingkraft in der zweiten Schicht ergeben sich zu

$$k_{2Leasing} = k_2 \cdot 1,2 . \qquad (2.50)$$

Der Lagerkostenvektor je Lagereinheit für die Lagerdauer von einem Monat, berechnet sich zu

$$k_\ell = \begin{pmatrix} p_H & p_W \end{pmatrix} \cdot \frac{13}{100 \cdot 12} \qquad (2.51)$$

und entspricht dem kalkulatorischen **Zinsentgang** durch die **Kapitalbindung** im Lager. Dabei sind p_H und p_W die erzielbaren Preise aus dem DB-optimalen Jahresabsatzprogramm 2.4.

Wird dieses Optimierungsmodell derart in einem Excel-Solver™ - Modell umgesetzt, so ergibt sich nach mehreren Iterationen, die durchaus händisch unterstützt werden müssen, eine machbare lokal minimale Lösung. Die Konvergenz bzw. das Verhalten bei der Suche einer Lösung im Standard Excel-Solver™ ist sehr verschieden und nur schwer beeinflussbar. Einiges Probieren und weitere Überlegungen zu einer potentiellen guten Lösung helfen jedoch weiter. Für größere Probleme werden im industriellen Einsatz dazu heute **APS**-Pakete verwendet (Advanced Planning Systems).

Im Folgenden werden Ergebnisse der zwei Modellvarianten ohne und mit Kapazitätsnebenbedingung auf Abteilungsebene vorgestellt.

2.5.3 Ergebnisse

Abbildung 2.9 und Abbildung 2.10 zeigen als Ergebnis der Kapazitätsglättung die resultierenden Produktionsprogramme und die Lagerbestandsverläufe sowie die zugrunde gelegten Absatzprogramme. Die Anzahl der Stammmitarbeiter in der zweiten Schicht wird mit 590 möglichst groß gewählt und die Spitzen dann über Leasingarbeiter abgedeckt, wie in Abbildung 2.11 ersichtlich.

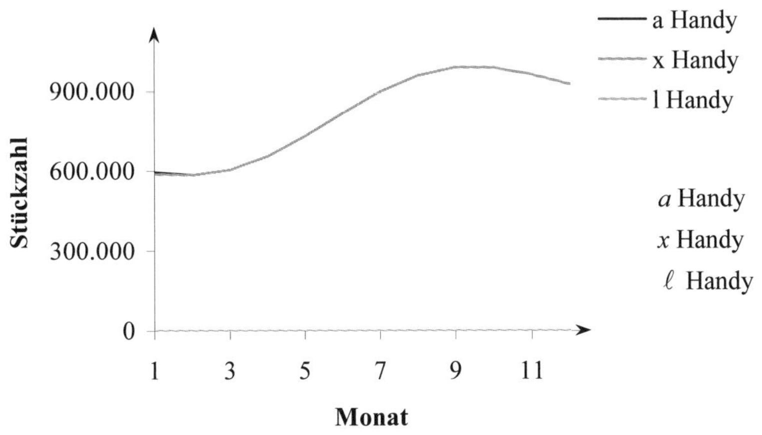

Abbildung 2.9 Verlauf von Absatz, Produktion und Lagerstand nach dem Jahreskapazitätsausgleich für Produktgruppe Handy ohne Kapazitätsnebenbedingung auf Abteilungsebene

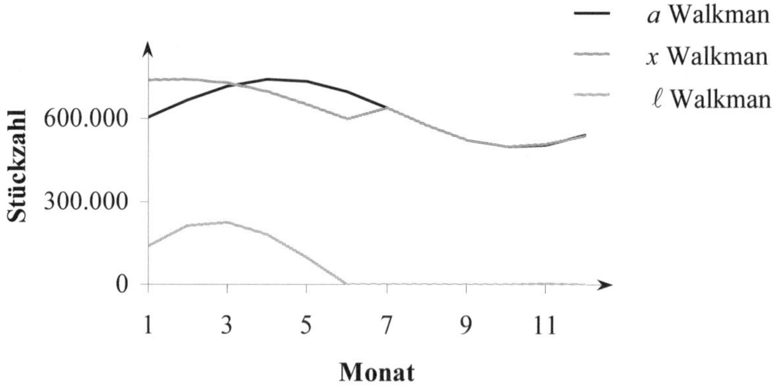

Abbildung 2.10 Verlauf von Absatz, Produktion und Lagerstand nach dem Jahreskapazitätsausgleich für Produktgruppe Walkman ohne Kapazitätsnebenbedingung auf Abteilungsebene

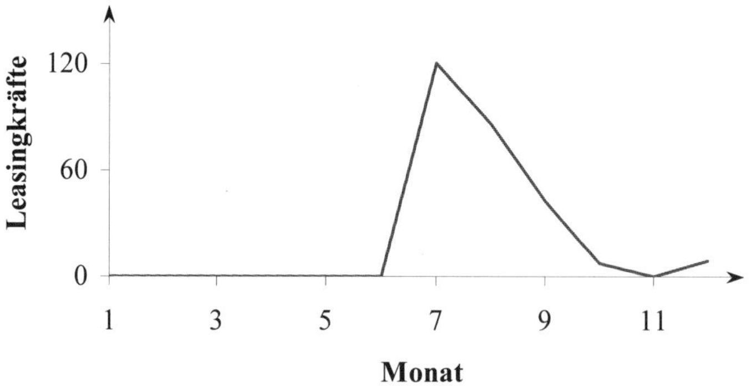

Abbildung 2.11 Bedarf an Leasingmitarbeitern in der zweiten Schicht nach dem Jahreskapazitätsausgleich ohne Kapazitätsnebenbedingung auf Abteilungsebene

Bei diesem Modell wird jedoch die Kapazitätsbeschränkung auf Abteilungsebene durch die Aggregation negiert, und damit gaukelt das Ergebnis ein Produktionsprogramm vor, das in dieser Form nicht realisierbar ist, was Tabelle 2.14 eindrucksvoll zeigt. Das Modell würde somit nur dann der Realität entsprechen, wenn eine völlige Flexibilität in der Mitarbeiterverwendung und der Art von Arbeitsplätzen gegeben wäre.

	Werk 1			Werk 2	Werk 3		
Monat	**Q**	**M**	**V**	**V**	**Q**	**M**	**V**
1	8	974	4	9	10	469	4
2	8	977	4	9	10	466	4
3	8	962	4	9	10	482	4
4	8	920	4	9	11	522	4
5	7	859	4	9	12	582	5
6	7	789	3	9	14	651	5
7	7	842	4	10	15	715	6
8	6	760	3	10	16	763	6
9	6	693	3	10	16	787	6
10	6	659	3	9	16	787	6
11	6	672	3	9	16	766	6
12	6	710	3	9	15	737	6
gesamt	10	1020	6	10	14	700	10

Tabelle 2.14. Kapazitätscheck pro Werk und Ressource

Das Manko kann jedoch einfach behoben werden, indem eine zusätzliche Nebenbedingung eingefügt wird. Der Kapazitätsbedarf in den einzelnen Werken und Abteilungen wird über die ursprüngliche Kapazitätsmatrix (2.35) und das Produktionsprogramm $x(z)$ für Monat z ermittelt und mit dem Kapazitätsangebot verglichen, also

$$A \cdot \frac{12}{440 \cdot 240} x(z) \leq \begin{pmatrix} 10 & 1020 & 6 & 10 & 14 & 700 & 10 & 80 \end{pmatrix}^T . \quad (2.52)$$

In den folgenden drei Abbildungen sind die Ergebnisse der Rechnung inklusive der Nebenbedingung 2.52 dargestellt.

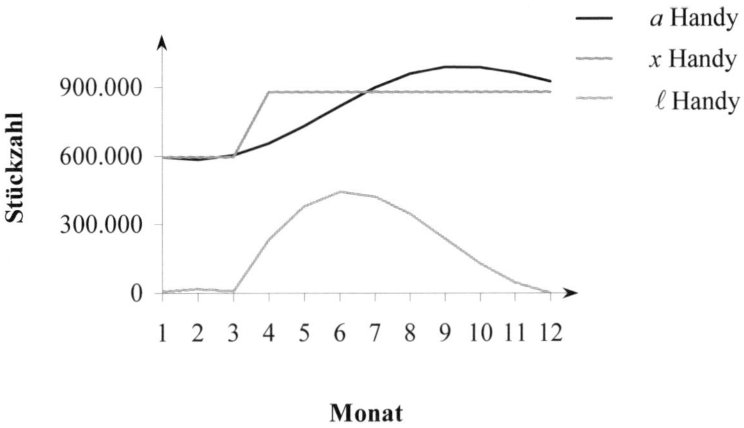

Abbildung 2.12 Verlauf von Absatz, Produktion und Lagerstand nach dem Jahreskapazitätsausgleich für Produktgruppe Handy mit Kapazitätsnebenbedingung auf Abteilungsebene

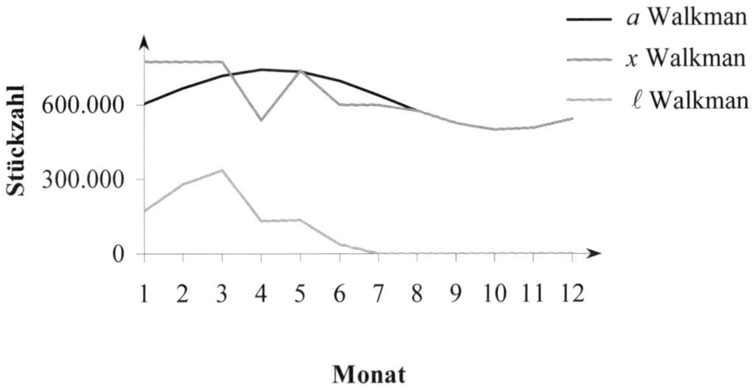

Abbildung 2.13 Verlauf von Absatz, Produktion und Lagerstand nach dem Jahreskapazitätsausgleich für Produktgruppe Walkman mit Kapazitätsnebenbedingung auf Abteilungsebene

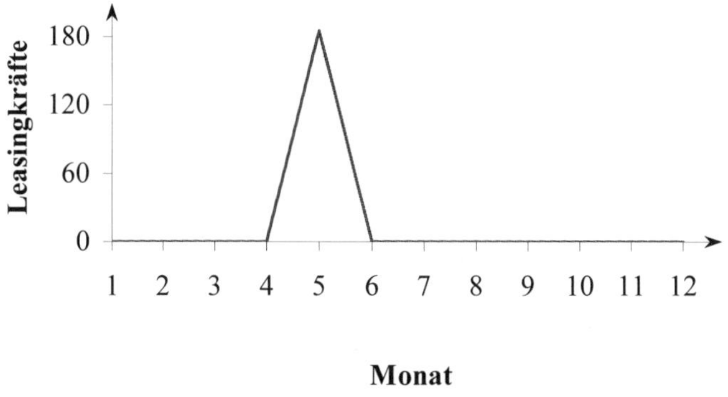

Abbildung 2.14 Bedarf an Leasingmitarbeitern in der zweiten Schicht nach dem Jahreskapazitätsausgleich mit Kapazitätsnebenbedingung auf Abteilungsebene

Das Resultat dieser Rechnung ist ein realisierbares Produktionsprogramm, wobei 645 Stammmitarbeiter in der zweiten Schicht notwendig sind und die Spitzenbelastung im Monat 5 durch 186 Leasingkräfte abgedeckt wird.

Betrachtet man Tabelle 2.14, so wird klar, dass das Modell in dieser Umsetzung lediglich die Gesamtlast über das Gesamtunternehmen betrachtet glättet. In den einzelnen Abteilungen wird es tatsächlich trotzdem zu Schwankungen im Kapazitätsbedarf kommen, lediglich die Stammmitarbeiteranzahl der ALPHA 2000 AG bleibt konstant. Diesen Effekt erkennt man auch beim Versuch, die ermittelten Mitarbeiterzahlen den Abteilungen konkret zuzuordnen.

Ebenfalls anzumerken ist hier, dass von den Mitarbeitern die Bereitschaft vorausgesetzt wird, sie würden bei Bedarf zwar nicht Abteilungen, aber doch zwischen den Werken in den gleichen Abteilungen wechseln.

Hervorzustreichen ist nochmals die Problematik der Umsetzung eines Modells auf Werks- und Abteilungsebene, weil dies wesentlich von den verfügbaren Lösungsalgorithmen und Rechnerressourcen abhängt. Excel-Solver™ stößt hier in Bezug auf die verarbeitbare Variablenzahl und die Zahl der Nebenbedingungen an seine Grenzen. Erweiterungspakete wie die Premium Solver Platform™ oder der Einsatz von APS-Software leisten hier Abhilfe.

2.6 Übungsaufgaben

2.6.1 Aufgaben zur Modellierung des Absatz-, Produktions- und Beschaffungsprogramms

Aufgabe 2.1

Stellen Sie das Absatzprogramm der letzten Jahresperiode bezogen auf die zwei Produktgruppen Handy und CD-Walkman als vektorwertige Funktion in Monatsauflösung dar.

Aufgabe 2.2

Berechnen Sie einen mittleren Preis für die Produktgruppen Handy und CD-Walkman. Wählen Sie dazu eine geeignete Gewichtung der Finalprodukte aus und begründen Sie Ihre Vorgehensweise.

Aufgabe 2.3

Berechnen Sie mit Hilfe der mittleren Preise pro Produktgruppe aus Aufgabe 2.2

den Unternehmensumsatz bezogen auf die Vorperiode (=letztes Jahr) in Monatsauflösung.

Aufgabe 2.4

Berechnen Sie die derzeitige prozentuelle Auslastung der Lager in den verschiedenen Werken. Verwenden Sie die Lagerbestände der Vorperiode (=letztes Jahr), und nehmen Sie an, dass noch nichts zugekauft und nichts produziert wurde.

2.6.2 Aufgaben zur Bedarfsbestimmung der Beschaffungsteile

Aufgabe 2.5

Stellen Sie die Übergangsmatrix G der Finalprodukte (Spaltenindex verweist auf Finalprodukte) zu Beschaffungsteile (Zeilenindex verweist auf Beschaffungsteile) dar. Interpretieren Sie exakt das Matrixelement G_{ij}.

Aufgabe 2.6

Stellen Sie die Kapazitätsmatrix des Werkes 1, Werkes 2 und Werkes 3 dar, wobei der Zeilenindex auf die jeweiligen vorhandenen Ressourcen, der Spaltenindex auf den Output des Werkes (Final- oder Zwischenprodukt) verweist und das Matrixelement in Zeile i, Spalte j die erforderliche Menge der i-ten Ressource angibt, um eine Einheit des j-ten Outputs fertigen zu können. Die Transport- und Verpackungsmitarbeiter werden in einer Abteilung zusammengefasst. Setzen Sie anschließend dieses mathematische Modell in einem Excel-Modell numerisch um.

Aufgabe 2.7

Erstellen Sie die Transportkostenmatrix zwischen Lieferantenstandorten und Werksstandorten. Interpretieren Sie exakt das Matrixelement in Zeile i, Spalte j. Muss eine Transportmatrix symmetrisch sein?

Aufgabe 2.8

Berechnen Sie für das Produktionsprogramm $(110\ 200\ 240\ 480\ 570)^T$ die erforderliche Anzahl von Einzelprodukten, von Zwischenprodukten und Beschaffungsteilen (Bruttobedarf an Einzelteilen, Zwischenprodukten bzw. Beschaffungsteilen).

Aufgabe 2.9

Berechnen Sie den jeweiligen Nettobedarf an Einzelprodukten, Zwischenprodukten und Beschaffungsteilen unter Berücksichtigung des Lagerstandes aller drei Werke in der Vorperiode laut der gegebenen Datentabellen im Datenfile und dem Produktionsprogramm x aus Aufgabe 2.8

(Nettobedarf = Bruttobedarf – Lagerbestand).

Aufgabe 2.10

Berechnen Sie die verfügbare Jahreskapazität in den Werken im Einschichtbetrieb und stellen Sie einen sinnvollen Bezug zur für die Produktion erforderlichen Kapazität her.

Aufgabe 2.11

Wie groß ist die jeweilige Auslastung der verschiedenen Ressourcen im Einschichtbetrieb, wenn ein Jahresproduktionsprogramm in Werk 1 und Werk 3 gegeben ist (versuchen Sie auch eine Matrizengleichung dafür herzuleiten). Wie schaut die Inputmenge für Werk 2 sinnvoller Weise aus? Wählen Sie eine naheliegende Aufteilung der Einzelprodukte in die Finalprodukte.

$$x_{W_1} = \begin{pmatrix} 850.000 \\ 3.900.200 \end{pmatrix}, \; x_{W_3} = 4.100.000.$$

2.6.3 Aufgaben zum Jahresproduktionsprogramm

Aufgabe 2.12

Berechnen Sie die lastabhängigen Produktionskosten für folgende Produktionsprogramme in den drei Werken. Bestimmen Sie zuerst, unter Berücksichtigung der Kompatibilität, die fehlenden Größen der Produktionsprogramme!

$$x_{W_1} = \begin{pmatrix} 100.000 \\ (x_{W_1})_2 \end{pmatrix}, \; x_{W_2} = \begin{pmatrix} 110 \\ 200 \\ 240 \\ 480 \\ 570 \end{pmatrix}, \; x_{W_3}$$

Aufgabe 2.13

Berechnen Sie die Gesamtkosten der Beschaffungsteile, unter der Annahme, dass jeweils der günstigste Lieferant (bezüglich Stückpreisen) gewählt wird. Die Produktionsprogramme können aus Aufgabe 2.12 übernommen werden.

Aufgabe 2.14

Berechnen Sie den Jahresdeckungsbeitrag, wenn man die Preise der Finalprodukte aus Tabelle 1.1 übernimmt und weiters annimmt, dass das gesamte Produktionsprogramm auch abgesetzt wird.

Aufgabe 2.15

Stellen Sie formelmäßig in Matrizenschreibweise ein Modell zur Berechnung des Jahresproduktionsprogramms auf. Treffen Sie dabei folgende Annahmen:

- Handys werden sowohl im Werk 1 und im Werk 3 gefertigt
- Nur Einschichtbetrieb
- Keine Leasingarbeiter
- Betrachteter Zeitraum = Zeitauflösung = 1 Jahr
- Untere Verkaufsgrenze = Jahresabsatzmenge aus dem Vorjahr
- Obere Verkaufsgrenze = Jahresabsatzmenge aus dem Vorjahr + 30 %
- Verkaufspreis = Verkaufspreis Vorperiode

- Beschaffungskosten = Einzelpreis des Lieferanten mit geringsten Stückpreisen (Bestell- und Transportkosten, Rabatte, usw. nicht berücksichtigt)

Definieren und interpretieren Sie die verwendeten Matrizen und Vektoren. Welche Matrizen und Vektoren sind im Modell bekannt? Geben Sie deren zahlenmäßigen Koeffizienten an.

Welche Matrizen und Vektoren werden durch das Modell gesucht/berechnet? Diskutieren Sie die obigen Annahmen einzeln durch. An welcher Stelle/welchen Stellen wirken sich die obigen Annahmen aus?

Aufgabe 2.16

Erstellen Sie ein durchgängiges Modell in Excel bezüglich Aufgabe 2.15. Ändern Sie die Annahmen „nur Einschichtbetrieb“ und „obere Verkaufsgrenze“ folgendermaßen ab:

- Zweischichtbetrieb, aber die Kapazitätsbedarfe werden zu Kosten in der ersten Schicht bewertet.
- obere Verkaufsgrenze = bei Handys Jahresabsatzmenge aus dem Vorjahr + 100 %, bei Walkman Jahresabsatzmenge aus dem Vorjahr + 30 %

Insbesondere sollten Sie die Matrixfunktion nützen und alle Inputdaten durch Referenzierung in das Modell einbeziehen. Berechnen Sie mit dem Excel-Solver™ die optimale Lösung!

Interpretieren Sie die erhaltenen Ergebnisse! Welches Finalprodukt wird durch das Modell bevorzugt, wo treten Engpässe auf?

Welche Abhängigkeiten wurden in diesem Modell noch nicht berücksichtigt?

Aufgabe 2.17

Berechnen Sie den Stück-DB der fünf Finalprodukte mit dem aus Aufgabe 2.16 ermittelten optimalen Produktionsprogramm und berechnen Sie aus dem Stück-DB den Gesamt-DB.

Aufgabe 2.18

Bestimmen Sie den Stück-DB/Last bzw. Stück-DB/Last am Engpass der einzelnen Finalprodukte und vergleichen Sie mit der Priorisierung der Finalprodukte im optimalen Produktionsprogramm. Variieren Sie die Kapazitäten und vergleichen Sie die Szenarien. Diskutieren Sie die Ergebnisse!

2.6.4 Aufgaben zum Verkaufsprogramm

Aufgabe 2.19

Erstellen Sie eine Grafik der Absatzzahlen der Produktgruppen bezüglich der vergangenen zwei Jahre und erarbeiten Sie einen funktionalen Ansatz zur Approximation der Absatzzahlen (interpretieren Sie die einzelnen Parameter). Die Parameter müssen noch nicht numerisch bestimmt werden!

Aufgabe 2.20

Erstellen Sie eine Grafik der Preis-Absatz-Funktionen (verwenden Sie jeweils absolute Zahlen) und erarbeiten Sie einen funktionalen Ansatz zur Approximation der Preis-Absatz-Funktion (interpretieren Sie die einzelnen Parameter). Führen Sie die Approximation mit Hilfe der Excel-Funktion „Trendlinie" durch. → Trendlinie

Aufgabe 2.21

Berechnen Sie eine geeignete Approximation mit Hilfe eines least-squares-Ansatzes der monatlichen Absatzzahlen der Produktgruppen bezüglich der vergangenen zwei Jahre. Extrapolieren Sie die Werte für das kommende Jahr in Monatsauflösung unter der Annahme, dass der Trend und die saisonalen Schwankungen gleich bleiben. Wie groß wäre dann der Jahresabsatz für die beiden Produktgruppen im nächsten Jahr? Stellen Sie die Ergebnisse grafisch dar! → least-squares

Aufgabe 2.22

Berechnen Sie Approximationen der beiden Preis-Absatz-Funktionen durch geeignete Polynomansätze mithilfe der Normalgleichungen. Interpretieren Sie die einzelnen Parameter und stellen Sie die Ergebnisse entsprechend grafisch dar. → Normalgleichung

Aufgabe 2.23

Erstellen Sie ein Modell zur Berechnung des Jahresverkaufsprogramms des nächsten Jahres auf Produktgruppenebene (Handy, Walkman). Als Zielfunktional ist der Jahresdeckungsbeitrag zu verwenden. Die Ergebnisse aus der Marktforschung sind ebenso zu berücksichtigen wie die Tatsache, dass in allen Abteilungen und bei den Kleberobotern mit Kapazitätseinbußen aus Stillstandszeiten und Überlegungen für die Programmdurchsetzung von 8 % der Jahresgesamtkapazität zu rechnen ist.

Implementieren sie das Modell in Excel und berechnen Sie das DB-optimale Jahresabsatzprogramm!

Aufgabe 2.24

Berechnen Sie ein DB-optimales Absatzprogramm in Monatsauflösung für das nächste Jahr. Der qualitative Absatzverlauf ist aus der Prognose der vergangenen Absatzzahlen, der quantitative Verlauf aus der DB-optimalen Jahresabsatzmenge zu bestimmen.

Stellen Sie das extrapolierte und das DB-optimale Absatzprogramm in Monatsauflösung für das nächste Jahr in einer Grafik dar!

2.6.5 Aufgaben zum Jahreskapazitätsausgleich

Aufgabe 2.25

Erstellen Sie ein Modell zur Durchführung des Jahreskapazitätsausgleichs unter Berücksichtigung der zweiten Schicht, Leasingarbeiter und Produktion auf Lager. Versuchen Sie das Modell in Excel umzusetzen und mit Excel-Solver™ zu lösen.

Aufgabe 2.26

Entscheiden Sie selber im Team, welche Zeitauflösung, welche Aggregierung der Ressourcen und eventuelle andere Vereinfachungen Sie vornehmen müssen, um die Rechenbarkeit in Excel zu gewährleisten. Diskutieren Sie die getroffenen Vereinfachungen und deren mögliche Auswirkungen und interpretieren Sie Ihre Ergebnisse.

3 Fallbeispiel zur Analysis

3.1 Investitionsplanung

In diesem Abschnitt wird primär das Ziel verfolgt, die Überlegungen, die bei einer **Investitionsplanung** anzustellen sind, mittels eines mathematischen Modells zu formulieren, und die Fragen nach dem sinnvollen Umfang und der Zahl der neu zu schaffendenden Arbeitsplätze zu beantworten. Dabei werden Methoden der Finanzmathematik verwendet, die in Kapitel 10 Folgen und Reihen beschrieben sind.

Die Beobachtung der Marktprognosen und die erzielbaren Deckungsbeiträge rechtfertigen bei der Produktgruppe Handy eine Erweiterung der Montagekapazität. Eine Ausweitung der Fertigungskapazitäten ist mittels einer **Neuinvestition** oder durch Spezialisierung des Unternehmens auf reine Handyproduktion und Strukturbereinigung im Geschäftsfeld CD-Walkman (CD-Walkmanproduktion in Werk 1 wird durch Handyproduktion ersetzt) möglich. Die Einführung einer dritten Schicht wird nicht diskutiert. Hier wird konkret ein Modell zur Planung der notwendigen sowie sinnvoll dimensionierten Kapazitätserweiterung für den Zweischichtbetrieb durch eine Neuinvestition erstellt.

Die Investitionsplanung beantwortet im Wesentlichen zwei Fragen:

1. Ist die Investition rentabel? (Rentabilität)
2. Wie lange dauert es, bis das eingesetzte Kapital wieder hereingebracht wird? (Kapitalrückflussdauer, Amortisationszeit)

Besonders zu beachten ist, dass die Finanzierung einer Investition in der Regel über einige Jahre angesetzt werden muss und beispielsweise durch Aufnahme eines Kredites erfolgt. Damit müssen die Entwicklungen der Faktoren wie Absatzmenge, Preis, Lohnkosten, Kapazitätsbedarfe, Technologie usw. über einen sehr langen Zeitraum abgeschätzt werden. Dies ist mit vielen Unwägbarkeiten verbunden und damit ist jedes Modell und dessen Aussage kritisch zu beleuchten.

Folgende Inputdaten sind für die Investitionsplanung notwendig:

- Zukünftige Markt- und Marktanteilsentwicklung (Absatzmengen, Preisentwicklung)
- Investitionskosten für die Schaffung zusätzlicher Kapazitäten
- Zinsfuß des Fremdkapitals
- Zinsfuß für Abzinsung (Kapitalwertentwicklung)

- Erforderliche Kapazitäten für die Herstellung der Produkte und deren zeitliche Entwicklung (Erfahrungskurve)
- Lohnkostenindexentwicklung

Konkret sind in dieser Fallstudie die Anzahl der zu schaffenden Arbeitsplätze in den Bereichen Qualitätskontrolle, Montage und Verpackung sowie Montageroboter, die davon direkt abzuleitende erforderliche Investitionssumme und die damit erzielbaren Absatzzahlen über die Zeit zu bestimmen. Für den Investor ebenso wichtig und interessant ist allerdings auch die zu erzielende **Rendite**, die das Verhältnis von erzielbarem zu eingesetztem Kapital angibt, und die Zeitdauer, bis das eingesetzte Kapital wieder zurückgewonnen ist (**Amortisationszeit**, **Kapitalrückflussdauer**).

3.1.1 Modell

Die Beantwortung oben formulierter Fragen stützt sich auf die Ergebnisse eines mathematischen Modells der Investitionsplanung. Das Grundmodell hat folgende Form:

1. Absatzbeschränkung

$$a_i \leq \overline{a}_i,\ a_i, \overline{a}_i \in \mathbb{R} \text{ für } i = 1,\ldots,n \tag{3.1}$$

2. Kapazitätsbeschränkung

$$C_i a_i \leq b_{Bestand} + b_{Invest},\ b_{Bestand},\ b_{Invest} \in \mathbb{R}_4 \text{ für } i = 1,\ldots,n \tag{3.2}$$

3. Gesamtinvestitionssumme

$$K = K_{Basis} + \left\lceil \frac{1}{2} b_{Invest}^T \right\rceil K_{Arbeitsplatz},\ K_{Arbeitsplatz} \in \mathbb{R}_4 \tag{3.3}$$

4. Zielfunktion: Maximaler abgezinster Gesamt-DB

$$\sum_{i=1}^{n} (1+u)^{-i} \left(a_i p_i - k_{C_i}^T C_i a_i - k_{B_i} a_i - r(K,n,v) \right) \rightarrow \text{Max.} \tag{3.4}$$

Die verwendeten Größen im Detail sind:

a_i ..... geplanter Absatz in Jahr i

$\overline{a}_i$ ..... Absatzbeschränkung in Jahr i (aus Marktforschung)

$C_i \in \mathbb{R}_4^1$ ..... Kapazitätsmatrix in Jahr i

$b_{Bestand}$ ..... vorhandene Kapazität (Mitarbeiterjahre)

b_{Invest} ..... neu zu schaffende Kapazität (Mitarbeiterjahre)

$\lceil y \rceil$ ..... kleinste ganze Zahl die größer gleich y ist (Aufrunden)

K_{Basis} ..... Basisinvestitionssumme

$K_{Arbeitsplatz}$ ..... Kostenvektor für die Schaffung eines Arbeitsplatzes

n ..... Kreditlaufzeit

u ..... Zinsfuß per anno für die Abzinsung

v ..... Kreditzins per anno

p_i ..... erzielbarer Preis im Jahr i

k_{C_i} ..... Lohnkostenvektor im Jahr i

k_{B_i} ..... Kostensatz für Beschaffungsteile für ein Handy

$r(K,n,v)$ ..... jährliche Kosten für das Fremdkapital K

Die maximal erreichbaren Absatzzahlen in Bedingung 1 sind durch die Marktforschung (vgl. Abbildung 3.2) gesichert.

In Bedingung 2 gibt das Produkt der Kapazitätsmatrix in der Einheit Mitarbeiterjahr pro Stück mit dem geplanten Jahresabsatz die Zahl der notwendigen Mitarbeiter pro Jahr an, wobei zu berücksichtigen ist, dass nur halb so viel Arbeitsplätze zur Verfügung stehen müssen, weil im Zweischichtbetrieb gearbeitet wird. Dies kommt in der anschließenden Investitionssumme zum Ausdruck. Die Koeffizienten der Kapazitätsmatrix fallen wegen des Erfahrungskurveneffekts mit wachsendem i. Dieser wird später noch genau durch eine Funktionsvorschrift spezifiziert.

Die Basisinvestitionssumme fällt unabhängig von der Anzahl der neuen Arbeitsplätze an und begründet sich durch Planung, Grundstückskosten sowie die Erschließung.

Weil sich Kapital mit der Zeit verzinst, sind Geldbeträge zu verschiedenen Zeitpunkten verschieden viel wert. 100 € heute sind bei einer jährlichen Verzinsung mit sechs Prozent genauso viel wert wie 106 € in einem Jahr. Um Kapitalwerte vergleichbar zu machen, wird mit der sogenannten **Abzinsung** der Wert des Kapitals zu verschiedenen Zeitpunkten mit dem Zinsfuß u auf den Startzeitpunkt zurückgerechnet.

Die erzielbaren Preise sinken laut Marktforschung in den nächsten zehn Jahren entsprechend Abbildung 3.1 ab, der Kostensatz für eine Kapazitätseinheit im Jahr i steigt gemäß dem Lohnkostenindex an. Kosten für Beschaffungsteile für ein Handy fallen ebenfalls im gleichen Ausmaß wie die notwendigen Kapazitäten wegen der Erfahrungskurve, da auch von den Lieferanten erwartet wird, ihre Erfahrungskurveneffekte weiterzugeben. Schließlich inkludiert die Rate $r(K,n,v)$ die jährlichen Fremdkapitalkosten bestehend aus Zinsen und Tilgung für das aufgenommene Fremdkapital K bei einer **Laufzeit** des Kredits von n Jahren und einer konstanten jährlichen **Verzinsung** von v Prozent.

In obigem Modell sind der zukünftige Absatz und die Anzahl zu schaffender Arbeitsplätze so zu suchen, dass der Deckungsbeitrag der gesamten Laufzeit des **Tilgungsplanes** bezogen auf den Investitionsstart (Abzinsung) maximal wird. Hier wird deshalb der Deckungsbeitrag als Zielgröße verwendet, weil dadurch der entscheidende Kapitalrückfluss durch die Investition integriert ist. Für die Berechnung der Rendite und der Kapitalrückflussdauer müssten noch Fixkostenanteile und Steuern entsprechend berücksichtigt werden, die in dieser Fallstudie jedoch aus Vereinfachungsgründen ausgeklammert werden.

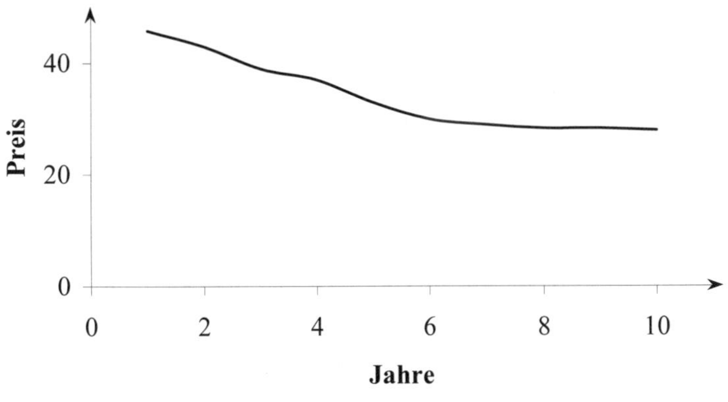

Abbildung 3.1 Langfristige Preisentwicklung bei Produktgruppe Handy

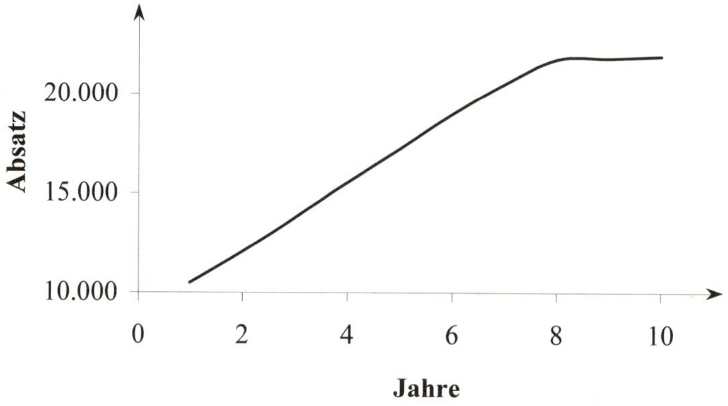

Abbildung 3.2 Langfristiges Absatzpotenzial bei Produktgruppe Handy

3.1.2 Erfahrungskurve und Lohnkostenindex

Die notwendige Last, um eine Einheit zu fertigen, bzw. die Beschaffungskosten werden sich im Laufe der Zeit reduzieren, weil die im täglichen Betrieb gewonnene Erfahrung und Geschicklichkeit zunehmen. Präziser formuliert heißt das, dass sie mit Verdoppelung der kumulierten Ausbringungsmenge um 10 % fallen werden. Aus der Funktionentheorie (vgl. Kapitel 5 Funktionen) ist bekannt, dass diese Eigenschaft durch eine typische Funktion der Form $\alpha : \mathbb{R} \to \mathbb{R},\ y \mapsto cy^{-d}$ beschreibbar ist. Angewandt auf die vorliegende Situation erhalten die Kapazitätsmatrizen, die im Jahr i gelten, die Form

$$C_i = \alpha\left(\sum_{j=1}^{i} a_j\right) C_1,\ i = 2,\dots,10, \tag{3.5}$$

und die Stückkosten für die Beschaffungsteile im Jahr i

$$k_{B_i} = \alpha\left(\sum_{j=1}^{i} a_j\right) k_{B_1},\ i = 2,\dots,10, \tag{3.6}$$

mit den Ausgangswerten für Jahr 1

$$C_1 = \begin{pmatrix} A_{51} \\ A_{61} \\ A_{41} + A_{71} \end{pmatrix} \text{ und } \quad k_{B_1} = 11{,}02 \tag{3.7}$$

sowie

$$\begin{aligned} &\alpha(y) = \frac{1}{\overline{a}_1^{\,-d}} y^{-d} \text{ und wegen } \alpha(2y) = (1-\beta)\alpha(y) \text{ folgt} \\ &(2y)^{-d} = (1-\beta)y^{-d} \text{ und daraus schließlich } d = -\frac{\ln(1-\beta)}{\ln(2)}. \end{aligned} \tag{3.8}$$

β ist dabei die prozentuelle Reduktion bei Verdoppelung der kumulierten Ausbringungsmenge und heißt **Lernrate**. Die Koeffizienten A_{ij} der Matrix C_1 stammen aus der früher verwendeten Kapazitätsmatrix (2.35).

Abbildung 3.3 visualisiert die sinkende Last bzw. die Reduktion der Materialkosten mit der Verdoppelung der kumulierten Ausbringungsmenge. Kritisch beleuchtet werden muss allerdings die ungenaue betriebswirtschaftliche Definition, denn die anfängliche Ausbringungsmenge ist nicht festgelegt. Dazu wird hier die Absatzschranke im ersten Jahr verwendet.

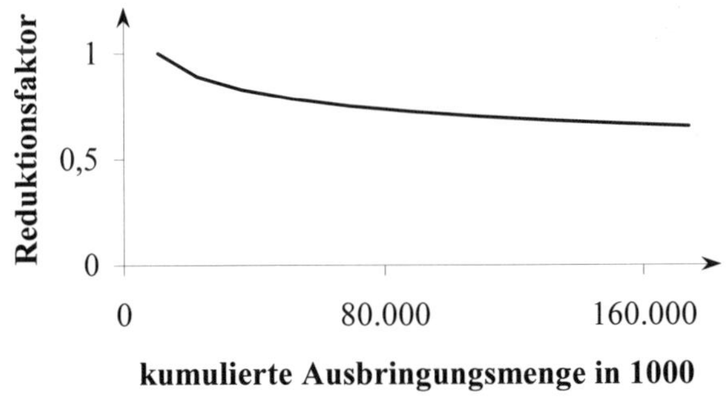

Abbildung 3.3 Erfahrungskurve in Abhängigkeit der kumulierten Absatzmenge

Die Kosten für die Leistungserstellung folgt einem zur Erfahrungskurve gegenläufigen Trend, da die Lohnkosten einem steigenden **Lohnkostenindex** unterliegen. Für den Lohnkostenvektor bedeutet dies

$$k_{C_i} = k_{C_1} \cdot I_i,\ i = 1,\dots,n\ , \tag{3.9}$$

wobei die Lohnkosten pro Jahr und Person bzw. Roboter im ersten Jahr gegeben sind durch

$$k_{C_1} = \left(12{,}35\ \ 10{,}90\ \ 9{,}45\ \ 11{,}63\right)^T \cdot 240 \cdot 8\,. \tag{3.10}$$

$I = \left(1\ \ 1{,}03\ \ 1{,}061\ \ 1{,}093\ \ 1{,}126\ \ 1{,}159\ \ 1{,}194\ \ 1{,}229\ \ 1{,}267\ \ 1{,}305\right)$ entspricht dabei dem Lohnkostenindexvektor.

3.1.3 Kreditrate

Zur vollständigen Diskussion des Investitionsplanungsmodells ist noch eine Auseinandersetzung mit der Berechnung der jährlichen Kosten des **Fremdkapitals** notwendig, bevor die anfangs gestellten Fragen beantwortet werden können.

Mit dem Kreditinstitut konnte folgende Vereinbarung getroffen werden: Zu Beginn des ersten Jahres wird ein **Kredit** in der Höhe von K Euro aufgenommen. Dieser Betrag ist ein Jahr lang voll mit einem Zinssatz von v zu verzinsen. Am Ende des ersten Jahres ist die noch zu ermittelnde über die Laufzeit konstante **Kreditrate** r (**Annuität**), die sowohl die Tilgung als auch die Zinsen enthält, zurückzuzahlen. Am Beginn des zweiten Jahres ist somit der Kreditkontostand identisch mit jenem am Ende des ersten Jahres. Dieser Betrag wird wiederum ein volles Jahr verzinst. Am Ende des zweiten Jahres erhält die Bank erneut den Betrag r zurück, danach wird diese Vorgangsweise solange wiederholt (n Jahre), bis der Kredit samt Zinsen zurückgezahlt ist. In Gleichungen gefasst ergibt sich jeweils der Kreditkontostand am Ende des i-ten Jahres:

$$\begin{aligned}
i=1:&\quad K(1+v)-r\\
i=2:&\quad \big(K(1+v)-r\big)(1+v)-r = K(1+v)^2-r(1+v)-r\\
i=3:&\quad \big(K(1+v)^2-r(1+v)-r\big)(1+v)-r=\\
&\quad = K(1+v)^3-\sum_{j=0}^{2} r(1+v)^j \qquad\qquad (3.11)\\
&\ \vdots\\
i=n:&\quad K(1+v)^n-\sum_{j=0}^{n-1} r(1+v)^j = K(1+v)^n - r\frac{(1+v)^n-1}{v}
\end{aligned}$$

Da nach n Jahren der Kredit getilgt sein soll, ergibt sich durch Nullsetzen des Kontostandes am Ende des n-ten Jahres:

$$r(K,n,v) = \frac{Kv(1+v)^n}{(1+v)^n - 1} \tag{3.12}$$

Die beschriebene Kreditform wird auch als nachschüssiger Kredit mit jährlicher Verzinsung und jährlicher Tilgung bezeichnet.

3.1.4 Optimale Investitionsstrategie

Nach der Umsetzung obigen Modells, unter Berücksichtigung aller geforderten Nebenbedingungen und Ermitteln des maximalen abgezinsten kumulierten Deckungsbeitrages unter Zuhilfenahme von Excel-Solver™, ergibt sich folgendes in Tabelle 3.1 dargestelltes Bild. Im Bereich Qualität sind demnach von 7 auf 10, in der Montage von 350 auf 492 neue Stellen aufzurüsten und 16 neue Roboter anzuschaffen (vorher 40), wobei eine Gesamtinvestitionssumme von 15.719.431 € bei einer jährlich zu zahlenden Kreditrate von 2.135.767 € gerechnet wird.

		Last			
Jahr	**Absatz**	**Q**	**M**	**V**	**M, Rob**
1	10.500.000	14	696	10	53
2	12.075.000	14	713	10	61
3	13.766.000	15	756	11	70
4	15.556.000	16	809	11	79
5	17.267.000	17	859	12	87
6	18.994.000	18	911	13	96
7	20.514.000	19	953	13	104
8	21.745.000	20	983	14	110
9	21.800.000	19	962	14	110
10	21.900.000	19	947	13	111

Tabelle 3.1 Investitionsplan und Ressourcenbedarf

Neben dem Ergebnis der Investitionsempfehlung liefert die Investitionsplanung darüber hinaus einen Projektplan, in dem ersichtlich ist, wann die jeweiligen Arbeitsplätze installiert sein müssen.

Zur Beantwortung der Frage nach der Rentabilität und der Amortisationszeit darf nur der Deckungsbeitrag von dem durch die Investition neu geschaffenen Umsatz und den entsprechenden Kosten abgeleitet werden, wozu näherungsweise die Zahl der durch die neuen Arbeitsplätze produzierten Handys ermittelt werden muss. Dabei ist immer von den Stückzahlen in den einzelnen Abteilungen auf ganze Handys zurückzurechnen.

Da weder Fixkostendaten bekannt sind, noch Steuern berücksichtigt werden, fällt die Rendite hier unrealistisch hoch aus und gilt nur als symbolischer Wert. Aufgrund der ausgezeichneten Prognose der Absatzmöglichkeiten für Produktgruppe Handy sowie des Erfahrungskurveneffektes ist das investierte Kapital demnach bereits nach zwei Jahren und 28 Wochen wieder hereingeholt, und die durchschnittliche jährliche Rendite beträgt 259 % und berechnet sich über

$$\frac{1}{n}\cdot\frac{\sum_{i=1}^{n} DB_{abgezinst\ neu_i}}{K}\cdot 100\ \% \tag{3.13}$$

$DB_{abgezinst\ neu_i}$ ..... Deckungsbeitrag im Jahr i durch neu geschaffene Arbeitsplätze,

mit $n = 10$.

In Tabelle 3.2 sind die Entwicklung der Kapitalwerte und des Tilgungsplanes der Investitionsplanung zusammengefasst. Eine hohe zu erwartende Verzinsung animiert die Investoren, Geld in das Unternehmen einzusetzen – wenn auch vielfach unter höherem Risiko, anstatt bei einer Bank mit wesentlich geringerer Verzinsung anzulegen. Insgesamt müssen die Planergebnisse jedoch kritisch auf Plausibilität sowie Stimmigkeit mit der Unternehmens- und Marktsituation geprüft werden, damit die Investitionen in neue Arbeitsplätze nicht zu überhöhten Kapazitätsangeboten bzw. Kostenremanenz bei möglicherweise künftig rückläufigem Kapazitätsbedarf führen.

Jahr	$DB_{abgezinst\ neu}$	Kapitalrückfluss	Tilgung
1	0	-15.719.431	14.526.830
2	3.963.989	-11.755.442	13.262.673
3	21.316.977	9.561.535	11.922.666
4	40.178.154	49.739.689	10.502.259
5	49.720.744	99.460.433	8.996.628
6	56.218.180	155.678.613	7.400.658
7	62.322.150	218.000.764	5.708.931
8	64.877.299	282.878.062	3.915.700
9	57.489.250	340.367.312	2.014.875
10	50.542.297	390.909.609	0

Tabelle 3.2 Entwicklung der Kapitalwerte und des Tilgungsplanes

3.2 Optimale Losgrößen in der Beschaffung

Ziel dieses Abschnitts ist die Anwendung von Funktionen in einer bzw. mehreren reellen Veränderlichen sowie der Differentialrechnung auf die Problematik der **Optimierung von Losgrößen** für Beschaffungsteile. Die dazu notwendigen mathematischen Grundlagen werden in den Kapiteln 11 und 12 vermittelt.

Die Umsetzung des Jahresproduktionsprogramms benötigt die in den Stücklisten in Abbildung 1.3 und Abbildung 1.4 angegebenen **Beschaffungsteile**. Diese Beschaffungsteile machen einen Großteil der Kosten des Jahresproduktionsprogramms aus, weshalb hier besonderer Wert auf eine wirtschaftliche Beschaffungspolitik gelegt werden sollte. In der Beschaffungsplanung sind die Fragen zu klären,

- wann,
- wie viel und
- von welchen Lieferanten

die Teile zugekauft werden. Zur Beantwortung dieser Fragen können deterministische und stochastische Verfahren herangezogen werden. In diesem Abschnitt finden sich ausschließlich deterministische Methoden, stochastische werden hier nicht diskutiert. Deterministische Verfahren eigenen sich besonders gut für Teile, deren Verbrauchsmengen gut vorhersagbar sind.

Die Bestimmung des Verbrauches erfolgt dabei über die **Stücklistenauflösung** bzw. über das Konzept der Übergangsmatrizen (siehe 2.2 auf Seite 28). Der **Primärbedarf** bezeichnet dabei den geplanten Verbrauch an Finalprodukten und der **Sekundärbedarf** den davon abgeleiten Verbrauch an Beschaffungsteilen. Sowohl beim Sekundärbedarf als auch beim Primärbedarf unterscheidet man zwischen **Bruttobedarf** und **Nettobedarf**. Der Nettobedarf ist der Bruttobedarf abzüglich der bereits vorhandenen Teile, die sich im noch **disponierbaren Lagerbestand** befinden.

Für die Durchführung der Beschaffung ist die **Bestellmenge** (Losgröße) und der Bestellzeitpunkt bzw. die bestellauslösende Lagerbestandsmenge zu bestimmen. Der **Bestellzeitpunkt** muss natürlich so gewählt werden, dass die Verfügbarkeit des Teils immer gegeben ist – damit hängt dieser neben der **Wiederbeschaffungszeit** auch von möglichen Unwägbarkeiten wie höheren unvorhersehbaren Materialverbrauchen in der Wiederbeschaffungszeit ab. Deshalb werden die Konzepte für die Berechnung des Bestellzeitpunktes bzw. der bestellauslösenden Menge häufig mit Hilfe von stochastischen Methoden behandelt.

In diesem Abschnitt wird angenommen, dass keine zufälligen Unwägbarkeiten auftreten, und das entwickelte Modell befasst sich lediglich mit der Bestimmung der optimalen Losgröße. Ziel ist also, eine Bestellmenge so zu finden, dass bei einer periodischen Belieferung mit dieser Losgröße, sodass der Jahresbedarf gedeckt wird, die Summe der davon beeinflussten Kostenblöcke insgesamt minimal ist.

Durch die Bestellmenge werden folgende Kriterien beeinflusst:

- Anzahl der benötigten LKW sowie Transportmenge pro LKW und damit Transportkosten pro Stück
- Bestellkosten pro Stück (Verwaltungskosten werden auf die Losgröße verteilt)
- Durchschnittliche Verweildauer im Lager und damit die Lagerkosten pro Stück
- eventuelle Rabatte

Bezüglich der Lieferkette werden zwei Szenarien unterschieden: Zuerst wird ein **stark integriertes Logistiksystem** betrachtet. Unter der Annahme dass eine hohe Automatisierung und Datenintegration entlang der **Supply Chain** herrscht und in langfristigen Verträgen die Rahmenbedingungen fixiert sind, kann von sehr geringen **Bestellkosten** pro Bestellung ausgegangen werden. Diese werden somit im ersten Fall vernachlässigt.

3.2.1 Optimale Beschaffung in der Supply Chain

Exemplarisch wird das Teil „Handy Gehäuse“ vom Lieferanten 5 herausgegriffen. Im Rahmen der engen Lieferantenbeziehung wird eine Jahresrabattmenge vereinbart. Auf Grund der geplanten Jahresverbrauchsmenge kann für den Einzelpreis k_e von einer Rabattreduktion von 12 % ausgegangen werden. Die zu ermittelnde Bestelllosgröße q beeinflusst die Kostenblöcke Transport und Lager und soll so bestimmt werden, dass die entstehenden Gesamtstückkosten minimal sind.

1. Transportkosten pro Stück

$$k_t(q) = \frac{K_t}{Q} \cdot \left\lceil \frac{q}{n \cdot m} \right\rceil \left\lceil \frac{Q}{q} \right\rceil \tag{3.14}$$

2. Lagerkosten pro Stück

$$k_\ell(q) = w\left(k_e + k_t(q)\right)\frac{q}{2Q} \tag{3.15}$$

3. Zielfunktion Gesamtstückkosten

$$k(q) = k_e + k_t(q) + k_\ell(q) \to \text{Min.} \tag{3.16}$$

Dabei wurden folgende Bezeichnungen verwendet:

K_t ..... Kosten für einen LKW-Transport

Q ..... Jahresbedarfsmenge

n ..... Maximale Anzahl Transportpaletten pro LKW

m ..... Stück pro Palette

w ..... kalkulatorischer Lagerzinssatz pro Jahr

Für die **Transportkosten** ist zu berücksichtigen, dass bei einer Bestellmenge, die größer als eine LKW-Ladung ist, ein ganzzahliges Vielfaches der LKW-Kosten anfallen wird. Ihr mögliches Minimum ist leicht abzuschätzen: Aus der Jahresbedarfsmenge der einzelnen Beschaffungsteile ergibt sich über die Transportkapazität eines LKW die Anzahl der mindestens erforderlichen LKW-Transporte zu

$$\left\lceil \frac{Q}{n \cdot m} \right\rceil \tag{3.17}$$

und damit minimal mögliche Transportkosten pro Stück von

$$\frac{K_t}{Q}\left\lceil \frac{Q}{n \cdot m} \right\rceil . \tag{3.18}$$

Die **Lagerkosten** pro Stück hängen bedeutend von der Verweildauer im Lager ab, aber ebenso vom gebundenen Kapital. Da die Transportkosten sofort beim Lieferanten beglichen werden, zählen sie ebenfalls zum gebundenen Kapital.

In die Berechnung der Lagerkosten ist wesentlich die Annahme eines konstanten Jahresverbrauches und einer jeweils schlagartigen Auffüllung eingegangen, sodass das im Lager gebundene Material über die Dreiecksflächenformel berechnet werden kann. Bei schwankendem Verbrauch muss die betrachtete Periode so verkürzt werden, dass ein annähernd konstanter Verbrauch angenommen werden kann, oder es muss über die entsprechende Lagerbestandskurve integriert werden.

Da die kleinste Liefereinheit hier eine Palette ist, sind mögliche Losgrößen nur ganzzahlige Vielfache der Teilezahl pro Palette. Durch Auswertung der Grafik in Abbildung 3.4 und Untersuchung der **Gesamtkostenfunktion** bzw. Gesamtstückkostenfunktion kann das Minimum der Gesamtkosten leicht gefunden werden. Für das Handygehäuse liegt es bei 24.000 Stück also 24 Paletten und einem vollen LKW. Offensichtlich sind die Lagerkosten so gering, dass ausschließlich die Transportkosten zu tragen kommen. Dieses Ergebnis ist nicht weiter verwunderlich, da mindestens 405 LKW-Fahrten notwendig sind, um das Beschaffungsaufkommen eines Jahres von 9.715.200 Stück zu bewältigen. Bei Transportkosten von ca. 509 € pro LKW muss damit die günstigste Realisierung der Transportstückkosten bei 0,02 € liegen. Die Sprungstellen in den Transportkosten resultieren aus der Notwendigkeit, die Anzahl der LKW zu erhöhen, um die entsprechende Lieferung durchführen zu können.

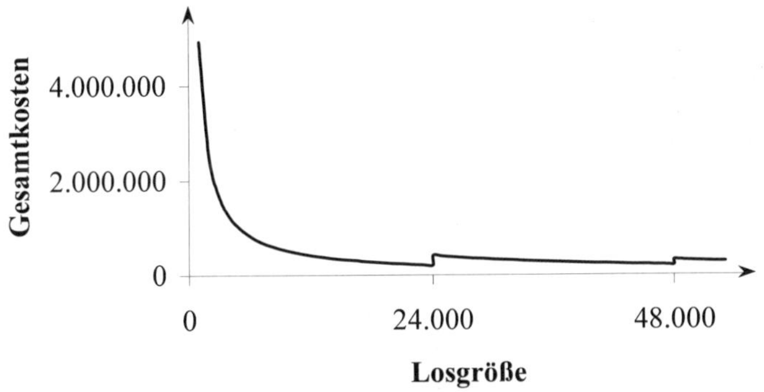

Abbildung 3.4 Gesamtkosten in Abhängigkeit der Losgröße für Szenario integrierte Lieferkette

Für jedes Beschaffungsteil und für jeden möglichen Lieferanten kann nun die entsprechende Kostenfunktion und damit obige Grafik erstellt werden und so abhängig vom Teil und Lieferant die optimale Bestellmenge mit den dazugehörigen Stückeinstandskosten

$$k_e + k_t(q) + k_\ell(q) \tag{3.19}$$

bestimmt werden. Jener Lieferant, bei dem die geringsten Stückeinstandskosten resultieren, wird bezüglich Kostenoptimalität den anderen zu bevorzugen sein.

3.2.2 Klassische Beschaffung

Das zweite Szenario beleuchtet eine nur wenig integrierte Lieferkette. Dadurch fallen pro Bestellung im Vergleich zum Supply Chain-Szenario zusätzlich Kosten für die Abwicklung der Bestellvorgänge in der Höhe der fixen Bestellkosten an. Es gelten die gleichen Annahmen wie zuvor. Die Transportkosten sind üblicherweise in den Bestellkosten inkludiert, jedoch ist in diesem Fall aufgrund der stark unterschiedlichen LKW-Bedarfe je nach Bestellmenge ein variabler Bestellkostenanteil in Form von Transportkosten zu kalkulieren. Im Fall des Handygehäuses von Lieferant 5 betragen die **Bestellkosten** pro Bestellung ca. 91 €. Die Summe der Beschaffungs- und Lagerkosten einer Periode werden dann durch folgenden Term ausgedrückt:

q Losgröße

$$K(q) = k_e(q)q + \underbrace{k_b \left\lceil \frac{Q}{q} \right\rceil}_{\text{Bestellkosten}} + \underbrace{k_t(q)Q}_{\text{Transportkosten}} + \underbrace{\frac{w\left(k_e(q) + k_t(q) + \frac{k_b}{Q}\left\lceil \frac{Q}{q} \right\rceil\right)q}{2}}_{\text{Lagerkosten}} \tag{3.20}$$

wobei k_b die Bestellkosten pro Bestellung angeben.

Diese Kostenfunktion besitzt Unstetigkeitsstellen und ist somit den Optimierungsmethoden der Differentialrechnung nicht zugänglich. Jedoch ist es zwischen diesen Unstetigkeitsstellen möglich, mittels der Differentialrechnung die Eigenschaften der Funktion zu diskutieren und anschließend durch Fallunterscheidungen das Minimum zu ermitteln. Eine qualitative Beurteilung der einzelnen Summanden ergibt, dass die Transportkosten für alle Losgrößen q zwischen zwei Unstetigkeitsstellen monoton fallend sind und jeweils das gleiche Minimum annehmen. Das Größenverhältnis der Transportkosten zu den übrigen Kosten ist enorm unterschiedlich.

Für das betrachtete Handygehäuse vom Lieferant 5 ergibt sich ohne Betrachtung der Transportkosten ein Minimum bei einer Losgröße von 86.000 Stück. Jetzt bleibt noch der Transportkostenanteil zu berücksichtigen. Durch eine tabellarische Auflistung der möglichen Losgrößen (nur ganzzahlige Vielfache der Teilezahl pro Palette) und der Gesamtkosten inklusive Transportkosten, ergibt sich die optimale Losgröße zu 72.000. Die Kombination von Abbildung 3.5 und Abbildung 3.6 vermitteln nochmals ein anschauliches Bild zur Bestimmung der optimalen Losgröße. Hier wurde bereits die **Rabattgrenze** für den Fall einer nicht integrierten Lieferkette berücksichtigt, die prozentuelle Rabattreduktion entspricht jedoch jener im Supply Chain-Szenario.

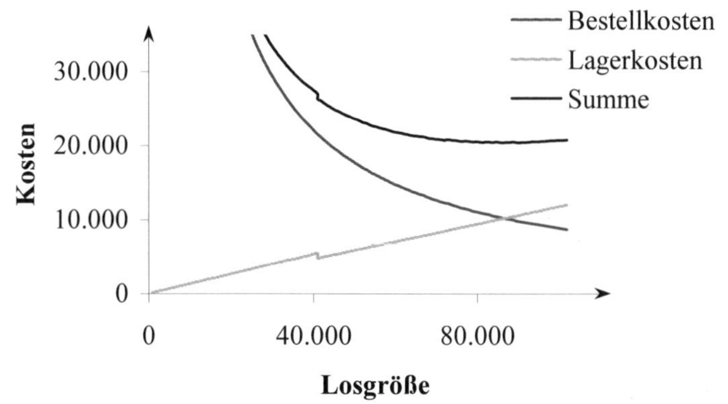

Abbildung 3.5 Bestell-, Lagerkosten und die Summe beider in Abhängigkeit der Losgröße für Szenario ohne integrierte Lieferkette

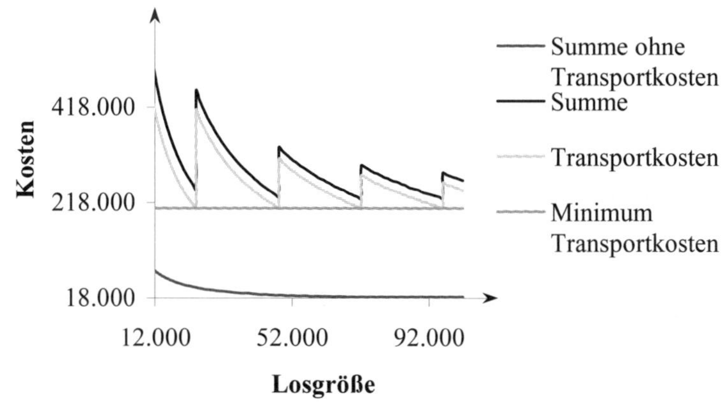

Abbildung 3.6 Summe aus Bestell- und Lagerkosten sowie Transportkosten und die Summe beider in Abhängigkeit der Losgröße für Szenario ohne integrierte Lieferkette

Allgemein erfordert die Betrachtung von Rabattgrenzen zusätzlich einen Vergleich der Gesamtkosten bei Rabattgewährung und der Gesamtkosten bei der bereits ohne Rabatt berechneten optimalen Losgröße. Hier gilt es zwei Fälle zu unterscheiden:

Falls der optimale Punkt ohne Rabattberücksichtigung unter der Rabattgrenze liegt, ist er nur dann insgesamt optimal, wenn die Gesamtkosten kleiner sind als bei der Rabattgrenze selbst, ansonsten befindet sich in der Rabattgrenze das gesuchte Optimum.

Falls der optimale Punkt über der Rabattgrenze liegt, bedarf es keiner weiteren Untersuchung.

3.2.3 Gemeinsame Beschaffung mehrerer Produkte

Besonders interessant und in der Modellierung schwierig ist der Sachverhalt, in einem Bestellvorgang vom gleichen Lieferanten verschiedene Produkte zu bestellen. Folgende Annahmen dienen der Vereinfachung:

- Rabatte werden nicht berücksichtigt
- Losgrößen müssen nicht dem Vielfachen einer Verpackungseinheit entsprechen
- Bedarfe sind für alle Produkte konstant
- Auffüllung erfolgt wieder schlagartig

Die Formeln für Einzelkosten und Lagerkosten ändern sich nicht wesentlich. Ein Bild des Lagerbestandsverlaufs gibt Aufschluss darüber, wie sich die Lagerkosten berechnen (vgl. Abbildung 3.7). Lediglich die Transportkosten weichen etwas von der eindimensionalen Betrachtung ab:

$$k_t(q_1, q_2) = \frac{K_t}{Q_1 + Q_2} \underbrace{\left\lceil \frac{q_1}{n_1 \cdot m_1} + \frac{q_2}{n_2 \cdot m_2} \right\rceil}_{\text{Zahl der erforderlichen LKW pro Lieferung}} \cdot \underbrace{\left\lceil \frac{Q_1}{q_1} \right\rceil}_{\text{Zahl der Lieferungen}} \tag{3.21}$$

Dabei wurden folgende Bezeichnungen verwendet:

q_1, q_2 ..... Losgrößen erstes und zweites Produkt

Q_1, Q_2 ..... Jahresbedarfsmengen für erstes und zweites Produkt

n_1, n_2 ..... Maximale Anzahl Transportpaletten pro LKW

m_1, m_2 ..... Stück pro Palette

Bei den Transportkosten ist wieder zu berücksichtigen, wenn die Bestellmenge der beiden Produkte gemeinsam größer als eine LKW-Ladung ist, dass dann die Kosten pro Transport als ganzzahliges Vielfaches der LKW-Kosten anfallen werden.

Das Kostenfunktional, das sich wiederum aus Transportkosten, Bestellkosten und Lagerkosten zusammensetzt, ist unter der Nebenbedingung zu minimieren, dass beide Produkte dieselbe Lieferperiode haben müssen.

Die Nebenbedingung lautet

$$\frac{q_1}{Q_1} = \frac{q_2}{Q_2}. \tag{3.22}$$

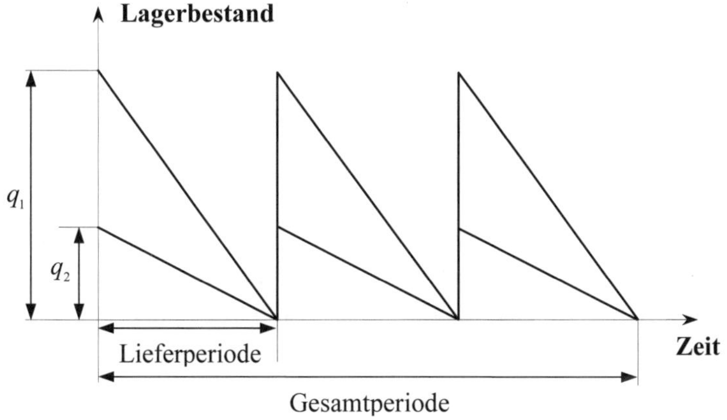

Abbildung 3.7 Lagerbestandsverlauf für zwei Produkte vom selben Lieferanten mit gleichen Lieferzeitpunkten

Nach Umsetzung dieses Modells mittels Excel-Solver™ ergeben sich die optimalen Losgrößen für das Handygehäuse vom Lieferanten 3 zu 51.953 und für das Walkmangehäuse vom Lieferanten 3 zu 39.833.

3.3 Wartung und Instandhaltung

In diesem Abschnitt ist die Entwicklung eines deterministischen mathematischen Modells zur Bestimmung des optimalen Austauschzeitpunktes für Robotermodule unter Verwendung der Differential- und Integralrechnung das primäre Ziel. Die Grundlagen dazu befinden sich in den Kapiteln 11 Eindimensionale Differentialrechnung und 13 Integralrechnung.

Maschinen und Anlagen unterliegen während ihres Lebenszyklus einem zunehmenden Verschleiß. Dessen Intensität ist gemeinsam mit mechanischen Einflussfaktoren abhängig von den Ausbringungsmengen bzw. dem Betriebsalter. Die Abnutzung stellt sich in Form von mehreren Effekten dar, die je nach Art der Anlage und deren organisatorischer Einbindung in den Produktionsprozess mehr oder weniger unmittelbar wahrnehmbar sind. Häufig macht sich Verschleiß in Qualitätsmängeln, geringeren Ausbringungsmengen, höherem Energieverbrauch und längeren Stückzeiten bemerkbar, wodurch höhere Kosten verursacht werden.

Die **Wartung und Instandhaltung** entwickelt und ergreift Gegenmaßnahmen, welche die volle Leistungsfähigkeit der betrieblichen Anlagen gewährleisten soll. Ihre Wichtigkeit unterstreicht die Tatsache, dass sie heute als eigenständiges Aufgabenfeld gilt.

Die Instandhaltung beeinflusst die Maschinen- und Anlagenverfügbarkeit, die sich auf Ausbringungsmengen sowie logistische Zielgrößen wie Durchlaufzeit, Termintreue und Lagerreichweiten auswirken. Zu den Aufgaben der Wartung und Instandhaltung zählen

- die ursprünglichen Gebrauchseigenschaften eines Betriebsmittels zu erhalten,
- Abweichungen von den ursprünglichen Gebrauchseigenschaften rechtzeitig festzustellen,
- die ursprünglichen Gebrauchseigenschaften nach Möglichkeit wiederherzustellen und
- die ursprünglichen Gebrauchseigenschaften gegebenenfalls zu verbessern.

Ein Aspekt daraus ist die Planung optimaler Austauschzeitpunkte von Maschinen bzw. Anlagenteilen. In diesem Abschnitt wird von rein deterministischen Zusammenhängen ausgegangen, wenngleich Lebenszeiten von Anlagen einen durchaus stochastischen Charakter aufweisen. Die aktuelle Betrachtung zielt auf die in Werk 3 in der Vormontage eingesetzten Kleberoboter ab, deren Endeffektoren und Press-Klebemodule aufgrund großer Fertigungsstückzahlen und enger Toleranzen einer stetigen Abnutzung unterliegen.

3.3.1 Performanceeinbuße

Die Abnutzung wurde nach eingehenden Untersuchungen als prozentuelle **Performanceeinbuße** identifiziert, wenn die kumulierten Ausbringungsmengen ein Vielfaches einer Basismenge erreichen. Genauer gesagt nimmt bis zu einer Ausbringungsmenge von $x_0 = 44.000$ Stück (15 Stück parallel in einem Arbeitsschritt auf einem Roboter) die Vormontage 8 Minuten pro Füllung in Anspruch. Das entspricht einer Stückzeit von $y_0 = 0{,}008889$ Stunden. Bei Verdoppelung der Ausbringungsmenge auf 88.000 Stück ohne zwischenzeitliches Austauschservice vergrößert sich die Stückzeit auf 0,008996, was einer prozentuellen Verlangsamung um 1,2 % entspricht, weil sich durch die Abnutzung die Justierung des Roboterarms und des Press-Klebemoduls zeitlich verzögert. Bei einer weiteren Zunahme um ein Vielfaches von x_0 nimmt die Stückzeit entsprechend um weitere 1,2 % zu.

Nimmt man eine stetige Entwicklung der Stückzeit in Abhängigkeit der gefertigten Stückzahl an, so lässt sie sich entsprechend der Instandhaltungsuntersuchung im interessanten Definitionsbereich $(x \geq x_0)$ in Form einer Exponentialfunktion modellieren. Es gilt also:

$$f(x) = y_0 (1+\rho)^{\frac{x-x_0}{x_0}} = y_0 (1+\rho)^{\frac{x}{x_0}-1} \qquad (3.23)$$

mit den Bezeichnungen

x ..... kumulierte Ausbringungsmenge des Roboters

y_0 ..... Basisstückzeit in Stunden, bevor Abnützung erkennbar ist

ρ ..... prozentuelle Performanceeinbuße bei Zunahme der kumulierten Ausbringungsmenge auf ein Vielfaches von x_0

x_0 ..... Basismenge, bevor Abnützung bemerkbar wird

Abbildung 3.8 zeigt die Entwicklung der Stückzeit in Abhängigkeit der produzierten Stückzahlen innerhalb eines Instandhaltungsintervalls.

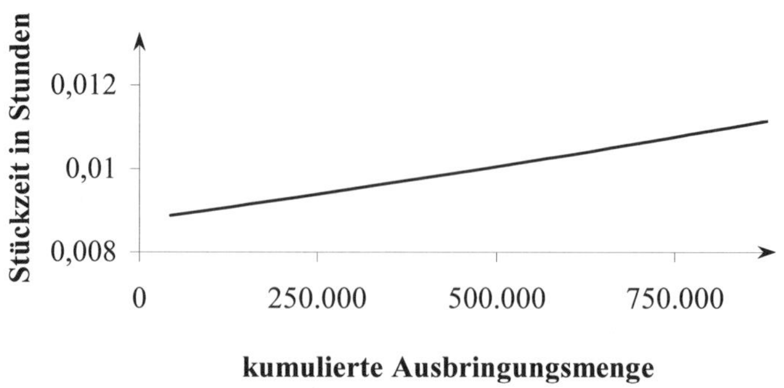

Abbildung 3.8 Entwicklung der Stückzeit in Abhängigkeit der kumulierten Ausbringungsmenge

3.3.2 Optimaler Austauschzeitpunkt

Die folgende Betrachtung soll Aufschluss darüber geben, wann der optimale Austauschzeitpunkt erreicht wird, bei welcher Stückzahl ein Austausch des Press-Klebemoduls eines Roboters wirtschaftlich am sinnvollsten erscheint, wobei in die Kalkulation laufende Kosten für die Produktion und Fixkosten für die Neuanschaffung des Robotermoduls eingehen.

Formel (3.23) ermöglicht eine Abschätzung der Entwicklung der Klebekosten pro Stück, die aufgrund der langsamer werdenden Klebeoperation monoton anwachsen. Diese Funktion berechnet sich zu

$$k(x) = 11{,}63 \cdot f(x) = 11{,}63 y_0 (1+\rho)^{\frac{x}{x_0}-1}, \tag{3.24}$$

da der Stundenkostensatz des Roboters fix mit 11,63 € vorgegeben ist. Die Gesamtkosten für die Vorfertigung einer variablen Anzahl x von Handys an einem Roboter lassen sich unter Berücksichtigung der Intensität des Verschleißes am Klebehandling und damit steigender Klebekosten pro Stück durch Integration der Funktion (3.24) ermitteln, indem

$$K(x) = 11{,}63 y_0 x_0 + \int_{x_0}^{x} k(z)\,dz = 11{,}63 y_0 x_0 \left(1 + \frac{(1+\rho)^{\frac{x}{x_0}-1} - 1}{\ln(1+\rho)} \right) \tag{3.25}$$

berechnet wird. Abbildung 3.9 gibt einen Eindruck der Gesamtkosten für die Klebeoperation.

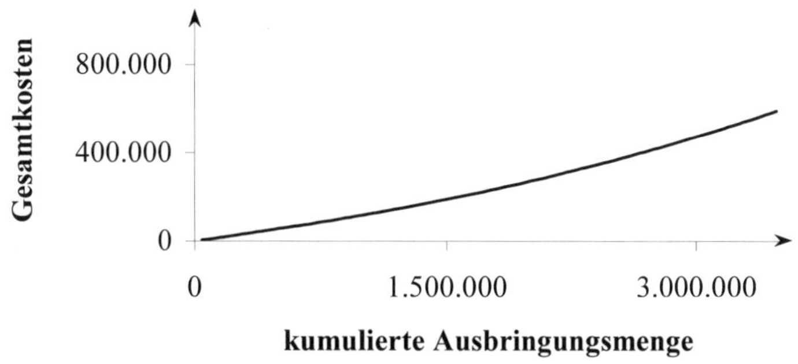

Abbildung 3.9 Gesamtkosten in Abhängigkeit der kumulierten Ausbringungsmenge

Der optimale Austauschzeitpunkt des Press-Klebemoduls wird dann erreicht, wenn die **durchschnittlichen Stückkosten** für das Kleben von einer bestimmten Anzahl von Teilen inklusive der Neuanschaffungskosten minimal werden. Genau das ist erfüllt bei einer Ausbringungsmenge x_{opt}, für die das Funktional

$$g(x) = \frac{K(x) + K_A}{x} \tag{3.26}$$

$K(x)$ ..... Gesamtkosten bei einer kumulierten Ausbringungsmenge x

K_A ..... Neuanschaffungskosten für Press-Klebemodul

ein Minimum annimmt.

Zur Bestimmung der optimalen Menge führt die Differentialrechnung zum Erfolg, da das Zielfunktional im zulässigen Bereich genügend glatt und differenzierbar ist (siehe Kapitel 11). Als Kandidaten für Extrempunkte bieten sich jene Stellen x an, welche der Gleichung

$$\frac{dg(x)}{dx} = \frac{d}{dx}\left(\frac{K(x) + K_A}{x}\right) = 0 \tag{3.27}$$

genügen. Es muss also gelten

$$\frac{d}{dx}\left(\frac{K(x)+K_A}{x}\right)=\frac{\frac{d}{dx}K(x)x-K(x)-K_A}{x^2}=$$

$$=\frac{\frac{11,63y_0x_0}{ln(1+\rho)}\cdot\frac{ln(1+\rho)}{x_0}x(1+\rho)^{\frac{x}{x_0}-1}-K(x)-K_A}{x^2}= \tag{3.28}$$

$$=\frac{11,63y_0x(1+\rho)^{\frac{x}{x_0}-1}-K(x)-K_A}{x^2}\overset{!}{=}0.$$

Wenn ein x Gleichung (3.28) erfüllt und überdies die zweite Ableitung an dieser Stelle größer als Null ist, dann ist mit x die optimale Stückzahl bestimmt, bei der das Press-Klebemodul ausgetauscht werden soll. Der Einsatz des **Newtonverfahrens** (siehe 11.3.6) zum Auflösen obiger Gleichung schafft bei aufkommenden rechentechnischen Problemen Abhilfe, bzw. die Betrachtung des Funktionsgraphen (graphischer Ermittlung der Minimalstelle) führt direkt zur gesuchten Menge. Laut Tabelle 3.3 liegt der optimale Austauschzeitpunkt bei einer Produktionsmenge von 741.804 Stück.

x	$g'(x)$	$g''(x)$
44.000	-0,000004490560	0,000000000204753
65.932	-0,000001992154	0,000000000060858
98.666	-0,000000881725	0,000000000018161
147.216	-0,000000388170	0,000000000005469
218.189	-0,000000168781	0,000000000001682
318.550	-0,000000071273	0,000000000000542
449.991	-0,000000028044	0,000000000000194
594.431	-0,000000009255	0,000000000000086
702.218	-0,000000001952	0,000000000000053
738.870	-0,000000000135	0,000000000000046
741.788	-0,000000000001	0,000000000000046
741.804	-0,000000000000	0,000000000000046

Tabelle 3.3 Newtonverfahren zur Bestimmung des optimalen Austauschzeitpunkts

Die Darstellung der durchschnittlichen Stückkosten als Kurve eignet sich überdies ausgezeichnet zur Einschätzung der Variabilität dieser Durchschnittskosten zu den Stückzahlen bis zum Austausch. So bewirkt ein Hinauszögern des Austauschzeitpunkts von der graphisch ermittelten optimalen Stückzahl von 748.000 auf 1.496.000 (Verdoppelung) eine 5,5-prozentige Erhöhung, wohingegen dieselbe Erhöhung der durchschnittlichen Stückkosten bei einem verfrühten Austausch bei 352.000 eintritt, obwohl die Differenz im einen Fall 748.000 Stück, im anderen aber nur 396.000 Stück entspricht. Ein zu früher Austausch des Press-Klebemoduls wirkt sich also weit negativer auf die erzielbaren Durchschnittskosten aus als eine längere Nutzung des Moduls über den Zeitraum des optimalen Austauschintervalls hinaus. Abbildung 3.10 gibt nochmals ein Bild dieser Sensitivitätsanalyse.

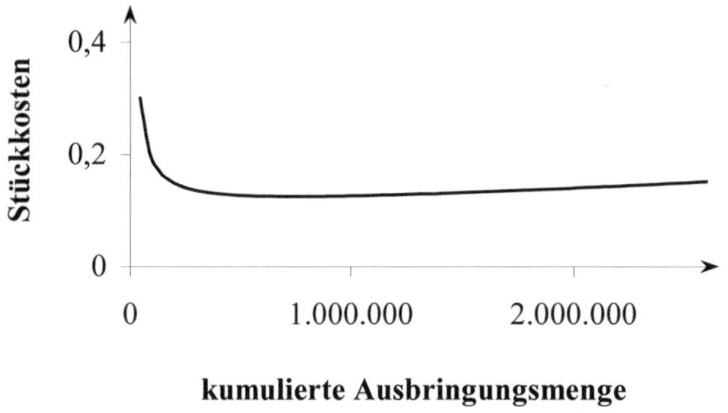

Abbildung 3.10 Stückkosten in Abhängigkeit der kumulierten Ausbringungsmenge

3.4 Übungsaufgaben

3.4.1 Aufgaben zur Investitionsplanung

Aufgabe 3.1

Berechnen Sie bezogen auf Produktgruppe Handy die Entwicklung der Beschaffungskosten für die nächsten 10 Jahre unter der Annahme, dass der Produktionsoutput ident mit der langfristigen Prognose des maximal möglichen Absatzes ist. Berücksichtigen Sie dabei eine Lernrate von 10 %.

Aufgabe 3.2

Berechnen Sie bezogen auf Produktgruppe Handy die Entwicklung der notwendigen Ressourcen für die Herstellung eines Finalproduktes für die nächsten 10 Jahre unter der Annahme, dass der Produktionsoutput ident mit der langfristigen Prognose des maximal möglichen Absatzes ist. Berücksichtigen sie dabei eine Lernrate von 10 %.

Aufgabe 3.3

Stellen Sie grafisch die Entwicklung der Beschaffungskosten, der Kapazitätsmatrix und der Lohnkosten für die nächsten 10 Jahre dar und diskutieren Sie deren Auswirkungen auf die zukünftig angestrebten Gewinne.

Aufgabe 3.4

Erstellen Sie ein Excel-Modell zur Investitionsplanung. Berechnen Sie den anzustrebenden Absatz für die nächsten 10 Jahre und die erforderlichen Investitionen mit dem Ziel, den abgezinsten kumulierten Deckungsbeitrag zu maximieren.

Aufgabe 3.5

Berechnen Sie die durchschnittliche jährliche Rendite (DB der Neuinvestition/eingesetztes Kapital) und die voraussichtliche Amortisationszeit der Neuinvestition unter der Annahme, dass keine Steuern und Fixkosten anfallen.

Aufgabe 3.6

Exzerpieren Sie aus adäquater Literatur die Methode des internen Zinsfußes zur Bewertung einer Investition und wenden Sie diese auf die ALPHA 2000 AG an! Wie ist die Investition dem gemäß zu beurteilen?

3.4.2 Aufgaben zu Optimale Losgrößen in der Beschaffung

Aufgabe 3.7

Stellen Sie eine Kostenfunktion mit folgenden drei Summanden auf, unter der Annahme, dass das Lager in periodischen Abständen mit gleichen Bestelllosgrößen schlagartig befüllt wird, die Lagerentnahme konstant ist und Lager- und Zinskosten von *w* Prozent pro Jahr angenommen werden:

- Summand 1: Kapitalbindung im Beschaffungslager für ein Jahr
- Summand 2: Transportkosten für ein Jahr
- Summand 3: Bestellkosten für ein Jahr (pro Bestellung fallen Kosten von k_b an)

Stellen Sie die Beziehung für die Minimierung dieser Kostenfunktion auf und wenden Sie diese für das Produkt Handy Gehäuse für das nächste Jahr an.

Aufgabe 3.8

Implementieren Sie ein Modell in Excel, das für ein Beschaffungsteil die optimale Losgröße berechnet. Unterscheiden Sie dabei die zwei Fälle

- stark integrierte Logistikkette
- lose (klassische) Lieferantenbeziehung.

Erörtern Sie die wesentlichen Unterschiede und diskutieren Sie die notwendigen Voraussetzungen für Ihr Modell.

Aufgabe 3.9

Berücksichtigen Sie die Rabattstaffelung in Ihrem Modell zur klassischen Beschaffung und rechnen Sie neu.

Aufgabe 3.10

Exzerpieren Sie drei bis fünf Verfahren zur Losgrößenplanung in der Beschaffung aus adäquater Literatur und diskutieren Sie diese in Bezug auf das vorliegende Unternehmensfallbeispiel.

Aufgabe 3.11

Überlegen Sie ein Modell zur gemeinsamen Beschaffung von verschiedenen Produkten von einem Lieferanten und stellen Sie ein entsprechendes Kostenfunktional auf.

Berechnen Sie optimale Bestelllosgrößen in dieser Situation.

3.4.3 Aufgaben zu Wartung und Instandhaltung

Aufgabe 3.12

Berechnen Sie die Entwicklung der Stückzeiten der Klebeoperation für die Vormontage des Handys, wobei bei einer Zunahme der kumulierten Ausbringungsmenge um ein Vielfaches von 44.000 Stück eine stetige Performanceeinbuße von 1,2 % angenommen wird und das Kleben von 15 Handys parallel bei einer bisherigen Produktionsmenge von 44.000 Stück 8 Minuten in Anspruch nimmt.

Aufgabe 3.13

Berechnen Sie die Gesamtkostenfunktion für das Kleben der Handys in Abhängigkeit der kumulierten Ausbringungsmenge, wobei diese im Bereich $[0, 2.000.000]$ zu definieren ist.

Aufgabe 3.14

Überlegen Sie eine Zielfunktion zur Berechnung des optimalen Austauschzeitpunkts des Klebehandlings (im Bezug auf die bis dorthin zu produzierende Stückzahl) und führen Sie die Rechnung durch.

Aufgabe 3.15

Machen Sie eine Sensitivitätsanalyse, welche Aufschluss über die Empfindlichkeit gegen einen zu frühen bzw. einen zu späten Wartungszeitpunkt geben soll.

Aufgabe 3.16

In welcher Hinsicht beeinflussen Wartungs- und Instandhaltungsaktivitäten den Fertigungsablauf? Wurden alle Einflussgrößen in der Zielfunktion schon entsprechend berücksichtigt? Adaptieren Sie die entsprechenden Teile Ihres Modells und diskutieren Sie!

II Mathematische Grundlagen

Aufgabe dieses Abschnittes ist es, Grundkenntnisse über Mengen, Funktionen, logische Begriffe und häufig verwendete Kurzschreibweisen zu vermitteln, um dem Leser die notwendigen Voraussetzungen für das Verständnis des Unternehmensfallbeispiels als auch der weiteren Kapitel zu liefern. Diese, großteils schon in der Mittelschule behandelten, Themen werden hier nochmals aufgefrischt und anhand von Beispielen illustriert.

4 Mengenlehre und Grundlagen der Logik

Dieses Kapitel stellt die wichtigsten Grundbegriffe der Mengenlehre und der damit eng verbundenen Logik dar. Weiters wird eine abkürzende Schreibweise für Summen eingeführt.

4.1 Mengen

Es ist eine dem Menschen eigene Fähigkeit, gegebene Objekte gedanklich zu einem Ganzen zusammenfassen zu können. So kann man beispielsweise die an der FH inskribierten Personen zu den Studenten der FH zusammenfassen. Ein solches Ganzes ist dann eine Menge. Der Begriff der **Menge** ist ein Grundbaustein der Mathematik, der nicht definiert, sondern nur umschrieben wird.

„Eine Menge ist eine Zusammenfassung bestimmter wohlunterschiedener Objekte unserer Anschauung oder unseres Denkens – welche die Elemente der Menge genannt werden – zu einem Ganzen."

Mengen werden meist mit Großbuchstaben A, B, C,... bezeichnet. Für die Elemente einer Menge werden häufig Kleinbuchstaben a, b, c,... benutzt. Gehört ein Element a zu einer Menge A, so schreibt man dafür abkürzend: $a \in A$. Ist hingegen a nicht in A enthalten, so schreibt man $a \notin A$.

Eine Menge kann angegeben werden durch:

1. Aufzählen aller Elemente in geschwungenen Klammern: z.B. $\{a,b,c\}$
2. Beschreiben der Elemente durch Eigenschaften: z.B. $\{x \mid x \text{ ist österreichisches Bundesland}\}$ (Sprechweise: „Menge aller x, für die gilt, x ist österreichisches Bundesland.")

Für einige häufig auftretende Mengen werden feststehende Bezeichnungen eingeführt:

$\mathbb{N} = \{0,1,2,3,4,...\}$	Menge der natürlichen Zahlen
$\mathbb{N}^* = \{1,2,3,...\}$	Menge der natürlichen Zahlen ohne 0
$\mathbb{Z} = \{0,1,-1,2,-2,...\}$	Menge der ganzen Zahlen
$\mathbb{Q} = \left\{\frac{x}{y} \mid x \in \mathbb{Z}, y \in \mathbb{Z}, y \neq 0\right\}$	Menge der rationalen Zahlen
$\mathbb{R} = \{x \mid x \text{ ist endlicher oder unendlicher Dezimalbruch}\}$	
	Menge der reellen Zahlen
$\mathbb{Z}^+, \mathbb{Q}^+, \mathbb{R}^+$	Menge der positiven ganzen, rationalen bzw. reellen Zahlen
$\mathbb{Z}_0^+, \mathbb{Q}_0^+, \mathbb{R}_0^+$	Menge der nicht negativen ganzen, rationalen bzw. reellen Zahlen
$\mathbb{Z}^-, \mathbb{Q}^-, \mathbb{R}^-$	Menge der negativen ganzen, rationalen bzw. reellen Zahlen
$\varnothing = \{\ \}$	leere Menge (Menge ohne Elemente)
$[a,b] = \{x \in \mathbb{R} \mid a \leq x \leq b\}$	abgeschlossenes Intervall
$]a,b[= \{x \in \mathbb{R} \mid a < x < b\}$	offenes Intervall
$[a,\infty[= \{x \in \mathbb{R} \mid a \leq x\}$	unendliches Intervall

Offensichtlich ist $\mathbb{N}$ ein Teil von $\mathbb{Z}$ in dem Sinne, dass jedes Element von $\mathbb{N}$ auch Element von $\mathbb{Z}$ ist. Für solche und ähnliche Sachverhalte haben sich abkürzende Schreibweisen eingebürgert:

Definition 4.1

Seien *M* und *N* zwei Mengen.

- $M \subseteq N$: *M* ist **Teilmenge** von *N*, wenn jedes Element von *M* auch Element von *N* ist (vgl. Abbildung 4.1).
- $M \subset N$: *M* ist eine „echte" Teilmenge von *N*, wenn jedes Element von *M* auch Element von *N* ist, aber $M \neq N$ gilt.

- $M = N$: Die Mengen M und N sind gleich, wenn $M \subseteq N$ und $N \subseteq M$.
- $M \not\subset N$ bedeutet, dass M keine Teilmenge von N ist, dass also mindestens ein Element von M nicht in N liegt.

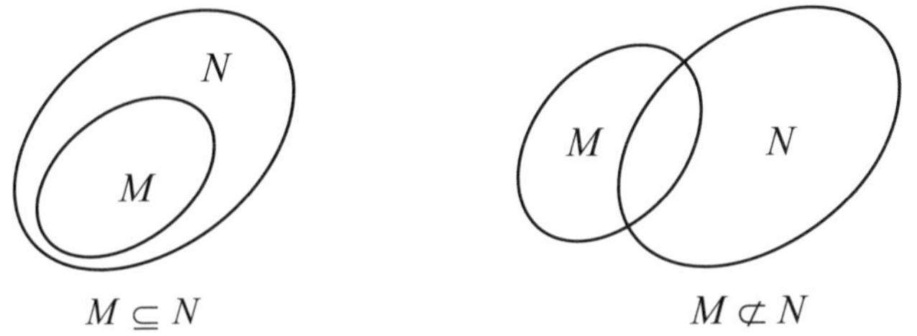

Abbildung 4.1 Venn-Diagramm von Teilmengen

Beispiel 4.1

Die folgenden Beispiele veranschaulichen obige Begriffe nochmals:

$M \subseteq M$: Jede Menge M ist Teilmenge von sich selbst.

$\emptyset \subseteq M$: Die leere Menge ist Teilmenge jeder Menge M.

$\{a\} \in \{\{a\}\}$: Eine Menge kann auch ein Element einer Menge sein.

$\{a\} \neq \{\{a\}\}$: Diese Mengen sind nicht gleich, weil sie unterschiedliche Elemente beinhalten (a und $\{a\}$).

$\{a\} \not\subset \{\{a\}\}$: $\{a\}$ ist keine Teilmenge von $\{\{a\}\}$, sondern ein Element dieser Menge (siehe oben).

$\{a\} \notin \{a\}$: Eine Menge ist kein Element von sich selbst.

Mengen lassen sich aber nicht nur in Relation zueinander beschreiben, sondern man kann Mengen auch manipulieren, indem man sie beispielsweise vereinigt, den Durchschnitt oder das Komplement bildet. Dadurch entstehen neue Mengen, die wie folgt definiert sind:

Definition 4.2

Seien *M* und *N* zwei Mengen. Dann werden die Vereinigung, der Durchschnitt, das Komplement und das kartesische Produkt dieser Mengen definiert als

- $M \cup N = \{x \mid x \in M \text{ oder } x \in N\}$ **Vereinigung**
- $M \cap N = \{x \mid x \in M \text{ und } x \in N\}$ **Durchschnitt**
- $M \setminus N = \{x \mid x \in M \text{ und } x \notin N\}$ **Komplement**
- $M \times N = \{(x,y) \mid x \in M \text{ und } y \in N\}$ **kartesisches Produkt**

Das Wort „oder" ist immer in der Bedeutung „und/oder" zu verstehen, im Gegensatz zu „entweder/oder". Das kartesische Produkt von zwei Mengen ist eine Menge aus Paaren, wobei die Reihenfolge der Elemente von Bedeutung ist. Die neu entstandenen Mengen können wieder durch **Venn-Diagramme** dargestellt werden (vgl. Abbildung 4.2).

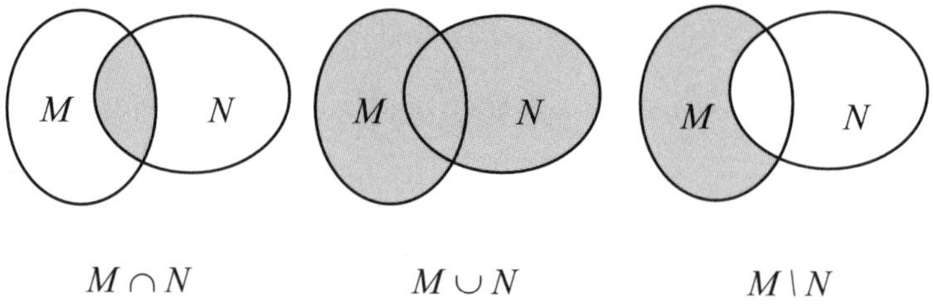

Abbildung 4.2 Durchschnitt, Vereinigung und Komplement von Mengen

Die Operatoren $\cup$ und $\cap$ können auch gemischt vorkommen. Dann wird die Reihenfolge der Abarbeitung durch Klammern festgelegt. Es gelten das so genannte Kommutativgesetz, das Assoziativgesetz, das Distributivgesetz und die De-Morgansche Regel:

Satz 4.1

Für die Teilmengen *M*, *N* und *P* einer Universalmenge *U* bezeichnen wir mit *M'*, *N'* und *P'* die jeweiligen Komplementärmengen in *U*.

Dann gelten folgende Rechengesetze:

Kommutativgesetz

$$\begin{aligned} M \cup N &= N \cup M \\ M \cap N &= N \cap M \end{aligned} \tag{4.1}$$

Assoziativgesetz

$$\begin{aligned} M \cup (N \cup P) &= (M \cup N) \cup P \\ M \cap (N \cap P) &= (M \cap N) \cap P \end{aligned} \tag{4.2}$$

Distributivgesetz

$$\begin{aligned} M \cap (N \cup P) &= (M \cap N) \cup (M \cap P) \\ M \cup (N \cap P) &= (M \cup N) \cap (M \cup P) \end{aligned} \tag{4.3}$$

De-Morgansche Regel

$$\begin{aligned} (M \cap N)' &= M' \cup N' \\ (M \cup N)' &= M' \cap N' \end{aligned} \tag{4.4}$$

Das Kommutativgesetz bezieht sich immer auf zwei Operanden, die anderen Regeln haben sowohl für endlich viele, als auch für unendlich viele Mengen Gültigkeit.

Beispiel 4.2

Gegeben ist eine Universalmenge *U* und zwei Teilmengen von *U*.

$$U = \{1,2,3,...,10\},\ M = \{2,3,4,5\},\ N = \{4,5,7,8\} \tag{4.5}$$

Dann sind die Komplementärmengen *M'* und *N'* und ihre Vereinigungsmenge

$$\begin{aligned} &M' = \{1,6,7,8,9,10\},\ N' = \{1,2,3,6,9,10\} \\ &M' \cup N' = \{1,2,3,6,7,8,9,10\} \end{aligned} \tag{4.6}$$

Der Durchschnitt der Mengen *M* und *N* und das Komplement der Durchschnittsmenge sind gegeben durch

$$\begin{aligned} &M \cap N = \{4,5\} \\ &(M \cap N)' = \{1,2,3,6,7,8,9,10\} \end{aligned} \tag{4.7}$$

Dieses Beispiel bestätigt also die De-Morgansche Regel:

$$(M \cap N)' = M' \cup N' = \{1,2,3,6,7,8,9,10\} \tag{4.8}$$

4.2 Logische Symbole und Schreibweisen

Die mathematische Modellierung beginnt bei der Betrachtung eines Bereichs der Realität, der zunächst textuell beschrieben wird. Aus der Beschreibung durch die natürliche Sprache wird ein mathematisches Modell abgeleitet. Diese Überführungen von einer Stufe auf eine andere sind mit einem in Kauf genommenen Informationsverlust verbunden. Man betrachtet eben nur Teilaspekte der Realität und tut dies mit mathematischen Methoden. Einmal in ein solches Modell übergeführt, gelangt man mit der Umgangssprache bald an die Grenzen des Überschaubaren. Deshalb haben sich in der Mathematik formalisierte Sprachelemente durchgesetzt, die es erlauben, Tatbestände bestechend kurz und prägnant darzustellen. Die Grundelemente dieser formalisierten Schreibweise lassen sich in Junktoren und Quantoren einteilen.

Definition 4.3

Junktoren bilden aus elementaren **Aussagen**, die nicht weiter zerlegt werden und entweder wahr oder falsch sind, zusammengesetzte Aussagen.

- $\wedge$ logisches „und“
- $\vee$ logisches „oder“
- $\neg$ logisches „nicht“
- $\Rightarrow$ logisches „wenn ..., dann ...“
- $\Leftrightarrow$ logisches „genau dann, wenn ...“

Beispiel 4.3

Die beiden Sätze

A_1: Die Kaufhauskette XY plant eine neue Filiale in Wien.

A_2: Die Kaufhauskette XY plant eine neue Filiale in Linz.

sind Aussagen, weil sie entweder wahr oder falsch sein können.

Die zusammengesetzte Aussage

$A_1 \wedge A_2$: Die Kaufhauskette XY plant neue Filialen in Wien und Linz.

ist nur dann wahr, wenn A_1 wahr ist und A_2 wahr ist.

Die Verknüpfung der Aussagen mit „oder“

$A_1 \vee A_2$: Die Kaufhauskette XY plant neue Filialen in Wien oder Linz.

ist bereits dann wahr, wenn zumindest eine der Aussagen wahr ist. Es können auch beide Aussagen wahr sein.

Die Verneinung der Aussage A_1 lautet:

$\neg A_1$: Die Kaufhauskette XY plant keine neue Filiale in Wien.

Satz 4.2

Seien a und b Elementaraussagen, so gilt:

$a \Leftrightarrow b$ ist gleichbedeutend mit $(a \Rightarrow b) \wedge (b \Rightarrow a)$.

Definition 4.4

Quantoren dienen erheblich zur Abkürzung und zum Präzisieren der Beschreibung von Tatbeständen.

- $\forall$ „für alle", „für jedes"
- $\exists$ „es gibt ein"
- $\exists!$ „es gibt genau ein"
- $\nexists$ „es gibt kein"

Die folgenden Beispiele liefern einen ersten Eindruck der Mächtigkeit und Prägnanz der mathematischen Symbolik. Dazu werden bereits bekannte Definitionen neu dargestellt.

Beispiel 4.4

M und N bezeichnen in diesem Beispiel beliebige Mengen. Die Definition für die Teilmenge kann dargestellt werden als

$$M \subseteq N \Leftrightarrow \forall m \in M : m \in N \; . \tag{4.9}$$

Ist M keine Teilmenge von N, so muss es ein Element von M geben, das nicht in N enthalten ist. Die mathematische Übersetzung dazu:

$$M \not\subseteq N \Leftrightarrow \exists m \in M : m \notin N \Leftrightarrow \neg(M \subseteq N) \tag{4.10}$$

Zwei Mengen M und N sind gleich, wenn M eine Teilmenge von N ist und umgekehrt:

$$M = N \Leftrightarrow (M \subseteq N) \wedge (N \subseteq M) \tag{4.11}$$

4.3 Summenzeichen

Das **Summenzeichen** dient als prägnante Abkürzung langer Summenausdrücke. Die Summanden werden durch einen Summationsindex indiziert, dessen untere Summationsgrenze unter dem Summenzeichen – einem stilisierten Sigma – und obere Summationsgrenze oberhalb des Summenzeichens steht. Der Summationsindex kann sich auch auf Elemente einer angegebenen Menge beziehen, wodurch die obere Summationsgrenze entfällt:

Definition 4.5

$$\begin{aligned} &\sum_{i=j}^{k} a_i = a_j + a_{j+1} + \ldots + a_k \text{ mit } a_i \in \mathbb{R} \\ &\sum_{i \in I} a_i = a_j + a_{j+1} + \ldots + a_k \text{ mit } I = \{j, j+1, \ldots, k\} \text{ und } a_i \in \mathbb{R} \end{aligned} \tag{4.12}$$

Die Bezeichnung des Summationsindex ist beliebig. Mehrfache Summenzeichen sind ebenfalls möglich, wenn mehrere Summationsindizes verwendet werden.

$$\begin{aligned} &\sum_{i=1}^{k} \sum_{j=1}^{l} a_{ij} = \sum_{i=1}^{k} (a_{i1} + a_{i2} + \ldots + a_{il}) = \\ &= a_{11} + a_{12} + \ldots + a_{1l} + a_{21} + a_{22} + \ldots + a_{2l} + \\ &+ \ldots + a_{k1} + a_{k2} + \ldots + a_{kl} \text{ mit } a_{ij} \in \mathbb{R} \end{aligned} \tag{4.13}$$

Die Summen sind vertauschbar und bei eindeutigem Zusammenhang wird wieder kürzer geschrieben

$$\sum_{i=1}^{m} \sum_{j=1}^{n} a_{ij} = \sum_{i,j} a_{ij} \,. \tag{4.14}$$

Falls die obere Summationsgrenze kleiner als die untere Summationsgrenze ist oder über eine leere Menge summiert wird, definiert man den Wert der Summe als 0, d. h.

$$\sum_{i=k}^{n} a_i = 0, \text{ falls } k > n$$
$$\sum_{\varnothing} a_i = 0. \tag{4.15}$$

Die Rechenregeln, die für das Rechnen mit Summenzeichen gelten, sind im folgenden Satz zusammengefasst.

Satz 4.3

Zwei Summen können gliedweise zusammengefasst werden und mit Hilfe eines Summenzeichens geschrieben werden.

$$\sum_{i=1}^{k} a_i \pm \sum_{i=1}^{k} b_i = \sum_{i=1}^{k} (a_i \pm b_i) \tag{4.16}$$

Ein konstanter Faktor kann aus der Summe herausgehoben werden:

$$\sum_{i=1}^{k} c \cdot a_i = c \cdot \sum_{i=1}^{k} a_i \tag{4.17}$$

Eine Summe kann in Teilsummen aufgespaltet werden.

$$\sum_{i=1}^{k} a_i = \sum_{i=1}^{m} a_i + \sum_{i=m+1}^{k} a_i \qquad (m < k) \tag{4.18}$$

Es kann eine Indextransformation durchgeführt werden. Subtrahiert man vom Summationsindex die Zahl m, so muss zu jeder Summationsgrenze m addiert werden.

$$\sum_{i=k}^{n} a_i = \sum_{i=k+m}^{n+m} a_{i-m} \tag{4.19}$$

Beispiel 4.5

$$\sum_{j=2}^{5} (j+1) = (2+1)+(3+1)+(4+1)+(5+1) = 18 \tag{4.20}$$

Der Summationsindex läuft von 2 bis 5. Also muss man schrittweise diese Zahlen in den Ausdruck $j+1$ einsetzen und aufsummieren.

$$\sum_{i=1}^{4} 3 = 3+3+3+3 = 12 \tag{4.21}$$

Bei dieser Summe wird die Konstante 3 viermal addiert, weil der Summationsindex von 1 bis 4 geht.

$$\sum_{k=1}^{3}\left(k^2-2k\right)=\sum_{k=1}^{3}k^2-\sum_{k=1}^{3}2k=\left(1+4+9\right)-\left(2+4+6\right)=2 \qquad (4.22)$$

Hier wird (4.16) verwendet und die Summe in zwei einzeln zu berechnende Summen aufgespalten.

$$\sum_{l=7}^{10}4a_l=4\sum_{l=7}^{10}a_l=4\left(a_7+a_8+a_9+a_{10}\right) \qquad (4.23)$$

Zur Berechnung dieser Summe wird (4.17) verwendet. Der Faktor 4 kann also aus der Summe herausgehoben werden und vereinfacht so die Berechnung.

$$\sum_{m=1}^{10}m^2+\sum_{m=10}^{99}\left(m+1\right)^2=\sum_{m=1}^{10}m^2+\sum_{m=11}^{100}m^2=\sum_{m=1}^{100}m^2 \qquad (4.24)$$

Bei dieser Umformung wird zunächst für den zweiten Summenausdruck eine Indextransformation nach Formel (4.19) durchgeführt. Der Summationsindex wird um eins erniedrigt, daher wird zu den Summationsgrenzen jeweils eins addiert. Anschließend können die beiden Summen zu einer Summe zusammengefasst werden, so wie es in (4.18) angegeben ist.

4.4 Übungsaufgaben

Aufgabe 4.1

Gegeben sind die drei Mengen:

$A=\{x\in\mathbb{N}\,|\,2<x\leq 12\}$

$B=\{x\in\mathbb{N}\,|\,x \text{ ist durch 2 ohne Rest teilbar}\}$

$C=\{x\in\mathbb{N}\,|\,x \text{ ist durch 3 ohne Rest teilbar}\}$

Bestimmen Sie die Mengen $A\cap B, B\cap C, A\setminus B, A\cap(B\cup C)$.

Aufgabe 4.2

a) Schreiben Sie die folgenden Mengen als Intervalle:

$\{x\in\mathbb{R}\,|\,x<6\}$, $\{a\in\mathbb{R}\,|\,7<a<10\}$, $\{y\in\mathbb{R}\,|\,y\leq -2\}$

b) Schreiben Sie die folgenden Intervalle als Mengen:

$[11{,}35[$, $]-\infty,2]$, $[-7,\infty[$

Aufgabe 4.3

Geben Sie die folgenden Mengen in aufzählender und beschreibender Form an.

a) A ist die Menge aller ganzen Zahlen, die größer als -5 und kleiner als 2 sind.
b) B ist die Menge aller natürlichen Zahlen, die Teiler von 30 sind.
c) C ist die Menge aller Standorte der FH Oberösterreich.
d) D ist die Menge aller natürlichen Zahlen, die durch 4 teilbar sind und kleiner als 40 sind.
e) E ist die Menge aller zweistelligen natürlichen Zahlen, deren Ziffernsumme 7 ist.

Aufgabe 4.4

Überprüfen Sie für die drei Mengen $A=\{1,2,3\}$, $B=\{3,5,7\}$ und $C=\{1,7\}$ die folgenden Beziehungen auf ihre Richtigkeit:

a) $A\times(B\cap C)=(A\times B)\cap(A\times C)$

b) $A \times (B \cup C) = (A \times B) \cup (A \times C)$

c) $A \times (B \setminus C) = (A \times B) \setminus (A \times C)$

Aufgabe 4.5

Schreiben Sie die folgenden Aussagen unter Verwendung von Quantoren an und geben Sie den Wahrheitswert dieser Aussagen an. Führen Sie im Fall einer falschen Behauptung ein Gegenbeispiel an.

a) Für alle natürlichen Zahlen x gilt: $x \geq 0$.

b) Es gibt eine natürliche Zahl x, so dass gilt: $\frac{1}{x} > x$.

c) Für alle ungeraden natürlichen Zahlen x gilt: 2 teilt $2x$

d) Für alle natürlichen Zahlen x gilt: $x^2 > x$

e) Manche Bruchzahlen sind ganze Zahlen.

f) Jede Primzahl ist ungerade.

g) Ganze Zahlen können negativ sein.

Aufgabe 4.6

Setzen Sie eines der Zeichen $\Rightarrow$, $\Leftarrow$ bzw. $\Leftrightarrow$ ein, sodass eine wahre Aussage entsteht.

a)	x ist eine Primzahl, $x > 2$	x ist eine ungerade natürliche Zahl
b)	$x \in \mathbb{Z}$	$x \in \mathbb{N}$
c)	x ist durch 18 teilbar.	x ist durch 2 und 9 teilbar.
d)	x ist durch 9 teilbar.	9 teilt die Ziffernsumme von x.
e)	$x \leq 3, x \in \mathbb{R}$	$\lvert x \rvert \leq 3, x \in \mathbb{R}$

Aufgabe 4.7

Setzen Sie vor die folgenden Aussagen einen der Quantoren $\forall$, $\exists$, $\exists!$ bzw. $\nexists$ ein, sodass eine wahre Aussage entsteht.

a) $(3x + 4 = 32) \wedge (x \in \mathbb{N})$

b) $(2x^2 - 1 = 7) \wedge (x \in \mathbb{Z})$

c) $(x^2 + 5 = 3) \wedge (x \in \mathbb{R})$

d) x ist eine Primzahl $\wedge$ x ist eine gerade Zahl

e) $(x^2 \geq 0) \wedge (x \in \mathbb{N})$

Aufgabe 4.8

Berechnen Sie folgende Summen:

$$\sum_{i=3}^{7}(i-1),\ \sum_{j=2}^{6}\frac{j+1}{j-1},\ \sum_{k=0}^{3}5,\ \sum_{l=1}^{5}l^2$$

Aufgabe 4.9

Schreiben Sie folgende Summen mit Hilfe des Summenzeichens:

a) $1+2+3+4+\ldots+29=$

b) $3^2+4^2+\ldots+13^2=$

c) $3x_1y_1+3x_2y_2+\ldots+3x_{10}y_{10}=$

d) $a_2b_3{}^2+a_3b_4{}^2+\ldots+a_{99}b_{100}{}^2=$

Aufgabe 4.10

Überprüfen Sie folgende Summenformeln für die angegebenen Werte von n.

a) $\sum_{k=1}^{n}k=\frac{n(n+1)}{2}$, $n=1,3,5$

b) $\sum_{k=1}^{n}k^2=\frac{n(n+1)(2n+1)}{6}$, $n=4,6$

c) $\sum_{k=1}^{n}k^3=\frac{n^2(n+1)^2}{4}$, $n=5,10$

Aufgabe 4.11

Schreiben Sie die angegebenen Summen einfacher und kürzer an, indem Sie eine geeignete Indextransformation durchführen.

$$\sum_{i=3}^{7}(i-2),\ \sum_{j=2}^{6}\frac{j+1}{j-1},\ \sum_{k=6}^{19}\sqrt{9k-27},\ \sum_{l=1}^{5}(l+3)^2$$

5 Funktionen

Um die Abhängigkeiten gewisser Elemente einer Menge von anderen beschreiben zu können, hat sich der zentrale Begriff der **Abbildung** oder **Funktion** herausgebildet. In diesem Kapitel werden, nach der Definition von Funktionen und ihren grundlegenden Eigenschaften, wichtige mathematische Grundfunktionen und Funktionen zur Beschreibung betriebswirtschaftlicher Sachverhalte diskutiert.

5.1 Einführung in die Funktionen

Funktionen werden verwendet, um Elementen aus einem Definitionsbereich eindeutig Elemente des Bildbereiches zuzuordnen. Es folgt jetzt die exakte Definition dieser Begriffe, und im Anschluss werden einige allgemeingültige Eigenschaften solcher Funktionen dargestellt.

Definition 5.1

Es seien M und N zwei beliebige Mengen. Eine Funktion f (oder Abbildung) von M nach N ist eine Zuordnungsvorschrift, die jedem Element von M **genau ein** Element von N zuordnet. M wird dann **Definitionsbereich** oder **Definitionsmenge** D_f, N **Bildbereich** oder **Wertemenge** W_f genannt.

Für diesen Zusammenhang haben sich verschiedene Abkürzungen eingebürgert, von denen im weiteren Verlauf ein gängiger Vertreter (vgl. (5.1)) verwendet wird.

$$\begin{aligned} f : M &\to N \\ m &\mapsto f(m) \end{aligned} \qquad (5.1)$$

$$\text{mit } m \in M \text{ und } f(m) \in N$$

$f(m)$ heißt **Bild** von m bezüglich f oder **Funktionswert** an der Stelle m, ein Element $x \in M$ mit $f(x) = n$ heißt **Urbild** von n.

In den folgenden Beispielen wird der Begriff der Funktion nochmals verdeutlicht und einige spezielle Funktion werden definiert.

Beispiel 5.1

$$\begin{aligned} id_M &: M \to M \\ & m \mapsto m \end{aligned} \tag{5.2}$$

heißt **identische Funktion** oder Identität, weil jedes Element sich selbst zugeordnet wird.

$$\begin{aligned} |x| &: \mathbb{R} \to \mathbb{R} \\ & x \mapsto x \quad \text{wenn } x \geq 0 \\ & x \mapsto -x \quad \text{wenn } x < 0 \end{aligned} \tag{5.3}$$

heißt **Betragsfunktion**. Jeder reellen Zahl wird der Abstand zum Nullpunkt auf der Zahlengeraden zugeordnet.

$$\begin{aligned} f_1 &: \mathbb{N} \to \mathbb{N} \\ & x \mapsto 2x \end{aligned} \tag{5.4}$$

ist eine Funktion, weil jeder natürlichen Zahl das Doppelte dieser Zahl zugeordnet wird und diese Zuordnung eindeutig ist.

$$\begin{aligned} f_2 &: \mathbb{N} \to \mathbb{N} \\ & x \mapsto x - 1 \end{aligned} \tag{5.5}$$

ist keine Funktion. Sie ist nicht wohldefiniert, weil der Zahl 0 die Zahl –1 zugeordnet wird und diese Zahl aber nicht im Bildbereich dieser Funktion liegt.

$$\begin{aligned} f_3 &: \mathbb{N} \to \mathbb{N} \\ & n \mapsto \text{Teiler von } n \end{aligned} \tag{5.6}$$

ist ebenfalls keine Funktion. Jede Zahl n ist zumindest durch 1 und durch n teilbar. Es kann also nicht eindeutig eine Zahl zugeordnet werden.

Definition 5.2

Zwei Funktionen f und g sind gleich (abgekürzt $f = g$), wenn sowohl die Definitionsmengen beider Funktionen, als auch die Wertemengen übereinstimmen und für jedes m der Definitionsmenge $f(m) = g(m)$ gilt.

Beispiel 5.2

$$f_1 : \{a,b\} \to \{1,2,3\} \qquad g_1 : \{a,b\} \to \{0,1,2,3\}$$
$$a \mapsto 1 \qquad a \mapsto 1 \tag{5.7}$$
$$b \mapsto 3 \qquad b \mapsto 3$$

Die Funktionen f_1 und g_1 sind nicht gleich. Es stimmen zwar die Funktionswerte überein, aber die Wertemengen unterscheiden sich.

$$f_2 : \mathbb{N} \to \mathbb{N} \qquad g_2 : \mathbb{N} \to \mathbb{N}$$
$$x \mapsto (x+2)^2 \qquad x \mapsto x^2 + 4x + 4 \tag{5.8}$$

Die Funktionsdefinitionen in (5.8) stimmen überein. Die Funktionen besitzen die gleichen Definitions- bzw. Wertemengen und jeder natürlichen Zahl wird mit f_2 und g_2 der gleiche Funktionswert zugeordnet.

Unter gewissen Voraussetzungen können die Funktionswerte einer Funktion als Input für eine weitere Funktion dienen, und diese einzelnen Zuordnungen durch eine neue Zuordnungsvorschrift ersetzt werden.

Definition 5.3

Seien *M*, *N* und *P* Mengen, sowie $f : M \to N$ und $g : N \to P$ Funktionen, dann heißt die Funktion

$$g \circ f : M \to P$$
$$m \mapsto (g \circ f)(m) = g(f(m)) \tag{5.9}$$

Hintereinanderausführung von *f* und *g* oder *g* nach *f*.

Beispiel 5.3

Dieses Beispiel verdeutlicht die Vorgangsweise der Hintereinanderausführung von den Funktionen *f* und *g*:

$$f : \mathbb{N} \to \mathbb{N} \qquad g : \mathbb{N} \to \mathbb{N}$$
$$x \mapsto x^2 \qquad x \mapsto 3x \tag{5.10}$$

Bei $g \circ f$ wird zunächst jedem *x* mit Hilfe der Funktion *f* der Wert x^2 zugeordnet. Dieser Wert dient jetzt als Input für die Funktion *g* und wird nach der Abbildungsvorschrift von *g* verdreifacht, also

$$\begin{aligned} g \circ f &: \mathbb{N} \to \mathbb{N} \\ &x \mapsto 3x^2 \end{aligned} \tag{5.11}$$

Vertauscht man die Reihenfolge der beiden Funktion, so erhält man

$$\begin{aligned} f \circ g &: \mathbb{N} \to \mathbb{N} \\ &x \mapsto f\big(g(x)\big) = f(3x) = (3x)^2 = 9x^2 \end{aligned} \tag{5.12}$$

Wie beim letzten Beispiel ersichtlich geworden ist, ist die Hintereinanderausführung von Funktionen im Allgemeinen nicht kommutativ. Es gilt allerdings das Assoziativgesetz, das im folgenden Satz formuliert wird.

Satz 5.1

Seien *M*, *N*, *P* und *Q* Mengen, sowie $f: M \to N$, $g: N \to P$ und $h: P \to Q$ Funktionen, dann gilt:

$$h \circ (g \circ f) = (h \circ g) \circ f = h \circ g \circ f \tag{5.13}$$

Beispiel 5.4

Um die Hintereinanderausführung von drei Funktionen zu veranschaulichen und das Assoziativgesetz zu überprüfen, werden die Funktionen *f* und *g* aus Beispiel 5.3 durch die Funktion *h* ergänzt:

$$\begin{aligned} f &: \mathbb{N} \to \mathbb{N} & g &: \mathbb{N} \to \mathbb{N} & h &: \mathbb{N} \to \mathbb{N} \\ &x \mapsto x^2 & &x \mapsto 3x & &x \mapsto \sqrt{2x+1} \end{aligned} \tag{5.14}$$

Für das Assoziativgesetz nach Formel (5.13) müssen also zunächst $g \circ f$ und $h \circ g$ bestimmt werden:

$$\begin{aligned} g \circ f(x) &= g\big(f(x)\big) = g\big(x^2\big) = 3x^2 \\ h \circ g(x) &= h\big(g(x)\big) = h(3x) = \sqrt{6x+1} \end{aligned} \tag{5.15}$$

Jetzt kann in (5.13) eingesetzt werden und es gilt:

$$\begin{aligned} h \circ (g \circ f)(x) &= h\big(3x^2\big) = \sqrt{6x^2+1} \\ (h \circ g) \circ f(x) &= (h \circ g)\big(x^2\big) = \sqrt{6x^2+1} \end{aligned} \tag{5.16}$$

Ein wichtiges Klassifizierungsmerkmal von Funktionen ist ihr „Trefferverhalten“. Es werden drei Arten unterschieden, die mit der Erfüllung bestimmter Eigenschaften verbunden sind.

Definition 5.4

Die Funktion $f : M \to N$ ist

- **injektiv**, wenn für alle Elemente $x, y \in M$ gilt: Aus $f(x) = f(y)$ folgt $x = y$. Ein Funktionswert kommt also höchstens einmal vor.
- **surjektiv**, wenn es für alle $n \in N$ ein $m \in M$ mit $f(m) = n$ gibt. Eine Funktion mit dieser Eigenschaft erreicht jeden Wert der Bildmenge mindestens einmal.
- **bijektiv**, wenn f injektiv und surjektiv ist. So eine Funktion trifft jedes Element der Bildmenge genau einmal.

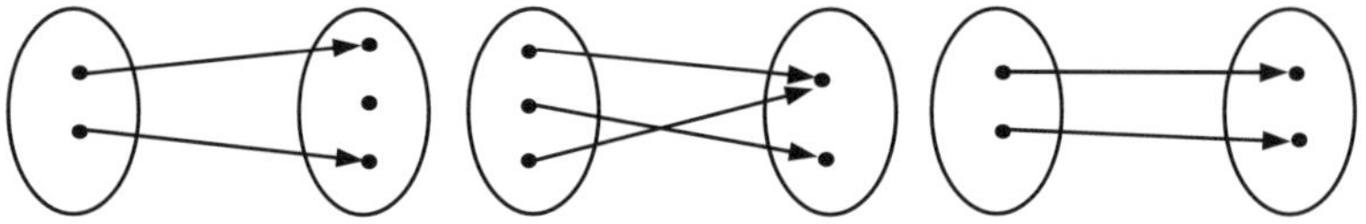

Abbildung 5.1 Injektive, surjektive und bijektive Abbildung

Beispiel 5.5

$$\begin{aligned} f_1 &: \mathbb{N} \to \mathbb{N} \\ x &\mapsto x + 1 \end{aligned} \tag{5.17}$$

ist injektiv, jedoch nicht surjektiv, da 0 kein Urbild besitzt.

$$\begin{aligned} f_2 &: \mathbb{R} \to \mathbb{R} \\ x &\mapsto x^2 \end{aligned} \tag{5.18}$$

ist nicht injektiv, weil z. B. der Funktionswert 4 zweimal vorkommt. Er wird der Zahl 2 und auch –2 zugeordnet. Die Abbildung ist aber auch nicht surjektiv, weil die negativen Zahlen des Bildbereichs nicht erreicht werden.

$$\begin{aligned} f_3 &: \mathbb{R} \to \mathbb{R}_0^+ \\ &x \mapsto x^2 \end{aligned} \tag{5.19}$$

ist surjektiv, weil der Bildbereich jetzt nur positive Zahlen und 0 umfasst, aber aus dem gleichen Grund wie vorher nicht injektiv.

$$\begin{aligned} f_4 &: \mathbb{Z} \to \mathbb{Z} \\ &x \mapsto -x \end{aligned} \tag{5.20}$$

ist bijektiv, weil jede ganze Zahl durch diese Abbildung genau einmal erreicht wird.

Die Bijektivität ist eine sehr schöne, aber seltene Eigenschaft. Eine bijektive Funktion f besitzt nämlich eine so genannte **Umkehrfunktion** oder **Inverse** (abgekürzt mit f^{-1}) mit deren Hilfe für jedes Element n des Bildbereiches das eindeutig bestimmte Urbildelement m bestimmt werden kann, sodass $f(m) = n$ gilt.

Satz 5.2

Ist $f: M \to N$ eine bijektive Abbildung, so gilt:

$$f \circ f^{-1} = id_N \text{ und } f^{-1} \circ f = id_M \tag{5.21}$$

Ist $g: N \to M$ eine Abbildung mit

$$f \circ g = id_N \text{ und } g \circ f = id_M \tag{5.22}$$

dann ist f bijektiv und $g = f^{-1}$.

Beispiel 5.6

Die Kostenfunktion K beschreibt die Gesamtkosten in Abhängigkeit der Produktionsmenge x.

$$\begin{aligned} K &: [0, 100] \to [5.000, 20.5000] \\ &x \mapsto 5.000 + 2.000x \end{aligned} \tag{5.23}$$

Die Definitions- und Wertemenge sind hier nicht alle positiven reellen Zahlen, sondern eingeschränkte Intervalle, damit die Kostenfunktion bijektiv ist. Daher kann eine zur Kostenfunktion inverse Funktion bestimmt werden.

Durch Umformen kann man die mögliche Produktionsmenge in Abhängigkeit von den Kosten (als vorgegebenes verfügbares Kapital) bestimmen.

$$\begin{aligned} x &: [5.000, 20.5000] \to [0, 100] \\ K &\mapsto \frac{K}{2.000} - 2{,}5 \end{aligned} \tag{5.24}$$

Die beiden Funktionen in (5.23) und (5.24) sind zueinander invers, da

$$\begin{aligned} x \circ K(x_0) &= x(5.000 + 2.000x_0) = \frac{5.000 + 2.000x_0}{2.000} - 2{,}5 = x_0 \text{ und} \\ K \circ x(K_0) &= K\left(\frac{K_0}{2.000} - 2{,}5\right) = 5.000 + \frac{2.000K_0}{2.000} - 5.000 = K_0 \end{aligned} \tag{5.25}$$

gilt.

5.2 Mathematische Grundfunktionen

Lineare, rationale, trigonometrische Funktionen, Polynomfunktionen, Potenzfunktionen, Logarithmus- und Exponentialfunktionen sind die wichtigsten mathematischen Grundfunktionen. Sie werden in diesem Abschnitt definiert und visualisiert.

5.2.1 Lineare Funktionen

Eine **lineare Funktion** zeichnet sich durch **Homogenität** und **Linearität** aus. Eine Funktion ist homogen, wenn sie folgende Eigenschaft besitzt:

$$f(\lambda x) = \lambda f(x) \text{ für alle } \lambda \in \mathbb{R} \tag{5.26}$$

Für die Linearität muss

$$f(x+y) = f(x) + f(y) \tag{5.27}$$

erfüllt sein.

Im Allgemeinen ist eine (eindimensionale) lineare Funktion durch eine Konstante $k \in \mathbb{R}$ eindeutig bestimmt.

$$\begin{aligned} f &: \mathbb{R} \to \mathbb{R} \\ x &\mapsto kx \end{aligned} \tag{5.28}$$

Der Funktionsgraph einer linearen Funktion ist im eindimensionalen Fall eine Gerade durch den Nullpunkt. Mehrdimensionale lineare Funktionen werden später behandelt.

Mathematisch nicht exakt aber häufig vorzufinden werden lineare Funktionen mit einer additiven Konstanten ebenfalls als linear bezeichnet.

$$f : \mathbb{R} \to \mathbb{R}$$
$$x \mapsto kx + d \qquad (5.29)$$
$$k, d \in \mathbb{R}$$

Mathematisch richtig bezeichnet werden solche Funktionen als **affin linear** (siehe Abbildung 5.2). Der Parameter d ist in der Grafik als Abschnitt auf der vertikalen Achse (vom Ursprung gemessen) ersichtlich. Die Steigung k kann mit Hilfe eines Steigungsdreiecks eingezeichnet werde. Wird die x-Koordinate eines Punktes auf der Geraden um 1 erhöht, so ändert sich der Funktionswert in der vertikalen Koordinate um k. Spezielle affin-lineare Funktionen sind die konstanten Funktionen, bei denen der variable Teil verschwindet.

Lineare Funktionen haben eine besonders schöne und angenehme Eigenschaft, denn die Theorie der linearen Funktionen ist mathematisch vollständig erschlossen. Gleichzeitig existieren heute effiziente Algorithmen und Lösungsmethoden für lineare Problemstellungen, die auf Computersystemen implementiert sind und in annehmbarer Zeit Lösungen liefern. Die ausgezeichnete Kenntnis der Eigenschaften und des Wesens linearer Funktionen ist auch ein Grund dafür, weshalb oft eine lineare Näherung einer nicht linearen Problemstellung angestrebt wird. Die Abschätzung des Fehlers, der durch die Linearisierung gemacht wird, ist dabei aber umso wichtiger. Anwendungen linearer Funktionen finden sich aufgrund der einfachen Struktur in vielen betrieblichen und wirtschaftlichen Tätigkeitsfeldern.

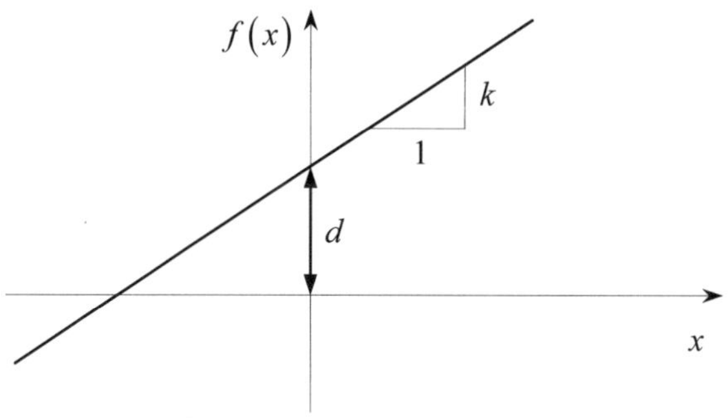

Abbildung 5.2 Graph einer affin linearen Funktion f: $\mathbb{R} \to \mathbb{R}$, $x \mapsto kx + d$

5.2.2 Polynomfunktionen

Reellwertige **Polynomfunktionen** vom Grad n sind in ihrer allgemeinsten Form durch den Ausdruck

$$f:\mathbb{R}\to\mathbb{R}$$
$$x\mapsto\sum_{i=0}^{n}a_ix^i, a_n\neq 0 \qquad (5.30)$$

gegeben. Die Werte a_i werden **Koeffizienten des Polynoms** genannt. Polynome zeichnen sich durch eine Abfolge von lokalen Minima und Maxima aus. Die Zahl der Extrema (Minima bzw. Maxima) kann maximal der Polynomgrad abzüglich eins betragen. Die Anzahl der möglichen Nullstellen ist durch den Polynomgrad beschränkt.

Ist der Grad des Polynoms ungerade, so geht der Funktionsgraph im Unendlichen einmal nach unendlich und einmal nach minus unendlich. Ist der Grad des Polynoms gerade, so geht der Funktionsgraph bei $-\infty$ und ∞ beide Male in die gleiche Richtung (nach unendlich oder minus unendlich). Dieses Verhalten ist auch bei den dargestellten Polynomfunktionen vom Grad 1, 2, 3, 4 in Abbildung 5.3 und Abbildung 5.4 ersichtlich. Der Graph einer Polynomfunktion vom Grad fünf ist in Abbildung 5.5 beispielhaft zu sehen.

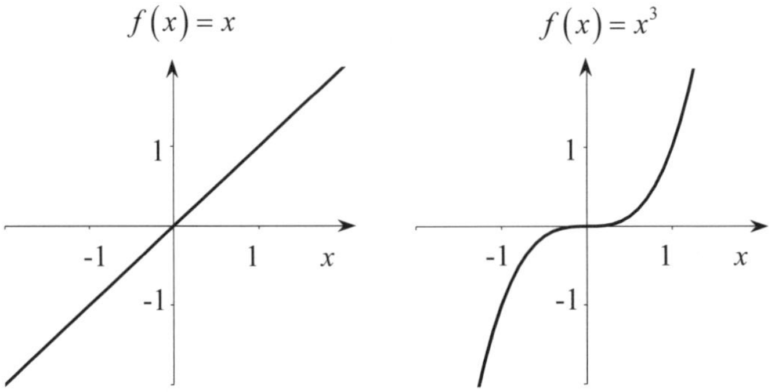

Abbildung 5.3 Graphen von Polynomfunktionen mit ungeradem Grad

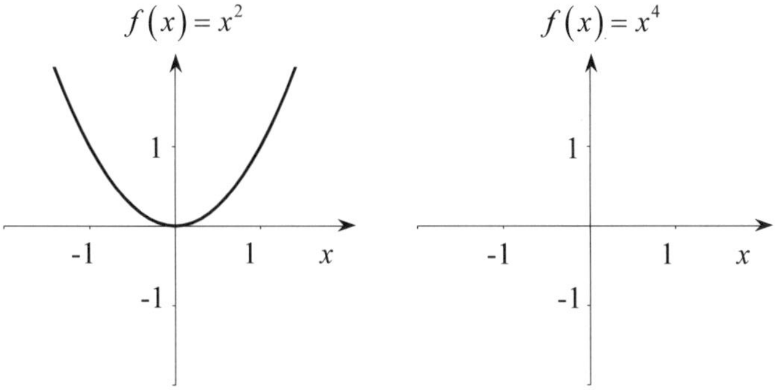

Abbildung 5.4 Graphen von Polynomfunktionen mit geradem Grad

Polynome dienen häufig als approximierende Funktionen in einem lokalen Bereich. Je höher der Grad aber wird, desto stärker schwingen die Funktionsgraphen. Aufgrund der Potenzierung ist eine hohe Sensitivität gegenüber kleinen Abweichungen in den Koeffizienten gegeben, was gerade bei großen Werten des Definitionsbereiches als äußerst destabilisierend wirkt.

Polynomfunktionen werden in wirtschaftlichen Anwendungen häufig zur Modellierung von Preis-Absatz-Elastizitäten, Gewinn, Umsatz und Kosten verwendet.

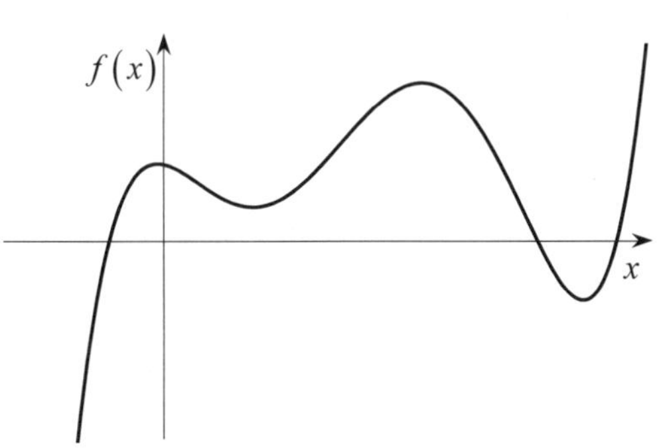

Abbildung 5.5 Graph einer Polynomfunktion fünften Grades

5.2.3 Rationale Funktionen

Rationale Funktionen entstehen durch Division zweier Polynomfunktionen. Der Definitionsbereich ist daher abhängig vom Divisor; an Nullstellen des Divisors ist die Funktion nicht definiert. Rationale Funktionen sind also von der Form

$$f : \mathbb{R} \setminus \{x \mid q(x) = 0\} \to \mathbb{R}$$
$$x \mapsto \frac{p(x)}{q(x)} \tag{5.31}$$

wobei p und q Polynomfunktionen sind.

Beispiel 5.7

In Abbildung 5.6 ist die rationale Funktion

$$x \mapsto \frac{x^2}{x-1} \tag{5.32}$$

dargestellt. Vertikale Asymptoten liegen bei den Nullstellen des Nennerpolynoms vor, also hier bei $x = 1$. Durch Division der beiden Polynomen kann das asymptotische Verhalten im Unendlichen festgestellt werden. Wegen

$$\frac{x^2}{x-1} = \frac{x^2 - 1 + 1}{x-1} = \frac{(x-1)(x+1)+1}{x-1} = x + 1 + \frac{1}{\underbrace{x-1}_{\to 0}} \tag{5.33}$$

verhält sich die rationale Funktion (5.32) im Unendlichen asymptotisch affin linear mit $x \mapsto x+1$.

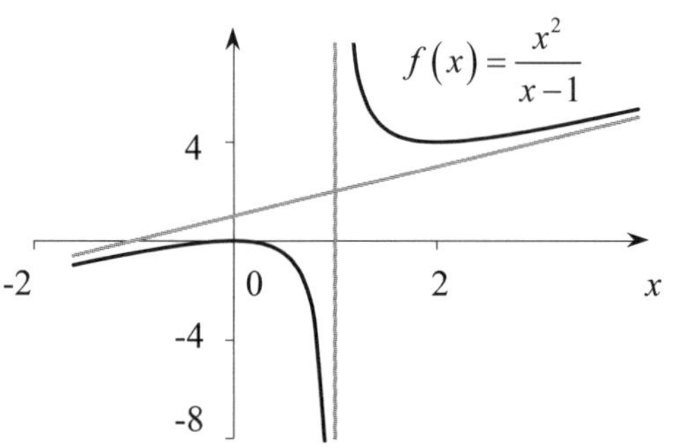

Abbildung 5.6 Funktionsgraph der rationalen Funktion (5.32)

5.2.4 Potenzfunktionen

Eine Potenzfunktion mit reellen Exponenten $a \in \mathbb{R}$ ist definiert als

$$\begin{aligned} f &: \mathbb{R}^+ \to \mathbb{R}^+ \\ x &\mapsto x^a \end{aligned} \tag{5.34}$$

Ist der Exponent a positiv, dann kann die Definitionsmenge der Potenzfunktion um den Wert 0 erweitert werden. Der Graph der Potenzfunktion ist monoton wachsend und geht durch den Punkt $(1|1)$.

Bei negativem Exponenten a ist die Potenzfunktion monoton fallend und geht ebenfalls durch den Punkt $(1|1)$. Beide Koordinatenachsen sind in diesem Fall Asymptoten des Graphen. In der folgenden Grafik sind exemplarisch zwei Potenzfunktionen mit den Exponenten 0,8 und -0,3 dargestellt.

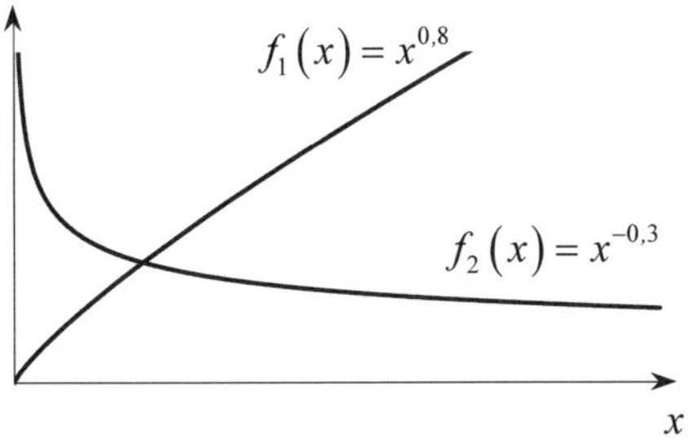

Abbildung 5.7 Funktionsgraphen von Potenzfunktionen

5.2.5 Exponentialfunktion und Logarithmus

Reellwertige **Exponential-** und **Logarithmusfunktion** sind Funktionen der folgenden Bauart:

Exponentialfunktion mit Basis a $(a > 0)$

$$\begin{aligned} f &: \mathbb{R} \to \mathbb{R}^+ \\ x &\mapsto a^x \end{aligned} \tag{5.35}$$

Logarithmusfunktion zur Basis a $(a > 0)$

$$\begin{aligned} f &: \mathbb{R}^+ \to \mathbb{R} \\ x &\mapsto log_a(x) \end{aligned} \tag{5.36}$$

Die Logarithmusfunktion ist als Umkehrfunktion zur Exponentialfunktion jeweils mit gleicher Basis definiert, d. h.

$$
\begin{aligned}
&log_a\left(a^x\right)=x \\
&a^{log_a(y)}=y
\end{aligned}
\tag{5.37}
$$

Wird die Basis e ($e=2,718282$ **Eulersche Zahl**) verwendet, so spricht man von der Exponentialfunktion e^x, man schreibt auch $e^x=exp(x)$ und der Logarithmusfunktion $log_e=ln$. Die Funktion ln wird **natürlicher Logarithmus** genannt.

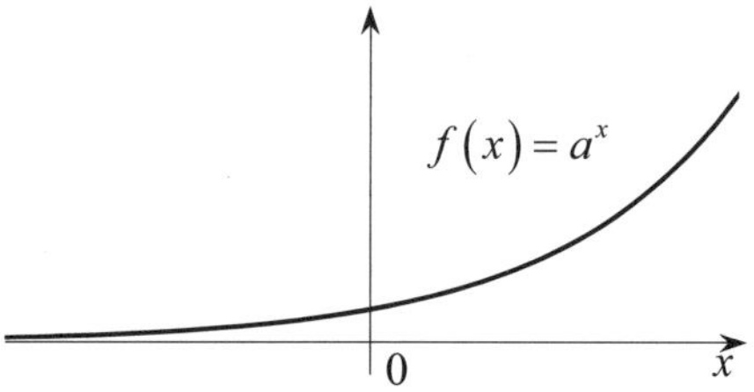

Abbildung 5.8 Funktionsgraph der Exponentialfunktion

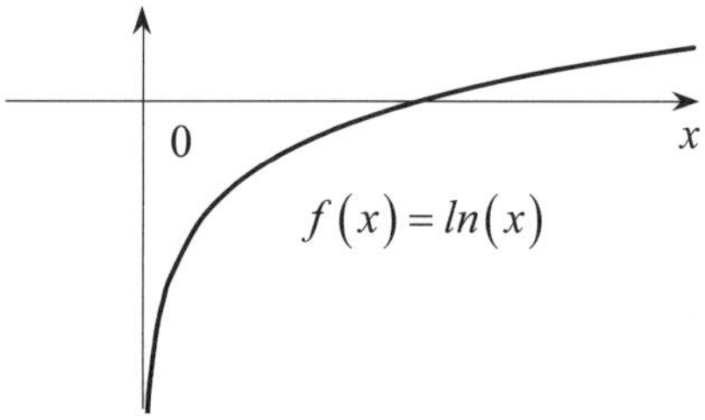

Abbildung 5.9 Funktionsgraph der natürlichen Logarithmusfunktion

Zur Umrechnung des Logarithmus von einer Basis auf eine andere verwendet man die Funktionalgleichungen der Logarithmus- und der Exponentialfunktion. Die wichtigsten Rechenregeln sind im Folgenden dargestellt.

$$log_a(xy)=log_a(x)+log_a(y) \tag{5.38}$$

$$
\begin{aligned}
&log_a\left(\frac{x}{y}\right) = log_a(x) - log_a(y) \\
&log_a\left(x^y\right) = y\,log_a(x) \\
&a^{x+y} = a^x a^y \\
&\left(a^x\right)^y = a^{xy} \\
&log_a(x) = log_b(x)\,log_a(b)
\end{aligned}
\qquad (5.39)
$$

Exponential- und Logarithmusfunktionen dienen häufig zur Modellierung von Wachstums- und Schrumpfungsprozessen sowie von Preis-Absatz-Elastizitäten.

5.2.6 Trigonometrische Funktionen

Zur Modellierung periodisch wiederkehrender Größen benötigt man Funktionen mit einer Periodizitätseigenschaft. Sind die Größen nach einer Periode identisch zu denen um eine Periode versetzt auftretenden Größen, dann kann die zeitliche Abfolge der Größen durch den Verlauf trigonometrischer Funktionen dargestellt werden. Reellwertige trigonometrische Funktionen in ihrer Grundform sind Funktionen der Gestalt

$$
\begin{aligned}
&f : \mathbb{R} \to \mathbb{R} \\
&\quad t \mapsto H\,sin\big(r(t+\varphi)\big)
\end{aligned}
\qquad (5.40)
$$

Die nächste Abbildung zeigt eine typische periodische Funktion.

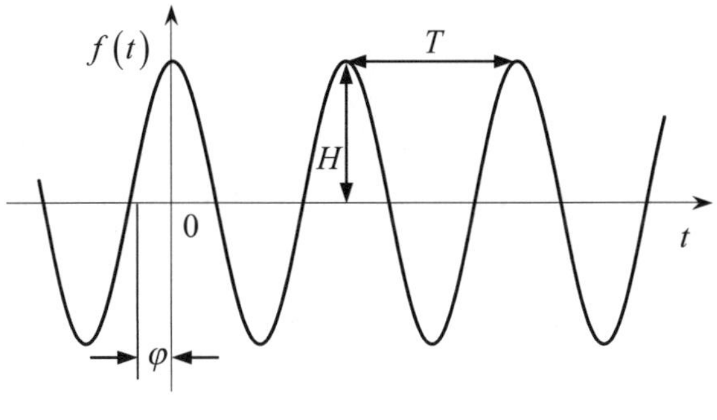

Abbildung 5.10 Graph der Funktion $f(t) = H\ sin\left(\frac{2\pi}{T}(t+\varphi)\right)$

Die **Amplitude** A gibt den maximalen Ausschlag (halbe Schwankungsbreite) an. Sollte eine **Periode** T dauern, dann ist die **Frequenz** r gegeben durch

$$r = \frac{2\pi}{T} \tag{5.41}$$

Die **Phasenverschiebung** φ hat die gleiche Dimension wie x und gibt die Verschiebung des Nulldurchganges nach links an, falls φ positiv ist.

Anstelle der **Sinusfunktion** kann auch die **Kosinusfunktion** verwendet werden. Man beachte, dass zwischen diesen Winkelfunktionen folgende Beziehung gilt:

$$sin(x) = cos\left(\frac{\pi}{2} - x\right) \tag{5.42}$$

Mit Hilfe obiger trigonometrischer Funktionsansätze lassen sich **saisonale Schwankungen** mit konstanten Schwankungsbereichen im Absatzverlauf modellieren. Sind die Schwankungsbereiche über die Zeit veränderlich, so muss die Amplitude als eine Funktion der Zeit angesetzt werden. Hierbei stehen alle Kombinationsmöglichkeiten mit verschiedenen Funktionskategorien zur Verfügung, wobei aber darauf zu achten ist, dass sich die erhaltene Funktion im betrachteten Definitionsbereich entsprechend den Modell-Vorstellungen verhält.

5.3 Spezielle betriebswirtschaftliche Funktionen

5.3.1 Preis-Absatz-Funktion

Eine **Preis-Absatz-Funktion** stellt den Zusammenhang zwischen nachgefragter bzw. absetzbarer Menge und dem Preis eines bestimmten Produktes bzw. einer bestimmten Produktgruppe dar. Damit wird die Frage beantwortet, zu welchem Preis welche Menge verkauft werden kann. Formal wird eine Preis-Absatz Funktion durch

$$\begin{aligned} Q: \mathbb{R} &\to \mathbb{R} \\ p &\mapsto Q(p) \end{aligned} \tag{5.43}$$

beschrieben. Dabei gibt p den Produktpreis und $Q(p)$ die Absatzmenge an. Üblicherweise unterstellt man, dass die nachgefragte Menge $Q(p)$ mit steigendem Preis p abnimmt, also es wird angenommen, dass die Preis-Absatz-Funktion **monoton fallend** ist.

Man benötigt die Preis-Absatz-Funktion häufig in einer etwas anderen Form. Lässt sich $q = Q(p)$ nach p auflösen, so gilt $p = P(q)$. Diese Umformung ist auf jeden Fall möglich, wenn die Preis-Absatz-Funktion streng monoton fallend ist. Im ersten Fall ist der Preis unabhängige Variable und damit Aktionsparameter, mit dessen Änderung man den Absatz beeinflussen kann. Im zweiten Fall ist der Preis durch die Absatzmenge beeinflussbar.

Mathematisch gesehen handelt es sich bei P um die Umkehrfunktion von Q. Um deren Existenz in Anwendungen sicherzustellen, schränkt man den Definitionsbereich entsprechend ein.

Typische Preis-Absatz-Funktionen sind linear, polynomial vom Grad zwei oder werden durch logarithmische Funktionen beschrieben.

Beispiel 5.8

Ein Monopolbetrieb setzt den Preis P eines bestimmten Produktes in Abhängigkeit der nachgefragten Menge q fest. Dabei wird diese Preis-Absatz-Funktion angenommen:

$$P(q) = -0{,}5q + 100 \tag{5.44}$$

Um einen Absatz von 20 ME zu gewährleisten muss man als Preis 90 GE ansetzen. Da die Preis-Absatz-Funktion streng monoton fallend ist, lässt sich auch die Umkehrfunktion dazu angeben:

$$Q(p) = -2p + 200 \tag{5.45}$$

Mit dieser Funktion lässt sich die absetzbare Menge Q in Abhängigkeit des Preises p bestimmen. Bei einem Preis von 60 GE kann man 80 ME absetzen.

5.3.2 Erfahrungskurve

Die **Erfahrungskurve** ist eine Funktion in Abhängigkeit des kumulierten Produktionsausstoßes. Sie gibt erreichbare bzw. empirisch festgestellte Reduktionen der Gesamtstückkosten bzw. des Kapazitäts- oder Materialaufwandes durch Lerneffekte, Rationalisierungsmaßnahmen und technologische Verbesserungen an. Formelmäßig kann die Erfahrungskurve durch eine Potenzfunktion

$$f(x) = ax^{-b} \tag{5.46}$$

dargestellt werden. In dieser Formel sind $f(x)$ die Stückkosten in Abhängigkeit der kumulierten Ausbringungsmenge *x*, *a* die Stückkosten bei Produktionsanlauf und *b* der Degressionswert.

Umso größer der Degressionswert ist, desto schneller werden die Gesamtstückkosten bzw. Material- oder Kapazitätsaufwände gesenkt. Bei Verdoppelung der kumulierten Ausbringungsmenge verringern sich wegen

$$\begin{aligned} x_1 &= 2x_0 \\ f(x_0) &= ax_0^{-b} \\ f(x_1) &= ax_1^{-b} = a(2x_0)^{-b} = 2^{-b} f(x_0) \end{aligned} \tag{5.47}$$

die Kosten bzw. Aufwände immer um den konstanten Faktor 2^{-b}. Die Prozentzahl $100(1-2^{-b})$ heißt **Lernrate** und gibt die prozentuelle Senkung der Gesamtstückkosten bzw. Aufwände bei Verdoppelung der kumulierten Ausbringungsmenge an.

Vorsicht ist geboten bei der Modellierung betriebswirtschaftlicher Zusammenhänge mittels der Erfahrungskurve und Ableitung entsprechender Aussagen sowie Entscheidungen in realen betrieblichen Anwendungen, weil es keine eindeutige Festlegung der anfänglichen Ausbringungsmenge gibt. Damit ist jede Aussage möglich. Die Gültigkeit der beschriebenen Reduktion muss jedenfalls kritisch geprüft und geeignete Anfangsproduktionsmengen gegebenenfalls empirisch ermittelt werden.

Beispiel 5.9

Die Stückkosten zu Produktionsbeginn belaufen sich auf $a = 20€$, weiters ist eine Lernrate von 5 % gegeben. Gesucht ist der Degressionswert und die Stückkosten für das tausendste Stück.

Aus der Definition der Lernrate lässt sich folgende Gleichung für den Degressionswert ableiten:

$$L = 5 = 100(1-2^{-b}) \Rightarrow 0{,}95 = 2^{-b} \tag{5.48}$$

Mit Hilfe des Logarithmus und der zweiten Gleichung aus (5.39) erhält man

$$ln 0{,}95 = -b\, ln 2 \Rightarrow b = -\frac{ln 0{,}95}{ln 2} = 0{,}074 \tag{5.49}$$

Einsetzen in die Funktionsgleichung der Erfahrungskurve liefert als Stückkosten für das tausendste Stück $f(1.000) = 20 \cdot 1000^{-0{,}074} = 12\,€$.

5.3.3 Lebenszyklus

Die Lebenszyklusmodellierung dient zur Beschreibung und Analyse von zeitlichen Absatzentwicklungen einzelner Produkte. Sie findet als Erklärungsmodell für die strategische Produktplanung und die Prognose Verwendung. Das Konzept des **Lebenszyklus** geht von der Annahme aus, dass der Absatz eines neu eingeführten Produktes einer typischen Verteilung über die Lebenszeit folgt und das Produkt verschiedene Lebensphasen durchlebt. Demnach durchläuft ein Produkt die Phasen „Einführung", „Wachstum", „Reife" und „Niedergang", wobei sich diese Bezeichnungen auf die Absatzmengen über die Zeit beziehen. Die Modellierung erfolgt oft durch eine sogenannte **logistische Funktion**, die den kumulierten Absatz u in Abhängigkeit der Zeit t wie folgt beschreibt:

$$\begin{aligned} u &: \mathbb{R}^+ \to \mathbb{R}^+ \\ t &\mapsto \frac{A}{1+e^{a-bt}} \end{aligned} \tag{5.50}$$

A gibt die Sättigungsgrenze an und a, b sind Modellparameter. Die typische Form des **Produktlebenszyklus** als Absatzverlauf entspricht der ersten Ableitung der Funktion u (siehe Kapitel 11.2). Also entspricht der Produktlebenszyklusfunktion der Term

$$u'(t) = \frac{Abe^{a-bt}}{\left(1+e^{a-bt}\right)^2} \tag{5.51}$$

Durch Umformen des Ausdrucks

$$\begin{aligned} u(t)\left(A-u(t)\right) &= \frac{A}{1+e^{a-bt}}\left(A - \frac{A}{1+e^{a-bt}}\right) = \\ &= \frac{A}{1+e^{a-bt}} \cdot \frac{Ae^{a-bt}}{1+e^{a-bt}} = \frac{A^2 e^{a-bt}}{\left(1+e^{a-bt}\right)^2} = u'(t)\frac{A}{b} \end{aligned} \tag{5.52}$$

entsteht die leicht interpretierbare Form von (5.51)

$$u'(t) = \frac{b}{A} u(t)\left(A-u(t)\right) \tag{5.53}$$

Für kleine t ist der kumulierte Absatz niedrig, das Produkt ist wenig bekannt und der Absatz ist gering. Das entspricht der Einführungsphase. Im Lauf der Zeit erhöht sich der kumulierte Absatz und auch $u'(t)$ wächst in der Wachstumsphase. Ab dem Zeitpunkt, wo der kumulierte Absatz die Hälfte der Sättigungsmenge überschreitet, nimmt der Absatz $u'(t)$ ab. Nach dieser Reifephase tritt das Produkt in die Niedergangsphase ein und verschwindet dann vom Markt. Abbildung 5.11 zeigt den typischen Absatzverlauf und Abbildung 5.12 den kumulierten Absatz nochmals.

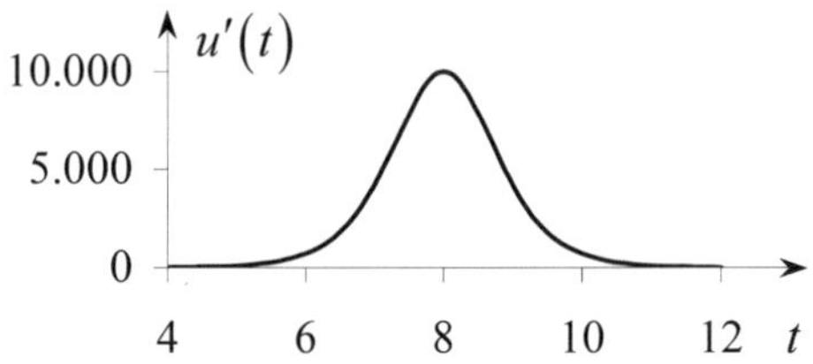

Abbildung 5.11 Lebenszyklus

Durch Differenzieren der Formel (5.51) erkennt man, dass die Lebenszyklusfunktion ein Maximum an der Stelle t mit folgenden Maximalwert besitzt.

$$t = \frac{a}{b}, \quad u'\left(\frac{a}{b}\right) = \frac{Ab}{4} \tag{5.54}$$

Die Stelle des Maximum verzögert sich mit wachsendem Parameterwert a, hingegen tritt die Stelle mit zunehmendem Wert für b früher ein.

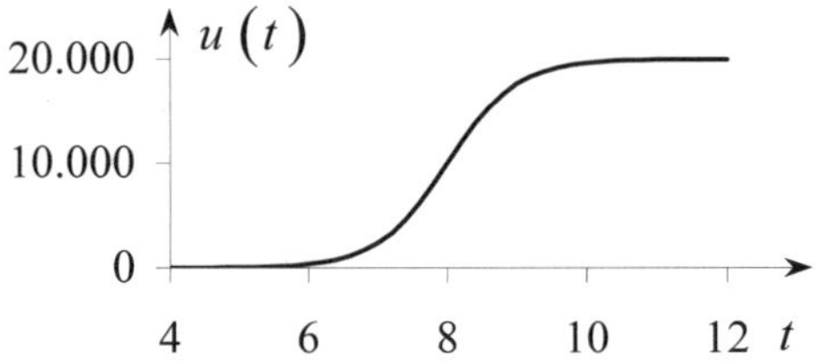

Abbildung 5.12 Logistische Funktion

5.3.4 Wachstumsfunktionen

In wirtschaftlichen Anwendungen ist es häufig notwendig, Aussagen über die zukünftige Entwicklung von Kennzahlen wie Umsatz, Absatz, Preise, etc. zu treffen. Zur Modellierung von Trends nützt man oft Funktionen, die ein Wachstum aufweisen. Ein Zeichen für Wachstum ist, dass die erste Ableitung der Funktion positiv ist. Die zwei speziellen Wachstumsfunktionen exponentielles Wachsen und Sättigungsprozess seien hier angeführt.

Exponentielles Wachstum ist durch die Funktion

$$f(t) = ae^{bt} \tag{5.55}$$

gegeben. Dabei ist sowohl der Anfangswert $f(0) = a$ als auch der Exponent b positiv. Die Grundidee beim exponentiellem Wachstum ist, dass pro Zeiteinheit der relative Zuwachs konstant ist. Das heißt z. B. auch, dass es nach einer konstanten Zeitspanne immer zu einer **Verdoppelung** kommt. Die Verdopplungszeit kann folgendermaßen bestimmt werden:

$$\begin{aligned} 2ae^{bt_1} &= ae^{bt_2} \\ ln(2) + bt_1 &= bt_2 \\ t_2 - t_1 &= \frac{ln(2)}{b} \quad \text{Verdoppelungszeit} \end{aligned} \tag{5.56}$$

Ein **Sättigungsprozess**, kann durch

$$f(t) = \frac{a}{1 + be^{-ct}} \tag{5.57}$$

beschrieben werden. Die Parameter a, b, c sind positiv, und a gibt den Sättigungswert an, d. h. der Sättigungsprozess strebt für steigendes t immer mehr gegen a. Hier ist die Grundidee, dass der Zuwachs proportional ist zum vorhandenen Bestand, zum Wachstumsfaktor c und zum Freiraum $(a - f(t))/a$.

5.3.5 Funktionen in der Kosten- und Preistheorie

In der Ökonomie versucht man unter vereinfachenden Annahmen zu erklären, wie sich Kosten in Abhängigkeit der Produktionsmenge x entwickeln. Dazu werden differenzierbare Funktionen verwendet, wobei die Definitions- und die Wertemenge auf die positiven reellen Zahlen eingeschränkt werden. In der Kostentheorie unterscheidet man verschiedene Kostenarten:

- **Fixkosten** K_f: Das sind jene Kosten, die nicht von der Produktionsmenge x abhängen, also auch anfallen, wenn nichts produziert wird.
- **Variable Kosten** $K_v(x)$: Kostenanteil, der von der Produktionsmenge x abhängig ist.
- **Gesamtkosten** $K(x)$: Summe aus Fixkosten und variablen Kosten

$$K(x) = K_f + K_v(x) \tag{5.58}$$

- **Stückkosten** $k(x)$ sind die Kosten pro Mengeneinheit. Man erhält sie, indem man die Gesamtkosten durch die Produktionsmenge x ($x \neq 0$) dividiert.

$$k(x) = \frac{K(x)}{x} \tag{5.59}$$

- **Variable Stückkosten** $k_v(x)$ sind die variablen Kosten pro Mengeneinheit.

$$k_v(x) = \frac{K_v(x)}{x} \tag{5.60}$$

- **Grenzkosten** sind als erste Ableitung der Gesamtkostenfunktion definiert:

$$g(x) = K'(x) \tag{5.61}$$

  Die Grenzkostenfunktion gibt näherungsweise an, um wie viel die Gesamtkosten steigen, falls man um eine Mengeneinheit mehr produziert.

Neben den Kosten spielen die Erlöse in der betrieblichen Praxis eine wichtige Rolle. Der **Umsatzerlös** ergibt sich aus dem Produkt von Preis und abgesetzter Menge x:

$$U(x) = p(x)x \tag{5.62}$$

Im Fall eines Angebotsmonopols kann davon ausgegangen werden, dass Preis und Absatz stark voneinander abhängen und mit Hilfe einer Preis-

Absatz-Funktion modelliert werden können. Herrscht vollständige Konkurrenz, dann ist der erzielbare Preis konstant: $p(x) = p$.

Aus der Differenz von Umsatzerlösen und Gesamtkosten ergibt sich der **Gewinn**:

$$G(x) = U(x) - K(x) \tag{5.63}$$

Durch die Differenz von Umsatzerlösen und variablen Kosten erhält man den **Deckungsbeitrag**:

$$DB(x) = U(x) - K_v(x) \tag{5.64}$$

Dieser steht zur Deckung der Fixkosten zur Verfügung, und falls der Deckungsbeitrag größer als die Fixkosten ist, dann erzielt das Unternehmen einen Gewinn.

Berechnet man den Deckungsbeitrag für eine Mengeneinheit, so spricht man vom **Stückdeckungsbeitrag**. Dieser ergibt sich aus der Differenz von Preis pro Mengeneinheit und variablen Stückkosten:

$$db(x) = p(x) - k_v(x) \tag{5.65}$$

5.3.6 Optionen und Futures

Zur Absicherung gegen unerwünschte Preisschwankungen beim Kauf von Rohstoffen oder um sich im Vorhinein einen günstigen Verkaufspreis von fertigen oder halbfertigen Produkten zu sichern, werden zwei Arten von Finanzprodukten verwendet: Futures und Optionen.

Ein **Future** ist eine vertragliche Vereinbarung zwischen zwei Partnern, eine bestimmte Menge einer Ware zum Zeitpunkt T zu kaufen bzw. zu verkaufen, wobei der Preis K bei Vertragsabschluss bereits festgelegt wird.

In Abhängigkeit des Kurses x der Ware kann man nun die Auszahlung bei Fälligkeit des Vertrages untersuchen. Die dabei betrachtete Funktion wird als Auszahlungsfunktion oder Payoff bezeichnet und ist bei Kauf eines Futures durch die nachfolgende lineare Funktion gegeben

$$f(x) = x - K \tag{5.66}$$

Bei **Optionen** unterscheidet man zwischen Call-Optionen und Put-Optionen:

- Der Kauf einer **Call-Option** entspricht dem Recht, zur Zeit T ein zu Grunde liegendes Finanzprodukt (Aktien, Rohstoffe, Indices, ...) zum Ausübungspreis K (Strike-Preis) zu kaufen. Dieses Recht kostet den Käufer der Call-Option den Preis c der Option.
- Der Kauf einer **Put-Option** entspricht dem Recht, zur Zeit T das zu Grunde liegende Finanzprodukt zum Ausübungspreis K zu verkaufen. Dieses Recht kostet dem Käufer der Put-Option den Preis p der Option.

Die Auszahlungsfunktion einer Call-Option kann durch eine stückweise lineare Funktion beschrieben werden. D. h., dass die Funktion nicht durch einen einzigen Funktionsterm beschrieben werden kann, sondern abschnittsweise durch verschiedene lineare Terme definiert ist.

Wenn der tatsächliche Preis x kleiner als der Ausübungspreis K ist, wird die Option nicht ausgeübt werden, es ist allerdings der Preis c der Option zu bezahlen. Ist bei Fälligkeit der tatsächliche Preis größer als der Ausübungspreis, so wird die Option in Anspruch genommen werden und die Auszahlung ist die Differenz von x und $K+c$:

$$f(x)=\begin{cases}-c & \text{wenn } x\le K\\ x-K-c & \text{wenn } x>K\end{cases} \tag{5.67}$$

Die Auszahlungsfunktion für $K=100$ und $c=10$ ist in Abbildung 5.13 ersichtlich.

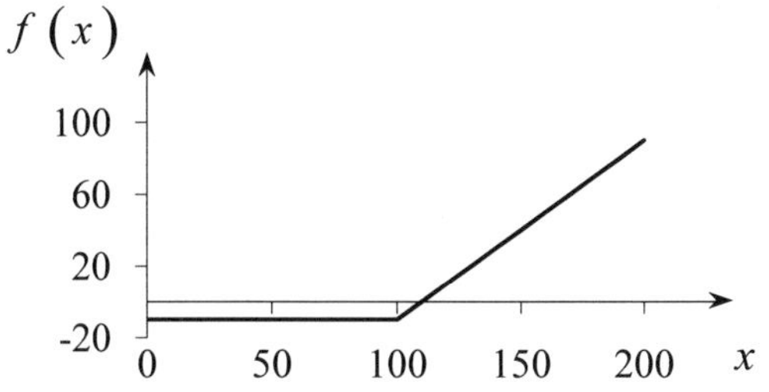

Abbildung 5.13 Payoff einer Call-Option

Analog kann man sich die Auszahlungsfunktion einer Put-Option überlegen, nur mit dem Unterschied, dass man nun ein Produkt verkaufen möchte. Die Auszahlungsfunktion ist wieder durch eine stückweise lineare Funktion gegeben und ist in Abbildung 5.14 für $K = 50$ und $p = 8$ grafisch dargestellt.

$$f(x) = \begin{cases} K - x - p & \text{wenn } x \leq K \\ -p & \text{wenn } x > K \end{cases} \tag{5.68}$$

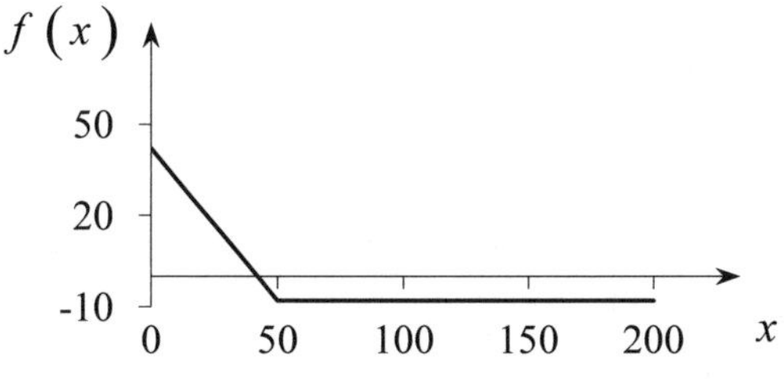

Abbildung 5.14 Payoff einer Put-Option

5.4 Übungsaufgaben

Aufgabe 5.1

Bei welchen Pfeildiagrammen in Abbildung 5.15 handelt es sich um Funktionen? Begründen Sie Ihre Entscheidungen!

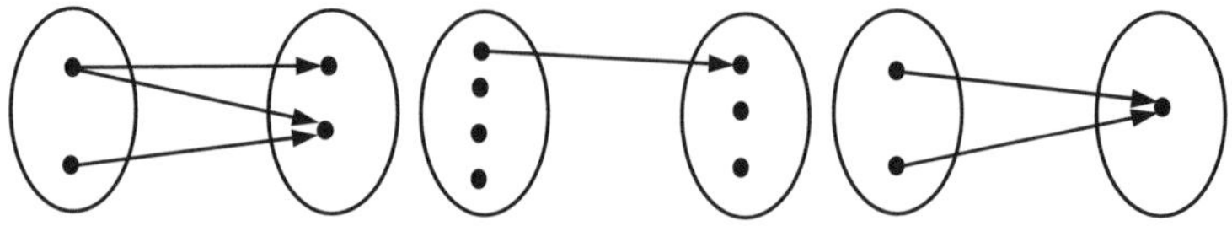

Abbildung 5.15 Pfeildiagramme

Aufgabe 5.2

Gegeben sind die folgenden Abbildungsvorschriften:

$$p(z) = z^2 - 7, K(x) = \frac{1}{x+1} - \frac{1}{3-x}, U(p) = \sqrt{p} + 2$$

a) Bestimmen Sie für diese Abbildungen die größtmögliche Definitionsmenge.

b) Berechnen Sie für die gegebenen Abbildungen folgende Funktionswerte:

$$p(1{,}5), p(-5), K(2), K(2r), U(100), U(x^2)$$

Aufgabe 5.3

Zeichnen Sie die Funktionsgraphen nachstehender Funktionen.

a) $f(x) = d + kx + A\cos(rx + \psi)$

b) $f(x) = ae^{-bx}$

c) $f(x) = \frac{1}{1 + ae^{-bx}}$

d) $f(x) = ae^{-(x-b)^2}$

Aufgabe 5.4

Geben Sie formelmäßig die Entwicklung der Stückkosten in Abhängigkeit der kumulierten Ausbringungsmenge an, wenn man für den Kostenverlauf eine Lernrate von 10 % und Anfangskosten von 80 € unterstellt. Wie groß sind die Stückkosten für das 100. bzw. das 500. Stück?

Aufgabe 5.5

Berechnen Sie für die idealisierte Produktlebenszykluskurve, die durch die Ableitung der logistischen Funktion gegeben ist, die Maximumstelle und den Maximumwert.

Aufgabe 5.6

Betrachten Sie den Lebenszyklus eines neuen Betriebssystems für PCs, dessen kumulierter Absatz $u(t)$ annähernd durch die logistische Funktion beschrieben werden kann. Der Absatz zum Zeitpunkt 0 sei 100.000, die maximale Kapazität A ist 5.000.000 und der Wachstumsfaktor b (pro Monat) beträgt 20%. Der Betrachtungszeitraum umfasst die nächsten 7 Jahre (in Monatsauflösung).

a) Bestimmen Sie für die logistische Funktion $u(t)$ den Parameter a und stellen Sie die Funktionen $u(t)$ und $u'(t)$ grafisch dar. Interpretieren Sie die Grafiken.

b) Berechnen Sie den Zuwachs $u'(t)$ mit Hilfe der Formel (5.53) und daraus $u(t)$ in Monatsauflösung. Stellen Sie die beiden Funktionen ebenfalls grafisch dar und vergleichen Sie mit den Ergebnissen von a).

Aufgabe 5.7

Eine Bakterienkultur X hat einen Anfangsbestand von 1.000 und eine Verdoppelungszeit von 3 Minuten. Die Bakterienkultur Y hat einen Anfangsbestand von 2.000 und eine Verdoppelungszeit von 4 Minuten. Berechnen Sie den Zeitpunkt, an dem beide Bakterienkulturen den gleichen Bestand aufweisen.

Aufgabe 5.8

Überprüfen Sie folgende Aussage für einen Sättigungsprozess, indem Sie für $f(t)$ die Formel (5.57) einsetzen: Der Zuwachs $f'(t)$ ist proportional zum vorhandenen Bestand, zum Wachstumsfaktor c und zum Freiraum $(a - f(t))/a$.

Aufgabe 5.9

Eine Grippeinfektion in einer Stadt mit 30.000 Einwohnern kann näherungsweise als Sättigungsprozess modelliert werden. Dabei ist $f(t)$ die Anzahl der nach t Tagen infizierten Personen. Es sei $f(0)=10$ und $f(5)=50$.

a) Stellen Sie eine Formel für $f(t)$ auf und stellen Sie die Funktion grafisch dar.
b) Wie viele Personen sind nach 20 Tagen infiziert? Wie viele sind auch nach 40 Tagen noch nicht infiziert? Wann sind 90% der Einwohner infiziert?
c) Versuchen Sie zu erklären, warum die Ausbreitung einer Infektion zu Beginn annähernd exponentiell verläuft und später immer mehr gebremst wird.

Aufgabe 5.10

Eine Firma beschäftigt drei Verkäufer. Verkäufer 1 bekommt ein Gehalt von 1.200 Euro, aber keine Provision. Verkäufer 2 bekommt 700 Euro und 10 % des Umsatzes als Provision. Verkäufer 3 erhält 450 Euro und 20 % des Umsatzes als Provision. Untersuchen Sie, bei welchen Umsatzzahlen welcher Vertrag für die Firma vorteilhafter ist.

Aufgabe 5.11

Ein Monopolbetrieb kennt für ein von ihm abgesetztes Produkt den Zusammenhang zwischen nachgefragter Menge x und dem Preis p. Dieser lässt sich näherungsweise durch die Funktion $p(x)=1.200-0,2x$ beschreiben. Die Gesamtkostenfunktion ist durch $K(x)=0,2x^2+500.000$ gegeben.

a) Ermitteln Sie den zugehörigen Umsatz U in Abhängigkeit von der Menge ($U(x)$) bzw. in Abhängigkeit vom Preis ($U(p)$).
b) Nehmen Sie an, dass die produzierte Menge x vollständig nach der gegebenen Preis-Absatz-Funktion abgesetzt werden kann. Bestimmen Sie die Gewinnfunktion und ermitteln Sie die Gewinnzone des Monopolisten. Lösen Sie diese Aufgabe grafisch und rechnerisch.

Aufgabe 5.12

Gegeben ist die Kostenfunktion $K(x)=\frac{5x^3}{x+4}$.

a) Bestimmen Sie die dazugehörige Stückkostenfunktion $k(x)$ und die Grenzkostenfunktion $g(x)$ und stellen Sie sie grafisch dar.
b) Untersuchen Sie das Verhalten der Stückkostenfunktion im Unendlichen mit Hilfe von Asymptoten.
c) Interpretieren Sie die Grenzkostenfunktion! Was gibt $g(100)$ an?

Aufgabe 5.13

Ein Pharmaunternehmen modelliert seine Gesamtkosten für ein bestimmtes Produkt in Abhängigkeit der hergestellten Menge x mit nachstehender Funktion:

$$K(x) = 0{,}0004x^2 + 5x + 4.500$$

Der Preis ist mit 9,9 GE festgesetzt.

a) Bestimmen Sie daraus Funktionen für die Fixkosten, die variablen Kosten, den Gewinn, den Deckungsbeitrag und den Stückdeckungsbeitrag.
b) Stellen Sie alle Funktionen grafisch dar!
c) Für welche Produktionsmengen ist der Gewinn bzw. der Deckungsbeitrag positiv? Ab welcher Produktionsmenge ist der Stückdeckungsbeitrag negativ?

Aufgabe 5.14

Bei Massenproduktion sind die Fixkosten relativ hoch, dafür die variablen Stückkosten extrem niedrig. Die Kostenkurve ist praktisch linear. Dieses Verhalten trifft z. B. auf die Buchproduktion zu. Für den Druck eines Buches hat der Verlag Fixkosten von 12.000 GE, die variablen Stückkosten betragen 7 GE. Maximal können 15.000 Stück hergestellt werden.

a) Untersuchen Sie die Kosten- und die Stückkostenfunktion. Wo sind die Stückkosten minimal?
b) Das Buch wird zu einem Preis von 21 GE verkauft. Bestimmen Sie die Gewinnfunktion, und berechnen Sie die Gewinnschwelle.

Aufgabe 5.15

Geben Sie die Auszahlungsfunktionen der folgenden Finanzprodukte in Abhängigkeit des aktuellen Kurses x an, und stellen Sie sie grafisch dar:

a) Kauf eines Futures mit Ausübungspreis 2.800 \$. Wie groß ist der Gewinn bzw. Verlust bei einem Kurs von 799 \$ bzw. 2.913 \$?

b) Verkauf eines Futures mit Ausübungspreis 1.250 $. Wie groß ist der Gewinn bzw. Verlust bei einem Kurs von 855 $ bzw. 1.360 $?
c) Kauf einer Call-Option mit Ausübungspries 80 $ um einen Preis von 5 $. Wie groß ist der Gewinn bzw. Verlust bei einem Kurs von 77 $ bzw. 89 $?
d) Kauf einer Put-Option mit Ausübungspreis 740 $ um einen Preis von 14 $. Wie groß ist der Gewinn bzw. Verlust bei einem Kurs von 690 $ bzw. 745 $?

Aufgabe 5.16

Jemand erwirbt eine Call- und eine Put-Option auf Gold. Beide Optionen haben die gleiche Fälligkeit und denselben Ausübungspreis von 85 $. Der Preis der Call-Option beträgt 12 $, jener der Put-Option 7 $.

a) Geben Sie die Auszahlungsfunktion für die beiden Finanzprodukte einzeln an.
b) Geben Sie die Auszahlungsfunktion für die Gesamtauszahlung an und stellen Sie sie grafisch dar.
c) Berechnen Sie die Gesamtauszahlung für die Kurswerte 43 $, 70 $, 91 $, und 121 $.

III Lineare Algebra

Die Lineare Algebra ist ein wichtiger Bestandteil der Mathematik, die in den Naturwissenschaften, Wirtschaftswissenschaften, Technik usw. ihre Anwendung findet. Sie beschäftigt sich unter anderem im Besonderen mit den Themen

- Vektoren und Matrizen
- Lineare Gleichungssysteme
- Lineare Optimierung

In diesem Abschnitt des Buches werden zunächst die Konzepte der Vektor- und Matrizenrechnung erläutert, mit deren Hilfe komplexe Zusammenhänge einfach und übersichtlich dargestellt werden können. Anschließend werden damit ökonomische Probleme modelliert, die auf lineare Gleichungssysteme und lineare Optimierungsprobleme führen.

6 Vektoren

In vielen Situationen unseres täglichen Lebens werden von uns Merkmale beobachtet und in bestimmten Einheiten gemessen. Beispiele dafür sind die Zeitmessung (in Stunden), Temperaturmessung (in °C) oder die Preisangabe (in Euro). Kennzeichnend ist, dass eine Größe durch eine einzige Zahl (**Skalar**) vollständig angegeben werden kann.

Es gibt jedoch Sachverhalte, die erst durch die Angabe von zwei, drei oder mehreren Zahlen hinreichend beschrieben werden können:

- Konsum eines Haushalts: Der Konsum ist durch die Angabe eines ganzen Warenkorbes definiert (Nahrungsmittel, Kleidung, Benzin, usw.)
- Faktoreinsatz: Für die Fertigung eines Produkts werden meist verschiedene Produktionsfaktoren benötigt (Rohstoffe, Maschinenleistung, Arbeitskräfte, usw.)

Da die angegebenen Zahlen nicht immer in gleichen Einheiten gemessen werden (z.B. Rohstoffe in kg, Arbeitskraft in Stunden) wäre es völlig sinnlos, diese Größen zu addieren, um die Angabe auf eine einzige Zahl zu verdichten. Man muss zur vollständigen Beschreibung tatsächlich alle Einzelgrößen angeben. Das geschieht mit Hilfe von Vektoren.

In diesem Kapitel wird vermittelt, was ein Vektor ist, wie man mit Vektoren rechnen kann und für welche Anwendungen Vektoren ein geeignetes Werkzeug darstellen.

6.1 Definition eines Vektors

Fasst man mehrere Einzelgrößen in Klammern zusammen, so spricht man von einem Vektor. Zwei Zahlen werden zu einem Zahlenpaar, drei Zahlen zu einem Tripel und allgemein n Zahlen zu einem n-Tupel zusammengefasst.

Beispiel 6.1

Der Absatz eines Unternehmens, das Bücher, CDs und DVDs vertreibt, kann in jedem Monat durch einen Vektor angegeben werden:

$$a_{Jän} = \begin{pmatrix} 17.300 \\ 16.100 \\ 5.600 \end{pmatrix}, a_{Feb} = \begin{pmatrix} 11.000 \\ 7.200 \\ 3.400 \end{pmatrix} \quad (6.1)$$

D. h. im Jänner wurden 17.300 Bücher, 16.100 CDs und 5.600 DVDs abgesetzt. Im Februar waren es 11.000 Bücher, 7.200 CDs und 3.400 DVDs.

Definition 6.1

Die Zusammenfassung von n reellen Zahlen a_1, a_2, ..., a_n zu einem n-Tupel heißt **Vektor**:

$$a = \begin{pmatrix} a_1 \\ a_2 \\ \vdots \\ a_n \end{pmatrix} \text{ oder } a = \begin{pmatrix} a_1 & a_2 & \dots & a_n \end{pmatrix} \quad (6.2)$$

Je nachdem, ob man einen Vektor in Form einer Spalte oder in einer Zeile anschreibt, spricht man von einem **Spaltenvektor** oder von einem **Zeilenvektor**. Die Schreibweise als Spaltenvektor wird häufig verwendet, weil sie Platz sparender und übersichtlicher ist als die Zeilenschreibweise.

Die reellen Zahlen a_1, a_2, ..., a_n nennt man **Koordinaten** oder **Komponenten** eines Vektors. Die Anzahl der Koordinaten bestimmt die **Dimension** eines Vektors. Ein Vektor mit n Koordinaten wird daher als n-dimensionaler Vektor bezeichnet.

Im Regelfall werden für die Bezeichnung von Vektoren Kleinbuchstaben verwendet (z. B. a, b). Wenn aus dem Zusammenhang nicht klar hervorgeht, dass es sich um einen Vektor handelt, kann dies durch Pfeile über den Kleinbuchstaben verdeutlicht werden (z. B. $\vec{a}$, $\vec{b}$).

Vektoren sind also Elemente der Menge

$$\mathbb{R}^n = \underbrace{\mathbb{R} \times \mathbb{R} \times \ldots \times \mathbb{R}}_{\text{n-mal}} = \left\{ \begin{pmatrix} x_1 & x_2 & \ldots & x_n \end{pmatrix} \middle| \, x_1, x_2, \ldots, x_n \in \mathbb{R} \right\} \tag{6.3}$$

dem n-fachen kartesischen Produkt der reellen Zahlen. Genau genommen sind nur Zeilenvektoren Elemente von $\mathbb{R}^n$. Spaltenvektoren unterscheiden sich in der Struktur und sind Elemente von $\mathbb{R}_n$. Es gilt:

$$\begin{pmatrix} a_1 & a_2 & \ldots & a_n \end{pmatrix} \in \mathbb{R}^n \Leftrightarrow \begin{pmatrix} a_1 \\ a_2 \\ \vdots \\ a_n \end{pmatrix} \in \mathbb{R}_n \tag{6.4}$$

6.2 Interpretation eines Vektors

Besonders häufig werden in der Geometrie Vektoren verwendet, aber auch in vielen anderen Anwendungsgebieten (Physik, Wirtschaft,...) treten Vektoren auf.

6.2.1 Geometrie

Vektoren können geometrisch als gerichtete Strecken (Pfeile) interpretiert werden. Ein Vektor a kann durch seine **Länge** (Entfernung zwischen Anfangs- und Endpunkt), seine **Richtung** (Richtung der Verbindungsgeraden zwischen Anfangs- und Endpunkt) und seinen **Richtungssinn** (Pfeilrichtung, Orientierung) eindeutig festgelegt werden. So sind zweidimensionale Vektoren Pfeile in der Ebene und dreidimensionale Vektoren Pfeile im Raum. Bei mehrdimensionalen Vektoren erhalten die Begriffe „Länge" und „Verbindungsgerade" einen eher intuitiven Charakter.

Beispiel 6.2

In Abbildung 6.1 sind folgende zweidimensionale Vektoren dargestellt:

$$a = \begin{pmatrix} 3 \\ 2 \end{pmatrix}, b = \begin{pmatrix} 3 \\ -2 \end{pmatrix}, c = \begin{pmatrix} -3 \\ 2 \end{pmatrix} \tag{6.5}$$

Die erste Koordinate eines Vektors gibt die Anzahl der Einheiten an, die man sich in x-Richtung bewegen muss, die zweite Koordinate gibt die Einheiten in y-Richtung an. Das Vorzeichen der Koordinate bestimmt, ob man sich in positiver oder negativer Richtung der Achse bewegt. Der Anfangspunkt eines Pfeils kann dabei beliebig gewählt werden. So kann jeder zweidimensionale Vektor durch unendlich viele Pfeile in der Ebene dargestellt werden.

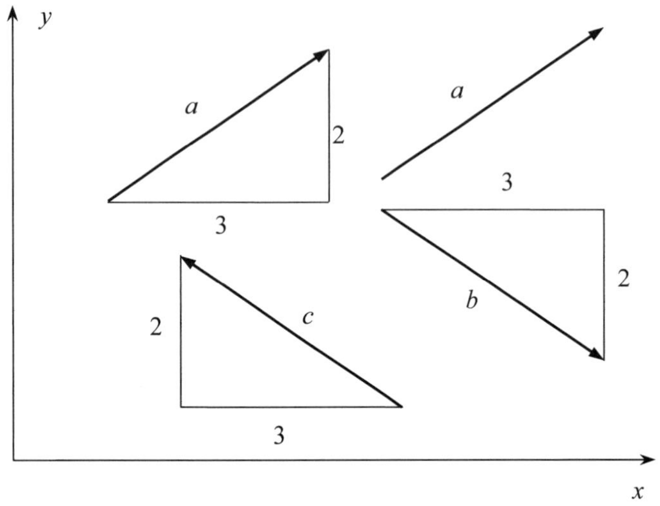

Abbildung 6.1 Darstellung von zweidimensionalen Vektoren

Beispiel 6.3

Wie schon in Beispiel 6.2 bei den Vektoren b und c ersichtlich, ändert sich bei einem Vektor v nur der Richtungssinn, wenn man alle Vorzeichen der Koordinaten ändert. Dieser Vektor wird auch als negativer Vektor $-v$ bezeichnet (siehe **Abbildung 6.2**).

Beispiel 6.4

In **Abbildung 6.3** ist die Darstellung des dreidimensionalen Vektors

$$a = \begin{pmatrix} a_1 & a_2 & a_3 \end{pmatrix} \tag{6.6}$$

ersichtlich. Als Anfangspunkt des Pfeils wurde der Koordinatenursprung gewählt. So ein Vektor wird auch als **Ortsvektor** bezeichnet.

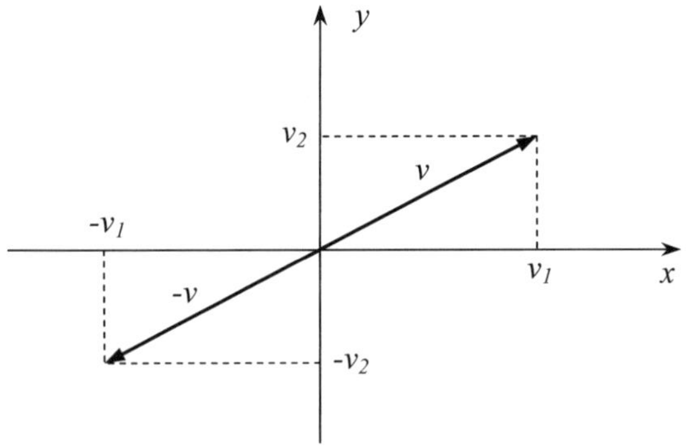

Abbildung 6.2 Negativer Vektor $-v$

Als Länge (Betrag) eines Vektors wird im Allgemeinen die Länge des dazugehörigen Pfeils verstanden. Sie lässt sich mit Hilfe des Satzes von Pythagoras berechnen, weil die Koordinatenachsen senkrecht aufeinander stehen.

Definition 6.2

Unter dem **Betrag** oder der **Norm** des Vektors *a* aus (6.2) versteht man:

$$\|a\| = \sqrt{a_1^{\ 2} + a_2^{\ 2} + \ldots + a_n^{\ 2}} = \sqrt{\sum_{i=1}^{n} a_i^{\ 2}} \qquad (6.7)$$

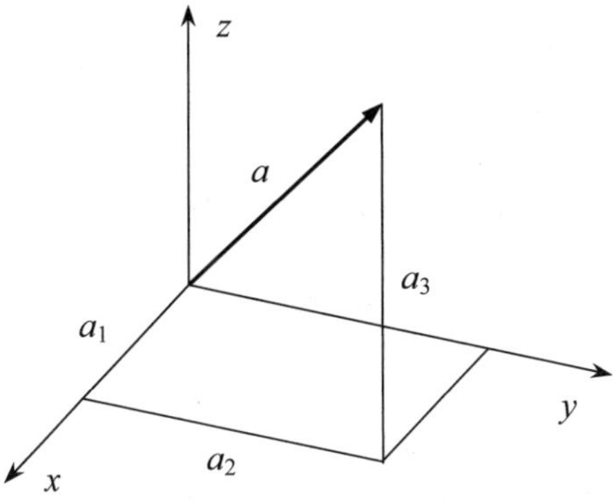

Abbildung 6.3 Darstellung eines dreidimensionalen Vektors

Beispiel 6.5

Im Folgenden werden Beträge von verschiedenen Vektoren berechnet. Obwohl der Betrag als Länge eines Vektors nur im zwei- und dreidimensionalen Fall vorstellbar ist, kann die Formel auch für höherdimensionale Vektoren verwendet werden.

$$\begin{aligned} a &= \begin{pmatrix} 3 \\ -4 \end{pmatrix} \Rightarrow \|a\| = \sqrt{3^2 + (-4)^2} = 5 \\ b &= \begin{pmatrix} -4 \\ 4 \\ -2 \end{pmatrix} \Rightarrow \|b\| = \sqrt{(-4)^2 + 4^2 + (-2)^2} = 6 \\ c &= \begin{pmatrix} 2 \\ -1 \\ 3 \\ 4 \end{pmatrix} \Rightarrow \|c\| = \sqrt{2^2 + (-1)^2 + 3^2 + 4^2} = \sqrt{30} \end{aligned} \qquad (6.8)$$

6.2.2 Physik, Technik und Wirtschaft

- Die **Geschwindigkeit** ist eine vektorielle Größe. Der Tachometer zeigt nicht die Geschwindigkeit, sondern den Betrag der Geschwindigkeit an. Die Richtung wird durch das Gelände bzw. die Straße vorgegeben. Der Richtungssinn hängt von der Fahrtrichtung ab. Die Geschwindigkeit ist ein dreidimensionaler Vektor im Raum.
- In der Technik werden Größen öfters als Vektoren bezeichnet, obwohl sie streng genommen keine Vektoren sind. Klassisches Beispiel ist die **Kraft**. Eine Kraft ist nicht nur durch ihren Betrag, ihre Richtung und Orientierung gegeben, sondern es ist auch ihr Wirkungspunkt (genauer ihre Wirkungslinie) zu definieren.
- Das **Fertigungsprogramm (Produktionsprogramm)** eines Unternehmens kann ebenfalls als Vektor angegeben werden. Die i-te Komponente eines n-dimensionalen Vektors gibt die produzierte Menge des i-ten Produktes in einer bestimmten Zeitperiode an. n ist dann als Anzahl der existierenden Produktarten dieses Unternehmens zu interpretieren.
- Das **Absatzprogramm** eines Unternehmens ist ein n-dimensionaler Vektor, wobei n wieder die Anzahl der verschiedenen Produkte angibt. Die i-te Komponente des Absatzprogramms gibt an, welche Menge von Produkt i in einer bestimmten Zeitperiode abgesetzt

worden ist oder voraussichtlich abgesetzt wird, wenn es sich um Planungsdaten handelt.

- Der **Lagerbestand** (z. B. des Fertigteillagers) ist ebenfalls ein Vektor mit *n* Komponenten. *n* ist dabei die Anzahl der verschiedenen Fertigteile und die *i*-te Komponente des Lagerbestandsvektors gibt die Anzahl der gelagerten Fertigteile am Ende einer Periode an.
- Das **Beschaffungsprogramm** ist ein *m*-dimensionaler Vektor, wobei *m* die Anzahl der verschiedenen Beschaffungsteile ist. In der *i*-ten Komponente des Beschaffungsprogramms lässt sich ablesen, wie viel vom Beschaffungsteil *i* in einer Periode zu bestellen ist.

6.3 Rechenoperationen mit Vektoren

Vektoren sollen nicht nur der bloßen Darstellung von mehreren Zahlen dienen, man vermag mit Vektoren auch zu rechnen. Reelle Zahlen kann man addieren, subtrahieren, multiplizieren,... Kann man das auch mit Vektoren tun, und wenn ja, wie?

6.3.1 Addition, Subtraktion und Multiplikation mit einem Skalar

Wie die Addition und Subtraktion von Vektoren bzw. die Multiplikation eines Vektors mit einer Zahl (Skalar) sinnvoll definiert werden, soll das nächste Beispiel zeigen.

Beispiel 6.6

Aufbauend auf den Angaben von Beispiel 6.1 sollen folgende Fragestellungen beantwortet werden:

- Wie groß war der Absatz in den ersten beiden Monaten des Jahres?
- Um wie viel war der Absatz im Jänner größer als im Februar?
- Der Absatz im März war doppelt so hoch wie im Februar. Durch welchen Vektor kann der Absatz im März beschrieben werden?

Um den Gesamtabsatz der ersten beiden Monate zu berechnen, muss man die Absatzzahlen von Jänner und Februar addieren. Es ist naheliegend, die Addition komponentenweise durchzuführen:

$$a_{Jän} + a_{Feb} = \begin{pmatrix} 17.300 \\ 16.100 \\ 5.600 \end{pmatrix} + \begin{pmatrix} 11.000 \\ 7.200 \\ 3.400 \end{pmatrix} = \begin{pmatrix} 28.300 \\ 23.300 \\ 9.000 \end{pmatrix} \tag{6.9}$$

Um die zweite Frage zu beantworten, muss man den Absatz des Monats Februar vom Absatz im Jänner subtrahieren. Wieder ist es sinnvoll komponentenweise zu rechnen:

$$a_{Jän} - a_{Feb} = \begin{pmatrix} 17.300 \\ 16.100 \\ 5.600 \end{pmatrix} - \begin{pmatrix} 11.000 \\ 7.200 \\ 3.400 \end{pmatrix} = \begin{pmatrix} 6.300 \\ 8.900 \\ 2.200 \end{pmatrix} \tag{6.10}$$

Den Absatz im März kann man berechnen, indem man den Absatz vom Februar mit 2 multipliziert. Dabei muss jede einzelne Komponente des Vektors verdoppelt werden:

$$a_{März} = 2a_{Feb} = 2 \cdot \begin{pmatrix} 11.000 \\ 7.200 \\ 3.400 \end{pmatrix} = \begin{pmatrix} 22.000 \\ 14.400 \\ 6.800 \end{pmatrix} \tag{6.11}$$

So wie in diesem Beispiel werden nun diese Rechenoperationen ganz allgemein für Vektoren definiert.

Definition 6.3

Seien $\vec{a}$ und $\vec{b}$ zwei n-dimensionale Vektoren und λ eine reelle Zahl. Dann werden diese Vektoren **addiert** bzw. **subtrahiert**, indem die entsprechenden Komponenten addiert bzw. subtrahiert werden:

$$\vec{a} \pm \vec{b} = \begin{pmatrix} a_1 \\ a_2 \\ \vdots \\ a_n \end{pmatrix} \pm \begin{pmatrix} b_1 \\ b_2 \\ \vdots \\ b_n \end{pmatrix} = \begin{pmatrix} a_1 \pm b_1 \\ a_2 \pm b_2 \\ \vdots \\ a_n \pm b_n \end{pmatrix} \tag{6.12}$$

Das Ergebnis ist also wieder ein n-dimensionaler Vektor. Formal kann man nur Vektoren derselben mathematischen Dimension addieren bzw. subtrahieren. Ein Vektor wird **mit einem Skalar λ multipliziert**, indem alle Komponenten mit λ multipliziert werden:

$$\lambda \cdot \vec{a} = \lambda \cdot \begin{pmatrix} a_1 \\ a_2 \\ \vdots \\ a_n \end{pmatrix} = \begin{pmatrix} \lambda \cdot a_1 \\ \lambda \cdot a_2 \\ \vdots \\ \lambda \cdot a_n \end{pmatrix} \tag{6.13}$$

Speziell ergibt sich für $\lambda = 0$:

$$0 \cdot \vec{a} = \begin{pmatrix} 0 \\ 0 \\ \vdots \\ 0 \end{pmatrix} = \vec{0} \tag{6.14}$$

Der Vektor $\vec{0}$ heißt **Nullvektor**.

Diese Rechenoperationen haben auch eine grafische Interpretation und können im zweidimensionalen Raum veranschaulicht werden.

Beispiel 6.7

In Abbildung 6.4 ist die grafische Addition und Subtraktion von Vektoren dargestellt.

Abbildung 6.4 Addition und Subtraktion zweier Vektoren

Der Vektor b wird mit seinem Anfangspunkt zum Endpunkt des Vektors a parallel verschoben (Vektoren ändern sich nicht bei paralleler Verschiebung). Das Resultat der Addition $a+b$ ist nun der Vektor, der vom Anfangspunkt des Vektors a zum Endpunkt des Vektors b weist. Möchte man $a-b$ grafisch bestimmen, so muss man den negativen Vektor $-b$ zum Vektor a addieren.

Beispiel 6.8

In Abbildung 6.5 ist grafisch die Multiplikation eines Vektors mit einem Skalar dargestellt. Anschaulich ergibt ein Vektor multipliziert mit einem Skalar λ einen Vektor derselben Richtung, dessen Länge um das λ-fache geändert wird und dessen Richtungssinn gedreht wird, falls λ negativ ist.

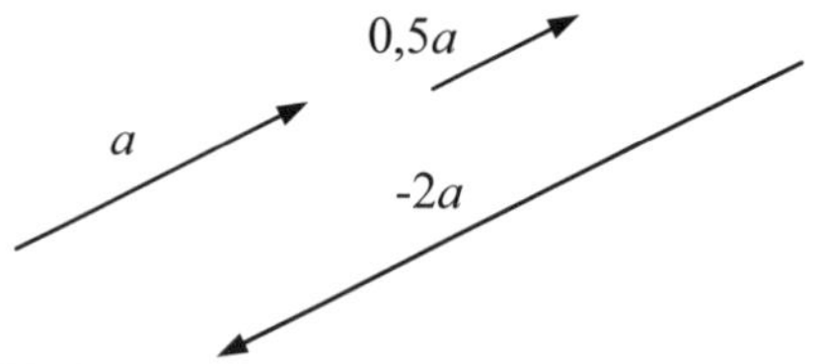

Abbildung 6.5 Multiplikation mit einem Skalar

Das Rechnen mit Vektoren wurde auf bekannte Rechenoperationen mit reellen Zahlen zurückgeführt. Es gelten daher auch die gleichen Rechenregeln.

Satz 6.1

Für die Addition von Vektoren aus $\mathbb{R}^n$ gelten folgende Grundgesetze:

Kommutativgesetz

$$\forall \vec{a}, \vec{b} \in \mathbb{R}^n: \vec{a} + \vec{b} = \vec{b} + \vec{a} \tag{6.15}$$

Assoziativgesetz

$$\forall \vec{a}, \vec{b}, \vec{c} \in \mathbb{R}^n: \left(\vec{a} + \vec{b}\right) + \vec{c} = \vec{a} + \left(\vec{b} + \vec{c}\right) \tag{6.16}$$

Existenz eines neutralen Elements

Es existiert genau ein neutrales Element $\vec{0} \in \mathbb{R}^n$ mit der Eigenschaft

$$\forall \vec{a} \in \mathbb{R}^n: \vec{a} + \vec{0} = \vec{a} \tag{6.17}$$

Existenz eines inversen Elements

Für alle Vektoren $\vec{a} \in \mathbb{R}^n$ existiert genau ein inverses Element $-\vec{a} \in \mathbb{R}^n$ mit der Eigenschaft

$$\vec{a} + \left(-\vec{a}\right) = \vec{0} \tag{6.18}$$

Für die Multiplikation eines Vektors mit einem Skalar gelten folgende Grundgesetze:

Distributivgesetz

$$\begin{aligned} &\forall \vec{a}, \vec{b} \in \mathbb{R}^n, \lambda \in \mathbb{R}: \lambda \cdot \left(\vec{a} + \vec{b}\right) = \lambda \cdot \vec{a} + \lambda \cdot \vec{b} \\ &\forall \vec{a} \in \mathbb{R}^n, \lambda, \mu \in \mathbb{R}: \left(\lambda + \mu\right) \cdot \vec{a} = \lambda \cdot \vec{a} + \mu \cdot \vec{a} \end{aligned} \tag{6.19}$$

Assoziativgesetz

$$\forall \vec{a} \in \mathbb{R}^n,\ \lambda, \mu \in \mathbb{R}:\ (\lambda \cdot \mu) \cdot \vec{a} = \lambda \cdot (\mu \cdot \vec{a}) \tag{6.20}$$

Existenz eines neutralen Elements

Es existiert genau ein neutrales Element $1 \in \mathbb{R}$ mit der Eigenschaft

$$\forall \vec{a} \in \mathbb{R}^n:\ 1 \cdot \vec{a} = \vec{a} \tag{6.21}$$

6.3.2 Inneres Produkt (Skalarprodukt)

Während die Addition zweier Vektoren und die Multiplikation eines Vektors mit einem Skalar jeweils wieder Vektoren ergeben, wird mit dem inneren Produkt eine Operation definiert, die als Ergebnis einen Skalar hat. Wie man diese Definition vornimmt, sodass diese auch für Anwendungen brauchbar ist, soll das folgende Beispiel zeigen.

Beispiel 6.9

Das Unternehmen aus Beispiel 6.1 setzt im Jänner eine bestimmte Anzahl an Büchern, CDs und DVDs ab. Dabei entstehen unterschiedliche Versandkosten, die durch den Vektor k beschrieben werden. Gesucht sind die Gesamtkosten für den Versand im Jänner.

$$a_{Jän} = \begin{pmatrix} 17.300 \\ 16.100 \\ 5.600 \end{pmatrix},\ k = \begin{pmatrix} 3 \\ 2{,}5 \\ 2{,}7 \end{pmatrix} \tag{6.22}$$

Als Gesamtkosten K für den Versand ergeben sich

$$K = 17.300 \cdot 3 + 16.100 \cdot 2{,}5 + 5.600 \cdot 2{,}7 = 107.270\,. \tag{6.23}$$

Genau dieses Ergebnis wird als inneres Produkt der Vektoren $a_{Jän}$ und k definiert.

Definition 6.4

Das **innere Produkt (Skalarprodukt)** $\langle a,b \rangle$ der Vektoren $a,b \in \mathbb{R}^n$ ist definiert als

$$\langle a,b \rangle = \sum_{i=1}^{n} a_i b_i \in \mathbb{R}\,. \tag{6.24}$$

Satz 6.2

Es gelten die folgenden Rechenregeln für Vektoren $a,b,c \in \mathbb{R}^n$:

Für das innere Produkt gilt das Kommutativgesetz.

$$\langle a,b\rangle = \langle b,a\rangle \tag{6.25}$$

Das innere Produkt induziert die Norm, die schon in (6.7) verwendet wurde.

$$\|a\| = \sqrt{\langle a,a\rangle} \tag{6.26}$$

Die folgende Formel kann verwendet werden, um den Winkel φ zwischen zwei Vektoren a und b zu berechnen.

$$\langle a,b\rangle = \|a\|\|b\| cos(\varphi) \Rightarrow cos(\varphi) = \frac{\langle a,b\rangle}{\|a\|\|b\|} \tag{6.27}$$

Dieser Zusammenhang dient für die Feststellung der Rechtwinkeligkeit:

$$\langle a,b\rangle = 0 \Leftrightarrow a = 0 \vee b = 0 \vee a \text{ ist senkrecht zu } b \tag{6.28}$$

Das innere Produkt ist bilinear, d. h. es erfüllt die Eigenschaften

$$\begin{aligned} &\langle a+b,c\rangle = \langle a,c\rangle + \langle b,c\rangle \\ &\lambda\langle a,b\rangle = \langle \lambda a,b\rangle = \langle a,\lambda b\rangle. \end{aligned} \tag{6.29}$$

Beispiel 6.10

Gesucht ist der Winkel zwischen den beiden Vektoren $a = \begin{pmatrix} 2 & 6 & 3 \end{pmatrix}$ und $b = \begin{pmatrix} -1 & 5 & 4 \end{pmatrix}$. Um (6.27) anwenden zu können, werden zuerst die Beträge der Vektoren a und b und ihr skalares Produkt berechnet.

$$\begin{aligned} &\|a\| = \sqrt{2^2 + 6^2 + 3^2} = \sqrt{49} = 7 \\ &\|b\| = \sqrt{(-1)^2 + 5^2 + 4^2} = \sqrt{42} \\ &\langle a,b\rangle = 2\cdot(-1) + 6\cdot 5 + 3\cdot 4 = 40 \end{aligned} \tag{6.30}$$

Nun kann einfach in (6.27) eingesetzt werden:

$$cos(\varphi) = \frac{40}{7\cdot\sqrt{42}} \approx 0{,}8817 \Rightarrow \varphi \approx 28{,}15° \tag{6.31}$$

6.3.3 Äußeres Produkt (Vektorielles Produkt)

Das äußere Produkt zweier Vektoren ist hier nur im $\mathbb{R}^3$ definiert. Neben geometrischen Anwendungen wird es in der Mechanik für die Berechnung von Momenten häufig verwendet.

Definition 6.5

Unter dem **äußeren Produkt (vektoriellen Produkt)** $a \times b$ der Vektoren $a, b \in \mathbb{R}^3$ versteht man die Operation

$$a \times b = \begin{pmatrix} a_1 \\ a_2 \\ a_3 \end{pmatrix} \times \begin{pmatrix} b_1 \\ b_2 \\ b_3 \end{pmatrix} = \begin{pmatrix} a_2 b_3 - a_3 b_2 \\ a_3 b_1 - a_1 b_3 \\ a_1 b_2 - a_2 b_1 \end{pmatrix} \in \mathbb{R}^3 \tag{6.32}$$

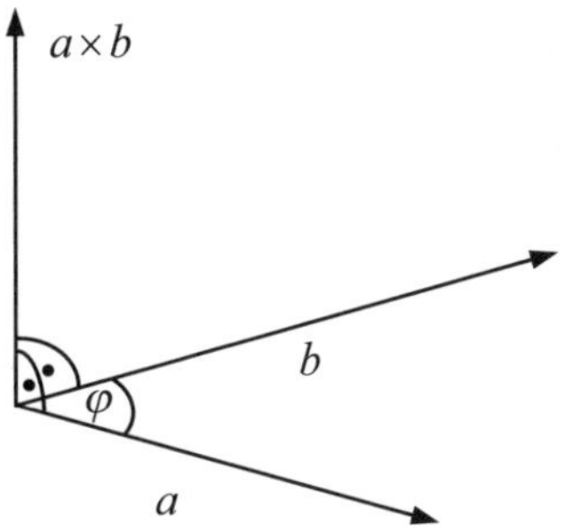

Abbildung 6.6 Äußeres Produkt von Vektoren

$a \times b$ ergibt einen Vektor mit folgenden Eigenschaften:

- Die Länge des Vektors ist gegeben durch die Multiplikation der Einzellängen und dem Sinus des eingeschlossenen Winkels (= Flächeninhalt des von den beiden Vektoren a und b aufgespannten Parallelogramms).

$$\|a \times b\| = \|a\|\|b\| sin(\varphi) \tag{6.33}$$

- Die Richtung ist senkrecht auf die von a und b aufgespannte Ebene.

$$\langle a \times b, a \rangle = \langle a \times b, b \rangle = 0 \tag{6.34}$$

- Die Vektoren a, b und $a \times b$ sind im Sinne einer Rechtsschraube orientiert. Mittels Abbildung 6.6 veranschaulicht heißt das, dass a und b

die Zeiger einer Uhr darstellen und a auf kürzestem Weg nach b gedreht wird. Falls die Drehung gegen den Uhrzeigersinn erfolgt, weist die Orientierung nach oben, sonst nach unten.

6.4 Vektorräume

Aus Kapitel 6.3 ist ersichtlich, dass die Summe zweier n-dimensionaler Vektoren und das λ-fache eines n-dimensionalen Vektors wieder n-dimensionale Vektoren ergeben. Unter der Bedingung, dass hinsichtlich der Addition und der Multiplikation mit einem Skalar bestimmte Axiome[1] erfüllt sind, bezeichnet man die Gesamtheit aller Vektoren als **Vektorraum**.

6.4.1 Vektorraum

Definition 6.6

Die definierenden Eigenschaften eines Vektorraums V lauten:

- Die Addition von zwei Elementen $a,b \in V$ ist so definiert, dass das Ergebnis $a+b$ wieder ein Element aus V ist.
- Die Addition ist kommutativ und assoziativ (vgl. (6.15) und (6.16)).
- Es existiert ein neutrales Element für die Addition. (vgl. (6.17)).
- Zu jedem Element von V gibt es ein inverses Element bezüglich der Addition (vgl. (6.18)).
- Die Multiplikation von $a \in V$ mit einem Skalar λ ist so definiert, dass für das Ergebnis $\lambda \cdot a \in V$ gilt.
- Die Multiplikation mit einem Skalar ist distributiv und assoziativ (vgl. (6.19) und (6.20)).
- Für die Multiplikation mit einem Skalar existiert ein neutrales Element (vgl. (6.21)).

Nach dieser Definition sind $\mathbb{R}^2$, $\mathbb{R}^3$, ..., $\mathbb{R}^n$ Vektorräume.

6.4.2 Linearkombination von Vektoren

Als Linearkombination wird allgemein eine lineare Verknüpfung von Größen (Variablen, Vektoren, ...) mit skalaren Gewichtungsfaktoren verstanden. Für Vektoren sieht das so aus:

[1] Axiome sind nicht ableitbare Aussagen, die keiner Begründung bedürfen. Sie legen Beziehungen zwischen Elementen einer Menge fest. Sie sind jedoch nur sinnvoll, wenn sich aus ihnen keine Widersprüche herleiten lassen.

Definition 6.7

Seien v_1, v_2, ..., v_m Elemente eines Vektorraums V und λ_1, λ_2, ..., λ_m skalare Größen. Ein Ausdruck der Form

$$\lambda_1 v_1 + \lambda_2 v_2 + \ldots + \lambda_m v_m = \sum_{i=1}^{m} \lambda_i v_i \qquad (6.35)$$

heißt **Linearkombination** der Vektoren v_1, v_2, ..., v_m mit Koeffizienten $\lambda_1, \lambda_2, \ldots, \lambda_m$.

Beispiel 6.11

Es seien:

$$a = \begin{pmatrix} 1 \\ 2 \\ 3 \end{pmatrix}, b = \begin{pmatrix} 3 \\ 0 \\ 1 \end{pmatrix}, c = \begin{pmatrix} 5 \\ 1 \\ 3 \end{pmatrix} \qquad (6.36)$$

Dann ist der Vektor c eine Linearkombination von a und b, weil

$$c = \frac{1}{2}a + \frac{3}{2}b = \begin{pmatrix} 0,5 \\ 1 \\ 1,5 \end{pmatrix} + \begin{pmatrix} 4,5 \\ 0 \\ 1,5 \end{pmatrix} = \begin{pmatrix} 5 \\ 1 \\ 3 \end{pmatrix} \qquad (6.37)$$

Ein zentrales Problem in der Theorie der Vektorräume ist die Frage, ob es möglich ist, den Nullvektor so als Linearkombination darzustellen, dass nicht alle Koeffizienten gleich null sind. Ist dies der Fall, so heißen die Vektoren linear abhängig, sonst sind sie linear unabhängig.

Definition 6.8

Die Vektoren v_1, v_2, ..., $v_m \in V$ heißen **linear unabhängig**, wenn Folgendes gilt:

$$\sum_{i=1}^{m} \lambda_i v_i = \vec{0} \Rightarrow \lambda_1 = \lambda_2 = \ldots = \lambda_m = 0 \qquad (6.38)$$

Die Bezeichnung rührt daher, dass sich in diesem Fall ein Vektor v_i ($i = 1,\ldots,m$) nicht als Linearkombination der anderen Vektoren v_j ($j \neq i$, $j = 1,\ldots,m$) darstellen lässt.

6.4.3 Dimension und Basis eines Vektorraums

Betrachtet man den Vektorraum, der dadurch entsteht, dass alle Linearkombinationen aus einer Menge von ausgewählten Vektoren v_1, v_2, ..., v_m gebildet werden, so erhält man den von v_1, v_2, ..., v_m erzeugten Vektorraum. Sind die erzeugenden Vektoren auch noch linear unabhängig, so bilden diese eine so genannte **Basis** dieses Vektorraums. Die lineare Unabhängigkeit gewährleistet, dass sich keine überflüssigen Vektoren in der Basis befinden. Mit Hilfe der Basis lassen sich alle Vektoren dieses Vektorraums in eindeutiger Weise darstellen (vgl. Abbildung 6.7).

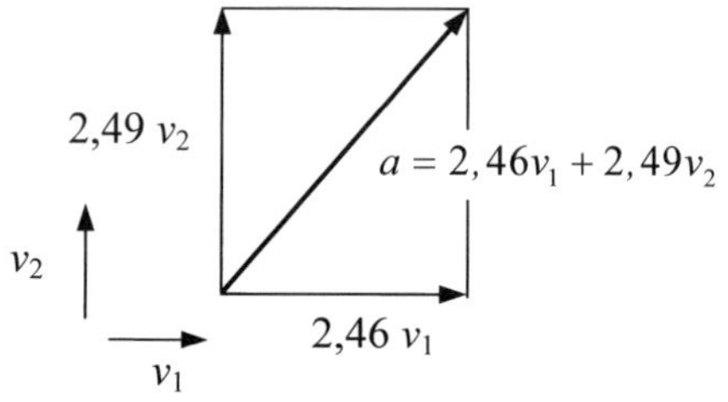

Abbildung 6.7 Basisdarstellung eines Vektors *a*

Umgelegt auf den bekannten Vektorraum $\mathbb{R}^n$, kann man einen Vektor a darstellen als

$$a = \begin{pmatrix} a_1 & a_2 & \dots & a_n \end{pmatrix} = \sum_{i=1}^{n} a_i e_i , \tag{6.39}$$

wobei

$$\begin{aligned} e_1 &= \begin{pmatrix} 1 & 0 & \dots & 0 \end{pmatrix} \in \mathbb{R}^n \\ e_2 &= \begin{pmatrix} 0 & 1 & \dots & 0 \end{pmatrix} \in \mathbb{R}^n \\ &\dots \\ e_n &= \begin{pmatrix} 0 & 0 & \dots & 1 \end{pmatrix} \in \mathbb{R}^n . \end{aligned} \tag{6.40}$$

Die Vektoren e_1, e_2, ..., e_n erzeugen den gesamten $\mathbb{R}^n$ und sind linear unabhängig, weshalb sie eine Basis dieses Vektorraums bilden. Man nennt diese Basis auch Standardbasis des $\mathbb{R}^n$, weil sie besonders einfach und intuitiv ist. Man kann zeigen, dass zwei verschiedene Basen eines Vektorraums gleich viele Elemente besitzen. Die Anzahl der Elemente einer Basis nennt man auch **Dimension** des Vektorraums.

Ist die Basis festgelegt, dann ist die Darstellung als Linearkombination durch die Basisvektoren eindeutig. Die Koeffizienten a_i $(i=1,...,n)$ eines n-dimensionalen Vektors werden **Koordinaten** genannt. Die Summenschreibweise in (6.39) ist die exaktere und wird häufig in der Mechanik verwendet. Wenn allerdings klar ist, welche Basisvektoren zu Grunde liegen, kann darauf verzichtet werden und die Koordinatenschreibweise oder Komponentenschreibweise verwendet werden.

Es ist zu beachten, dass die Koeffizienten eines Vektors von den zu Grunde gelegten Basisvektoren abhängen. Vorteilhaft wählt man die Basisvektoren **orthonormal**, d. h. im Sinne einer Rechtsschraube orientiert, rechtwinkelig zueinander und normiert auf die Länge 1. In den vorangegangenen Abschnitten wurde immer der $\mathbb{R}^n$ mit der Standardbasis verwendet, die aus orthonormalen Basisvektoren besteht.

6.5 Anwendungen für Vektoren

Nach dem etwas theoretischen Ausflug in die Vektorräume werden nun exemplarisch einige Anwendungen von Vektoren aufgezeigt.

6.5.1 Geschwindigkeit

Ein Fluss fließt mit gleichmäßiger und konstanter Strömungsgeschwindigkeit, die durch folgenden Vektor beschrieben wird:

$$s=\begin{pmatrix}0{,}3\\0\end{pmatrix}\in\mathbb{R}_2 \qquad (6.41)$$

Ein Schwimmer bewegt sich genau senkrecht zum Ufer. Die resultierende Fortbewegungsgeschwindigkeit ist mit dem Vektor r gegeben:

$$r=\begin{pmatrix}0\\1\end{pmatrix}\in\mathbb{R}_2 \qquad (6.42)$$

Gesucht ist nun, die Geschwindigkeit v, die der Schwimmer haben muss, um nicht abgetrieben zu werden. Der Winkel α zwischen Ufer und Geschwindigkeit, sowie der Betrag der eigentlichen Geschwindigkeit des Schwimmers sollen ebenfalls berechnet werden (siehe Abbildung 6.8).

r ist offensichtlich die Summe von v und s. Damit ergibt sich für v

$$v = r - s = \begin{pmatrix} 0 \\ 1 \end{pmatrix} - \begin{pmatrix} 0{,}3 \\ 0 \end{pmatrix} = \begin{pmatrix} -0{,}3 \\ 1 \end{pmatrix}. \qquad (6.43)$$

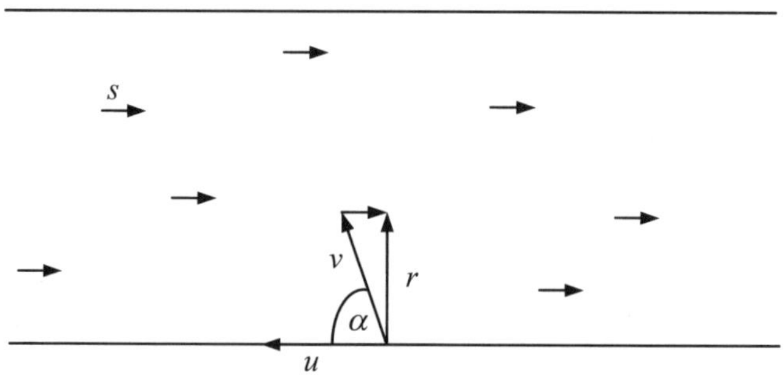

Abbildung 6.8 Skizze der relevanten Vektoren *s*, *v*, *r* und *u*

Der gesuchte Winkel kann durch das innere Produkt von *v* mit dem Ufervektor *u* berechnet werden. Es gilt nach (6.27):

$$u = \begin{pmatrix} -1 \\ 0 \end{pmatrix}$$
$$\langle v, u \rangle = \|v\| \|u\| cos(\alpha) \Rightarrow \alpha = arc\,cos\left(\frac{0{,}3}{1{,}04}\right) = 73{,}3° \qquad (6.44)$$

Für den Betrag der Geschwindigkeit ergibt sich

$$\|v\| = \sqrt{0{,}09 + 1} = 1{,}044\,. \qquad (6.45)$$

6.5.2 Kraft

In diesem Anwendungsbeispiel soll gezeigt werden, dass im strengen Sinne die Kraft kein Vektor ist. Man betrachte dazu einen Träger, der auf einem Tisch liegt und an beiden Enden herausragt, wie in Abbildung 6.9 dargestellt.

Auf den Träger wirkt eine Kraft *f*, einmal in der Mitte des Trägers und einmal am Ende des Trägers. Im linken Bild wird das System stabil bleiben, der Träger wird einfach an den Tisch gepresst. Eine Parallelverschiebung der Kraft (siehe rechtes Bild) hat zur Folge, dass der Träger zu kippen beginnt. Die Kraft ist also nicht durch ihren Betrag, Richtung und Richtungssinn eindeutig definiert, sondern es ist die Wirkungslinie zusätzlich anzugeben. Eine Verschiebung der Kraft verursacht im Allgemeinen ein Moment.

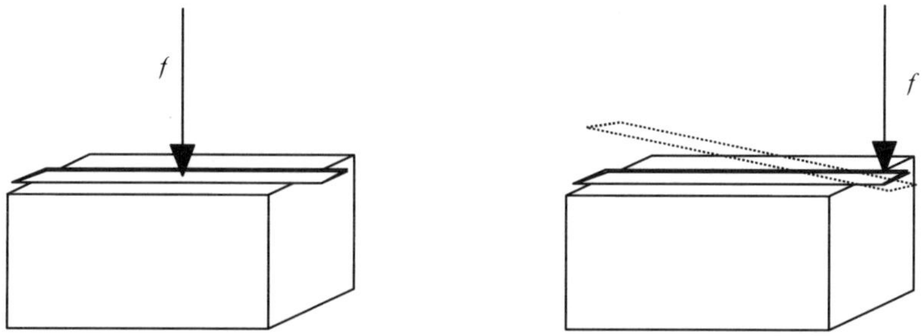

Abbildung 6.9 Zusammenhang Kraft und Vektor

6.5.3 Geldwert einer Produktion

Der Geldwert W einer Produktion in einer Periode kann durch das Skalarprodukt des Wertvektors w mit dem Fertigungsprogramm x berechnet werden.

$$W = \langle w, x \rangle \tag{6.46}$$

mit

w_i ..... Geldwert des i-ten Produktes

x_i ..... Anzahl der erzeugten Einheiten des i-ten Produktes in der Zeitperiode

6.5.4 Lagerbestand

Der **Lagerbestand** im Fertigteillager am Ende einer Periode setzt sich aus dem Lagerbestand zu Beginn der Periode und dem Fertigteillagerzufluss während der Periode abzüglich dem Fertigteillagerabgang während der Periode zusammen. Die Entwicklung des Lagerbestandes kann daher rekursiv wie in (6.47) und explizit wie in (6.48) als Folge berechnet werden.

$$\ell(z) = \ell(z-1) + x(z) - a(z) \tag{6.47}$$

$$\ell(z) = \ell(0) + \sum_{i=1}^{z} (x(i) - a(i)) \tag{6.48}$$

Dabei wurden folgende Bezeichnungen verwendet:

$\ell(z)$ ..... Lagerbestand des Fertigteillagers am Ende der Periode z ($\ell(z)$ ist im Allgemeinen ein Vektor)

$\ell(z-1)$ ..... Lagerbestand des Fertigteillagers am Ende der Vorperiode $z-1$ (Das entspricht dem Lagerbestand am Beginn der Periode z.)

$x(z)$ ..... Produktionsprogramm bzw. Produktionsausstoß in Periode z ($x(z)$ ist im Allgemeinen ein Vektor.)

$a(z)$ ..... Verkaufsprogramm in der Periode z ($a(z)$ ist im Allgemeinen ein Vektor.)

$z \in \{1,2,3,...\}$

Beispiel 6.12

Ein Unternehmen stellt drei verschieden Typen von Kurbelwellen her. Für zwei Perioden ist das Produktionsprogramm x und das Absatzprogramm a gegeben, weiters ist der Lagerstand $\ell(0)$ zu Beginn der ersten Periode bekannt:

$$\begin{gathered} x(1)=\begin{pmatrix} 2.500 \\ 2.000 \\ 2.000 \end{pmatrix}, x(2)=\begin{pmatrix} 2.000 \\ 1.500 \\ 1.000 \end{pmatrix}, \\ a(1)=\begin{pmatrix} 2.100 \\ 1.500 \\ 1.900 \end{pmatrix}, a(2)=\begin{pmatrix} 1.700 \\ 1.100 \\ 900 \end{pmatrix}, \ell(0)=\begin{pmatrix} 100 \\ 500 \\ 300 \end{pmatrix} \end{gathered} \tag{6.49}$$

Dann lässt sich der Lagerstand am Ende der ersten Periode errechnen:

$$\ell(1)=\ell(0)+x(1)-a(1)=\begin{pmatrix} 500 \\ 1.000 \\ 400 \end{pmatrix} \tag{6.50}$$

Den Lagerstand am Ende der zweiten Periode kann man nun entweder rekursiv mit Hilfe von (6.47) berechnen

$$\ell(2) = \ell(1) + x(2) - a(2) = \begin{pmatrix} 800 \\ 1.400 \\ 500 \end{pmatrix} \qquad (6.51)$$

oder direkt mit (6.48):

$$\ell(2) = \ell(0) + x(1) - a(1) + x(2) - a(2) = \begin{pmatrix} 800 \\ 1.400 \\ 500 \end{pmatrix} \qquad (6.52)$$

6.6 Rechnen mit Vektoren in Excel

In Excel kann man mit Hilfe von **Matrixformeln** Berechnungen mit Vektoren durchführen. Grundsätzlich werden Matrixformeln auf dieselbe Weise wie andere Formeln erstellt, mit dem Unterschied, dass zur Formeleingabe die Tastenkombination **STRG+UMSCHALT+EINGABE** gedrückt werden muss. Das bewirkt, dass die gesamte Formel in geschwungene Klammern {} gesetzt wird, woran man später eine Matrixformel erkennen kann.

6.6.1 Addition, Subtraktion und Multiplikation mit einem Skalar

Beispiel 6.13

Die Addition von zwei Vektoren aus Beispiel 6.6 wird mit Excel berechnet (siehe Abbildung 6.10).

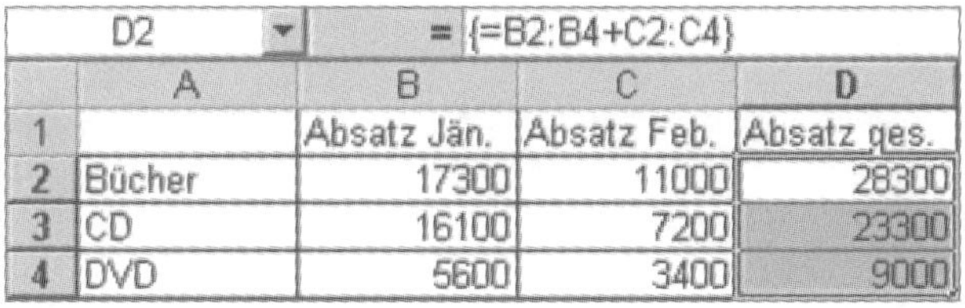

D2 = {=B2:B4+C2:C4}

	A	B	C	D
1		Absatz Jän.	Absatz Feb.	Absatz ges.
2	Bücher	17300	11000	28300
3	CD	16100	7200	23300
4	DVD	5600	3400	9000

Abbildung 6.10 Addition von Vektoren in Excel

Nach der Eingabe der beiden Absatzvektoren kann die Summe folgendermaßen berechnet werden:

- Zuerst muss der gesamte Bereich des Ergebnisses markiert werden (hier D2:D4).
- Dann kann man die Formel mit Hilfe von Bezügen eingeben (hier B2:B4+C2:C4)
- Für die Auswertung als Matrixformel muss nun STRG+UMSCHALT+EINGABE gedrückt werden.

Die Subtraktion von zwei Vektoren und Multiplikation eines Vektors mit einem Skalar funktionieren analog.

6.6.2 Skalarprodukt

Das Skalarprodukt kann mit Hilfe des Befehls **SUMMENPRODUKT** (engl. **SUMPRODUCT**) berechnet werden.

Beispiel 6.14

Die Berechnung des skalaren Produkts der Vektoren aus Beispiel 6.9 mit Excel ist in Abbildung 6.11 ersichtlich. Achtung: Hier ist keine Matrixformel notwendig, da das Ergebnis ein Skalar ist!

C6 = =SUMPRODUCT(B2:B4;C2:C4)

	A	B	C	D
1		Absatz	Versandkosten	
2	Bücher	17300	3	
3	CD	16100	2,5	
4	DVD	5600	2,7	
5				
6	Gesamtkosten Versand		107270	

Abbildung 6.11 Berechnung des Skalarprodukts in Excel

6.7 Übungsaufgaben

Aufgabe 6.1

Seien v_1, v_2, v_3 Vektoren und λ_1, λ_2 Zahlen. Bilden Sie, wenn möglich, folgende Ausdrücke:

$$\lambda_1 v_1 + \lambda_2 v_2 \qquad \lambda_1 \langle v_1, v_2 \rangle + \lambda_2$$

$$\frac{1}{\lambda_1} v_1 + \frac{1}{\lambda_2} v_2 \qquad \lambda_1 v_3 + \langle v_1, v_2 \rangle$$

$$v_1 + v_3 \qquad v_1 - \lambda_1 v_3$$

mit den Vektoren

a) $v_1 = \begin{pmatrix} 1 & -1 & 2 \end{pmatrix}$, $v_2 = \begin{pmatrix} 3 & 2 & -4 \end{pmatrix}$, $v_3 = \begin{pmatrix} 3 & -2 \end{pmatrix}$, $\lambda_1 = \frac{1}{2}$, $\lambda_2 = 3$

b) $v_1 = \begin{pmatrix} 2 & 1 & 1 & -3 \end{pmatrix}$, $v_2 = \begin{pmatrix} 0 & 0 & 2 & 3 \end{pmatrix}$, $v_3 = \begin{pmatrix} -1 & 3 & 0 & 1 \end{pmatrix}$,
$\lambda_1 = -2$, $\lambda_2 = 0$

Aufgabe 6.2

Betrieb A produziert im Monat 2.000 Produkte P, 3.500 Produkte Q und 1.200 Produkte R. Betrieb B erzeugt 1.500 von Produkt S, 4.000 von P und 1.000 von Q. Betrieb C erzeugt 2.750 Stück von P, 1.900 von R, 3.600 von S und 2.000 Stück von dem Produkt T.

a) Wie viele verschiedene Produkte erzeugen diese drei Betriebe?

b) Fassen Sie die Produktion eines Betriebes jeweils in einem Vektor zusammen.

c) Bestimmen Sie die Gesamtproduktion der drei Betriebe mit Hilfe der Vektorrechnung.

d) Betrieb A steigert seine Produktion im nächsten Monat um 3 %, Betrieb B um 5 % und Betrieb C um 6 %. Gesucht ist die Gesamtproduktion der drei Betriebe in Vektorform für den nächsten Monat.

e) Die Kosten für die Erzeugnisse P, Q, R, S, T sind in allen drei Betrieben gleich und sind im Vektor $k = \begin{pmatrix} 200 & 240 & 130 & 180 & 260 \end{pmatrix}$ zusammengefasst. Berechnen Sie die Gesamtkosten des Folgemonats für alle drei Betriebe.

Aufgabe 6.3

Bestimmen Sie jeweils einen Vektor u, so dass die folgenden Gleichungen mit $v_1 = \begin{pmatrix}1 & -1 & 0 & 0\end{pmatrix}$, $v_2 = \begin{pmatrix}3 & 5 & 7 & -4\end{pmatrix}$, $v_3 = \begin{pmatrix}-3 & 0 & 4 & 2\end{pmatrix}$ gelten.

a) $4(3v_1 + v_2) = -u + v_3$

b) $3v_2 + v_3 - 4v_1 + 7u = 7(v_3 + 3v_1) - v_2$

c) $2v_1 - u + v_3 = -2u + v_2$

Aufgabe 6.4

Ein Autowerk bietet eine Automarke wahlweise mit 50 kW, 66 kW oder 106 kW an. Die folgende Tabelle enthält die für die Produktion nötigen Arbeitszeiten (in Zeiteinheiten ZE), die Materialkosten (in Geldeinheiten GE) und die Verkaufspreise (in GE). 1 ZE Arbeit kostet im Mittel $d = 12$ GE.

	Arbeitszeit	**Materialkosten**	**Preise**
50 kW	145	9.000	18.000
66 kW	145	10.500	22.000
106 kW	150	11.000	25.000

Tabelle 6.1 Arbeitszeiten, Materialkosten und Verkaufspreise

Die ersten vier Aufgaben sind allgemein anzuschreiben.

a) Der Arbeitszeitvektor Z gebe die Arbeitszeiten, der Materialvektor M gebe die Materialkosten, der Verkaufspreisvektor P gebe die Verkaufspreise jeweils gemäß der obigen Tabelle an. Weiters gebe der Vektor A die Arbeitskosten, der Vektor K die Gesamtkosten (Arbeitskosten + Materialkosten) für die einzelnen Autotypen an. Drücken Sie A durch Z und d aus! Drücken Sie K durch A und M aus! Drücken Sie K durch Z, M und d aus!

b) Der Vektor G gebe den Stück-Deckungsbeitrag (Differenz von Erlös und Kosten pro Stück) für die einzelnen Autotypen an, wobei von sonstigen Kosten für die Firma abgesehen wird. Drücken Sie G durch A, M und P bzw. durch Z, M, P und d aus!

c) Die Arbeitskosten steigen um 7 %. Die erhöhten Arbeitskosten werden durch den Vektor B angegeben. Drücken Sie B durch A bzw. durch Z und d aus!

d) Außer der Steigerung der Arbeitskosten um 7 % steigen auch die Materialkosten und Verkaufspreise um jeweils 5 %. Die neuen Stück-Deckungsbeiträge werden durch den Vektor H angegeben. Drücken Sie H durch Z, M, P und d aus!

e) Berechnen Sie A, K, G, B und H mit den oben angegebenen Zahlen!

Aufgabe 6.5

Zwei Betriebsteile eines Unternehmens haben die gleiche Produktpalette von vier Erzeugnissen E_1, E_2, E_3 und E_4. Die innerhalb eines Jahres erzielten Outputmengen der Erzeugnisse sind vierteljährlich für jeden Betriebsteil in Vektorform zusammengefasst. Dabei gibt $Y_i(j)$ die Outputmenge von Betriebsteil i im Quartal j an.

$$Y_1(1) = (800 \quad 1.250 \quad 1.500 \quad 790), Y_2(1) = (1.200 \quad 900 \quad 750 \quad 1.000),$$
$$Y_1(2) = (440 \quad 1.550 \quad 1.100 \quad 990), Y_2(2) = (1.000 \quad 980 \quad 500 \quad 1.450),$$
$$Y_1(3) = (400 \quad 2.550 \quad 900 \quad 1.290), Y_2(3) = (700 \quad 980 \quad 500 \quad 450),$$
$$Y_1(4) = (940 \quad 950 \quad 1.100 \quad 990), Y_2(4) = (1.000 \quad 980 \quad 670 \quad 950)$$

Der Absatz ist durch folgende Tabelle gegeben:

	E_1	**E_2**	**E_3**	**E_4**
Quartal 1	1.200	1.000	400	2.000
Quartal 2	590	800	330	1.300
Quartal 3	980	900	220	530
Quartal 4	1.500	1.100	300	210

Tabelle 6.2 möglicher Absatz der vier Erzeugnisse in einem Jahr

a) Stellen Sie fest, ob aus Quartalssicht die Lieferfähigkeit der Produkte gegeben ist. Was könnte man tun, um die Lieferfähigkeit zu erhöhen?

b) Die Kosten für die Erzeugnisse sind aufgrund unterschiedlicher Herstellungsprozesse in den Betriebsteilen unterschiedlich. Sie sind gegeben durch $k_1 = (50 \quad 80 \quad 50 \quad 70)$ und $k_2 = (30 \quad 90 \quad 100 \quad 50)$. Modellieren Sie zunächst und berechnen Sie dann die anfallenden Gesamtkosten für das Unternehmen.

c) Der für die Erzeugnisse erzielbare Preis ist durch $\begin{pmatrix}230 & 240 & 200 & 310\end{pmatrix}$ gegeben. Modellieren Sie zunächst und berechnen Sie dann unter Berücksichtigung der Lieferfähigkeit aus Quartalssicht den erzielbaren Gesamt-Deckungsbeitrag (= Umsatz – Kosten).

Aufgabe 6.6

Der Pilot eines Flugzeugs möchte einen Punkt 400 km östlich seiner gegenwärtigen Position erreichen. Der Wind bläst mit einer Geschwindigkeit von 60 km/h von Nordwest.

a) Berechnen Sie die vektorielle Geschwindigkeit des Flugzeugs unter Berücksichtigung der Windgeschwindigkeit, wenn es seinen Bestimmungsort in 40 Minuten erreichen muss.
b) Wie groß ist der Betrag dieses Geschwindigkeitsvektors?
c) In welchem Winkel zur Windrichtung muss das Flugzeug wegfliegen?

Aufgabe 6.7

Stellen Sie die Vektoren a und b als Linearkombinationen der drei verschiedenen Basisvektoren von B_1 und B_2 dar.

$$a=\begin{pmatrix}4 & 9 & 6\end{pmatrix}, b=\begin{pmatrix}2 & 0 & 1\end{pmatrix}$$

$$B_1=\left\{\begin{pmatrix}1 & 1 & 0\end{pmatrix},\begin{pmatrix}0 & 1 & 1\end{pmatrix},\begin{pmatrix}1 & 0 & 1\end{pmatrix}\right\}$$

$$B_2=\left\{\begin{pmatrix}2 & 0 & 0\end{pmatrix},\begin{pmatrix}0 & 2 & 0\end{pmatrix},\begin{pmatrix}0 & 0 & 2\end{pmatrix}\right\}$$

Aufgabe 6.8

Eine Tontaube wird mit $v=\begin{pmatrix}30 & 30 & 30\end{pmatrix}$ vom Koordinatenursprung abgeschossen, wobei die Geschwindigkeit in m/s gemessen wird. In welche Richtung muss ein Schütze, der in $A=\begin{pmatrix}0 & 10 & 5\end{pmatrix}$ steht, zielen, wenn er eine Sekunde später abdrückt, um die Tontaube zu treffen? Der Betrag der Geschwindigkeit des Projektils ist 500 m/s, und alle Flugbahnen werden als linear angenommen. Wann müsste der Schütze abdrücken, um die Flugbahn der Tontaube senkrecht zu treffen?

Aufgabe 6.9

Ein Gerät zur Erzeugung einer homogenen Luftströmung besitzt drei Stellrichtungen r_1, r_2 und r_3. In Richtung der Stellrichtungen können Strömungsgeschwindigkeiten mit einem Betrag von 0 bis 100 km/h aufgebracht werden. Berechnen Sie den notwendigen Betrag der drei Stellgeschwindigkeiten, falls die resultierende Geschwindigkeit in Richtung r_4 sein soll und den Betrag 80 km/h haben soll, wobei

$$r_1 = \begin{pmatrix}1 & 0 & 0\end{pmatrix}, r_2 = \begin{pmatrix}0 & 1 & 0\end{pmatrix}, r_3 = \begin{pmatrix}1 & 1 & 6\end{pmatrix}, r_4 = \begin{pmatrix}1 & 2 & 3\end{pmatrix}.$$

Aufgabe 6.10

In den drei Unternehmen U_1, U_2 und U_3 werden in einem Jahr Rohstoffe in verschiedenen Mengen verbraucht:

U_1: 150.000 kWh Strom, 300 l Öl, 800.000 m³ Gas, 1.000 m³ Wasser

U_2: 100.000 kWh Strom, 1.700 m³ Wasser, 1.300 l Öl, 2.000 kg Lack

U_3: 200.000 kWh Strom, 100 l Öl, 650.000 m³ Gas, 600 m³ Wasser, 1.800 kg Lack, 10 kg Kleber

Die durchschnittlichen Rohstoffkosten im betrachteten Zeitraum betragen 0,12 €/kWh für Strom, 0,29 €/m³ für Gas, 0,35 €/l für Öl, 1,5 €/m³ für Wasser, 9,6 €/kg für Lack und 15,5 €/kg für den Kleber.

a) Stellen Sie die jährlichen Rohstoffverbrauchsmengen der drei Unternehmen mit Vektoren einheitlicher Dimension dar.

b) Ermitteln Sie durch eine geeignete Vektoroperation den finanziellen Aufwand für Rohstoffe für jedes Unternehmen in dem betrachteten Jahr.

Aufgabe 6.11

Zwei Kräfte $F_1 = 30\,N$ und $F_2 = 70\,N$ wirken auf einen Körper. Der Winkel zwischen den Kräften beträgt 140°. In welcher Richtung muss eine Kraft F_3 wirken, damit sich der Körper nicht bewegt? Wie groß muss diese Kraft sein?

Aufgabe 6.12

Jemand eröffnet drei verschiedene Konten und tätigt dort quartalsweise unterschiedliche Einzahlungen und Auszahlungen. Die Einzahlungen der 4 Quartale eines Jahres sind in den folgenden vier Vektoren zusammengefasst:

$$E_1 = \begin{pmatrix}300\\200\\500\end{pmatrix}, E_2 = \begin{pmatrix}230\\400\\100\end{pmatrix}, E_3 = \begin{pmatrix}560\\140\\320\end{pmatrix}, E_4 = \begin{pmatrix}410\\530\\280\end{pmatrix}$$

Die Auszahlungen in den vier Quartalen kann man aus untenstehenden Vektoren ablesen.

$$A_1 = \begin{pmatrix} 150 \\ 90 \\ 500 \end{pmatrix}, A_2 = \begin{pmatrix} 260 \\ 274 \\ 263 \end{pmatrix}, A_3 = \begin{pmatrix} 365 \\ 145 \\ 239 \end{pmatrix}, A_4 = \begin{pmatrix} 168 \\ 277 \\ 452 \end{pmatrix}$$

Am Ende jedes Quartals wird für jedes Konto eine Gebühr von 11 GE verrechnet.

a) Berechnen Sie die Kontostände am Ende jedes Quartals.

b) Erstellen Sie eine vektorielle Formel, mit der Sie direkt den Kontostand am Jahresende berechnen können.

7 Matrizen

Ein Exportunternehmen vertreibt verschiedene Produkte in mehreren Ländern. Die Verkaufszahlen eines Jahres können übersichtlich in einer Tabelle dargestellt werden (siehe **Tabelle 7.1**).

	Belgien	Irland	Chile
Produkt 1	125	250	-
Produkt 2	100	140	90

Tabelle 7.1 Verkaufszahlen im Jahr 2008 eines Exportunternehmens

Schreibt man die Zahlen aus **Tabelle 7.1** in ein rechteckiges Schema

$$A_{2008} = \begin{pmatrix} 125 & 250 & 0 \\ 100 & 140 & 90 \end{pmatrix} \tag{7.1}$$

dann spricht man von einer Matrix.

So lassen sich zahlreiche betriebs- und volkswirtschaftliche Aufgabenstellungen einfach, übersichtlich und computergerecht (vor allem für Tabellenkalkulationsprogramme) mit Hilfe von Matrizen darstellen. Indem man sinnvolle Rechenoperationen für Matrizen definiert, kann man mit Matrizen Daten analysieren, Gleichungssysteme und lineare Optimierungsprobleme lösen und somit betriebliche Entscheidungen treffen.

Ziel dieses Abschnitts ist es, das Konzept der Matrizenrechnung, die Rechenoperationen und Anwendungsfelder von Matrizen darzustellen. Besonderes Augenmerk soll der Mächtigkeit der Methode geschenkt werden, reale Sachverhalte aus dem betrieblichen Alltag mit Matrizen zu modellieren.

7.1 Definition einer Matrix

Im Folgenden wird definiert, was eine Matrix ist, welchen Zusammenhang es zu Vektoren gibt und welche Bezeichnungen es für spezielle Matrizen gibt.

Definition 7.1

Ein rechteckiges Zahlenschema der Form

$$A = \begin{pmatrix} A_{11} & A_{12} & \cdots & A_{1m} \\ A_{21} & A_{22} & \cdots & A_{2m} \\ \vdots & \vdots & & \vdots \\ A_{n1} & A_{n2} & \cdots & A_{nm} \end{pmatrix} = \left(A_{ij}\right)_{\substack{i=1,\dots,n \\ j=1,\dots,m}} \in \mathbb{R}_n^m \tag{7.2}$$

heißt **Matrix** (Mehrzahl: **Matrizen**) mit n Zeilen und m Spalten, kurz eine $n \times m$ Matrix. Die Koeffizienten A_{ij} ($i = 1,\dots,n$, $j = 1,\dots,m$) sind reelle Zahlen. Das Element A_{ij} steht in der i-ten Zeile und j-ten Spalte. Dabei heißt i **Zeilenindex** und j **Spaltenindex** von A_{ij}. Für die Bezeichnung von Matrizen werden in der Regel Großbuchstaben verwendet.

Ist die Anzahl der Zeilen und der Spalten gleich, so spricht man von einer **quadratischen Matrix**.

Vektoren sind spezielle Matrizen. Eine einzeilige bzw. einspaltige Matrix ist ein Zeilen- bzw. Spaltenvektor.

Die Vektoren z_i und s_i mit

$$z_i = \begin{pmatrix} A_{i1} & \cdots & A_{im} \end{pmatrix} \text{ und } s_i = \begin{pmatrix} A_{1i} \\ \vdots \\ A_{ni} \end{pmatrix} \tag{7.3}$$

heißen i-ter **Zeilenvektor** und i-ter **Spaltenvektor** der Matrix. Eine Matrix kann auch als „Auffädelung" der Zeilen- bzw. Spaltenvektoren verstanden werden.

Beispiel 7.1

Die Matrix A aus (7.1) ist eine 2×3 Matrix. Die Elemente A_{21} und A_{23} sind 100 bzw. 90.

Die Entfernungstabelle (siehe **Tabelle 7.2**) kann ebenfalls als Matrix geschrieben werden:

$$M = \begin{pmatrix} 0 & 176 & 299 \\ 176 & 0 & 123 \\ 299 & 123 & 0 \end{pmatrix} \in \mathbb{R}_3^3 \tag{7.4}$$

Diese Matrix ist quadratisch, da sie 3 Zeilen und 3 Spalten besitzt. Der 2. Zeilenvektor und der 3. Spaltenvektor lauten

$$z_2 = \begin{pmatrix} 176 & 0 & 123 \end{pmatrix} \text{ und } s_3 = \begin{pmatrix} 299 \\ 123 \\ 0 \end{pmatrix}. \tag{7.5}$$

	Wien	Linz	Salzburg
Wien	0	176	299
Linz	176	0	123
Salzburg	299	123	0

Tabelle 7.2 Entfernungstabelle (Entfernungen in km)

Definition 7.2

Eine $n \times m$ Matrix, deren Elemente alle gleich 0 sind, heißt **Nullmatrix**:

$$0 = \begin{pmatrix} 0 & 0 & \cdots & 0 \\ 0 & 0 & \cdots & 0 \\ \vdots & \vdots & & \vdots \\ 0 & 0 & \cdots & 0 \end{pmatrix} \tag{7.6}$$

Eine quadratische $n \times n$ Matrix, deren Elemente außerhalb der Hauptdiagonale ($A_{11}, A_{22}, A_{33}, ..., A_{nn}$) alle 0 sind, heißt **Diagonalmatrix** D.

$$D = \begin{pmatrix} A_{11} & 0 & \cdots & 0 \\ 0 & A_{22} & \cdots & 0 \\ \vdots & \vdots & & \vdots \\ 0 & 0 & \cdots & A_{nn} \end{pmatrix} = diag\left(A_{11}, A_{22}, ..., A_{nn}\right) \tag{7.7}$$

Eine $n \times n$ Diagonalmatrix, deren Hauptdiagonalelemente alle gleich 1 sind, heißt **Einheitsmatrix** E.

$$E = \begin{pmatrix} 1 & 0 & \cdots & 0 \\ 0 & 1 & \cdots & 0 \\ \vdots & \vdots & & \vdots \\ 0 & 0 & \cdots & 1 \end{pmatrix} = diag\left(1,1,...,1\right) \tag{7.8}$$

Die aus einer $n \times m$ Matrix A durch Vertauschen der Zeilen und Spalten entstandene $m \times n$ Matrix heißt die zu A **transponierte Matrix** A^T.

$$A = \begin{pmatrix} A_{11} & A_{12} & \cdots & A_{1m} \\ A_{21} & A_{22} & \cdots & A_{2m} \\ \vdots & \vdots & & \vdots \\ A_{n1} & A_{n2} & \cdots & A_{nm} \end{pmatrix} \Leftrightarrow A^T = \begin{pmatrix} A_{11} & A_{21} & \cdots & A_{n1} \\ A_{12} & A_{22} & \cdots & A_{n2} \\ \vdots & \vdots & & \vdots \\ A_{1m} & A_{2m} & \cdots & A_{nm} \end{pmatrix} \tag{7.9}$$

Eine quadratische Matrix heißt **symmetrisch**, wenn die transponierte Matrix ident der Matrix ist, also

$$A \text{ symmetrisch} \Leftrightarrow A^T = A. \tag{7.10}$$

Beispiel 7.2

Die Matrizen A und B sind Diagonalmatrizen:

$$A = \begin{pmatrix} 2 & 0 & 0 \\ 0 & 0 & 0 \\ 0 & 0 & -5 \end{pmatrix}, \ B = \begin{pmatrix} 4 & 0 \\ 0 & -3 \end{pmatrix} \tag{7.11}$$

Die Matrix M aus (7.4) ist symmetrisch, weil

$$M = M^T = \begin{pmatrix} 0 & 176 & 299 \\ 176 & 0 & 123 \\ 299 & 123 & 0 \end{pmatrix}. \tag{7.12}$$

Beim Transponieren einer Matrix ändert sich, wenn die Matrix nicht quadratisch ist, die Dimension.

$$A = \begin{pmatrix} 2 & -4 \\ 0 & 1 \\ -3 & 5 \end{pmatrix} \in \mathbb{R}_3^2 \Leftrightarrow A^T = \begin{pmatrix} 2 & 0 & -3 \\ -4 & 1 & 5 \end{pmatrix} \in \mathbb{R}_2^3 \tag{7.13}$$

Transponiert man eine Matrix A zweimal, so erhält man wieder die ursprüngliche Matrix.

$$\left(A^T\right)^T = \begin{pmatrix} 2 & -4 \\ 0 & 1 \\ -3 & 5 \end{pmatrix} = A \tag{7.14}$$

7.2 Interpretation einer Matrix

Mit einer Matrix gelingt es, einem Wert durch Zeilen- und Spaltenindex zwei Kriterien zuzuordnen. In der Praxis finden sich dafür zahlreiche Einsatzmöglichkeiten:

- **Entfernungstabelle** $M = \left(M_{ij}\right) \in \mathbb{R}_n^n$: Der Wert M_{ij} gibt die Länge des Transportweges von Maschine *i* zur Maschine *j* an. *n* entspricht der Anzahl der Maschinen.
- **Transportmatrix** $C = \left(C_{ij}\right) \in \mathbb{R}_n^m$: Der Wert C_{ij} gibt die Transportkosten von Produzent *i* zu Abnehmer *j* an, wobei es insgesamt *n* Produzenten und *m* Abnehmer gibt.
- **Kapazitätsmatrix** $A = \left(A_{ij}\right) \in \mathbb{R}_n^m$: Der Wert A_{ij} gibt die benötigte Kapazität von Ressource *i* für die Produktion von einem Produkt *j* an. Dabei ist *n* die Anzahl der Ressourcen und *m* die Anzahl der verschiedenen Produkte.
- **Übergangsmatrix** $G = \left(G_{ij}\right) \in \mathbb{R}_n^m$: Der Wert G_{ij} gibt die benötigte Anzahl von Beschaffungsteil *i* für die Produktion von einem Produkt *j* an. Die Anzahl der verschiedenen Beschaffungsteile ist *n* und die Anzahl der verschiedenen Produkte ist *m*.
- **Spannungstensor** $S \in \mathbb{R}_3^3$: Dieser Tensor ist eine klassische Anwendung in der Technik.

$$S = \begin{pmatrix} \sigma_x & \tau_{xy} & \tau_{xz} \\ \tau_{xy} & \sigma_y & \tau_{yz} \\ \tau_{xz} & \tau_{yz} & \sigma_z \end{pmatrix} \tag{7.15}$$

Dabei geben σ_i die Normal- und τ_{ij} die Schubspannungen an.

7.3 Rechenoperationen mit Matrizen und Vektoren

Nach der Definition und Interpretation von Matrizen stellt sich die Frage, welche Rechenoperationen für Matrizen sinnvoll sind und welchen Einschränkungen sie unterliegen. Da Vektoren spezielle Matrizen sind, müssen alle Matrizenoperationen auch für Vektoren gelten.

7.3.1 Addition und Subtraktion zweier Matrizen

Um zu einer brauchbaren Definition der Addition zu gelangen, wird das Einführungsbeispiel des Exportunternehmens nochmals aufgegriffen.

Beispiel 7.3

Der Export eines Unternehmens für das Jahr 2008 ist in (7.1) und für 2009 in (7.16) gegeben. Der Zeilenindex verweist dabei auf das Produkt und der Spaltenindex auf das Land, in das exportiert wird.

$$A_{2009} = \begin{pmatrix} 80 & 360 & 200 \\ 70 & 200 & 90 \end{pmatrix} \tag{7.16}$$

Um den Gesamtexport dieser beiden Jahre zu berechnen, müssen die Matrizen addiert werden. In Analogie zur Vektorrechnung erfolgt auch hier die Berechnung komponentenweise.

$$\begin{pmatrix} 125 & 250 & 0 \\ 100 & 140 & 90 \end{pmatrix} + \begin{pmatrix} 80 & 360 & 200 \\ 70 & 200 & 90 \end{pmatrix} = \begin{pmatrix} 205 & 610 & 200 \\ 170 & 340 & 180 \end{pmatrix} \tag{7.17}$$

D. h. insgesamt wurden z. B. nach Irland 610 Stück von Produkt 1 exportiert. Möchte man berechnen, wie sich die Stückzahlen 2009 gegenüber von 2008 verändert haben, so subtrahiert man die Matrizen komponentenweise:

$$\begin{pmatrix} 80 & 360 & 200 \\ 70 & 200 & 90 \end{pmatrix} - \begin{pmatrix} 125 & 250 & 0 \\ 100 & 140 & 90 \end{pmatrix} = \begin{pmatrix} -45 & 110 & 200 \\ -30 & 60 & 0 \end{pmatrix} \tag{7.18}$$

Aus dem Ergebnis lässt sich ablesen, dass der Export von Produkt 2 nach Belgien um 30 Stück zurückgegangen ist.

So wie in diesem Beispiel werden nun die Addition und Subtraktion allgemein definiert.

Definition 7.3

Zwei Matrizen $A, B \in \mathbb{R}_n^m$ werden addiert (bzw. subtrahiert), indem die entsprechenden Koeffizienten addiert (bzw. subtrahiert) werden.

$$\begin{gathered} A = \begin{pmatrix} A_{11} & \cdots & A_{1m} \\ \vdots & & \vdots \\ A_{n1} & \cdots & A_{nm} \end{pmatrix}, B = \begin{pmatrix} B_{11} & \cdots & B_{1m} \\ \vdots & & \vdots \\ B_{n1} & \cdots & B_{nm} \end{pmatrix} \\ A \pm B = \begin{pmatrix} A_{11} \pm B_{11} & \cdots & A_{1m} \pm B_{1m} \\ \vdots & & \vdots \\ A_{n1} \pm B_{n1} & \cdots & A_{nm} \pm B_{nm} \end{pmatrix} \in \mathbb{R}_n^m \end{gathered} \tag{7.19}$$

Matrizen können nur dann addiert werden, wenn sie gleiches Format aufweisen, andernfalls ergibt es keinen Sinn!

Die Matrizenaddition ist kommutativ, assoziativ, die Nullmatrix ist das neutrale Element, und das zu A inverse Element ist die Matrix $-A$.

7.3.2 Multiplikation einer Matrix mit einem Skalar

Auch bei der Definition der Multiplikation einer Matrix mit einem Skalar geht man in Analogie zu den Vektoren vor.

Beispiel 7.4

Die Prognosen für das Jahr 2010 sagen dem Unternehmen aus Beispiel 7.3 eine Steigerung der Exportzahlen um 20 % gegenüber 2009 voraus.

Die prognostizierten Stückzahlen für 2010 können berechnet werden, indem man jeden Eintrag der Matrix für 2009 mit dem Faktor 1,2 multipliziert.

$$A_{2010} = 1{,}2 \cdot \begin{pmatrix} 80 & 360 & 200 \\ 70 & 200 & 90 \end{pmatrix} = \begin{pmatrix} 96 & 432 & 240 \\ 84 & 240 & 108 \end{pmatrix} \tag{7.20}$$

Definition 7.4

Eine Matrix wird mit einem Skalar λ multipliziert, indem jedes Element der Matrix mit λ multipliziert wird.

$$\lambda A = \begin{pmatrix} \lambda A_{11} & \cdots & \lambda A_{1m} \\ \vdots & & \vdots \\ \lambda A_{n1} & \cdots & \lambda A_{nm} \end{pmatrix} \in \mathbb{R}_n^m, \lambda \in \mathbb{R} \tag{7.21}$$

Die Multiplikation einer Matrix mit einem Skalar ist distributiv, assoziativ und 1 ist das neutrale Element.

7.3.3 Multiplikation zweier Matrizen

Die Multiplikation zweier Matrizen wird nicht, wie vielleicht vermutet, komponentenweise definiert. Welche Art von Multiplikation man in der Anwendung brauchen kann, soll das folgende Beispiel klären.

Beispiel 7.5

Die Auslieferung der Produkte möchte das Unternehmen aus Beispiel 7.3 an eine Spedition fremdvergeben. Es hat Angebote von zwei Speditionen, die in **Tabelle 7.3** zusammengefasst sind.

Wenn ein Produkt nur von einer Speditionsfirma ausgeliefert werden soll, welche Firma soll dann für das Jahr 2009 für Produkt 1 bzw. Produkt 2 gewählt werden?

	Spedition 1	**Spedition 2**
Belgien	1	1,5
Irland	2	3
Chile	10	7,5

Tabelle 7.3 Lieferkosten (in Geldeinheiten/Stück)

Die Kosten aus **Tabelle 7.3** können ebenso wie die Stückzahlen zu einer Matrix zusammengefasst werden.

$$A_{2009} = \begin{pmatrix} 80 & 360 & 200 \\ 70 & 200 & 90 \end{pmatrix}, K = \begin{pmatrix} 1 & 1,5 \\ 2 & 3 \\ 10 & 7,5 \end{pmatrix} \tag{7.22}$$

Um die Kosten der beiden Produkte für jede Spedition zu berechnen, addiert man für die Produkte und Speditionen getrennt jeweils die, mit den Kosten multiplizierten, Stückzahlen. Diese vier Ergebnisse lassen sich wieder in Form einer Matrix anordnen, die später als das Produkt der beiden Matrizen definiert wird.

$$\begin{aligned} A_{2009} \cdot K &= \begin{pmatrix} 80 & 360 & 200 \\ 70 & 200 & 90 \end{pmatrix} \cdot \begin{pmatrix} 1 & 1,5 \\ 2 & 3 \\ 10 & 7,5 \end{pmatrix} \\ &= \begin{pmatrix} 80 \cdot 1 + 360 \cdot 2 + 200 \cdot 10 & 80 \cdot 1,5 + 360 \cdot 3 + 200 \cdot 7,5 \\ 70 \cdot 1 + 200 \cdot 2 + 90 \cdot 10 & 70 \cdot 1,5 + 200 \cdot 3 + 90 \cdot 7,5 \end{pmatrix} \\ &= \begin{pmatrix} 2800 & 2700 \\ 1370 & 1380 \end{pmatrix} \end{aligned} \tag{7.23}$$

Der Zeilenindex dieser 2×2 Matrix verweist auf das Produkt und der Spaltenindex auf die Spedition. Für Produkt 1 ist also Spedition 2 günstiger (2.700 GE), und für Produkt 2 ist Spedition 1 vorzuziehen (1.370 GE).

Definition 7.5

Für Matrizen ist eine **Multiplikation** definiert, wenn die Anzahl der Spalten der linken Matrix mit der Anzahl der Zeilen der rechten Matrix übereinstimmt. Das Produkt einer Matrix $A \in \mathbb{R}_n^m$ mit der Matrix $B \in \mathbb{R}_m^p$ ergibt eine Matrix $C \in \mathbb{R}_n^p$ der Form

$$C = A \cdot B = \begin{pmatrix} A_{11} & \cdots & A_{1m} \\ \vdots & & \vdots \\ A_{n1} & \cdots & A_{nm} \end{pmatrix} \begin{pmatrix} B_{11} & \cdots & B_{1p} \\ \vdots & & \vdots \\ B_{m1} & \cdots & B_{mp} \end{pmatrix}$$

$$C = \begin{pmatrix} \sum_{j=1}^{m} A_{1j} B_{j1} & \cdots & \sum_{j=1}^{m} A_{1j} B_{jp} \\ \vdots & & \vdots \\ \sum_{j=1}^{m} A_{nj} B_{j1} & \cdots & \sum_{j=1}^{m} A_{nj} B_{jp} \end{pmatrix}. \tag{7.24}$$

Die Multiplikation zweier Matrizen kann auch als inneres Produkt der entsprechenden Matrizenzeilen und -spalten interpretiert werden.

$$C = \begin{pmatrix} z_1 \\ \vdots \\ z_n \end{pmatrix} \begin{pmatrix} s_1 & \ldots & s_p \end{pmatrix} = \begin{pmatrix} \langle z_1, s_1 \rangle & \cdots & \langle z_1, s_p \rangle \\ \vdots & & \vdots \\ \langle z_n, s_1 \rangle & \cdots & \langle z_n, s_p \rangle \end{pmatrix} \tag{7.25}$$

Das innere Produkt zweier Spaltenvektoren a und b kann als Matrizenmultiplikation aufgefasst werden:

$$\langle a, b \rangle = a^T \cdot b \tag{7.26}$$

Die Matrizenmultiplikation ist assoziativ, aber im Allgemeinen nicht kommutativ. Die Einheitsmatrix ist das neutrale Element.

Beispiel 7.6

Gegeben sind die Matrizen

$$A = \begin{pmatrix} 3 & -2 \\ 5 & 4 \end{pmatrix} \in \mathbb{R}_2^2,\; B = \begin{pmatrix} 2 & 3 & -5 \\ 1 & 0 & 3 \end{pmatrix} \in \mathbb{R}_2^3 \tag{7.27}$$

Das Produkt $A \cdot B$ kann berechnet werden, da die Anzahl der Spalten von A mit der Zeilenanzahl von B übereinstimmt. Das Ergebnis ist eine 2×3 Matrix:

$$A \cdot B = \begin{pmatrix} 3 & -2 \\ 5 & 4 \end{pmatrix} \cdot \begin{pmatrix} 2 & 3 & -5 \\ 1 & 0 & 3 \end{pmatrix} = \begin{pmatrix} 4 & 9 & -21 \\ 14 & 15 & -13 \end{pmatrix} \in \mathbb{R}_2^3 \qquad (7.28)$$

Das Produkt $B \cdot A$ hingegen ist nicht definiert.

Beispiel 7.7

Dieses Beispiel zeigt, dass die Matrizenmultiplikation nicht kommutiert:

$$\begin{pmatrix} 1 & 2 \\ 0 & 1 \\ 1 & 0 \end{pmatrix} \begin{pmatrix} 2 & 0 & 1 \\ 1 & 3 & 1 \end{pmatrix} = \begin{pmatrix} 4 & 6 & 3 \\ 1 & 3 & 1 \\ 2 & 0 & 1 \end{pmatrix} \neq \begin{pmatrix} 2 & 0 & 1 \\ 1 & 3 & 1 \end{pmatrix} \begin{pmatrix} 1 & 2 \\ 0 & 1 \\ 1 & 0 \end{pmatrix} = \begin{pmatrix} 3 & 4 \\ 2 & 5 \end{pmatrix} \qquad (7.29)$$

7.3.4 Inverse einer Matrix

Nach der Einführung der Matrizenmultiplikation stellt sich nun die Frage, ob man Matrizen auch dividieren kann. In den reellen Zahlen gilt:

$$a : b = a \cdot \frac{1}{b} = a \cdot b^{-1} \text{ für } b \neq 0 \qquad (7.30)$$

Division durch b bedeutet also nichts Anderes als die Multiplikation mit b^{-1}. Die Zahl b^{-1} wird auch das multiplikative Inverse zu b genannt, weil

$$b \cdot b^{-1} = 1 \text{ für } b \neq 0. \qquad (7.31)$$

Analog kann man für quadratische Matrizen die inverse Matrix einführen. Dabei spielt die Einheitsmatrix E die Rolle des neutralen Elements, so wie 1 bei den reellen Zahlen.

Definition 7.6

Gibt es zu einer quadratischen Matrix $A \in \mathbb{R}_n^n$ eine Matrix $A^{-1} \in \mathbb{R}_n^n$, so dass gilt:

$$A \cdot A^{-1} = A^{-1} \cdot A = E \qquad (7.32)$$

dann heißt A **regulär**, und A^{-1} wird als **inverse Matrix** von A bezeichnet. Ist das nicht der Fall, so wird A als **singulär** bezeichnet.

Für Matrizen, die nicht quadratisch sind, ist die Inverse nicht definiert. Wenn eine Matrix quadratisch ist, ist das noch keine Garantie, dass es zu ihr eine inverse Matrix gibt. Besitzt aber eine Matrix eine Inverse, so ist diese eindeutig bestimmt.

Beispiel 7.8

Gegeben sind die Matrizen A und B:

$$A = \begin{pmatrix} 2 & 4 \\ 3 & 7 \end{pmatrix}, B = \begin{pmatrix} 3,5 & -2 \\ -1,5 & 1 \end{pmatrix} \tag{7.33}$$

B ist die inverse Matrix zu A, weil

$$A \cdot B = \begin{pmatrix} 2 & 4 \\ 3 & 7 \end{pmatrix} \cdot \begin{pmatrix} 3,5 & -2 \\ -1,5 & 1 \end{pmatrix} = \begin{pmatrix} 1 & 0 \\ 0 & 1 \end{pmatrix} = E \tag{7.34}$$

$$B \cdot A = \begin{pmatrix} 3,5 & -2 \\ -1,5 & 1 \end{pmatrix} \cdot \begin{pmatrix} 2 & 4 \\ 3 & 7 \end{pmatrix} = \begin{pmatrix} 1 & 0 \\ 0 & 1 \end{pmatrix} = E \tag{7.35}$$

Eine Möglichkeit zur Berechnung einer Inversen besteht darin, die inverse Matrix mit unbestimmten Koeffizienten anzusetzen und diese mit Hilfe der Definition 7.6 zu bestimmen.

Satz 7.1

Seien A und B zwei reguläre $n \times n$ Matrizen, dann gilt:

$$\begin{array}{ll} \left(A^{-1}\right)^{-1} = A & \left(AB\right)^{-1} = B^{-1}A^{-1} \\ \left(A^{-1}\right)^{T} = \left(A^{T}\right)^{-1} & \left(AB\right)^{T} = B^{T}A^{T} \end{array} \tag{7.36}$$

Bildet man zweimal die Inverse einer Matrix, so erhält man wieder die ursprüngliche Matrix. Die zweite Gleichung besagt, dass man die Operationen „Transponieren“ und „Invertieren“ vertauschen kann, ohne, dass sich das Ergebnis verändert. Die dritte Gleichung in (7.36) sagt aus, dass man beim Invertieren eines Matrixproduktes jede einzelne Matrix invertieren kann, man muss dabei nur die Reihenfolge bei der Multiplikation vertauschen. Ein analoger Zusammenhang gilt auch für das Transponieren eines Matrixproduktes.

7.4 Gleichungen und Ungleichungen mit Matrizen

In der Praxis können Probleme häufig durch lineare Abbildungen modelliert werden. Was heißt eigentlich linear genau?

Definition 7.7

Eine Abbildung $f: M \to N$ heißt **linear**, wenn sie folgende Eigenschaften erfüllt:

$$\begin{aligned} &1.\ \forall x, y \in M: f(x+y) = f(x) + f(y) \\ &2.\ \forall x \in M, \lambda \in \mathbb{R}: f(\lambda x) = \lambda f(x) \end{aligned} \tag{7.37}$$

Nach dieser Definition kann mit einer Matrix $A \in \mathbb{R}_n^m$ ein linearer Zusammenhang zwischen m-dimensionalen Inputvektoren und n-dimensionalen Outputvektoren beschrieben werden:

$$\begin{aligned} f: \mathbb{R}_m &\to \mathbb{R}_n \\ x &\mapsto Ax \end{aligned} \tag{7.38}$$

Hat man noch Informationen über die angestrebten Zielwerte dieser linearen Funktion, so kommt man unmittelbar zu linearen Gleichungs- und Ungleichungssystemen, die allgemein von folgender Form sind:

$$\begin{aligned} Ax &= b \\ Ax &\le b \end{aligned} \quad \text{mit } A \in \mathbb{R}_n^m,\ x \in \mathbb{R}_m,\ b \in \mathbb{R}_n \tag{7.39}$$

Der Zusammenhang zwischen x und b, sowie der Vektor b sind meist bekannt. Gesucht sind dann die Lösungen x des linearen Gleichungs- bzw. Ungleichungssystems.

7.5 Anwendungsaufgaben mit Matrizen

In der Wirtschaft findet die Matrizenrechnung in vielen Modellen Anwendung. Im Folgenden werden verschiedene ökonomische Probleme modelliert, die Lösung erfolgt zum Teil erst später mit Hilfe von Gleichungssystemen oder mit Methoden der linearen Optimierung.

7.5.1 Faktoreinsatz

Modell 7.1

Um den Verbrauch an Produktionsfaktoren zu berechnen, werden folgende Bezeichnungen verwendet:

$n \in \mathbb{R}$ ..... Anzahl der Produktionsfaktoren

$m \in \mathbb{R}$ ..... Anzahl der Teilprozesse

$R \in \mathbb{R}_n^m$ ..... r_{ij} Einsatz des i-ten Produktionsfaktors zur Aufrechterhaltung des j-ten Teilprozesses

$w \in \mathbb{R}_m$ ..... w_i Wiederholungsfaktor des j-ten Teilprozesses zur Erreichung des Fertigungsprogrammes.

Der Verbrauch an Produktionsfaktoren kann durch Multiplikation der Faktoreinsatzmatrix R mit dem Prozesswiederholungsvektor w berechnet werden. Die i-te Komponente des Vektors $R \cdot w$ gibt den Verbrauch des i-ten Produktionsfaktors an.

Beispiel 7.9

In nachstehender Tabelle ist der Verbrauch an Wasser und Öl für die Prozesse einer Stunde Waschen, Polieren und Schleifen angegeben.

	Waschen	**Polieren**	**Schleifen**
Ölverbrauch in l	0	0,1	0,2
Wasserverbrauch in l	120	1	3

Tabelle 7.4 Ressourcenbedarf

Berechnet werden soll der Tagesverbrauch an Öl und Wasser, wenn alle drei Prozesse durchgehend einen ganzen Arbeitstag (8 Stunden) laufen.

Die Ressourcenbedarfsmatrix R und der Wiederholungsvektor w lauten:

$$R = \begin{pmatrix} 0 & 0{,}1 & 0{,}2 \\ 120 & 1 & 3 \end{pmatrix}, \quad w = \begin{pmatrix} 8 \\ 8 \\ 8 \end{pmatrix} \tag{7.40}$$

Die Lösung ist durch Matrizenmultiplikation zu ermitteln:

$$R \cdot w = \begin{pmatrix} 0 & 0{,}1 & 0{,}2 \\ 120 & 1 & 3 \end{pmatrix} \begin{pmatrix} 8 \\ 8 \\ 8 \end{pmatrix} = \begin{pmatrix} 2{,}4 \\ 992 \end{pmatrix} \tag{7.41}$$

Der Tagesbedarf an Öl ist also 2,4 Liter und an Wasser 992 Liter.

7.5.2 Bedarfsbestimmung und Beschaffungskosten

Mit Hilfe einer gegebenen Übergangsmatrix und einem fixen Produktionsprogramm lässt sich die Anzahl der erforderlichen Beschaffungsteile errechnen. Dadurch erhält man den sogenannten Bruttobedarf. Durch Berücksichtigung des Lagerbestandes an Beschaffungsteilen kann der Nettobedarf bestimmt werden. Der Nettobedarf stellt die Basis für eine konkrete Bestellung dar.

Beispiel 7.10

Ein Unternehmen erzeugt aus drei Beschaffungsteilen B_1, B_2, B_3 zwei Finalprodukte P_1 und P_2. Die Anzahl der benötigten Beschaffungsteile für die Herstellung eines Produkts sind in der Übergangsmatrix G zusammengefasst, das geplante Produktionsprogramm im Vektor x. Der Lagerstand an Beschaffungsteilen ist im Vektor ℓ ersichtlich, die Kosten pro Beschaffungsteil (in €) sind im Vektor $k_{Beschaffung}$ angeführt:

$$G = \begin{pmatrix} 1 & 3 \\ 2 & 2 \\ 0 & 3 \end{pmatrix}, \quad x = \begin{pmatrix} 100 \\ 200 \end{pmatrix}, \quad \ell = \begin{pmatrix} 150 \\ 30 \\ 80 \end{pmatrix}, \quad k_{Beschaffung} = \begin{pmatrix} 0{,}5 \\ 1{,}3 \\ 0{,}8 \end{pmatrix} \tag{7.42}$$

D. h. für ein Produkt P_1 benötigt man einen Beschaffungsteil B_1 und zwei von B_2 . Es sollen 100 Stück von P_1 und 200 Stück von P_2 hergestellt werden. Ein Beschaffungsteil B_1 kostet 0,5 €, ein Stück von B_2 1,3 € usw. , wobei z. B. von B_1 noch 150 Stück lagernd sind.

Mit Hilfe der Matrixmultiplikation von G und x erhält man die Anzahl der insgesamt benötigten Beschaffungsteile. Man spricht auch vom Bruttobedarf an Beschaffungsteilen:

$$b_{brutto} = G \cdot x = \begin{pmatrix} 1 & 3 \\ 2 & 2 \\ 0 & 3 \end{pmatrix} \cdot \begin{pmatrix} 100 \\ 200 \end{pmatrix} = \begin{pmatrix} 700 \\ 600 \\ 600 \end{pmatrix} \tag{7.43}$$

Von B_1 braucht man 700 Stück, von B_2 und B_3 jeweils 600 Stück. Berücksichtigt man noch den Lagerbestand, so reduziert sich die zu bestellende Anzahl an Beschaffungsteilen und man erhält den Nettobedarf.

$$b_{netto} = b_{brutto} - \ell = \begin{pmatrix} 700 \\ 600 \\ 600 \end{pmatrix} - \begin{pmatrix} 150 \\ 30 \\ 80 \end{pmatrix} = \begin{pmatrix} 550 \\ 570 \\ 520 \end{pmatrix} \tag{7.44}$$

Für die Berechnung der Beschaffungskosten müssen der Nettobedarf und die Kosten pro Beschaffungsteil multipliziert werden. Das kann entweder mit Hilfe einer Matrixmultiplikation gelöst werden (indem man zuerst den Nettobedarf transponiert) oder man verwendet das skalare Produkt zweier Vektoren:

$$K_{Beschaffung} = b_{netto}{}^{T} \cdot k_{Beschaffung} = \left\langle b_{netto}, k_{Beschaffung} \right\rangle = 1.432\ € \tag{7.45}$$

Modell 7.2

Durch Multiplikation der Übergangsmatrix mit dem Produktionsprogramm erhält man die erforderliche Anzahl an Beschaffungsteilen, um das Produktionsprogramm fertigen zu können (**Bruttobedarf**). Subtrahiert man noch den Lagerstand, so spricht man vom **Nettobedarf**.

$$\begin{aligned} b_{brutto} &= Gx \\ b_{netto} &= b_{brutto} - \ell \end{aligned} \tag{7.46}$$

mit

$b_{brutto} \in \mathbb{R}_n$	.....	Bruttobedarf an Beschaffungsteilen
$b_{netto} \in \mathbb{R}_n$	.....	Nettobedarf an Beschaffungsteilen
$\ell \in \mathbb{R}_n$	.....	Lagerbestand an Beschaffungsteilen
$G \in \mathbb{R}_n^m$	.....	Übergangsmatrix Finalprodukte zu Beschaffungsteile
n	.....	Anzahl der Beschaffungsteile
m	.....	Anzahl der Finalprodukte
$x \in \mathbb{R}_m$	.....	Produktionsprogramm

Falls eine Komponente negativ wird, ist dort der Nettobedarf auf 0 zu setzen. Um die für die Herstellung eines Produktionsprogrammes x anfallenden **Beschaffungskosten** zu berechnen, benötigt man das Produkt aus Nettobedarf und Kosten pro Beschaffungsteil:

$$K_{Beschaffung} = b_{netto}{}^{T} \cdot k_{Beschaffung} = \left\langle b_{netto}, k_{Beschaffung} \right\rangle \text{ mit} \tag{7.47}$$

$k_{Beschaffung} \in \mathbb{R}_n$ ..... $k_{Beschaffung,\,i}$: Beschaffungskosten des i-ten Beschaffungsteils.

7.5.3 Kapazitätsbeschränkung und Lastkosten

Hier geht es darum, mit Hilfe der Kapazitätsmatrix und einem vorgegebenen Produktionsprogramm die dafür benötigte Kapazität zu bestimmen. Diese kann dann mit der zur Verfügung stehenden Kapazität verglichen werden und lässt so Rückschlüsse auf die Machbarkeit eines Produktionsprogramms zu. Kennt man die Kosten, die eine Kapazitätseinheit verursacht, so lassen sich zusammen mit der benötigten Kapazität die gesamten Lastkosten, die für die Herstellung eines bestimmten Produktionsprogramms anfallen, berechnen.

Beispiel 7.11

Ein Betrieb erzeugt zwei Produkte P_1 und P_2, die auf den Maschinen M_1, M_2, M_3 und M_4 bearbeitet werden. Die benötigten Maschinenkapazitäten (in Minuten) für die Herstellung eines Produkts sind in der Kapazitätsmatrix A zusammengefasst, das für den nächsten Tag geplante Produktionsprogramm im Vektor x. Von jeder Maschine ist die zur Verfügung stehende Kapazität pro Tag im Vektor b ersichtlich und die Lastkosten pro Minute (in €) im Vektor k_{Last}:

$$A = \begin{pmatrix} 0,5 & 2 \\ 3 & 1 \\ 1 & 0 \\ 2 & 1 \end{pmatrix}, \quad x = \begin{pmatrix} 100 \\ 200 \end{pmatrix}, \quad b = \begin{pmatrix} 480 \\ 480 \\ 480 \\ 480 \end{pmatrix}, \quad k_{Last} = \begin{pmatrix} 0,15 \\ 0,20 \\ 0,25 \\ 0,10 \end{pmatrix} \tag{7.48}$$

D. h. für ein Produkt P_1 braucht man M_1 0,5 Minuten, M_2 3 Minuten, usw. Am nächsten Tag sollen 100 Stück von P_1 und 200 Stück von P_2 produziert werden, wobei man jede Maschine 480 Minuten zur Verfügung hat. Die Kosten pro Minute sind bei den Maschinen unterschiedlich und betragen z. B. für M_1 0,15 €. Mit Hilfe der Matrixmultiplikation von A und x erhält man die für die Produktion notwendige Kapazität.

$$A \cdot x = \begin{pmatrix} 0,5 & 2 \\ 3 & 1 \\ 1 & 0 \\ 2 & 1 \end{pmatrix} \cdot \begin{pmatrix} 100 \\ 200 \end{pmatrix} = \begin{pmatrix} 450 \\ 500 \\ 100 \\ 400 \end{pmatrix} \tag{7.49}$$

M_1 wird 450 Minuten benötigt, M_2 500 Minuten usw. Dieses Ergebnis kann man nun mit der vorhandenen Kapazität im Vektor b vergleichen. Daraus ist ersichtlich, dass man auf M_1, M_3 und M_4 mit der vorhandenen Kapazität auskommt, bei M_2 braucht man allerdings um 20 Minuten mehr. Das könnte z. B. heißen, dass an dieser Maschine Überstunden notwendig sind oder nicht das gesamte Produktionsprogramm gefertigt werden kann.

Für die Berechnung der Lastkosten müssen die benötigte Kapazität mit den Lastkosten pro Minute multipliziert werden. Das kann entweder mit Hilfe einer Matrixmultiplikation gelöst werden (hier muss jedoch der Vektor Ax zuerst transponiert werden) oder man verwendet das skalare Produkt zweier Vektoren:

$$K_{Last} = (Ax)^T \cdot k_{Last} = \langle Ax, k_{Last} \rangle = 232{,}50\ € \qquad (7.50)$$

Modell 7.3

Durch Multiplikation der Kapazitätsmatrix mit dem Produktionsprogramm erhält man die erforderliche Kapazität der einzelnen Ressourcen:

$$r = Ax \qquad (7.51)$$

mit

$A \in \mathbb{R}_n^m$ ..... Kapazitätsmatrix

$x \in \mathbb{R}_m$ ..... Produktionsprogramm

$r \in \mathbb{R}_n$ ..... Lastvektor, r_i: erforderliche Kapazität der i-ten Ressource.

Die erforderliche Kapazität darf nicht größer sein als die verfügbare Kapazität. Dieser Sachverhalt lässt sich durch folgende Ungleichung beschreiben:

$$Ax \leq b \qquad (7.52)$$

mit

$b \in \mathbb{R}_n$ ..... b_i: verfügbare Kapazität der i-ten Ressource in einer bestimmten Periode.

Um die, für die Herstellung eines Produktionsprogrammes x, anfallenden **Lastkosten** zu berechnen, berechnet man das Produkt aus Lastvektor und Lastkosten pro Kapazitätseinheit:

$$K_{Last} = (Ax)^T \cdot k_{Last} = \langle Ax, k_{Last} \rangle \qquad (7.53)$$

mit

$k_{Last} \in \mathbb{R}_n$ ..... $k_{Last,\,i}$: Lastkosten pro Kapazitätseinheit der i-ten Ressource.

7.5.4 Stufenmodell oder sequentielle Vernetzung

Ein Produktionsprozess besteht aus mehreren Stufen, wobei in jeder Produktionsstufe soviel gefertigt wird, dass die nachgelagerte Produktionsstufe gerade ausreichend versorgt wird. Der Output der letzten Stufe geht an den Kunden. Wie viele Grundstoffe müssen in der 1. Stufe vorhanden sein, um einen bestimmten Bedarf der Kunden zu decken?

Beispiel 7.12

Ein Betrieb erzeugt aus drei Rohstoffen R_1, R_2, R_3 zwei Zwischenprodukte Z_1, Z_2 und daraus zwei Finalprodukte P_1, P_2. Die jeweils erforderlichen Stückzahlen sind in **Abbildung 7.1** dargestellt.

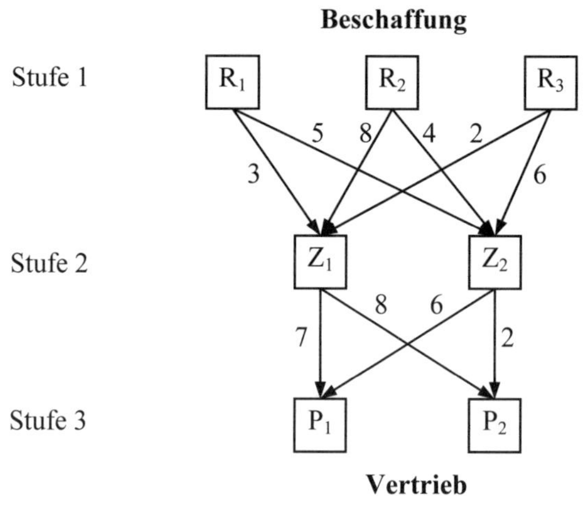

Abbildung 7.1 Sequentielle Vernetzung

Wie viele Rohstoffe sind erforderlich, um 100 Finalprodukte P_1 bzw. 150 Finalprodukte P_2 zu fertigen?

Die Übergänge zwischen den Stufen können durch Übergangsmatrizen beschrieben werden:

$$G_{2\to1}=\begin{pmatrix}3 & 5\\ 8 & 4\\ 2 & 6\end{pmatrix},\ G_{3\to2}=\begin{pmatrix}7 & 8\\ 6 & 2\end{pmatrix} \tag{7.54}$$

Die Matrix $G_{2\to1}$ beschreibt den Übergang von der zweiten zur ersten Stufe, wobei der Zeilenindex auf den Rohstoff und der Spaltenindex auf das Zwischenprodukt verweist. $G_{3\to2}$ stellt den Übergang von dritter zu zweiter Stufe dar. Der Zeilenindex gibt hier das Zwischenprodukt und der Spaltenindex das Finalprodukt an.

Um zu berechnen, wie viel von den Rohstoffen für jeweils ein Finalprodukt benötigt werden, müssen die beiden Matrizen aus (7.54) multipliziert werden.

$$G_{3\to1}=G_{2\to1}\cdot G_{3\to2}=\begin{pmatrix}3 & 5\\ 8 & 4\\ 2 & 6\end{pmatrix}\cdot\begin{pmatrix}7 & 8\\ 6 & 2\end{pmatrix}=\begin{pmatrix}51 & 34\\ 80 & 72\\ 50 & 28\end{pmatrix} \tag{7.55}$$

D. h. es werden z. B. 80 Einheiten von R_2 für die Produktion von einem Finalprodukt P_1 benötigt. Um den vorgegebenen Bedarf zu decken, muss die Matrix $G_{3\to1}$ noch mit dem Bedarfsvektor x multipliziert werden.

$$x=\begin{pmatrix}100\\ 150\end{pmatrix}$$

$$y=G_{3\to1}\cdot x=\begin{pmatrix}51 & 34\\ 80 & 72\\ 50 & 28\end{pmatrix}\cdot\begin{pmatrix}100\\ 150\end{pmatrix}=\begin{pmatrix}10.200\\ 18.800\\ 9.200\end{pmatrix} \tag{7.56}$$

Insgesamt werden also 10.200 Einheiten von R_1, 18.800 von R_2 und 9.200 von R_3 benötigt.

Modell 7.4

Hat man allgemein n Produktionsstufen, so ergeben sich $n-1$ Übergangsmatrizen. Die Matrix $G_{i+1\to i}$ beschreibt den Übergang von Stufe i+1 zu Stufe i. Die Anzahl der Zeilen von $G_{i+1\to i}$ ist die Anzahl der Knoten in Stufe i, die Anzahl der Spalten von $G_{i+1\to i}$ ist die Anzahl der Knoten in Stufe i+1. Damit beschreibt das Element G_{kl} der Übergangsmatrix den notwendigen Output des k-ten Knotens der i-ten Stufe in ME, um eine ME Output des Knotens l der Stufe $i+1$ zu fertigen. Die benötigte Outputmenge y der

i-ten Stufe, um den Output x in der j-ten Stufe ($j > i$) fertigen zu können, ist dann gegeben durch

$$y = G_{i+1 \to i} \cdot G_{i+2 \to i+1} \cdot \ldots \cdot G_{j \to j-1} \cdot x \tag{7.57}$$

Beispiel 7.13

Dieses Beispiel ist die Fortsetzung von Beispiel 7.12 und versucht in das dort definierte Stufenmodell den Lagerbestand zu integrieren, um den Nettobedarf an Beschaffungsteilen zu ermitteln. Die Lagerstände an Endprodukten (P), Zwischenprodukten (Z) und Rohstoffen (R) sind gegeben durch

$$\ell_P = \begin{pmatrix} 10 \\ 20 \end{pmatrix}, \ \ell_Z = \begin{pmatrix} 1.000 \\ 500 \end{pmatrix}, \ \ell_R = \begin{pmatrix} 2.000 \\ 500 \\ 700 \end{pmatrix}. \tag{7.58}$$

Mit dem in Beispiel 7.12 gegebenen Produktionsprogramm kann der Nettobedarf an Finalprodukten ermittelt werden:

$$b_{netto,P} = x - \ell_P = \begin{pmatrix} 100 \\ 150 \end{pmatrix} - \begin{pmatrix} 10 \\ 20 \end{pmatrix} = \begin{pmatrix} 90 \\ 130 \end{pmatrix} \tag{7.59}$$

Ausgehend von diesem neuen Bedarf an Finalprodukten kann mit Hilfe der Übergangsmatrix $G_{3\to 2}$ der neue Bruttobedarf an Zwischenprodukten bestimmt werden. Subtrahiert man noch den Lagerstand an Zwischenprodukten, so erhält man deren Nettobedarf:

$$b_{netto,Z} = G_{3\to 2} b_{netto,P} - \ell_Z = \begin{pmatrix} 1.670 \\ 800 \end{pmatrix} - \begin{pmatrix} 1.000 \\ 500 \end{pmatrix} = \begin{pmatrix} 670 \\ 300 \end{pmatrix} \tag{7.60}$$

Analog wie der Übergang von Stufe 3 zu Stufe 2, kann nun der Nettobedarf an Rohstoffen bestimmt werden:

$$b_{netto,P} = G_{2\to 1} b_{netto,Z} - \ell_R = \begin{pmatrix} 3.510 \\ 6.560 \\ 3.140 \end{pmatrix} - \begin{pmatrix} 2.000 \\ 500 \\ 700 \end{pmatrix} = \begin{pmatrix} 1.510 \\ 6.060 \\ 2.440 \end{pmatrix} \tag{7.61}$$

7.5.5 Verflechtungen – Leontief-Modell

Bei der Verflechtung wird die starre sequentielle Vernetzung aufgegeben. Es gibt keine expliziten Stufen. Damit ein Knoten eine Einheit Output fertigen kann, ist grundsätzlich von allen anderen Knoten eine genau definierte Outputmenge notwendig. Jeder Knoten kann einen Teil seines Ausstoßes an die Außenwelt (Endverbraucher) abgeben. Beschaffungsteile können einfach im Modell integriert werden (ein Beschaffungsknoten hat nur Ausgänge und keine Eingänge).

Mathematische Modelle dieser Art sind nach dem russischen, in Amerika lebenden Nobelpreisträger **Wassily W. LEONTIEF** benannt. Er hat als Erster solche Modelle entworfen und mit ihnen die amerikanische Wirtschaft untersucht.

Beispiel 7.14

Eine (sehr vereinfachte) Wirtschaft eines Landes wird in die Sektoren Elektronikindustrie (E), Stahlindustrie (S) und Autoindustrie (A) eingeteilt. Produktion, Verbrauch und Nachfrage der Güter sind in **Abbildung 7.2** in ME angegeben. Wie viel muss jeder Sektor produzieren?

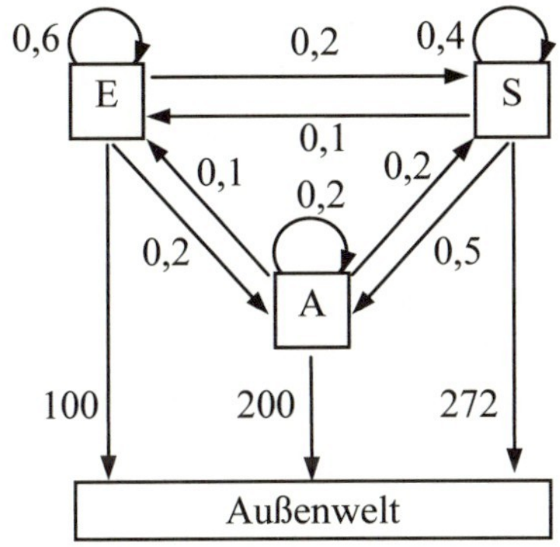

Abbildung 7.2 Verflechtungen mit 3 Knoten

Die Verflechtungen lassen sich durch eine quadratische Matrix A (Input-Output-Matrix) und die Nachfrage durch einen Vektor y beschreiben.

$$A = \begin{pmatrix} 0,6 & 0,2 & 0,2 \\ 0,1 & 0,4 & 0,5 \\ 0,1 & 0,2 & 0,2 \end{pmatrix}, y = \begin{pmatrix} 100 \\ 272 \\ 200 \end{pmatrix} \qquad (7.62)$$

Dabei gibt das Matrixelement a_{ij} an, wie viel Output in ME von Knoten i notwendig ist, um eine ME des j-ten Knotens zu fertigen.

Für den zu berechnenden Output $x \in \mathbb{R}_3$ muss gelten:

$$x = y + Ax \Rightarrow (E - A)x = y \Rightarrow \begin{pmatrix} 0,4 & -0,2 & -0,2 \\ -0,1 & 0,6 & -0,5 \\ -0,1 & -0,2 & 0,8 \end{pmatrix} x = \begin{pmatrix} 100 \\ 272 \\ 200 \end{pmatrix} \quad (7.63)$$

Bei diesem Beispiel muss also ein Gleichungssystem gelöst werden. Wie das funktioniert wird das nächste Kapitel zeigen.

Modell 7.5

Allgemein kann das Modell mit n Knoten durch folgende Größen beschrieben werden:

$A \in \mathbb{R}_n^n$ ..... A_{ij} notwendiger Output in ME des i-ten Knotens, um eine ME Output des j-ten Knotens zu fertigen,

a_{ii} Eigenverbrauch des Knotens i in ME, um eine ME herzustellen (in betrieblichen Anwendungen meistens 0, in volkswirtschaftlichen Anwendungen oft > 0)

$x \in \mathbb{R}_n$ ..... x_i Produktionsausstoß des Knoten i in ME

$y \in \mathbb{R}_n$ ..... y_i Ausstoß des Knoten i an die Außenwelt.

Für Beschaffungsknoten j gilt: $A_{ij} = 0$ für alle Knoten $i \neq j$

Für reine Vertriebsknoten i gilt: $A_{ij} = 0$ für alle Knoten $j \neq i$

Mit diesen Bezeichnungen gilt:

$$x = y + Ax \text{ bzw. } (E - A)x = y \quad (7.64)$$

Der notwendige Output x jedes Knotens bei vorgegebenem Verkaufsprogramm y kann also bei einer Verflechtung nicht online berechnet werden - vielmehr ist ein **lineares Gleichungssystem** zu lösen.

7.5.6 Mischungsrechnung

Aus verschiedenen Grundprodukten, die jeweils einen gewissen Anteil an verschiedenen Einsatzstoffen haben, soll eine Mischung mit jeweils einer bestimmten Menge der Einsatzstoffe erzeugt werden. Wie viel soll man von jedem Grundprodukt nehmen?

Beispiel 7.15

Eine Laborantin hat zwei Lösungen zur Verfügung, wobei die erste Lösung 20 % Kochsalz und die zweite 50 % Kochsalz enthält. In diesem Fall gibt es also zwei Grundprodukte und einen Einsatzstoff (Kochsalz). Die Laborantin soll durch Mischen der beiden Lösungen 9 Liter einer Lösung mit 30 % Kochsalz herstellen.

Die Daten und verwendeten Bezeichnungen sind in Tabelle 7.5 nochmals übersichtlich zusammengestellt.

	Kochsalz	**Menge in Liter**
Lösung 1	20 %	x_1
Lösung 2	50 %	x_2
Mischung	30 %	$k=9$

Tabelle 7.5 Daten für Mischungsrechnung

Für die Mengen x_1 und x_2 müssen nachstehende Bedingungen gelten:

$$\begin{aligned} &0{,}2x_1 + 0{,}5x_2 = 0{,}3k \\ &x_1 + x_2 = k \\ &x_1, x_2 \geq 0 \end{aligned} \tag{7.65}$$

Man kann aber auch Matrizen definieren

$$G = \begin{pmatrix} 0{,}2 \\ 0{,}5 \end{pmatrix}, x = \begin{pmatrix} x_1 \\ x_2 \end{pmatrix} \tag{7.66}$$

und damit (7.65) umformulieren:

$$\begin{aligned} &G^T x = 0{,}3k \\ &\begin{pmatrix} 1 & 1 \end{pmatrix} x = k \\ &x \geq 0 \end{aligned} \tag{7.67}$$

Das mag für dieses Beispiel etwas an den Haaren herbeigezogen scheinen. Die Matrixschreibweise hat aber den Vorteil, dass sie für mehrere Grundprodukte und Einsatzstoffe auch noch genauso einfach aussieht.

Die Lösung dieses Mischungsproblems ist also wieder nichts anderes als die Lösung eines **linearen Gleichungssystems**.

Modell 7.6

Für ein allgemeines Modell der Mischungsrechnung mit n Grundprodukten und m Einsatzstoffen werden folgende Bezeichnungen verwendet:

$k \in \mathbb{R}$ ..... Menge des herzustellenden Finalproduktes in ME

$G \in \mathbb{R}_n^m$ ..... G_{ij} ist der Gehalt des Grundproduktes i am Einsatzstoff j.

$h \in \mathbb{R}_m$ ..... h_j ist der Gehalt des Finalproduktes am Einsatzstoff j.

$x \in \mathbb{R}_n$ ..... x_i ist die Menge des Grundproduktes i in ME zur Herstellung von k ME des Finalproduktes.

Damit lassen sich notwendige Bedingungen formulieren:

$$\begin{aligned} &1.\quad x \geq 0 \\ &2.\quad G^T x = kh \\ &3.\quad (1 \ \cdots \ 1)x = k \end{aligned} \tag{7.68}$$

Die erste Bedingung besagt, dass die verwendete Menge an Grundprodukten nicht negativ sein darf. Gleichung 2 garantiert, dass in der Mischung der geforderte Gehalt an Einsatzstoffen vorhanden ist, und die dritte Gleichung sichert die Menge des herzustellenden Finalproduktes.

Mindest- bzw. Höchstmengen an Einsatzstoffen im Finalprodukt können noch durch entsprechende Ungleichungen einbezogen werden. Existieren mehrere Lösungen, so kann zusätzlich ein Zielfunktional (z. B. minimale Herstellkosten) hinzugefügt werden, um eine bestmögliche Lösung zu ermitteln. Es handelt sich dann um ein lineares Optimierungsproblem.

7.6 Excel-Befehle für Matrizen

Grundsätzlich erfolgt das Rechnen mit Matrizen, so wie bei den Vektoren schon beschrieben, mit **Matrixformeln**.

7.6.1 Addition, Subtraktion und Multiplikation mit einem Skalar

Beispiel 7.16

Die Addition von zwei Matrizen aus Beispiel 7.3 wird nun mit Excel berechnet (siehe **Abbildung 7.3**).

Nach der Eingabe der beiden Matrizen A und B kann die Summe folgendermaßen berechnet werden:

- Zuerst muss der gesamte Bereich des Ergebnisses markiert werden (hier B10:D11).

- Dann kann man die Formel mit Hilfe von Bezügen eingeben (hier B2:D3+B6:D7)
- Für die Auswertung als Matrixformel muss nun STRG+UMSCHALT+EINGABE gedrückt werden.

Die Subtraktion von zwei Matrizen und Multiplikation einer Matrix mit einem Skalar funktionieren analog.

B10 = {=B2:D3+B6:D7}

	A	B	C	D
1	Matrix A	Belgien	Irland	Chile
2	Produkt 1	80	360	200
3	Produkt 2	70	200	90
4				
5	Matrix B	Belgien	Irland	Chile
6	Produkt 1	125	250	0
7	Produkt 2	100	140	90
8				
9	A + B	Belgien	Irland	Chile
10	Produkt 1	205	610	200
11	Produkt 2	170	340	180

Abbildung 7.3 Addition von Matrizen in Excel

7.6.2 Multiplikation von Matrizen

Zum Multiplizieren von Matrizen gibt es in Excel den Befehl **MMULT** (engl. MMULT).

Beispiel 7.17

Das Produkt der Matrizen aus Beispiel 7.5 mit Excel ist in **Abbildung 7.4** ersichtlich. Wichtig: Es muss vor der Eingabe des Befehls MMULT der richtige Bereich für das Ergebnis markiert werden. Die Auswertung erfolgt schließlich wieder mit STRG+UMSCHALT+EINGABE.

B11 = {=MMULT(B2:D3;B6:C8)}

	A	B	C	D
1	Matrix A	Belgien	Irland	Chile
2	Produkt 1	80	360	200
3	Produkt 2	70	200	90
4				
5	Matrix K	Spedition 1	Spedition 2	
6	Belgien	1	1,5	
7	Irland	2	3	
8	Chile	10	7,5	
9				
10		Spedition 1	Spedition 2	
11	Produkt 1	2800	2700	
12	Produkt 2	1370	1380	

Abbildung 7.4 Matrizenmultiplikation in Excel

7.6.3 Transponieren und Invertieren einer Matrix

Zum Transponieren von Matrizen verwendet man den Befehl **MTRANS** (engl. **TRANSPOSE**) und für die Berechnung der inversen Matrix den Befehl **MINV** (engl. **MINVERSE**).

Beispiel 7.18

In **Abbildung 7.5** ist die Berechnung der inversen Matrix aus Beispiel 7.8 dargestellt. Zuerst wird wieder der gesamte Bereich des Ergebnisses markiert, dann die Formel eingegeben und mit STRG + UMSCHALT + EINGABE ausgewertet.

Das Transponieren von Matrizen in Excel funktioniert analog.

D2 = {=MINVERSE(A2:B3)}

	A	B	C	D	E
1	Matrix A			Inverse zu A	
2	2	4		3,5	-2
3	3	7		-1,5	1
4					

Abbildung 7.5 Invertieren einer Matrix in Excel

7.7 Übungsbeispiele

Aufgabe 7.1

Ein Bauunternehmen erhält Aufträge über den Bau von 7 Garagen des Typs A, 5 Garagen des Typs B und 16 Garagen des Typs C. Das Unternehmen benötigt für jede Garage die Rohmaterialien Stahl, Holz, Glas, Farbe und außerdem Arbeit. Die untenstehende Tabelle gibt in einer jeweils passenden Mengeneinheit an, wie viel von den einzelnen Rohmaterialien für die verschiedenen Garagentypen erforderlich sind.

	Stahl	Holz	Glas	Farbe	Arbeit
A	7	10	3	5	20
B	10	13	7	8	22
C	15	15	8	10	27

Tabelle 7.6 Rohmaterial je Bautyp

a) Schreiben Sie diese Tabelle als Matrix an! Wie können die Zeilen und Spalten dieser Matrix interpretiert werden?

b) Berechnen Sie als Matrixmultiplikation: Wie viel von jedem Rohmaterial braucht das Bauunternehmen?

c) Nehmen Sie an, Stahl kostet 10,5 € pro Einheit, Holz 5,6 € pro Einheit, Glas 3,5 € pro Einheit, Farbe 1 € pro Einheit und Arbeit 7 € pro Einheit. Finden Sie eine geeignete Darstellung der Kosten.

d) Berechnen Sie die Kosten für jeden Garagentyp und die Gesamtkosten (für alle Garagen zusammen) als Matrixmultiplikation.

Aufgabe 7.2

Eine Spielzeugfirma stellt vier verschiedene Baukästen (BK) her. Jeder Baukasten enthält Holzwürfel (HW), Metallstangen (MS) und Kunststoffräder (KR).

a) Bestimmen Sie mit Hilfe von Matrizen die Gesamtpreise für jeden der vier Baukästen in den Jahren 2008 und 2009!

b) Im Jahr 2010 werden die Preise für HW, MS und KR um jeweils 5 % gegenüber den Preisen von 2009 angehoben. Bestimmen Sie für das Jahr 2010 die Preise für die vier Baukästen.

c) Die Firma produziert für einen Großauftrag 800 Stück von Baukasten 1, 500 Stück von Baukasten 2, 700 Stück von Baukasten 3 und

200 Stück von Baukasten 4. Wie viele HW, MS und KR sind für diesen Auftrag erforderlich?

	Jahr 2008	**Jahr 2009**
HW	0,20	0,23
MS	0,15	0,19
KR	0,08	0,10

Tabelle 7.7 Preise (in €)

	HW	**MS**	**KR**
BK 1	10	6	4
BK 2	15	8	4
BK 3	20	10	6
BK 4	25	14	8

Tabelle 7.8 Stückzahlen

Aufgabe 7.3

Zeigen Sie, dass die Matrizengleichungen

$$(A+B)^2 = A^2 + 2AB + B^2 \text{ und } (A+B)(A-B) = A^2 - B^2$$

für die Matrizen A und B nicht gelten.

$$A = \begin{pmatrix} -2 & 1 \\ 3 & 5 \end{pmatrix}, B = \begin{pmatrix} -1 & 4 \\ 6 & -2 \end{pmatrix}$$

Finden Sie zwei Matrizen A' und B', die die obigen Gleichungen erfüllen! Welche Eigenschaft müssen Matrizen besitzen, um die Gleichungen zu erfüllen?

Aufgabe 7.4

In einem zweistufigen Produktionsprozess werden in der ersten Produktionsstufe aus den Rohstoffen R_1, R_2 und R_3 die Zwischenprodukte Z_1, Z_2 und Z_3 und in der zweiten Produktionsstufe aus diesen die Endprodukte E_1, E_2, E_3 und E_4 hergestellt.

Die Übergangsmatrix der ersten Produktionsstufe ist in Tabelle 7.9 dargestellt, die benötigten Zwischenprodukte für die Fertigung der Endprodukte kann man in Tabelle 7.10 ablesen.

	R_1	R_2	R_3
Z_1	5	3	2
Z_2	4	7	0
Z_3	3	4	2

Tabelle 7.9 Materialverbrauch je Einheit in der 1. Produktionsstufe

	E_1	E_2	E_3	E_4
Z_1	6	4	5	3
Z_2	5	1	2	4
Z_3	2	3	4	0

Tabelle 7.10 Materialverbrauch je Einheit in der 2. Produktionsstufe

a) Formulieren Sie diese Sachverhalte als mathematisches Modell und berechnen Sie den Rohstoffverbrauch für das Fertigungsprogramm von 110 Stück E_1, 150 Stück E_2, 85 Stück E_3 und 35 Stück E_4.

b) Eine Einheit von Rohstoff R_1 kostet 7 GE, von Rohstoff R_2 25 GE und von R_3 12 GE. Bestimmen Sie die Materialkosten der Endprodukte.

c) Berücksichtigen Sie die gegebenen Lagerstände von Endprodukten (ℓ_E), Zwischenprodukten (ℓ_Z) und Rohstoffen (ℓ_R)

$$\ell_E = \begin{pmatrix} 5 & 10 & 3 & 7 \end{pmatrix}, \ell_Z = \begin{pmatrix} 20 & 25 & 10 \end{pmatrix}, \ell_R = \begin{pmatrix} 150 & 120 & 310 \end{pmatrix}$$

und berechnen Sie den Nettobedarf an Beschaffungsteilen.

Aufgabe 7.5

In einem zweistufigen Produktionsprozess werden die Endprodukte aus den Baugruppen zusammengesetzt. Die Baugruppen bestehen ihrerseits aus Einzelteilen (siehe Tabelle 7.11 und Tabelle 7.12). Die Beschaffungspreise der Einzelteile 1, 2 und 3 betragen 7, 30 und 1.000 GE. Zeichnen Sie einen Gozintographen und bestimmen Sie die Materialkosten der Endprodukte.

	Einzelteil 1	Einzelteil 2	Einzelteil 3
Baugruppe A	3	4	7
Baugruppe B	2	1	0
Baugruppe C	1	2	1

Tabelle 7.11 Benötigte Einzelteile für Baugruppen

	Baugruppe A	Baugruppe B	Baugruppe C
Endprodukt 1	2	0	2
Endprodukt 2	1	3	1
Endprodukt 3	2	2	1
Endprodukt 4	0	1	2

Tabelle 7.12 Benötigte Baugruppen für Endprodukte

Aufgabe 7.6

a) Gegeben sind die Matrizen

$$A=\begin{pmatrix}1 & 3 & 2\\ 2 & 4 & 1\end{pmatrix}, B=\begin{pmatrix}1 & 0\\ 2 & 3\\ 4 & 1\end{pmatrix}, C=\begin{pmatrix}1\\ 2\\ 4\end{pmatrix}, D=\begin{pmatrix}1 & 6 & 3\\ 2 & 1 & 4\\ 3 & 5 & 7\end{pmatrix}, E=\begin{pmatrix}3 & 7\\ 5 & 1\\ 4 & 3\end{pmatrix}$$

Berechnen Sie

$$A\cdot B, A\cdot C, A\cdot D, A\cdot(B+E), A\cdot A^T, A\cdot D\cdot E, C\cdot C^T$$

b) Wie müsste B lauten, damit

$$A\cdot B=\begin{pmatrix}1 & 0\\ 0 & 1\end{pmatrix} \text{ mit } A=\begin{pmatrix}4 & 5\\ 2 & 3\end{pmatrix}$$

c) Überprüfen Sie die Gültigkeit des Assoziativgesetzes für die Multiplikation $(A\cdot B)\cdot C=A\cdot(B\cdot C)$ anhand der Matrizen

$$A=\begin{pmatrix}1 & 2\\ 3 & 4\end{pmatrix}, B=\begin{pmatrix}0 & 1\\ 2 & 3\end{pmatrix}, C=\begin{pmatrix}1 & 1\\ 1 & 1\end{pmatrix}$$

Aufgabe 7.7

M_{ij} sei die notwendige Maschinenkapazität der Maschine i ($i = 1, ..., m$) zur Herstellung des Produktes j ($j = 1, ..., p$). T_{kj} sei die Menge des notwendigen Betriebsmittels k ($k = 1,..., n$) zur Herstellung des j-ten Produktes.

Die Kapazität der i-ten Maschine ist durch $\overline{m}_i$ und das k-te Betriebsmittel durch $\overline{t}_k$ beschränkt. Stellen Sie die Bedingungen an das Fertigungsprogramm $(x_1, x_2, ..., x_p)$ auf, die gewährleisten, dass keine Engpässe auftreten.

Aufgabe 7.8

Ein Werk stellt aus drei Rohstoffen R_1, R_2 und R_3 die Zwischenprodukte Z_1 und Z_2 her (siehe Tabelle 7.13). Daraufhin werden die Zwischenprodukte zu den Fertigprodukten P_1 und P_2 verarbeitet. Für ein Stück P_1 benötigt man 2 Z_1 und ein Z_2. Für ein Stück P_2 benötigt man vier Z_1 und drei Z_2.

	$\mathbf{R_1}$	$\mathbf{R_2}$	$\mathbf{R_3}$
$\mathbf{Z_1}$	12	0,5	4
$\mathbf{Z_2}$	0	11	2

Tabelle 7.13 Benötigte Rohstoffe (in kg) für eine Einheit Zwischenprodukt

a) Formulieren Sie diese Sachverhalte als mathematisches Modell und berechnen Sie den Rohstoffverbrauch für das Fertigungsprogramm 1.000 Stück P_1 und 850 Stück P_2.

b) Von den Fertigprodukten, Zwischenprodukten und Rohstoffen sind noch Teile auf Lager vorhanden:

$$\ell_P = \begin{pmatrix} 50 & 90 \end{pmatrix}, \ell_Z = \begin{pmatrix} 250 & 110 \end{pmatrix}, \ell_R = \begin{pmatrix} 4.500 & 2.900 & 3.100 \end{pmatrix}$$

Bestimmen Sie den Nettobedarf an Rohstoffen.

Aufgabe 7.9

Ein Produktionsprozess erfolgt auf 3 Maschinen M_1, M_2, M_3, deren Kosten pro Minute 1 €, 1,2 € und 1,1 € sind. Die Arbeitspläne sehen vor, dass die Herstellung von Erzeugnis E_1 M_1 2 Minuten und M_3 5 Minuten beansprucht. Für die Herstellung von E_2 benötigt man die Maschine M_2 3 Minuten lang und M_3 1 Minute, E_3 hingegen muss 1 Minute lang auf M_1 und 2 Minuten auf M_2 bearbeitet werden. Schließlich wird E_4 4 Minuten lang auf M_1, 1 Minute auf M_2 und 3 Minuten auf M_3 produziert.

Die Rohstoffkosten pro ME sind für E_1 0,54 €, für E_2 0,38 €, für E_3 0,31 € und 0,45 € für E_4. Berechnen Sie die variablen Kosten je ME (Rohstoff- und Bearbeitungskosten)!

Aufgabe 7.10

Berechnen Sie den Kapazitätsbedarf mit den Vorgaben aus Beispiel 7.9 für ein Produktionsprogramm der Form $\begin{pmatrix}325 & 211 & 342 & 111\end{pmatrix}$. Die Maschinen M_1, M_2 und M_3 stehen jeweils 24 Stunden/Tag zur Verfügung. Kann das gegebene Produktionsprogramm innerhalb eines Tages gefertigt werden? Es besteht die Möglichkeit, dass Bearbeitungsschritte fremdvergeben werden können, wobei Erzeugnisse nur eines Erzeugnistyps nach extern zur Bearbeitung gegeben werden (Transport- und Liegezeiten werden vernachlässigt!) Die dabei auftretenden Kosten beim externen Produzenten sind in Tabelle 7.14 angegeben.

Berechnen Sie die anfallenden Gesamtkosten (Rohstoff- und Bearbeitungskosten), wenn das Produktionsprogramm innerhalb eines Tages gefertigt werden soll.

	M_1	M_2	M_3
E_1	1,5	0	10,0
E_2	0	4,4	6,0
E_3	1,2	3,0	0
E_4	5,0	2,0	4,4

Tabelle 7.14 Kosten bei externer Produktion (in €/Stück)

Aufgabe 7.11

Ein Betrieb erzeugt die Produkte A, B, C, D. Bei der Produktion werden die Prozesse Qualitätskontrolle (Q), Montage (M) und Verpackung (V) durchlaufen. Der Arbeitsplan in Tabelle 7.15 gibt in Minuten an, wie lange diese Vorgänge dauern.

a) Berechnen Sie mit Hilfe von Matrizen den Zeitaufwand für die einzelnen Prozesse, wenn von jedem Produkt 150 Stück gefertigt werden!

b) In der Qualitätskontrolle sind 5 Arbeiter, bei der Montage 18 Arbeiter und bei der Verpackung 8 Arbeiter beschäftigt. Jeder Arbeiter kann durchschnittlich 440 Minuten/Tag arbeiten. Welche Bedingung muss erfüllt werden, damit ein Produktionsprogramm mit diesen Personalressourcen an einem Tag gefertigt werden kann?

c) Die Stundensätze für die Abteilungen Q, M und V betragen 15, 18 und 12 GE. Berechnen Sie die Lastkosten für jedes Produkt! Wie groß sind die Lastkosten, wenn das in a) gegebene Produktionsprogramm gefertigt wird?

	A	**B**	**C**	**D**
Q	3	5	2	4
M	10	7	16	12
V	4	5	6	5

Tabelle 7.15 Arbeitsplan

Aufgabe 7.12

Ein Betrieb erzeugt zwei Produkte P_1 und P_2, die aus drei Einzelteilen E_1, E_2 und E_3 montiert werden. Die Einzelteile werden auf zwei Maschinen M_1 und M_2 hergestellt. Die Fertigungszeiten sind in Tabelle 7.16 abzulesen. Die für die kommenden vier Quartale geplanten Produktionsmengen sind in Tabelle 7.17 ersichtlich. Der Bedarf an Einzelteilen bei der Montage der Endprodukte ist im nachstehenden Gozintograph dargestellt:

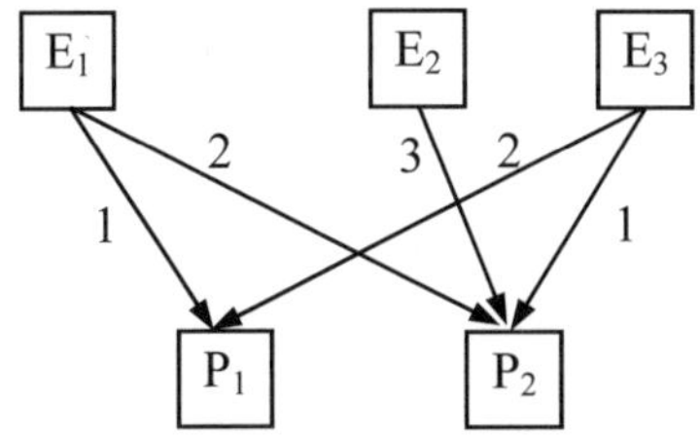

Abbildung 7.6 Gozintograph

a) Wie viele Einzelteile werden in den einzelnen Quartalen benötigt?

b) Wie viele Stunden werden die beiden Maschinen in jedem Quartal belegt sein?

	E_1	E_2	E_3
M_1	1	2	2
M_2	2	3	2

Tabelle 7.16 Fertigungszeiten (in Stunden)

	Q_1	Q_2	Q_3	Q_4
P_1	40	30	20	10
P_2	10	30	20	30

Tabelle 7.17 Produktionsmengen für vier Quartale

8 Lineare Gleichungssysteme

Viele Probleme in der Praxis lassen sich in Form linearer Gleichungssysteme modellieren, da viele ökonomische Beziehungen linear sind. Die Mischungsrechnung und das Leontief-Modell, die bereits bei den Matrizenanwendungen behandelt wurden, sind nur zwei Beispiele dafür.

Komplexe und umfangreiche Probleme werden auch oft zur Vereinfachung auf lineare Modelle reduziert, um den Rechenaufwand in vertretbarem Rahmen zu halten.

Aufgrund der Möglichkeiten der EDV konnten in den letzten Jahrzehnten die linearen Modelle in der Praxis auf immer größere Problemstellungen angewandt werden. Gleichungssysteme mit mehr als tausend Gleichungen sind keine Seltenheit. Da derart komplexe mathematische Modelle nur noch mit Hilfe von Computern und leistungsfähigen Programmen lösbar sind, sollen hier die elementaren mathematischen Grundlagen der linearen Gleichungssysteme behandelt werden, ohne auf die speziellen Verfahren wie Simplex einzugehen.

8.1 Gleichungssysteme in Matrixschreibweise

Zur vereinfachten Darstellung von Gleichungssystemen und auch für deren Lösung können Matrizen verwendet werden. Die Matrixschreibweise lässt auch größere Systeme einfach und übersichtlich erscheinen.

Beispiel 8.1

Ein Unternehmen stellt drei Produkte P_1, P_2, P_3 aus drei Rohstoffen R_1, R_2, R_3 gemäß folgender Tabelle her. Für eine Mengeneinheit der Endprodukte sind folgende Mengeneinheiten der Rohstoffe notwendig:

	Produkt 1	**Produkt 2**	**Produkt 3**
Rohstoff 1	3	5	2
Rohstoff 2	1	4	3
Rohstoff 3	2	2	5

Tabelle 8.1 Benötigte ME der Rohstoffe für eine ME der Produkte

Insgesamt stehen von den R_1 420, von R_2 350 und von R_3 360 ME zur Verfügung. Wie viele Einheiten der Produkte können mit diesen Rohstoffmengen hergestellt werden?

Werden mit x_1, x_2 und x_3 die produzierten Mengen von P_1, P_2, P_3 bezeichnet, so müssen folgende Gleichungen gelten:

$$\begin{array}{ll} \text{I:} & 3x_1 + 5x_2 + 2x_3 = 420 \\ \text{II:} & x_1 + 4x_2 + 3x_3 = 350 \\ \text{III:} & 2x_1 + 2x_2 + 5x_3 = 360 \end{array} \tag{8.1}$$

Dieses Gleichungssystem mit 3 Gleichungen und 3 Variablen kann mit bekannten Methoden der Mittelschule gelöst werden.

Dazu wird im ersten Schritt die Variable x_1 eliminiert:

$$\begin{array}{ll} IV = 3 \cdot II - I: & 7x_2 + 7x_3 = 630 \\ V = 2 \cdot II - III: & 6x_2 + x_3 = 340 \end{array} \tag{8.2}$$

Das führt zu zwei Gleichungen mit zwei Variablen, die nun durch Elimination von x_3 auf eine Gleichung mit nur einer Variablen reduziert werden.

$$VI = 7 \cdot V - IV: \quad 35x_2 = 1750 \tag{8.3}$$

Aus Gleichung VI kann x_2 und damit schrittweise auch x_3 und x_1 berechnet werden:

$$x_2 = 50, x_3 = 40, x_1 = 30 \tag{8.4}$$

Das Gleichungssystem (8.1) kann mit Hilfe der Matrizen

$$A = \begin{pmatrix} 3 & 5 & 2 \\ 1 & 4 & 3 \\ 2 & 2 & 5 \end{pmatrix}, x = \begin{pmatrix} x_1 \\ x_2 \\ x_3 \end{pmatrix}, b = \begin{pmatrix} 420 \\ 350 \\ 360 \end{pmatrix} \tag{8.5}$$

kurz angeschrieben werden als

$$Ax = b \tag{8.6}$$

Definition 8.1

Ein **lineares Gleichungssystem** ist ein System von m linearen Gleichungen und n Variablen $x_1, x_2, \ldots, x_n$ und hat allgemein die Form

$$\begin{aligned} A_{11}x_1 + A_{12}x_2 + \ldots + A_{1n}x_n &= b_1 \\ A_{21}x_1 + A_{22}x_2 + \ldots + A_{2n}x_n &= b_2 \\ &\vdots \\ A_{m1}x_1 + A_{m2}x_2 + \ldots + A_{mn}x_n &= b_m \end{aligned} \qquad (8.7)$$

Fasst man die a_{ij} zur **Koeffizientenmatrix** A, die Variablen zum Vektor x und die rechte Seite der Gleichungen zum Vektor b zusammen

$$A = \begin{pmatrix} A_{11} & A_{12} & \cdots & A_{1n} \\ A_{21} & A_{22} & \cdots & A_{2n} \\ \vdots & \vdots & & \vdots \\ A_{m1} & A_{m2} & \cdots & A_{mn} \end{pmatrix}, x = \begin{pmatrix} x_1 \\ x_2 \\ \vdots \\ x_n \end{pmatrix}, \text{b}= \begin{pmatrix} b_1 \\ b_2 \\ \vdots \\ b_m \end{pmatrix}, \qquad (8.8)$$

so erhält man das Gleichungssystem (8.7) in **Matrixschreibweise**:

$$Ax = b \qquad (8.9)$$

Ist b gleich dem Nullvektor, so ist das Gleichungssystem **homogen**, ansonsten spricht man von einem **inhomogenen** System.

Hat man mehr Gleichungen als Variablen ($m > n$), dann ist das Gleichungssystem **überbestimmt**, bei weniger Gleichungen als Variablen ($m < n$) nennt man das System **unterbestimmt**.

8.2 Eindeutige Lösung eines Gleichungssystems

Wenn die Matrix A quadratisch ist und noch dazu eine inverse Matrix besitzt, so kann das Gleichungssystem (8.9) eindeutig gelöst werden.

$$Ax = b \Leftrightarrow A^{-1}Ax = A^{-1}b \Leftrightarrow Ex = A^{-1}b \Leftrightarrow x = A^{-1}b \qquad (8.10)$$

Bleibt nur noch die Frage offen, wie man die inverse Matrix berechnen kann. Das soll im nächsten Beispiel gezeigt werden.

Beispiel 8.2

Es wird die inverse Matrix von A aus (8.5) bestimmt. Dazu sind folgende Schritte notwendig:

- ❑ Bilde die Matrix $B = \left(A \middle| E\right) \in \mathbb{R}_n^{2n}$

- Führe die Matrix B durch Zeilenumformungen (Zeilenvertauschungen, Addition zweier Zeilen, Multiplikation einer Zeile mit einem Skalar) in eine Matrix der Form $\left(E\middle|C\right)\in\mathbb{R}_n^{2n}$ über.
- Dann gilt $C = A^{-1}$.

In diesem Beispiel wird, nachdem man die Matrix B gebildet hat, die erste mit der zweiten Zeile vertauscht. Der linke Teil der Matrix B soll schließlich eine Einheitsmatrix werden und da ist es von Vorteil, wenn die erste Zeile mit 1 beginnt.

$$B=\left(\begin{array}{ccc|ccc}3&5&2&1&0&0\\1&4&3&0&1&0\\2&2&5&0&0&1\end{array}\right)\to\left(\begin{array}{ccc|ccc}1&4&3&0&1&0\\3&5&2&1&0&0\\2&2&5&0&0&1\end{array}\right)\qquad(8.11)$$

Dann können mit Hilfe der ersten Zeile in der ersten Spalte unterhalb des ersten Einsers Nullen erzeugt werden. Konkret wird von der zweiten Zeile das Dreifache der ersten Zeile und von der dritten Zeile das Doppelte der ersten Zeile subtrahiert.

$$\left(\begin{array}{ccc|ccc}1&4&3&0&1&0\\3&5&2&1&0&0\\2&2&5&0&0&1\end{array}\right)\to\left(\begin{array}{ccc|ccc}1&4&3&0&1&0\\0&-7&-7&1&-3&0\\0&-6&-1&0&-2&1\end{array}\right)\qquad(8.12)$$

Jetzt muss das zweite Diagonalelement in 1 umgewandelt werden, indem die zweite Zeile durch –7 dividiert wird.

$$\left(\begin{array}{ccc|ccc}1&4&3&0&1&0\\0&-7&-7&1&-3&0\\0&-6&-1&0&-2&1\end{array}\right)\to\left(\begin{array}{ccc|ccc}1&4&3&0&1&0\\0&1&1&-\frac{1}{7}&\frac{3}{7}&0\\0&-6&-1&0&-2&1\end{array}\right)\qquad(8.13)$$

Analog zu den letzten beiden Umformungen wird die linke untere Hälfte der Einheitsmatrix fertig gestellt.

$$\to\left(\begin{array}{ccc|ccc}1&4&3&0&1&0\\0&1&1&-\frac{1}{7}&\frac{3}{7}&0\\0&0&5&-\frac{6}{7}&\frac{4}{7}&1\end{array}\right)\to\left(\begin{array}{ccc|ccc}1&4&3&0&1&0\\0&1&1&-\frac{1}{7}&\frac{3}{7}&0\\0&0&1&-\frac{6}{35}&\frac{4}{35}&\frac{1}{5}\end{array}\right)\qquad(8.14)$$

Die dritte Zeile kann jetzt verwendet werden, um in der dritten Spalte der ersten beiden Zeilen Nullen zu erzeugen. Von der ersten Zeile wird das

Dreifache der dritten Zeile und von der zweiten Zeile wird die dritte Zeile subtrahiert.

$$\left(\begin{array}{ccc|ccc} 1 & 4 & 3 & 0 & 1 & 0 \\ 0 & 1 & 1 & -\frac{1}{7} & \frac{3}{7} & 0 \\ 0 & 0 & 1 & -\frac{6}{35} & \frac{4}{35} & \frac{1}{5} \end{array}\right) \rightarrow \left(\begin{array}{ccc|ccc} 1 & 4 & 0 & \frac{18}{35} & \frac{23}{35} & -\frac{3}{5} \\ 0 & 1 & 0 & \frac{1}{35} & \frac{11}{35} & -\frac{1}{5} \\ 0 & 0 & 1 & -\frac{6}{35} & \frac{4}{35} & \frac{1}{5} \end{array}\right) \tag{8.15}$$

Mit der zweiten Zeile wird noch die 4 in der ersten Zeile eliminiert und die Inverse der Matrix A kann im rechten Teil der Matrix abgelesen werden.

$$\rightarrow \left(\begin{array}{ccc|ccc} 1 & 0 & 0 & \frac{2}{5} & -\frac{3}{5} & \frac{1}{5} \\ 0 & 1 & 0 & \frac{1}{35} & \frac{11}{35} & -\frac{1}{5} \\ 0 & 0 & 1 & -\frac{6}{35} & \frac{4}{35} & \frac{1}{5} \end{array}\right) \Rightarrow A^{-1} = \begin{pmatrix} \frac{2}{5} & -\frac{3}{5} & \frac{1}{5} \\ \frac{1}{35} & \frac{11}{35} & -\frac{1}{5} \\ -\frac{6}{35} & \frac{4}{35} & \frac{1}{5} \end{pmatrix} \tag{8.16}$$

Das Gleichungssystem kann nach (8.10) durch Multiplikation der inversen Matrix mit der rechten Seite des Gleichungssystems gelöst werden:

$$x = \begin{pmatrix} \frac{2}{5} & -\frac{3}{5} & \frac{1}{5} \\ \frac{1}{35} & \frac{11}{35} & -\frac{1}{5} \\ -\frac{6}{35} & \frac{4}{35} & \frac{1}{5} \end{pmatrix} \cdot \begin{pmatrix} 420 \\ 350 \\ 360 \end{pmatrix} = \begin{pmatrix} 30 \\ 50 \\ 40 \end{pmatrix} \tag{8.17}$$

Damit kann auch die Lösung für das Gleichungssystem des Leontief-Modells aus dem Kapitel „Matrizen“ bestimmt werden.

Beispiel 8.3

Das Gleichungssystem aus dem Beispiel zum Leontief-Modell lautete:

$$(E - A)x = y \Leftrightarrow \begin{pmatrix} 0,4 & -0,2 & -0,2 \\ -0,1 & 0,6 & -0,5 \\ -0,1 & -0,2 & 0,8 \end{pmatrix} x = \begin{pmatrix} 100 \\ 272 \\ 200 \end{pmatrix} \tag{8.18}$$

Mit Hilfe der inversen Matrix von $(E - A)$, die genauso wie in Beispiel 8.2 berechnet werden kann, lässt sich das Beispiel lösen:

$$x = (E - A)^{-1} y = \begin{pmatrix} \frac{38}{11} & \frac{20}{11} & 2 \\ \frac{13}{11} & \frac{30}{11} & 2 \\ \frac{8}{11} & \frac{10}{11} & 2 \end{pmatrix} \begin{pmatrix} 100 \\ 272 \\ 200 \end{pmatrix} = \begin{pmatrix} 1.240 \\ 1.260 \\ 720 \end{pmatrix} \tag{8.19}$$

Der Output der Sektoren Elektronikindustrie, Stahlindustrie und Autoindustrie beträgt also 1.240, 1.260 bzw. 720 ME.

Beispiel 8.4

Innerhalb eines Betriebes werden auch Leistungen erbracht, die keine direkt absetzbaren Produkte zur Folge haben (z. B. Instandhaltung, Heizung, Leistungen der IT-Abteilung, ...). Diese Leistungen werden als innerbetriebliche Leistungen bezeichnet. Die Kosten aller innerbetrieblichen Leistungen werden in sogenannten Hilfskostenstellen zusammengefasst.

Zwischen solchen Hilfskostenstellen gibt es verschiedene Verflechtungen, da eine Kostenstelle Leistungen für eine andere erbringt. Die Kosten, die dabei entstehen, sollen möglichst ursachengerecht verrechnet werden. Diese Vorgehensweise nennt man **innerbetriebliche Leistungsverrechnung**. Dabei soll für jede Kostenstelle gelten:

Der gesamte Produktionswert ist die Summe aus den eigenen Kosten (primäre Kosten) und den von den anderen Kostenstellen erhaltenen Werten (sekundäre Kosten).

In einem Unternehmen gibt es z. B. die drei Hilfskostenstellen Instandhaltung (I), Transport (T) und Gebäude (G). Die primären Kosten von I, T und G betragen 150.000 €, 80.000 € und 250.000 €. Die Kostenstelle I erbringt Leistungen im Ausmaß von 4.100 h, wobei 370 h davon für T und 460 h für G abgegeben werden. Die Kostenstelle T hat eine Gesamtleistung von 9.500 km, 1.500 km werden für I aufgewendet. Von den 2.000 m² der Kostenstelle G entfallen 110 m² auf I und 60 m² auf T. Die Leistungsverflechtungen zwischen diesen Kostenstellen sind grafisch in der folgenden Abbildung dargestellt.

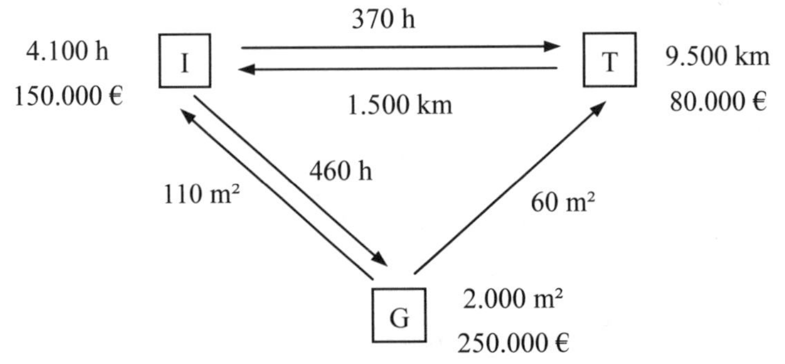

Abbildung 8.1 Leistungsverflechtungen

Gesucht sind die Verrechnungssätze für die innerbetriebliche Leistungsverrechnung. Dabei werden nachstehende Bezeichnungen verwendet:

x ... interner Verrechnungssatz pro Stunde Instandhaltung
y ... interner Verrechnungssatz pro km Transport
z ... interner Verrechnungssatz pro m² Gebäude

Damit können aus Abbildung 7.2 folgende Gleichungen aufgestellt werden:

$$\begin{aligned} 4.100x &= 150.000 + 1.500y + 110z \\ 9.500y &= 80.000 + 370x + 60z \\ 2.000z &= 250.000 + 460x \end{aligned} \tag{8.20}$$

Diese Gleichungen werden so umgeformt, dass alle Variablen auf der linken Seite des Gleichheitszeichens stehen:

$$\begin{aligned} 4.100x - 1.500y - 110z &= 150.000 \\ -370x + 9.500y - 60z &= 80.000 \\ -460x + 2.000z &= 250.000 \end{aligned} \tag{8.21}$$

Nun kann das Gleichungssystem einfach in Matrixschreibweise in der Form $AX = b$ angeschrieben werden, wobei folgende Matrizen verwendet werden:

$$A = \begin{pmatrix} 4.100 & -1.500 & -110 \\ -370 & 9.500 & -60 \\ -460 & 0 & 2.000 \end{pmatrix}, b = \begin{pmatrix} 150.000 \\ 80.000 \\ 250.000 \end{pmatrix}, X = \begin{pmatrix} x \\ y \\ z \end{pmatrix} \tag{8.22}$$

Mit Hilfe der inversen Matrix von A und (8.10) kann dann die Lösung berechnet werden:

$$X = A^{-1}b = \begin{pmatrix} 44,24 \\ 11,00 \\ 135,17 \end{pmatrix} \tag{8.23}$$

D. h. für die innerbetriebliche Leistungsverrechnung sind 44,24 € pro Stunde Instandhaltung, 11 € pro km Transport und 135,17 € pro m² Gebäude anzusetzen.

8.3 Lösbarkeit von Gleichungssystemen

Lineare Gleichungssysteme müssen nicht in jedem Fall lösbar sein, und wenn sie lösbar sind, heißt das noch lange nicht, dass eine eindeutige Lösung existiert. Wie kann man einem Gleichungssystem ansehen, ob es eine eindeutige Lösung hat?

Der Einfachheit halber soll das Gleichungssystem zunächst nur zwei Gleichungen und zwei Variablen umfassen.

$$\begin{aligned} A_{11}x_1 + A_{12}x_2 &= b_1 \\ A_{21}x_1 + A_{22}x_2 &= b_2 \end{aligned} \tag{8.24}$$

oder in Matrixschreibweise

$$\begin{aligned} &A = \begin{pmatrix} A_{11} & A_{12} \\ A_{21} & A_{22} \end{pmatrix}, x = \begin{pmatrix} x_1 \\ x_2 \end{pmatrix}, b = \begin{pmatrix} b_1 \\ b_2 \end{pmatrix} \\ &Ax = b \end{aligned} \tag{8.25}$$

Die Inverse der Koeffizientenmatrix lässt sich berechnen als

$$A^{-1} = \frac{1}{A_{11}A_{22} - A_{21}A_{12}} \begin{pmatrix} A_{22} & -A_{12} \\ -A_{21} & A_{11} \end{pmatrix} \tag{8.26}$$

und damit ergibt sich als Lösung von (8.24)

$$x_1 = \frac{A_{22}b_1 - A_{12}b_2}{A_{11}A_{22} - A_{21}A_{12}}, x_2 = \frac{-A_{21}b_1 + A_{11}b_2}{A_{11}A_{22} - A_{21}A_{12}} \tag{8.27}$$

Das Gleichungssystem ist eindeutig lösbar, wenn die inverse Matrix existiert. Das ist hier nur der Fall, wenn die Beziehung

$$A_{11}A_{22} - A_{21}A_{12} \neq 0 \tag{8.28}$$

gilt. Da dieser Ausdruck im Zusammenhang mit der Lösbarkeit eines Gleichungssystems eine wichtige Rolle spielt, bekommt er auch einen eigenen Namen.

Definition 8.2

Sei $A = \left(A_{ij}\right)$ eine 2×2 Matrix, dann heißt

$$det\,A = A_{11}A_{22} - A_{21}A_{12} \tag{8.29}$$

Determinante der Matrix A.

Für eine 3×3 Matrix ist die Determinante mit folgender Formel festgelegt:

$$det\begin{pmatrix} A_{11} & A_{12} & A_{13} \\ A_{21} & A_{22} & A_{23} \\ A_{31} & A_{32} & A_{33} \end{pmatrix} = A_{11}A_{22}A_{33} + A_{12}A_{23}A_{31} + A_{13}A_{32}A_{21} - \left(A_{31}A_{22}A_{13} + A_{11}A_{23}A_{32} + A_{21}A_{12}A_{33}\right) \quad (8.30)$$

Die eindeutige Lösbarkeit eines Gleichungssystems steht in unmittelbarem Zusammenhang mit dem Wert der Determinante.

Satz 8.1

Für eine quadratische Matrix A sind folgende Aussagen äquivalent:

- Die Matrix A ist regulär.
- Es gibt eine zu A inverse Matrix A^{-1}.
- $det\, A \neq 0$
- Ein Gleichungssystem mit Koeffizientenmatrix A ist eindeutig lösbar.

Die Lösbarkeit von Gleichungssystemen kann man für zwei Gleichungen und zwei Variablen auch grafisch veranschaulichen, indem man die Gleichungen als Geraden in einer x_1, x_2-Koordinatenebene auffasst.

Beispiel 8.5

Gegeben ist das Gleichungssystem

$$\begin{aligned} x_1 - x_2 &= -1 \\ 2x_1 + x_2 &= 4 \end{aligned} \quad (8.31)$$

Die Determinante der Koeffizientenmatrix lautet

$$det\begin{pmatrix} 1 & -1 \\ 2 & 1 \end{pmatrix} = 3 \neq 0 \quad (8.32)$$

Das Gleichungssystem ist also eindeutig lösbar. In Abbildung 8.2 sind die beiden Gleichungen als Geraden dargestellt.

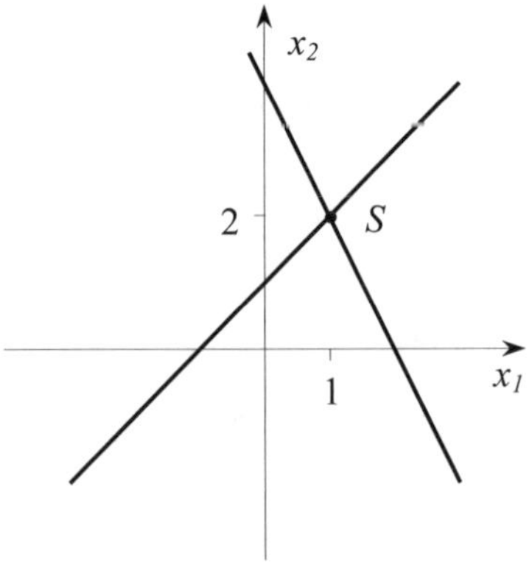

Abbildung 8.2 Zwei sich schneidende Geraden

Die Lösung kann man als Schnittpunkt S der Geraden ablesen:

$$x_1 = 1, x_2 = 2 \tag{8.33}$$

Beispiel 8.6

Das Gleichungssystem

$$\begin{aligned} x_1 + 2x_2 &= 4 \\ 2x_1 + 4x_2 &= 2 \end{aligned} \tag{8.34}$$

hat keine eindeutige Lösung, da die Determinante 0 ist:

$$det\begin{pmatrix} 1 & 2 \\ 2 & 4 \end{pmatrix} = 0 \tag{8.35}$$

Grafisch bedeutet das in diesem Fall, dass die Geraden parallel sind. Sie haben keinen Punkt gemeinsam, das Gleichungssystem hat keine Lösung (siehe Abbildung 8.3).

Ändert man die zweite Gleichung aus (8.34) nur geringfügig ab

$$\begin{aligned} x_1 + 2x_2 &= 4 \\ 2x_1 + 4x_2 &= 8 \end{aligned} \tag{8.36}$$

so erhält man zwei äquivalente Gleichungen, die dieselbe Gerade beschreiben. Es gibt daher unendlich viele Lösungen, da für jeden beliebigen Wert x_1 ein Wert x_2 gefunden werden kann, sodass (8.36) erfüllt ist.

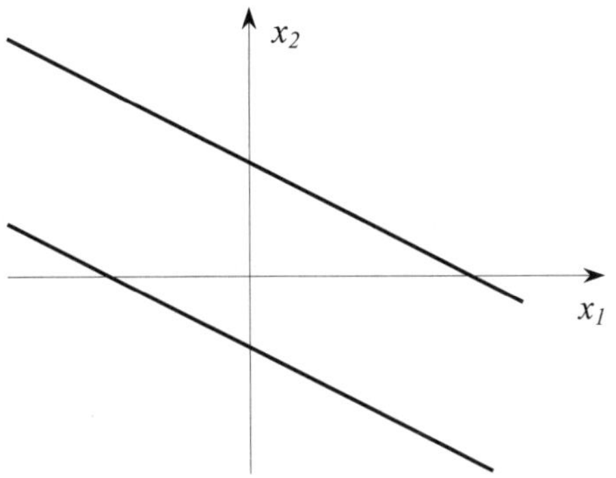

Abbildung 8.3 Zwei parallele Geraden

Beispiel 8.5 und Beispiel 8.6 haben alle grundsätzlichen Fälle bezüglich der Lösbarkeit von linearen Gleichungssystemen aufgezeigt. Es kann also immer genau einer der drei Fälle bei der Lösung eines linearen Gleichungssystems auftreten:

- Es gibt keine Lösung.
- Es gibt genau eine Lösung.
- Es gibt unendlich viele Lösungen.

Es gibt daher z. B. kein lineares Gleichungssystem, das genau drei verschiedene Lösungen besitzt.

Zum Abschluss wird die Lösung der Mischungsrechnung aus Beispiel 7.15 gezeigt.

Beispiel 8.7

Das Gleichungssystem (7.65) aus dem Beispiel zur Mischungsrechnung in Matrixschreibweise lautet

$$\begin{pmatrix} 0{,}2 & 0{,}5 \\ 1 & 1 \end{pmatrix} \begin{pmatrix} x_1 \\ x_2 \end{pmatrix} = \begin{pmatrix} 2{,}7 \\ 9 \end{pmatrix} \tag{8.37}$$

Mit (8.27) erhält man sofort die Lösung:

$$x_1 = 6, x_2 = 3 \tag{8.38}$$

Die Laborantin muss also 6 Liter der 1. Lösung mit 3 Litern der 2. Lösung mischen, um die gesuchte Kochsalzlösung zu erhalten.

8.4 Gaußsche Elimination

Bei der Anwendung der Gaußschen Elimination wird ein lineares Gleichungssystem durch Umformungen, welche die Lösungsmenge nicht verändern, solange vereinfacht, bis die Lösung leicht abgelesen werden kann.

Im Prinzip wurde das schon in Beispiel 8.1 durchgeführt. Man kann aber etwas Schreibarbeit sparen, wenn man die Umformungen für die erweiterte Koeffizientenmatrix $(A|b)$ anschreibt. Erlaubte Umformungen sind:

- Vertauschen von zwei Zeilen
- Multiplizieren einer Zeile mit einer von 0 verschiedenen Zahl
- Addition zweier Zeilen

Beispiel 8.8

Der Lösungsweg für Beispiel 8.1 sieht nun so aus:

$$\begin{aligned}(A|b)&=\left(\begin{array}{ccc|c}3&5&2&420\\1&4&3&350\\2&2&5&360\end{array}\right)\rightarrow\left(\begin{array}{ccc|c}1&4&3&350\\3&5&2&420\\2&2&5&360\end{array}\right)\\&\rightarrow\left(\begin{array}{ccc|c}1&4&3&350\\0&-7&-7&-630\\0&-6&-1&-340\end{array}\right)\rightarrow\left(\begin{array}{ccc|c}1&4&3&350\\0&1&1&90\\0&6&1&340\end{array}\right)\rightarrow\left(\begin{array}{ccc|c}1&4&3&350\\0&1&1&90\\0&0&-5&-200\end{array}\right)\end{aligned}\tag{8.39}$$

Aus der letzten Matrix können die Variablen nun „von unten nach oben“ durch schrittweises Einsetzen berechnet werden:

$$x_3=40, x_2=50, x_1=30 \tag{8.40}$$

Die der **Gaußschen Elimination** zugrunde liegende Idee besteht darin, die erweiterte Matrix so umzuformen, dass unterhalb der Diagonale nur Nullen stehen. Dazu muss zunächst das erste Element in der ersten Zeile (a_{11}) von Null verschieden sein. Ist das nicht der Fall, muss man durch Zeilenvertauschungen so ein Element finden (**Pivotelement**). Dann kann man mit Hilfe der ersten Zeile die darunter liegenden Zeilen so umformen, dass in der ersten Spalte jeweils 0 steht. Damit sind die erste Zeile und die erste Spalte in die gewünschte Form gebracht. Mit dem Rest verfährt man dann auf die gleiche Weise wie zuvor beim Gesamtsystem.

Es können allerdings bei der Gaußschen Elimination zwei Sonderfälle auftreten:

- In der erweiterten Koeffizientenmatrix entsteht eine Nullzeile. Da so eine Zeile der Gleichung $0x_1 + 0x_2 + \ldots + 0x_n = 0$ entspricht, kann man diese Zeile einfach weglassen.
- Bei den Umformungen entsteht in der erweiterten Koeffizientenmatrix eine Zeile, die bis auf die letzte Spalte nur Nullen enthält. Diese Zeile entspricht der Gleichung $0x_1 + 0x_2 + \ldots + 0x_n = b \neq 0$. Also enthält das Gleichungssystem einen Widerspruch und ist nicht lösbar.

Die folgenden beiden Beispiele sollen diese Sonderfälle nochmals veranschaulichen.

Beispiel 8.9

Zu lösen ist das Gleichungssystem

$$\begin{pmatrix} 1 & -1 \\ 2 & 0 \\ 6 & -2 \end{pmatrix} \begin{pmatrix} x_1 \\ x_2 \end{pmatrix} = \begin{pmatrix} 1 \\ 4 \\ 11 \end{pmatrix} \tag{8.41}$$

Umformungen der erweiterten Koeffizientenmatrix ergeben

$$\left(\begin{array}{cc|c} 1 & -1 & 1 \\ 2 & 0 & 4 \\ 6 & -2 & 11 \end{array}\right) \to \left(\begin{array}{cc|c} 1 & -1 & 1 \\ 0 & 2 & 2 \\ 0 & 4 & 5 \end{array}\right) \to \left(\begin{array}{cc|c} 1 & -1 & 1 \\ 0 & 2 & 2 \\ 0 & 0 & 1 \end{array}\right) \tag{8.42}$$

Die letzte Zeile liefert einen Widerspruch, das Gleichungssystem hat daher keine Lösung.

Beispiel 8.10

Gesucht sind die Lösungen des Gleichungssystems

$$\begin{pmatrix} -1 & -1 & 3 & 2 \\ 1 & 2 & -2 & 1 \\ 0 & 1 & 1 & 3 \end{pmatrix} \begin{pmatrix} x_1 \\ x_2 \\ x_3 \\ x_4 \end{pmatrix} = \begin{pmatrix} -2 \\ 1 \\ -1 \end{pmatrix} \tag{8.43}$$

Umformungen der erweiterten Koeffizientenmatrix ergeben

$$\begin{pmatrix} -1 & -1 & 3 & 2 & -2 \\ 1 & 2 & -2 & 1 & 1 \\ 0 & 1 & 1 & 3 & -1 \end{pmatrix} \rightarrow \begin{pmatrix} -1 & -1 & 3 & 2 & -2 \\ 0 & 1 & 1 & 3 & -1 \\ 0 & 1 & 1 & 3 & -1 \end{pmatrix}$$
$$\rightarrow \begin{pmatrix} -1 & -1 & 3 & 2 & -2 \\ 0 & 1 & 1 & 3 & -1 \\ 0 & 0 & 0 & 0 & 0 \end{pmatrix} \qquad (8.44)$$

Die letzte Zeile kann also weggelassen werden. So wurde das ursprüngliche Gleichungssystem auf zwei Gleichungen und vier Variablen dezimiert. Das heißt, dass zwei Variablen frei wählbar sind (z. B. x_3 und x_4).

Aus den ersten beiden Zeilen ergibt sich dann

$$\begin{aligned} x_2 &= -x_3 - 3x_4 - 1 \\ x_1 &= -(-x_3 - 3x_4 - 1) + 3x_3 + 2x_4 + 2 = 4x_3 + 5x_4 + 3 \end{aligned} \qquad (8.45)$$

Das Gleichungssystem hat also unendlich viele Lösungen.

8.5 Überbestimmte Gleichungssysteme

In der Praxis (häufig bei Messungen) kommen oftmals mehr Gleichungen vor als Unbekannte. Man spricht dann von einem überbestimmten Gleichungssystem.

$$Ax = b \text{ mit } A \in \mathbb{R}_n^m \; (n > m) \qquad (8.46)$$

Im Allgemeinen haben solche Probleme (siehe Beispiel 8.9) keine Lösung, die alle Gleichungen erfüllt. Man kann allerdings fordern, dass alle Gleichungen „möglichst gut" erfüllt werden. Was „möglichst gut" heißt wird beim least-squares-Ansatz konkretisiert.

8.5.1 Least-squares-Ansatz

Ein Gleichungssystem wird dann möglichst gut erfüllt, wenn die linke Seite der Gleichung (Ax) nur gering von der rechten Seite der Gleichung (b) abweicht. Ein Maß für diese Abweichung ist die Differenz dieser beiden Vektoren. Um die Gesamtabweichung zu bestimmen, müsste man alle Komponenten von $Ax - b$ addieren. Das Problem dabei ist, dass einzelne Abweichungen positiv sein können und andere wiederum negativ. Beim Bilden der Summe würden sich negative und positive Abweichungen teilweise wieder aufheben, was diese Summe als Maß für die Gesamtabweichung unbrauchbar macht.

Um das zu vermeiden, werden die einzelnen Komponenten von $Ax-b$ zuerst quadriert und dann erst summiert. Diese Vorgehensweise bezeichnet man als **least-squares-Ansatz** und mit Hilfe der Matrixmultiplikation lässt sich die Gesamtabweichung anschreiben als

$$\left(Ax-b\right)^T\left(Ax-b\right)\rightarrow \text{Min.} \tag{8.47}$$

Eine notwendige Bedingung für das Minimum ist, dass die erste Ableitung dieses Ausdrucks gleich Null sein muss. Durch Differenzieren nach x und Nullsetzen der Ableitung erhält man

$$A^T\left(Ax-b\right)=0 \Leftrightarrow A^TAx=A^Tb \tag{8.48}$$

Diese Bedingung wird auch als **Normalgleichung** bezeichnet.

Falls die Matrix A^TA regulär ist, kann die Normalgleichung eindeutig gelöst werden und es gibt genau eine Lösung des Minimierungsproblems.

$$x=\left(A^TA\right)^{-1}A^Tb \tag{8.49}$$

Beispiel 8.11

Gesucht ist die Lösung des überbestimmten Gleichungssystems mittels least-squares-Ansatz:

$$\begin{aligned} x_1-x_2&=-1\\ 2x_1+x_2&=4\\ x_1+2x_2&=0 \end{aligned} \tag{8.50}$$

In Matrixschreibweise hat dieses Gleichungssystem die Gestalt

$$Ax=b \text{ mit } A=\begin{pmatrix}1 & -1\\ 2 & 1\\ 1 & 2\end{pmatrix}, b=\begin{pmatrix}-1\\ 4\\ 0\end{pmatrix}, x=\begin{pmatrix}x_1\\ x_2\end{pmatrix} \tag{8.51}$$

Die quadratische Gesamtabweichung zwischen linker und rechter Seite des Gleichungssystems lässt sich mit (8.47) ausdrücken:

$$\left(Ax-b\right)^T\left(Ax-b\right)=\left(x_1-x_2+1\right)^2+\left(2x_1+x_2-4\right)^2+\left(x_1+2x_2\right)^2 \tag{8.52}$$

Dieser Ausdruck soll nun minimiert werden. Das kann man entweder mittels Excel-Solver™ lösen oder mit Hilfe der Normalgleichung aus (8.49):

$$x = \left(A^T A\right)^{-1} A^T b = \begin{pmatrix} 1 \\ \frac{1}{3} \end{pmatrix} \tag{8.53}$$

In der folgenden Abbildung ist die Lösung dieses Gleichungssystem visualisiert. Die drei Gleichungen aus (8.50) können als drei Geraden g_I, g_{II} und g_{III} dargestellt werden. Aus der Lage der Geraden lässt sich auch erkennen, dass es keinen Punkt gibt, der auf allen drei Geraden liegt. D. h. es gibt keine Werte x_1 und x_2, die alle drei Gleichungen erfüllen. Anstelle einer exakten Lösung kann die mittels least-squares-Ansatz gefundene Lösung aus (8.53) als Punkt S eingezeichnet werden. Dieser Punkt ist der Schwerpunkt des Dreiecks, das aus den drei Geraden gebildet wird.

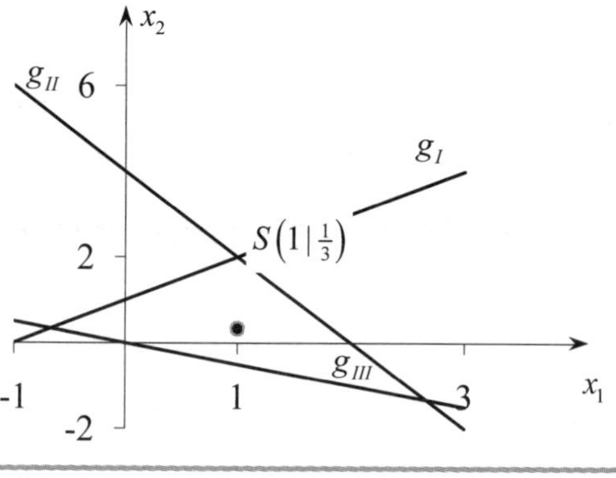

Abbildung 8.4 Lösung eines überbestimmten Gleichungssystems

8.5.2 Nachbildung von Messdaten

In der Praxis können mit dem least-squares-Ansatz Modelle zur Nachbildung von Messdaten gefunden werden. Als Ausgangssituation sind n verschiedene Messdaten gegeben. Sie werden mit (x_j, y_j) bezeichnet, wobei der Index j die Werte von 1, ..., n annimmt. Nun soll eine Funktion $f(x)$ gefunden werden, die diese Messdaten möglichst gut approximiert. Die Funktion $f(x)$ setzt sich aus passenden heuristisch bestimmten oder nach

Gesetzmäßigkeiten bekannten Basisfunktionen b_i zusammen. Werden m Basisfunktionen verwendet, so kann die Funktion $f(x)$ angeschrieben werden als

$$f(x)=\sum_{i=1}^{m} c_i b_i(x). \tag{8.54}$$

Dabei soll $m<n$ gelten, damit das Problem auch als überbestimmtes Gleichungssystem gelöst werden kann. Die Koeffizienten c_i sind so zu bestimmen, dass die Messwerte y_j möglichst gut mit den Funktionswerten an der Stelle x_j übereinstimmen, also

$$y_j \approx f(x_j)=\sum_{i=1}^{m} c_i b_i(x_j),\quad j=1,\dots,n. \tag{8.55}$$

Das ist ein überbestimmtes Gleichungssystem, das mittels least-squares-Ansatz gelöst werden kann. Achtung: x_j ist in dieser Gleichung bekannt (aus den Messdaten), die Variablen, die zu berechnen sind, sind die Koeffizienten c_i. Es muss die Summe der quadratischen Abweichungen minimal sein:

$$\sum_{j=1}^{n}\left(f(x_j)-y_j\right)^2 \to \text{Min.}. \tag{8.56}$$

Dieses Optimierungsproblem lässt sich mit den Methoden der Differentialrechnung oder mit Hilfe des Excel-Solvers™ lösen. Verwendet man die Normalgleichung, so erhält man die Lösung

$$c=\left(A^T A\right)^{-1} A^T y \qquad \text{mit } A_{ij}=b_j(x_i). \tag{8.57}$$

Durch Einsetzen in die so bestimmte Ansatzfunktion $f(x)$ kann also für jeden beliebigen Wert x im zulässigen Bereich der dazugehörige Wert y näherungsweise bestimmt werden. Dabei unterscheidet man zwei Vorgehensweisen:

- **Interpolation**: Unbekannte Werte werden zwischen den bekannten Datenpunkten abgeschätzt.
- **Extrapolation**: Die Werte werden über den bekannten Datenbereich hinaus berechnet.

Beispiel 8.12

An sechs verschiedenen Stellen sind empirische Messwerte gegeben:

x_j	-2	-1	0	1	2	3
y_j	-3	-1	4	9	12	12

Tabelle 8.2 Empirische Messwerte

Aus einer weiteren Untersuchung der Daten geht hervor, dass die Messwerte sehr wahrscheinlich einer Funktion der Form

$$f(x) = c_1 + c_2 x + c_3 \sin(x) \tag{8.58}$$

entstammen, oder wenigstens gut durch diese Funktion approximiert werden können.

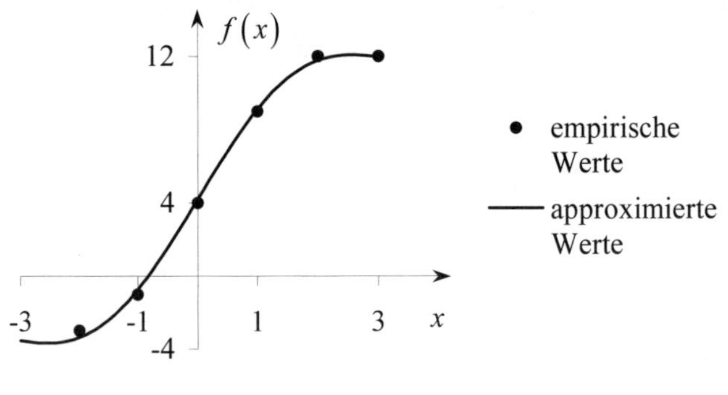

Abbildung 8.5 Approximation durch least-squares-Ansatz

Es müssen also die Parameter c_1, c_2 und c_3 so bestimmt werden, dass die Summe der Fehlerquadrate minimal wird, d. h.

$$\sum_{i=1}^{6} \left(f(x_j) - y_j\right)^2 = \sum_{j=1}^{6} \left(c_1 + c_2 x_j + c_3 \sin(x_j) - y_j\right)^2 \to \text{Min.} \tag{8.59}$$

Betrachtet man die letzte Summe als Funktion F der Parameter c_1, c_2 und c_3, so müssen die partiellen Ableitungen nach den Parametern 0 sein, damit ein Kandidat für einen lokalen Extremwert vorliegt (siehe Satz 12.5).

$$\begin{aligned}
\frac{\partial F}{\partial c_1} &= 2\sum_{j=1}^{6}\left(f\left(x_j\right)-y_j\right)=0\\
\frac{\partial F}{\partial c_2} &= 2\sum_{j=1}^{6}\left(f\left(x_j\right)-y_j\right)x_j=0\\
\frac{\partial F}{\partial c_3} &= 2\sum_{j=1}^{6}\left(f\left(x_j\right)-y_j\right)sin\left(x_j\right)=0
\end{aligned} \tag{8.60}$$

Also gilt äquivalent dazu

$$A^T A\begin{pmatrix} c_1\\ c_2\\ c_3\end{pmatrix} = A^T\begin{pmatrix} y_1\\ y_2\\ y_3\\ y_4\\ y_5\\ y_6\end{pmatrix} \text{ mit der Matrix } A=\begin{pmatrix} 1 & x_1 & sin(x_1)\\ 1 & x_2 & sin(x_2)\\ 1 & x_3 & sin(x_3)\\ 1 & x_4 & sin(x_4)\\ 1 & x_5 & sin(x_5)\\ 1 & x_6 & sin(x_6)\end{pmatrix}. \tag{8.61}$$

Durch Lösen der Normalgleichung oder Bestimmung der minimalen quadratischen Abweichungen mittels Excel-Solver™ (siehe Kapitel 9.9) erhält man die gesuchten Parameter

$$\begin{aligned}
c_1 &= 4{,}20916616\\
c_2 &= 2{,}44276045\\
c_3 &= 2{,}95291483
\end{aligned} \tag{8.62}$$

Die Annäherung der Funktionswerte an die Messwerte ist auch grafisch in Abbildung 8.5 nachzuvollziehen.

Abbildung 8.6 zeigt den qualitativen Unterschied zwischen den verschiedenen Funktionsansätzen auf. Es werden drei verschiedene Funktionstypen gegenübergestellt: eine lineare Funktion f_1, ein Polynom 2. Grades f_2 und ein Polynom 3. Grades f_3. Man sieht, dass das Polynom 3. Grades die gegebenen Datenpunkte am besten annähert und daher für die Interpolation am besten geeignet wäre. Extrapoliert man die Funktionen über den gegebenen Datenbereich hinaus, so sieht man, dass die Polynome stark ausschlagen und je nach Wahl des Polynomgrades fast jedes beliebige Verhalten der Funktion erzeugt werden kann und damit in hohem Maße unzuverlässig werden.

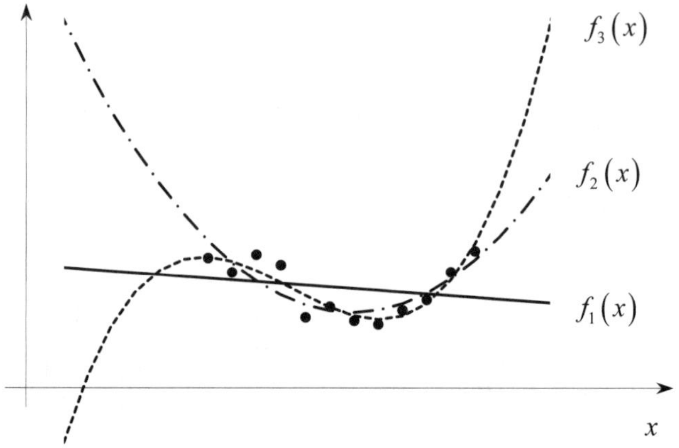

Abbildung 8.6 Vergleich verschiedener Funktionsansätze

Mit einem linearen least-squares-Ansatz können auch gewisse nichtlineare Parameter näherungsweise bestimmt werden. Dazu ein Beispiel aus der Physik.

Beispiel 8.13

Es sei der Zusammenhang

$$f(x) = ae^{bx} \tag{8.63}$$

bekannt. Durch Messungen hat man nun zu verschiedenen x_i-Werten die dazugehörigen f_i-Werte (mit kleinen Messfehlern behaftet) bestimmt. Gesucht sind nun die beiden Parameter a und b (b geht nichtlinear ein), sodass die f_i-Werte bestmöglich angenähert werden.

Durch Logarithmieren der Gleichung kann man wieder ein lineares Parameterproblem ableiten, also

$$ln(f(x)) = ln(a) + bx \tag{8.64}$$

Die beiden Parameter $ln(a)$ und b sind in obiger Beziehung linear verarbeitet und können somit mit dem linearen „least-squares-Ansatz" bestimmt werden.

8.6 Spezielle Lösungsverfahren

Es gibt verschiedene Lösungsverfahren (Gauß, Cholesky, Housholder, Jakobi, Gauß-Seidl, SOR, ...) für lineare Gleichungssysteme mit unterschiedlichem Verhalten in Bezug auf die Anzahl der Rechenoperationen und die Genauigkeit. Im Allgemeinen wird man ein fertiges Softwarepaket zur Lösung heranziehen. Bei Anwendungsprogrammen mit Wahlmöglichkeit bezüglich der Lösungsalgorithmen, sollten nachfolgende Kriterien berücksichtigt werden.

Ist n die Anzahl der zu lösenden Gleichungen und n klein, verwendet man einfach den Gaußschen Eliminationsalgorithmus mit Spalten- oder Totalpivotsuche. Für größere Systeme lohnt es sich nachzudenken, welches Pivotelement genommen werden soll. Falls Genauigkeitsprobleme auftreten (fast singuläre Matrizen oder n sehr groß) kann eine Skalierung mit Diagonalmatrizen Abhilfe schaffen.

8.7 Excel-Befehle für Gleichungssysteme

Ist ein Gleichungssystem eindeutig lösbar, so kann Formel (8.10) zur Berechnung der Lösung herangezogen werden. Bei der Umsetzung dieser Formel in Excel benötigt man die Inverse einer Matrix und die Matrizenmultiplikation. Beides ist bei den Excel-Befehlen für Matrizen beschrieben (siehe 7.6.2 auf Seite 195 und 7.6.3 auf Seite 196).

Liegt ein überbestimmtes Gleichungssystem vor, so wird der least-squares-Ansatz (8.47) verwendet. Die Lösung des Minimierungsproblems kann mit Hilfe des Excel-Solvers™ gefunden werden. Eine ausführliche Beschreibung des Solvers ist in 9.9 auf Seite 253 zu finden.

8.7.1 Determinante einer Matrix

Zur Berechnung einer Determinante einer Matrix steht in Excel der Befehl **MDET** (engl. **MDETERM**) zu Verfügung. Mit Hilfe der Determinante lassen sich Aussagen über die Lösbarkeit eines Gleichungssystems aufstellen. In Abbildung 8.7 ist die Berechnung von einer Determinante dargestellt. Die Determinante der Matrix A ist -23, d. h. ein Gleichungssystem mit dieser Koeffizientenmatrix besitzt eine eindeutige Lösung.

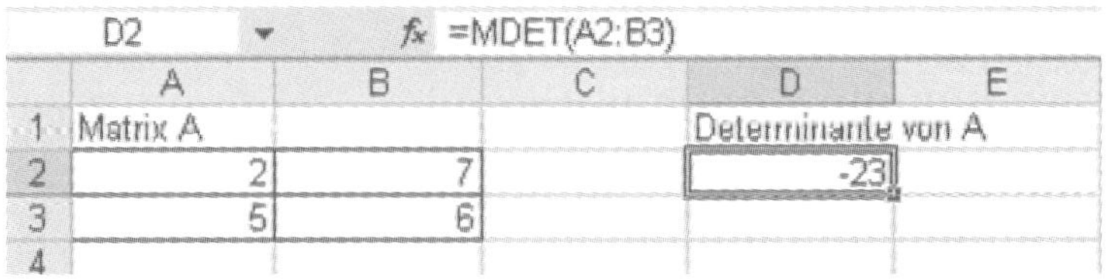

Abbildung 8.7 Berechnung der Determinante in Excel

8.7.2 Trendlinie

Zur Nachbildung von Messdaten gibt es in Excel die Funktion der **Trendlinie**. Damit kann man Messdaten durch einfache Funktionen in einem Diagramm approximieren und die Funktionsgleichungen auch anzeigen lassen. Dazu wählt man folgenden Vorgehensweise:

- Diagramm mit Datenpunkten erstellen
- Datenpunkte markieren
- rechte Maustaste: „Trendlinie hinzufügen" (engl. „Add trendline") auswählen
- gewünschten Funktionstyp auswählen
- Option „Formel im Diagramm anzeigen" (engl. „Display equation on chart") auswählen

Ein Beispiel dazu ist in folgender Abbildung dargestellt.

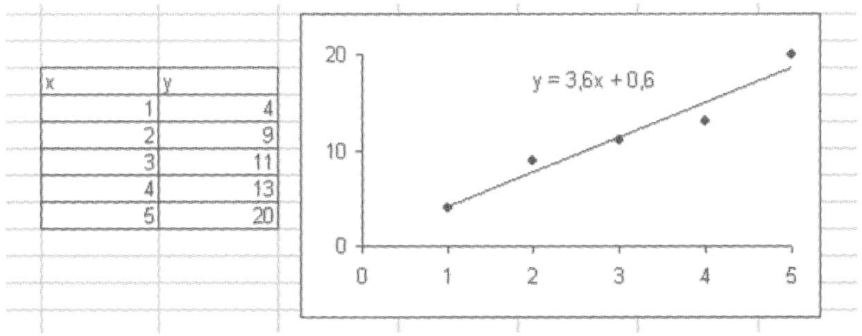

Abbildung 8.8 Trendlinie in Excel

8.8 Übungsbeispiele

Aufgabe 8.1

Eine Arbeit soll von den Arbeitern A, B und C fertig gestellt werden. A und B brauchen zusammen 36 Tage, A und C brauchen 45 Tage und B und C brauchen 60 Tage zur Fertigstellung. Wie lange braucht jeder Arbeiter allein? Wie lange brauchen alle zusammen?

Aufgabe 8.2

Eine Firma hat zwei Lastkraftwagen verschiedener Bauart; es ist Treibstoff für 30 Tage vorhanden. Nach 18 Tagen verkauft die Firma den einen Wagen - dadurch reicht der Treibstoff für den zweiten Wagen noch weitere 42 Tage. Berechnen Sie, wie lange der Treibstoffvorrat für diesen Wagen allein reicht und wie lange er für den verkauften Wagen alleine gereicht hätte!

Aufgabe 8.3

Abbildung 8.9 zeigt den Gozintograph einer dreistufigen Montagefertigung. In dem betrachteten Planungszeitraum sollen von Produkt A 70 Stück, von E 120 Stück und von D 30 Stück gefertigt werden. Stellen Sie ein lineares Gleichungssystem auf, mit dessen Hilfe der Bedarf an allen Einzelteilen und Baugruppen berechnet werden kann, und lösen Sie das Gleichungssystem.

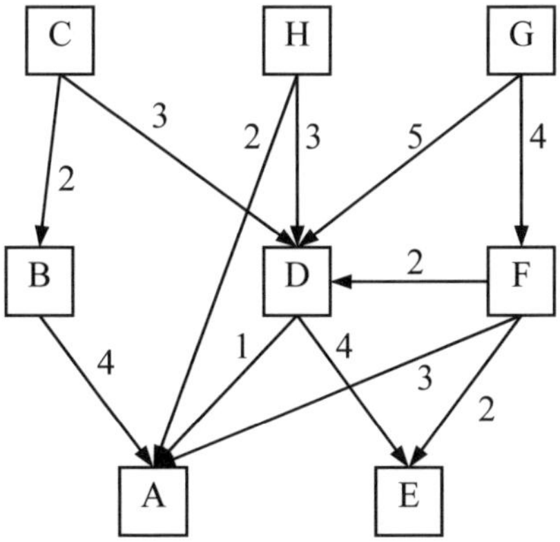

Abbildung 8.9 Gozintograph

Aufgabe 8.4

Ein Unternehmen fertigt auf drei Maschinen M_1, M_2, M_3 die drei Produkte P_1, P_2, P_3. Die Produktionszeiten sind in Tabelle 8.3 enthalten.

	$\mathbf{M_1}$	$\mathbf{M_2}$	$\mathbf{M_3}$
$\mathbf{P_1}$	2	3	1
$\mathbf{P_2}$	0	4	2
$\mathbf{P_3}$	3	1	5

Tabelle 8.3 Produktionszeiten (in Stunden)

Gibt es ein Produktionsprogramm, das die Kapazität aller Maschinen von je 200 Stunden voll auslastet?

Aufgabe 8.5

Ein wichtiger Parameter eines Produktionsprozesses ist eine Funktion der Prozesstemperatur t in der Form

$$f(t) = a + bt + c\,exp\left(\frac{t-1300}{100}\right)$$

Für die Steuerung des Prozesses sind die Prozesskennwerte a, b und c wichtig. Stellen Sie die Gleichungen zur Berechnung dieser Messwerte auf und berechnen Sie diese für folgende Messdaten:

Temperatur t	**Messung y_t**
1200	18,5
1250	21,5
1300	26,0
1330	30,0
1360	35,0
1390	41,5
1400	44,0

Tabelle 8.4 Messdaten

Aufgabe 8.6

Bei einem Experiment wurden folgende Werte gemessen:

Zeit t	**Messung**
0	109
5	75
10	87
15	118
20	126

Tabelle 8.5 Messdaten

Approximieren Sie diese Messwerte durch eine Funktion der Form

$$y(t) = a + bt + c\,sin(t)$$

mit Hilfe der Normalgleichung und mit einem „least-squares"-Ansatz.

Aufgabe 8.7

Ein Unternehmen besteht aus drei Abteilungen U_1, U_2, U_3, in denen die Produkte P_1, P_2, P_3 gefertigt werden.

In der *i*-ten Zeile und *j*-ten Spalte der Matrix in Tabelle 8.6 ist dargestellt, wie viele ME man von Produkt *i* benötigt, um eine ME von Produkt *j* herzustellen. Die externe Nachfrage beträgt nach P_1 und P_2 jeweils 1.000 ME und nach P_3 5.000 ME.

a) Bestimmen Sie die zur Deckung dieser externen Nachfrage benötigte Gesamtproduktion.

b) Es können höchstens 240 ME von P_1, 150 ME von P_2 und 300 ME von P_3 erzeugt werden. Welche externe Nachfrage kann mit dieser Gesamtproduktion befriedigt werden?

	P_1	**P_2**	**P_3**
P_1	0,1	0,1	0,2
P_2	0,3	0,2	0,1
P_3	0,4	0,1	0,3

Tabelle 8.6 Benötigte ME für die Produktion

Aufgabe 8.8

In einer Marktuntersuchung wurde das Nachfrageverhalten der Konsumenten für ein bestimmtes Produkt in Abhängigkeit des Preises untersucht (siehe Tabelle 8.7). Aus der Produktion kennt man für verschiedene Produktionsmengen die Gesamtkosten (siehe Tabelle 8.8), wobei nicht bekannt ist, welcher Teil davon Fixkosten sind und wie groß die variablen Kosten für ein Stück sind.

Preis in GE	50	55	60	65	70	80
Absatz in Stück	93	89	73	69	55	48

Tabelle 8.7 Zusammenhang von Preis und Absatz

Produktionsmenge	50	60	70	80	90
Gesamtkosten in GE	1890	2050	2133	2267	2345

Tabelle 8.8 Zusammenhang von Produktionsmenge und Gesamtkosten

a) Bestimmen Sie für die Werte aus Tabelle 8.7 eine passende Preis-Absatz-Funktion!

b) Ermitteln Sie durch die in Tabelle 8.8 gegebenen Datenpunkte eine lineare Ausgleichsgerade! Schätzen Sie daraus die Fixkosten und die variablen Stückkosten!

c) Zu welchem Preis soll das Unternehmen das Produkt verkaufen, damit der Gewinn maximal ist?

Aufgabe 8.9

In einem Betrieb gibt es drei Hilfskostenstellen H_1, H_2, H_3, wobei zwischen den Kostenstellen Leistungen ausgetauscht werden. In der i-ten Zeile und j-ten Spalte der Matrix in Tabelle 8.9 ist angegeben, welche Leistung H_i an H_j geliefert hat. Die Gesamtproduktion für die drei Kostenstellen beträgt 150, 350 bzw. 100. Die primären Kosten sind durch den Vektor $(80, 450, 250)$ gegeben. Berechnen Sie die Verrechnungssätze für die innerbetriebliche Leistungsverrechnung!

	H_1	H_2	H_3
H_1	0	80	30
H_2	110	0	40
H_3	20	70	0

Tabelle 8.9 Gelieferte Leistungen von den Hilfskostenstellen

Aufgabe 8.10

Ein Betrieb umfasst drei Werke W_1, W_2, und W_3. Jedes Werk stellt ein Produkt her, das sowohl für den Markt, als auch für die jeweils anderen zwei Werke und den eigenen Bedarf benötigt wird. Die Güterströme in ME sind in nachfolgender Grafik dargestellt.

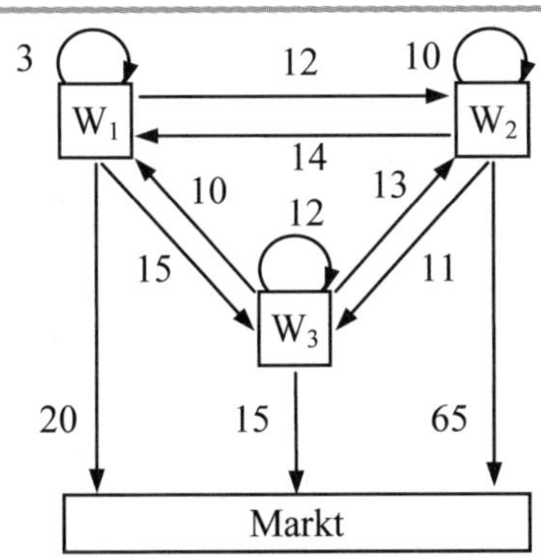

Abbildung 8.10 Güterströme in ME

a) Bestimmen Sie die Input-Output-Matrix für diese drei Werke! Beachten Sie dabei, dass sich die Einträge in dieser Matrix immer auf den Output einer ME beziehen!

b) Es werden in W_1 30 ME, in W_2 70 ME und in W_3 50 ME produziert. Welcher externe Bedarf kann damit gedeckt werden?

c) Am Markt werden 25 ME von W_1, 80 ME von W_2 und 10 ME von W_3 nachgefragt. Welche Menge müssen diese drei Werke dann produzieren?

9 Lineare Optimierung

In der betrieblichen Anwendung führen viele Aufgaben auf die Optimierung einer bestimmten Größe (Zielfunktion). Die Transportkosten sollen minimal sein, der Gesamt-DB bei der Planung des Produktionsprogramms soll maximal werden. Bei der Optimierung müssen aber verschiedene Nebenbedingungen berücksichtigt werden. Man kann nicht unendlich viel produzieren, die Kapazitäten sind beschränkt, Abnehmer haben einen Bedarf, der gedeckt werden muss, usw.

Sind sowohl die Zielfunktion als auch die Nebenbedingungen linear, so können diese Aufgaben mit den Methoden der **linearen Optimierung** (engl. linear programming) gelöst werden.

9.1 Einführungsbeispiele

Zu Beginn sollen typische Beispiele aufgezeigt werden, die auf lineare Optimierungsprobleme führen.

Beispiel 9.1 Mischungsproblem

Eine Fabrik erzeugt Tierfutter und verwendet dazu zwei Zusätze Z_1 und Z_2. Jeder Sack Futter muss dabei mindestens 10 dag des Nährstoffes N_1, mindestens 8 dag des Nährstoffes N_2 und mindestens 12 dag des Nährstoffes N_3 enthalten. In der nachstehenden Tabelle 9.1 sind die Kosten der Zusätze und die Menge der enthaltenen Nährstoffe aufgelistet.

	Kosten (in €/kg)	**Anteil N_1 (in dag/kg)**	**Anteil N_2 (in dag/kg)**	**Anteil N_3 (in dag/kg)**
Z_1	0,8	2	2	6
Z_2	0,9	5	3	4

Tabelle 9.1 Kosten und Anteil der Nährstoffe in den Futterzusätzen

Wie viel Zusatzmittel Z_1 und Z_2 sind pro Sack zu verarbeiten, damit die Kosten für die Zusatzmittel pro Sack minimal sind?

Beispiel 9.2 Fertigungsprogramm

Eine Fabrik erzeugt drei Massenprodukte P_1, P_2 und P_3. Die Preise werden vom Markt, die variablen Erzeugniskosten intern vorgegeben und beide sind jeweils von der abgesetzten bzw. erzeugten Menge unabhängig (vgl. Tabelle 9.2).

	Kosten (in €/Stück)	Preis (in €/Stück)
Produkt P_1	120	380
Produkt P_2	80	300
Produkt P_3	160	500

Tabelle 9.2 Kosten und Preise der Produkte

In den nachstehenden Tabellen sind die benötigten Fertigungszeiten der Fertigungszellen FZ_1 und FZ_2 sowie die Anzahl der Zukaufteile ZK_1, ZK_2 und ZK_3 für die Herstellung einer Mengeneinheit der Finalprodukte P_1, P_2 und P_3 aufgelistet.

	Produkt P_1	Produkt P_2	Produkt P_3
Zeit in FZ_1	10	5	20
Zeit in FZ_2	30	5	30

Tabelle 9.3 Fertigungszeiten für die Finalprodukte

	Produkt P_1	Produkt P_2	Produkt P_3
Stück ZK_1	1	1	10
Stück ZK_2	0	1	5
Stück ZK_3	20	0	10

Tabelle 9.4 Zahl der Zukaufteile für die Finalprodukte

FZ_1 hat maximal eine freie Kapazität von 4.000 Zeiteinheiten und FZ_2 von 4.900. Wegen des Lagerbestandes bzw. der Lieferzeiten stehen maximal 2.000 Teile ZK_1, 1.000 Teile ZK_2 und 3.000 Teile ZK_3 zur Verfügung.

Aus Erfahrung weiß man, dass man mindestens 30 Stück P_1 und 40 Stück P_3 verkaufen kann, aber höchstens 300 Stück P_1, 200 Stück P_2 bzw. P_3 verkaufen kann.

Gesucht ist nun jenes ohne Probleme machbare Fertigungsprogramm, mit dem der Deckungsbeitrag (Verkaufserlös-Herstellkosten) maximiert wird.

Beispiel 9.3 Distributionsproblem

Es stehen A_1 und A_2 als Auslieferungsorte (Lager) für die Produkte P_1, P_2 und P_3 zur Verfügung. Es existieren drei Destinationen D_1, D_2 und D_3 mit verschiedenen Bedarfen.

Die vorhandenen Vorräte in den Auslieferungsorten sind in Tabelle 9.5 dargestellt. Der unterschiedliche Bedarf der Destinationen ist in Tabelle 9.6 zusammengefasst.

	Vorrat in A_1	**Vorrat in A_2**
Produkt P_1	100	50
Produkt P_2	200	100
Produkt P_3	300	50

Tabelle 9.5 Vorrat an Produkten in den Auslieferungsorten

	Bedarf D_1	**Bedarf D_2**	**Bedarf D_3**
Produkt P_1	30	40	40
Produkt P_2	40	60	40
Produkt P_3	100	50	50

Tabelle 9.6 Bedarf an Produkten

	D_1	**D_2**	**D_3**
A_1	10	40	15
A_2	30	5	35

Tabelle 9.7 Transportkosten

Die Transportkosten je Mengeneinheit sind Tabelle 9.7 zu entnehmen.

Gesucht sind die Transportwege mit den geringsten Transportkosten und ausreichender Belieferung der Destinationen.

9.2 Allgemeines Modell

Problemstellungen, wie im vorangegangenen Unterkapitel darge oder ähnlich gelagerte Fragestellungen lassen sich mathematisch au gleiche Art und Weise modellieren.

Eine **Zielfunktion**, die linear ist, soll optimiert werden. Das kann z. B. eine Kostenfunktion sein, von der man ein Minimum sucht, oder der Deckungsbeitrag, dessen Maximum man bestimmen will.

$$Z = c_1x_1 + c_2x_2 + \ldots + c_nx_n \rightarrow \text{Min. (oder Max.)} \qquad (9.1)$$

Diese Optimierung ist aber nicht uneingeschränkt möglich. Es gibt meist mehrere **Restriktionen**, die in Form von linearen Ungleichungen oder linearen Gleichungen dargestellt werden können. Typisch in den betriebswirtschaftlichen Anwendungen sind Ungleichungen, die Kapazitätsbeschränkungen formulieren und Gleichungen, die die Deckung eines geforderten Bedarfs sichern.

$$\begin{array}{l} A_{11}x_1 + A_{12}x_2 + \ldots + A_{1n}x_n \le b_1 \\ A_{21}x_1 + A_{22}x_2 + \ldots + A_{2n}x_n \le b_2 \\ \qquad\qquad\vdots \\ A_{m1}x_1 + A_{m2}x_2 + \ldots + A_{mn}x_n \le b_m \end{array} \qquad (9.2)$$

Die zu bestimmenden Variablen eines linearen Optimierungsproblems sind meist Produktionsmengen, Liefermengen, usw. Also Größen, die in der Realität nur positive Zahlenwerte annehmen können. Dieser Umstand wird durch so genannte **Nichtnegativitätsbedingungen** modelliert.

$$x_1 \ge 0,\ x_2 \ge 0,\ \ldots,\ x_n \ge 0 \qquad (9.3)$$

Mit Hilfe von folgenden Matrizen, lässt sich ein lineares Optimierungsproblem kurz anschreiben.

$A = \left(A_{ij}\right) \in \mathbb{R}_m^n$ ..... Bedingungsmatrix

$x = \left(x_j\right) \in \mathbb{R}_n$ ..... Lösungsvektor

$b = \left(b_i\right) \in \mathbb{R}_m$ ..... Beschränkungsvektor

$c = \left(c_j\right) \in \mathbb{R}_n$ ..... Zielattributvektor

$$c^T x \rightarrow \text{Min. (oder Max.)}$$
$$Ax \leq b \qquad (9.4)$$
$$x \geq 0$$

Zur Lösung linearer Optimierungsprobleme existieren Algorithmen wie das „**Simplexverfahren**", die hier nicht genauer behandelt werden. Das händische Nachvollziehen dieser Rechenverfahren wird schon bei kleinen Beispielen zu einer mühsamen, eintönigen und zeitraubenden Arbeit, die an Computersysteme mit entsprechender Mathematiksoftware delegiert werden kann. In einem einfachen Spezialfall kann man jedoch auch auf die Hilfe von Rechnern verzichten, wie im folgenden Abschnitt gezeigt wird.

9.3 Graphische Interpretation und Lösung

Für zwei Variablen x und y kann man ein lineares Optimierungsproblem graphisch in der xy-Koordinatenebene visualisieren und sogar die Lösung bestimmen.

Die Nebenbedingungen sind lineare Ungleichungen, die Halbebenen des $\mathbb{R}^2$ darstellen. Diese Halbebenen sind durch die Geraden, die von den entsprechenden Gleichungen (d.h. bei Wirksamkeit des Gleichheitszeichens in $\leq$ bzw. $\geq$) beschrieben werden, begrenzt. Auch die Nichtnegativitätsbedingungen stellen Halbebenen dar, und zwar den nichtnegativen Teil der Koordinatenebene.

Alle Nebenbedingungen zusammen beschreiben den **zulässigen Bereich** für die Wertepaare (x, y). Dieser Bereich ergibt sich als Durchschnitt aller Halbebenen. Es können dabei die drei Fälle eintreten, die in Abbildung 9.1 bis Abbildung 9.3 dargestellt sind.

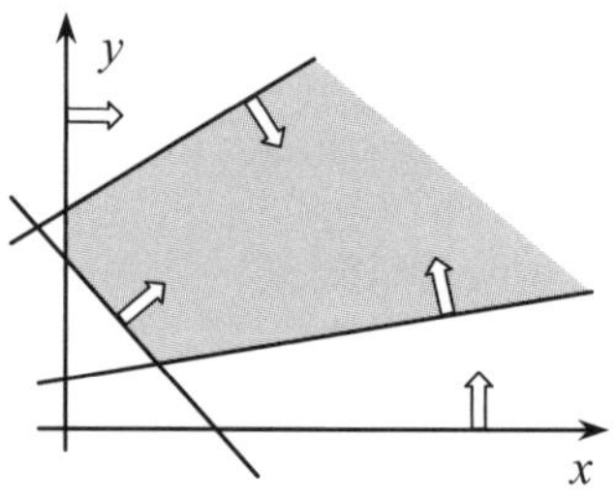

Abbildung 9.1 Unbeschränkter Bereich

Der zulässige Bereich aus Abbildung 9.1 wird durch drei lineare Ungleichungen beschrieben und ist daher durch drei Geraden begrenzt. Die Halbebenen sind durch Pfeile angedeutet und der zulässige Bereich, der in diesem Fall unbeschränkt ist, wird schraffiert dargestellt.

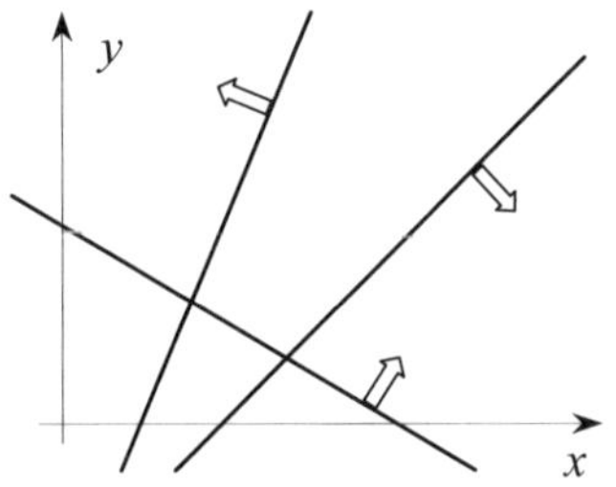

Abbildung 9.2 Leerer Einschränkungsbereich

Durch eine entsprechende Kombination von Ungleichungen ist es möglich, dass es keine Werte (x, y) gibt, die alle Ungleichungen erfüllen. In diesem Fall ist der Durchschnitt der Halbebenen leer (siehe Abbildung 9.2).

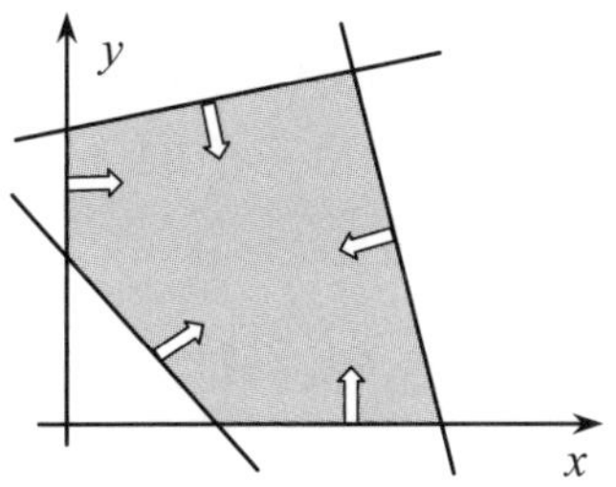

Abbildung 9.3 Beschränkter Bereich

Der Einschränkungsbereich, der sich durch die Ungleichungen inklusive Nichtnegativitätsbedingungen ergibt, kann, wie Abbildung 9.3 zeigt, auch beschränkt sein.

Aus allen Punkten (x, y), die im zulässigen Bereich liegen, ist nun der Punkt auszuwählen, der das Zielfunktional optimiert. Bei der linearen Zielfunktion handelt es sich nicht nur um eine Gerade, sondern um eine ganze Schar von parallelen Geraden, je nachdem, welchen Zielwert man wählt. Man verschiebt daher die Zielfunktion so lange parallel, dass der Zielwert minimal bzw. maximal wird und die Zielfunktion zumindest noch einen Punkt mit dem Einschränkungsbereich gemeinsam hat. Dieser Punkt ist dann das gesuchte Optimum. Wie das im Detail aussieht, zeigt das folgende Beispiel.

Beispiel 9.4

Das in Beispiel 9.1 vorgestellt Mischungsproblem kann grafisch gelöst werden, da es nur zwei Variablen zu bestimmen gibt:

x ..... Menge an Zusatzmittel Z_1 in kg

y ..... Menge an Zusatzmittel Z_2 in kg

Diese beiden Variablen sind Mengenangaben und daher nichtnegativ:

$$x \geq 0, y \geq 0 \qquad (9.5)$$

In der hergestellten Tierfuttermischung müssen bestimmte Mindestanteile an den Nährstoffen N_1, N_2 und N_3 enthalten sein. Das lässt sich durch drei lineare Ungleichungen modellieren:

$$\begin{aligned} \text{I:} \quad & 2x + 5y \geq 10 \\ \text{II:} \quad & 2x + 3y \geq 8 \\ \text{III:} \quad & 6x + 4y \geq 12 \end{aligned} \qquad (9.6)$$

Das Ziel ist es, die entstehenden Kosten für die Zusatzmittel zu minimieren. Das Zielfunktional lautet also

$$Z(x,y) = 0{,}8x + 0{,}9y \to \text{Min.} \qquad (9.7)$$

Im ersten Schritt der Lösung wird der zulässige Einschränkungsbereich bestimmt, der durch die Geraden

$$\begin{aligned} g_{\text{I}}: \quad & y = 2 - \tfrac{2}{5}x \\ g_{\text{II}}: \quad & y = \tfrac{8}{3} - \tfrac{2}{3}x \\ g_{\text{III}}: \quad & y = 3 - \tfrac{3}{2}x \end{aligned} \qquad (9.8)$$

begrenzt wird. Diese Geradengleichungen ergeben sich unmittelbar aus (9.6), wenn man an Stelle des Ungleichheitszeichens ein Gleichheitszeichen setzt.

Die Zielfunktion wird gemeinsam mit dem Einschränkungsbereich für verschiedene Zielwerte in Abbildung 9.4 dargestellt. Es ist zu erkennen, dass der zulässige Bereich nach oben hin unbeschränkt ist, und dass der

Zielwert, je weiter man die Zielfunktion nach oben verschiebt, immer größer wird. In diesem Beispiel soll der Zielwert minimal werden. Daher verschiebt man die Zielfunktion nur so weit nach oben, bis sie den ersten Punkt des zulässigen Bereichs erreicht. Dieser Punkt ist in der Grafik mit P bezeichnet.

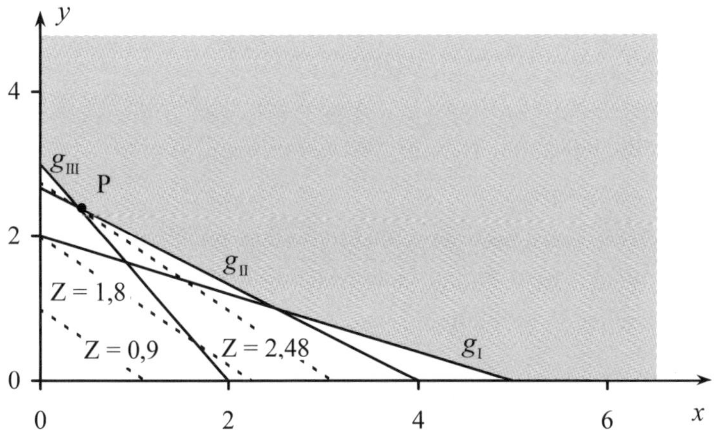

Abbildung 9.4 Grafische Lösung des Mischungsproblems

Der optimale Punkt P kann exakt als Schnittpunkt von den Geraden g_{II} und g_{III} bestimmt werden.

$$\tfrac{8}{3} - \tfrac{2}{3}x = 3 - \tfrac{3}{2}x \Rightarrow x = 0,4 \Rightarrow y = 2,4 \tag{9.9}$$

Es müssen also 0,4 kg von Zusatzmittel Z_1 und 2,4 kg von Zusatzmittel Z_2 pro Sack verarbeitet werden, damit die Kosten pro Sack minimal sind.

9.4 Transportplanung

Ein Produkt wird in verschiedenen Produktionsstätten gefertigt und soll zu mehreren Verbrauchern, die einen vorgegebenen Bedarf haben, geliefert werden. Wie soll die Versorgung aussehen, damit die Kosten minimal sind?

Beispiel 9.5

Ein Produkt wird in 2 Betrieben für 3 Verbraucher hergestellt. Der Betrieb B_1 kann höchstens 150 Einheiten liefern, B_2 200 Einheiten. Der Verbraucher V_1 hat einen Bedarf von 80 Einheiten, Verbraucher V_2 benötigt 90 und Verbraucher V_3 130 Einheiten. Bei der Auslieferung der Produkte entstehen aufgrund unterschiedlicher Entfernungen verschiedene Kosten, die in Tabelle 9.8 angeführt sind.

	V_1	V_2	V_3
B_1	4	8	6
B_2	10	3	5

Tabelle 9.8 Transportkosten in Geldeinheiten (GE)

Welche Mengen sind von den einzelnen Betrieben an die Verbraucher zu liefern, damit die gesamten Transportkosten minimal sind?

Zuerst werden die gegebenen Informationen nochmals übersichtlich in dargestellt. Mit X_{ij} wird die zu bestimmende Liefermenge von Betrieb B_i an den Verbraucher V_j bezeichnet.

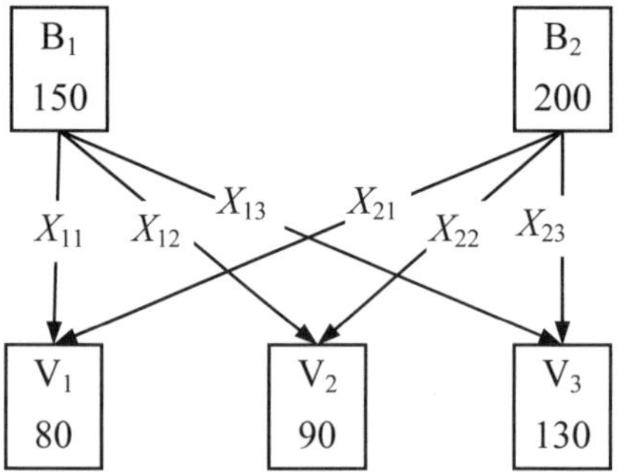

Abbildung 9.5 Transportplanung

Nun geht es zum Formulieren von Bedingungen, die erfüllt werden müssen. Da ist einerseits der Bedarf der Verbraucher, der gedeckt werden muss. Für jeden Verbraucher kann eine Gleichung aufgestellt werden, die diesen Sachverhalt modelliert. Die Summe der Liefermengen, die zu einem Verbraucher transportiert werden, muss gleich seinem Bedarf sein.

$$\begin{aligned} &1.\quad X_{11} + X_{21} = 80 \\ &2.\quad X_{12} + X_{22} = 90 \\ &3.\quad X_{13} + X_{23} = 130 \end{aligned} \tag{9.10}$$

Andererseits sind die Liefermöglichkeiten der Betriebe beschränkt, das ergibt pro Betrieb eine lineare Ungleichung. Die Summe der vom Betrieb ausgelieferten Mengen darf die maximale Liefermenge des Betriebs nicht überschreiten:

$$\begin{aligned} &4.\quad X_{11} + X_{12} + X_{13} \leq 150 \\ &5.\quad X_{21} + X_{22} + X_{23} \leq 200 \end{aligned} \tag{9.11}$$

Außerdem können Liefermengen nicht negativ sein.

$$6.\quad X_{11}, X_{12}, X_{13}, X_{21}, X_{22}, X_{23} \geq 0 \tag{9.12}$$

Schließlich sollen die Gesamtkosten minimal werden:

$$7.\quad 4X_{11} + 8X_{12} + 6X_{13} + 10X_{21} + 3X_{22} + 5X_{23} \rightarrow \text{Min.} \tag{9.13}$$

Diese sieben Bedingungen lassen sich mit Hilfe der Matrixschreibweise auf vier reduzieren. Dazu werden die x_{ij} zur Matrix X, die maximalen Liefermengen zum Vektor a, der Bedarf zum Vektor b und die Transportkosten zur Matrix C zusammengefasst.

$$X = \begin{pmatrix} X_{11} & X_{12} & X_{13} \\ X_{21} & X_{22} & X_{23} \end{pmatrix}, a = \begin{pmatrix} 150 \\ 200 \end{pmatrix}, b = \begin{pmatrix} 80 \\ 90 \\ 130 \end{pmatrix}, C = \begin{pmatrix} 4 & 8 & 6 \\ 10 & 3 & 5 \end{pmatrix} \tag{9.14}$$

z_i soll die i-te Zeile von C und w_i die i-te Zeile von X bezeichnen. Dann lassen sich (9.10)-(9.13) schreiben als:

$$\begin{aligned} &\begin{pmatrix} 1 & 1 \end{pmatrix} X = b^T \\ &X \begin{pmatrix} 1 \\ 1 \\ 1 \end{pmatrix} \leq a \\ &X \geq 0 \\ &z_1 \cdot w_1^T + z_2 \cdot w_2^T \rightarrow \text{Min.} \end{aligned} \tag{9.15}$$

Da in diesem Modell sechs Variablen gesucht sind, ist die graphische Lösung hier nicht möglich. Der Excel-Solver™ ist ein adäquates Werkzeug, um solche Aufgabenstellungen zu lösen. Die ausführliche Umsetzung für dieses Beispiel ist in Kapitel 9.9 nachzulesen.

Modell 9.1

Für ein allgemeines Modell der Transportplanung mit einem Produkt, n Produktionsstätten und m Verbraucherstellen werden folgende Bezeichnungen verwendet:

$a \in \mathbb{R}_n$ ..... a_i Liefermöglichkeit der Produktionsstätte i in ME

$b \in \mathbb{R}_m$ ..... b_j Bedarf der Verbrauchsstelle j in ME

$C \in \mathbb{R}_n^m$ ..... C_{ij} Transportkosten von Produktionsstätte i zu Verbrauchsstelle j pro ME, wobei z_i die i-te Zeile von C bezeichnet

$X \in \mathbb{R}_n^m$ ..... X_{ij} Liefermenge von Produktionsstätte i zur Verbrauchsstelle j in ME, wobei w_i die i-te Zeile von X bezeichnet

Damit kann man ein mathematisches Modell zur Berechnung einer kostenminimalen Versorgung der Verbraucherstellen aufstellen.

$$\begin{aligned}
&1.\quad X\begin{pmatrix}1\\ \vdots\\ 1\end{pmatrix} \le a\\
&2.\quad \begin{pmatrix}1 & \cdots & 1\end{pmatrix} X = b^T\\
&3.\quad X \ge 0\\
&4.\quad \sum_{i=1}^{n} z_i w_i^T \to \text{Min.}
\end{aligned} \tag{9.16}$$

Die lineare Ungleichung 1 sichert, dass die Liefermöglichkeiten der Betriebe nicht überschritten werden. Gleichung 2 garantiert, dass der Bedarf der Verbraucher gedeckt wird. Ungleichung 3 verhindert, dass negative Liefermengen auftreten und Bedingung 4 sucht aus allen Lösungen jene heraus, die minimale Kosten aufweist.

9.5 Produktionsprogrammplanung

Wie soll ein Betrieb seine Produktion auslegen, damit das geplante Produktionsprogramm auch machbar ist und z. B. der DB maximal wird?

Beispiel 9.6

Für die Fertigung von drei Produkten stehen einem Betrieb vier Maschinen zur Verfügung. Die notwendigen Informationen für die Produktion sind in **Tabelle 9.9** zusammengefasst. Maschine 1 steht in der betrachteten Zeitperiode maximal 500, Maschine 2 600, Maschine 3 1.000 und Maschine 4 750 ZE zur Verfügung. Beim Verkauf von den Produkten 1, 2, 3 werden die Deckungsbeiträge 20, 15 und 32 GE/ME erzielt.

	Produkt 1	**Produkt 2**	**Produkt 3**
Maschine 1	2	4	3
Maschine 2	3	6	9
Maschine 3	5	2	4
Maschine 4	7	1	7

Tabelle 9.9 Benötigte Maschinenzeit je Erzeugniseinheit (ZE/ME)

Wie viel soll von den einzelnen Produkten nun gefertigt werden, damit die Maschinenkapazitäten nicht überschritten werden und der Gesamt-DB maximal wird?

Mit den Bezeichnungen x_1, x_2, x_3 für die produzierten Mengen von Produkt 1, 2, 3 lassen sich folgende Bedingungen formulieren:

$$
\begin{array}{ll}
1. & 2x_1 + 4x_2 + 3x_3 \leq 500 \\
2. & 3x_1 + 6x_2 + 9x_3 \leq 600 \\
3. & 5x_1 + 2x_2 + 4x_3 \leq 1.000 \\
4. & 7x_1 + x_2 + 7x_3 \leq 750 \\
5. & x_1, x_2, x_3 \geq 0 \\
6. & 20x_1 + 15x_2 + 32x_3 \rightarrow \text{Max.}
\end{array}
\qquad (9.17)
$$

Unter Verwendung der Matrizen

$$x = \begin{pmatrix} x_1 \\ x_2 \\ x_3 \end{pmatrix}, A = \begin{pmatrix} 2 & 4 & 3 \\ 3 & 6 & 9 \\ 5 & 2 & 4 \\ 7 & 1 & 7 \end{pmatrix}, b = \begin{pmatrix} 500 \\ 600 \\ 1.000 \\ 750 \end{pmatrix}, c = \begin{pmatrix} 20 \\ 15 \\ 32 \end{pmatrix} \tag{9.18}$$

können die sechs Bedingungen aus (9.17) auf drei reduziert werden:

$$\begin{aligned} & Ax \leq b \\ & x \geq 0 \\ & c^T x \to \text{Max.} \end{aligned} \tag{9.19}$$

Dieses Beispiel lässt sich wiederum mit dem Excel-Solver™ lösen. Die Lösung ist in 9.9 angegeben.

Modell 9.2

Ein allgemeines Modell der Produktionsprogrammplanung betrachtet n Ressourcen (Maschinen) für die Fertigung von m Produkten und folgende Bezeichnungen

$A \in \mathbb{R}_n^m$ ..... A_{ij} notwendiger Einsatz in ZE der Ressource i, um eine ME von Produkt j herzustellen (Ressourceneinsatzmatrix)

$b \in \mathbb{R}_n$ ..... b_i maximale Verfügbarkeit in ZE der Ressource i

$x \in \mathbb{R}_m$ ..... x_i erzeugte ME des i-ten Produktes (Produktionsprogramm)

$u \in \mathbb{R}_m$ ..... Vom i-ten Produkt sind mindestens u_i ME zu fertigen.

$o \in \mathbb{R}_m$ ..... Vom i-ten Produkt sind maximal o_i ME zu fertigen.

$c \in \mathbb{R}_m$ ..... c_i Bewertung (Gewinn, Deckungsbeitrag, ...) des i-ten Produktes

Mit obigen Bezeichnungen erhält man das folgende mathematische Modell für die Berechnung des Produktionsprogramms:

$$\begin{aligned} & 1.\ x \geq 0 \\ & 2.\ Ax \leq b \\ & 3.\ u \leq x \leq o \\ & 4.\ c^T x \to \text{Max.} \end{aligned} \tag{9.20}$$

Ungleichung 1 sorgt dafür, dass keine negativen Produktionsmengen auftreten. Ungleichung 2 sichert, dass die verfügbare Kapazität nicht überschritten wird. Die Ungleichungskette 3 legt Unter- und Obergrenzen für das Produktions- bzw. das Verkaufsprogramm fest. Bedingung 4 bestimmt, welche Größe (Gewinn, DB,...) maximal werden soll.

9.6 Ablaufplanung

Ein Prozess besteht aus verschiedenen Teilprozessen. Dabei können einige Teilprozesse parallel ablaufen, es gibt aber auch Teilprozesse, deren Beginn den Abschluss eines anderen Teilprozesses voraussetzt.

Der Beginn bzw. Abschluss eines Teilprozesses wird auch als Ereignis, Zustand oder Knoten bezeichnet. Insgesamt soll es n solche Knoten geben. Die Matrix C beschreibt die Zeitdauer der Teilprozesse. Das Ereignis i kann erst eintreten, wenn alle Teilprozesse, die im Knoten i enden, abgeschlossen sind. Der erste Knoten kennzeichnet das Ereignis „Beginn" und der Knoten n kennzeichnet das Ereignis „Ende".

Beispielhaft wird in **Abbildung 9.6** für einen überschaubaren Prozess eine grafische Veranschaulichung angegeben. Der Prozess erstreckt sich über fünf Knoten, die als Kästchen dargestellt sind. Die Vorgänge, die zu den einzelnen Knoten führen, werden durch die Pfeile dargestellt, wobei die angehefteten Zahlen die Zeitdauern der Vorgänge angeben.

In diesem Zusammenhang können zwei Fragestellungen auftreten.

- **Vorwärtsplanung**: Gegeben ist ein Starttermin t_1 und gesucht ist der frühest mögliche Endtermin t_n.
- **Rückwärtsplanung**: Gegeben ist ein Endtermin t_n und gesucht ist der spätest mögliche Starttermin t_1.

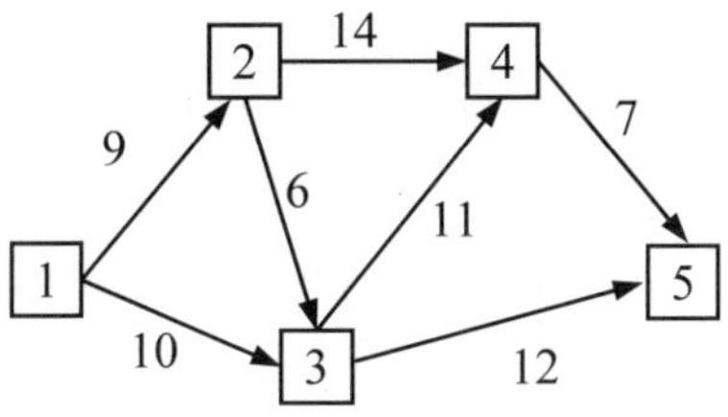

Abbildung 9.6 Beispielprozess

Modell 9.3

Ein mathematisches Modell dieses Sachverhaltes mit n Knoten sieht wie folgt aus:

(i,j) ..... Teilprozess, der im Knoten i beginnt und im Knoten j endet.

$C \in \mathbb{R}_n^n$ ..... C_{ij} Dauer des Teilprozesses (i,j). $C_{ij}=0$ bedeutet, dass kein Teilprozess vom Knoten i zum Knoten j stattfindet.

B_j ..... Die Menge B_j beinhaltet alle Teilprozesse (i,j), die im Knoten j enden.

$t \in \mathbb{R}_n$ ..... t_i ist der Zeitpunkt, an dem Ereignis i eintritt.

Für alle $j=2,\ldots,n$ muss gelten:

$$t_i + C_{ij} \leq t_j \text{ für alle Teilprozesse } (i,j) \in B_j \tag{9.21}$$

Für alle $i=1,\ldots,n$ muss gelten:

$$t_i \geq 0 \tag{9.22}$$

Je nachdem, welches Ziel verfolgt wird, kommt ein anderes Zielfunktional zum Tragen:

$$\begin{aligned} &\text{Vorwärtsplanung: } t_n \to \text{Min.} \\ &\text{Rückwärtsplanung: } t_1 \to \text{Max.} \end{aligned} \tag{9.23}$$

Beispiel 9.7

Für den in Abbildung 9.6 dargestellten Prozess wird der Beginn des i-ten Teilprozesses mit t_i bezeichnet. Der erste Teilprozess t_1 soll zum Zeitpunkt 0 starten und alle anderen Zeitpunkte sind so zu planen, dass der letzte Teilprozess so bald wie möglich fertig ist, also $t_5 \to$ Min.

Die Variablen t_2, t_3, t_4 und t_5 dürfen nicht negativ werden:

$$t_i \geq 0 \quad (i=2,\ldots,5) \tag{9.24}$$

Es fehlen dann noch die Ungleichungen von (9.21) als Nebenbedingungen, die auch einfach aus der Grafik abgelesen werden können.

$$
\begin{aligned}
&t_2 \geq t_1 + 9 \qquad && t_4 \geq t_2 + 14 \\
&t_3 \geq t_1 + 10 && t_5 \geq t_3 + 12 \\
&t_3 \geq t_2 + 6 && t_5 \geq t_4 + 7 \\
&t_4 \geq t_3 + 11 &&
\end{aligned} \tag{9.25}
$$

Die Lösung, die man mittels Excel-Solver™ erhält, lautet:

$$t_1 = 0, t_2 = 9, t_3 = 15, t_4 = 26, t_5 = 33 \tag{9.26}$$

Der 5. und letzte Teilprozess kann also frühestens nach 33 ZE beginnen.

9.7 Beschäftigungsglättung

Das nachfolgende komplexe Beispiel vermittelt nochmals einen Eindruck davon, mit welcher Prägnanz die mathematische „Sprache" und die Methode der linearen Optimierung einen praxisrelevanten Sachverhalt darzustellen vermögen.

Modell 9.4

Es ist über einen längeren Zeitraum der Bedarf eines Produktes gegeben. Dieser Bedarf ist großen Schwankungen unterworfen. Die Bedarfsspitzen können nur durch Produktion auf Lager, Fremdbezug oder Inanspruchnahme von Überkapazitäten (Überstunden) gedeckt werden. Gesucht ist ein optimales Produktionsprogramm, das die Gesamtkosten aus Lagerung, Fremdbezug und Überkapazität minimiert. Abbildung 9.7 zeigt diesen Sachverhalt anhand des Graphen der Bedarfsfunktion.

Zur Formulierung des Modells werden folgende Bezeichnungen benötigt:

J ..... Anzahl der Produkte

T ..... Anzahl der betrachteten Zeitperioden

b_{jt} ..... Bedarf in ME des j-ten Produktes in der Zeitperiode t

C_t ..... Produktionskapazität in Kapazitätseinheiten (KE) in der Zeitperiode t

Z_t ..... verfügbare Überkapazität in KE in der Zeitperiode t

a_j ..... Kapazitätsbedarf in KE bei Fertigung einer ME des j-ten Produktes

e_t ..... Mehrkosten in GE für eine KE Überkapazität in Zeitperiode t

F_j ..... möglicher Fremdbezug in ME des j-ten Produktes pro Zeitperiode

f_j ..... Kosten in GE je ME Fremdbezug des j-ten Produktes

h_j ..... Lagerkosten in GE pro Zeitperiode für eine ME des j-ten Produktes

l_{jt} ..... Lagerbestand in ME von Produkt j am Ende der Zeitperiode t

x_{jt} ..... Produktionsausstoß in ME von Produkt j in der Zeitperiode t

y_{jt} ..... Fremdbezug in ME von Produkt j in der Zeitperiode t

z_t ..... Inanspruchnahme der Zusatzkapazität in KE in der Periode t

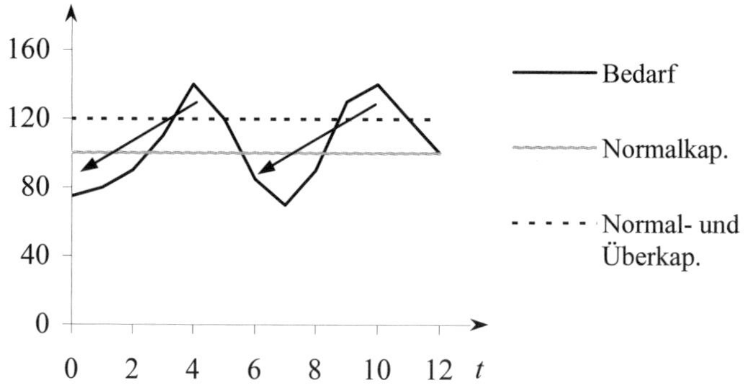

Abbildung 9.7 Glättung der Bedarfsspitzen

Mit den eingeführten Bezeichnungen lässt sich das gewünschte Modell beschreiben:

Zunächst ist die benötigte **Kapazität** in jeder Zeitperiode $t \in \{1,2,...,T\}$ durch die um die Zusatzkapazität vergrößerte Normalkapazität beschränkt.

1. $\sum_{j=1}^{J} a_j x_{jt} \leq C_t + z_t$ (9.27)

In jeder Zeitperiode $t \in \{1,2,...,T\}$ kann nicht beliebig viel von der **Zusatzkapazität** in Anspruch genommen werden, sie ist ebenfalls beschränkt.

2. $z_t \leq Z_t$ (9.28)

Ein **Fremdbezug** des Produktes $j \in \{1,2,...,J\}$ ist in jeder Zeitperiode $t \in \{1,2,...,T\}$ nur begrenzt möglich.

3. $y_{jt} \leq F_j$ (9.29)

Für jedes Produkt und jede Zeitperiode muss die **Lagerbilanzgleichung** gelten. D. h. der Lagerbestand eines Produktes am Ende der Periode t ergibt sich aus dem Lagerbestand der Vorperiode vermehrt um den Produktionsausstoß sowie den Fremdbezug und abzüglich des Bedarfes in dieser Periode.

4. $l_{jt-1} + x_{jt} + y_{jt} - b_{jt} = l_{jt}$ (9.30)

Die durch dieses Modell zu bestimmenden Größen wie Produktionsausstoß, Fremdbezug, Lagerstand und beanspruchte Zusatzkapazität dürfen für kein Produkt und für keine Zeitperiode t negativ werden. Man spricht auch von der **Nichtnegativität** dieser Größen.

5. $x_{jt}, y_{jt}, l_{jt}, z_t \geq 0$ (9.31)

Ziel dieses Modells ist es, die Gesamtkosten, die für die Produktion, das Lager, Fremdbezug und Inanspruchnahme von Überkapazitäten resultieren, so gering wie möglich zu halten. Die **Zielfunktion** lautet daher:

6. $\sum_{t=1}^{T} \left(z_t e_t + \sum_{j=1}^{J} \left(y_{jt} f_j + l_{jt} h_j \right) \right) \rightarrow \text{Min.}$ (9.32)

↳ Zeitindex → kann pro Monat variieren

9.8 Tourenplanung

Aufgabe der **Tourenplanung** ist es, für einen sehr kurzen Zeitraum (oft nur ein Tag) verschiedene Transportvorgänge mit dem Ziel der Fahrwegoptimierung aufeinander abzustimmen.

Im Allgemeinen liegt folgendes Szenario vor (siehe Abbildung 9.8): Ein Fahrzeug wird mit Sendungen für mehrere Abnehmer beladen, liefert diese in einer vorgegebenen Reihenfolge an die Abnehmer aus und kehrt wieder zu seinem Ausgangsort (Depot) zurück. Reicht die Fahrzeugkapazität aus, um alle Sendungen mit einer Fahrt auszuliefern, so muss nur die kostengünstigste Rundreise über alle Abnehmerstandorte und zurück zum Depot bestimmt werden. Dieses Problem wird als **Travelling-Salesman-Problem** (TSP) bezeichnet.

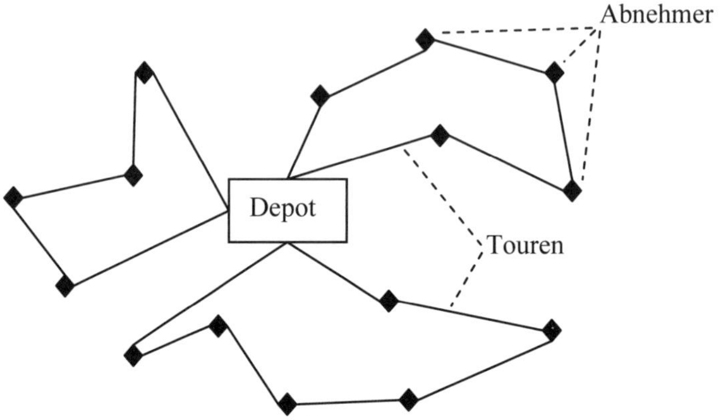

Abbildung 9.8 Tourenplanungsproblem

Ist die Kapazität eines Fahrzeugs nicht ausreichend, dann müssen die Sendungen auf mehrere Fahrzeuge aufgeteilt werden (**Zuordnungsproblem**) und für jedes Fahrzeug die kostengünstigste Rundreise ermittelt werden (**Rundreiseproblem**).

Dabei sind verschiedene Restriktionen zu berücksichtigen:

- Die Kapazität (Gewicht, Volumen) eines Fahrzeugs ist beschränkt.
- Die Arbeitszeit des Fahrers ist beschränkt (z. B. von 8:00 – 18:00)
- Es gibt vorgeschriebene Pausen für den Fahrer.
- Der Bedarf der Abnehmer muss gedeckt werden.
- Manche Abnehmer sind nur in einem bestimmten Zeitfenster erreichbar (z.B. Anlieferung in einer Fußgängerzone ist nur bis 10 Uhr möglich).

Das Ziel ist, die variablen Auslieferungskosten zu minimieren. Dabei wird üblicherweise als Approximation angenommen, dass die Fahrtkosten proportional zur Fahrtstrecke sind.

Eine Lösungsstrategie für das Tourenplanungsproblem (**Vehicle-Routing-Problem, VRP**) betrachtet die beiden Teilprobleme, das Zuordnungsproblem und das Rundreiseproblem, nacheinander. Für die Zuordnung von Abnehmern zu Fahrzeugen wird im Folgenden ein Modell formuliert.

Modell 9.5

Für das Zuordnungsproblem werden untenstehende Bezeichnungen verwendet:

L ..... Anzahl der Abnehmer

M ..... Anzahl der Fahrzeuge

b_m ..... Kapazität des Fahrzeugs m

w_l ..... Gewicht (Volumen, etc.) der Sendung für den Abnehmer l

x_{lm} ..... Variable, die den Wert 1 annimmt, wenn der Abnehmerstandort l dem Fahrzeug m zugeordnet ist, sonst 0.

d_{lm} ..... Fahrtkosten, die entstehen, wenn Fahrzeug m den Abnehmer l beliefert

Als Zielfunktional sollen die Gesamttransportkosten minimiert werden. Dazu muss man die Kosten über alle Abnehmer und alle Fahrzeuge summieren.

$$\sum_{l=1}^{L}\sum_{m=1}^{M} d_{lm}x_{lm} \rightarrow \text{Min.} \qquad (9.33)$$

Jedes Fahrzeug ist in seiner Kapazität beschränkt. Der Gesamtinhalt eines Fahrzeugs darf niemals größer als die vorgegebene Maximalkapazität sein. Die folgende Ungleichung muss daher für alle Fahrzeuge $m \in \{1,2,...,M\}$ gelten.

$$\sum_{l=1}^{L} w_l x_{lm} \le b_m \qquad (9.34)$$

Die verwendeten Variablen x_{lm} sind binär, sie können nur die Werte 0 und 1 annehmen.

$$x_{lm} \in \{0,1\} \tag{9.35}$$

Alle Abnehmer müssen durch die Fahrzeuge beliefert werden. Summiert man für einen fixen Abnehmer $l \in \{1,2,...,L\}$ die Variablen x_{lm} über alle Fahrzeuge, so muss die Summe genau den Wert 1 liefern. Der Wert 0 würde bedeuten, dass der Abnehmer nicht beliefert wird. Ein Wert größer als 1 heißt, dass der Abnehmer von mehreren Fahrzeugen erreicht wird.

$$\sum_{m=1}^{M} x_{lm} = 1 \tag{9.36}$$

Bei der Umsetzung dieses Modells hat man allerdings die Schwierigkeit zu überwinden, dass die Fahrtkosten d_{lm} nicht bekannt sind. Dazu müsste man schon die optimale Rundreise kennen. Man kann diese Kosten aber wie folgt schätzen: Man wählt aus der Menge der Abnehmer für jedes Fahrzeug $m \in \{1,2,...,M\}$ einen beliebigen Kunden aus, den man als Kern einer Tour definiert. Der Kern der Tour für Fahrzeug m wird ebenfalls mit m bezeichnet. Dann werden für jeden anderen Abnehmer die Kostensteigerungen berechnet, die bei der Erweiterung der bestehenden Touren um diesen Ort entstehen. Dieser Anstieg der Fahrtkosten, wenn die Tour des Fahrzeugs m um den Ort l erweitert wird, kann durch

$$d_{lm} = (c_{0l} + c_{lm} + c_{m0}) - (c_{0m} + c_{m0}) = c_{0l} + c_{lm} - c_{0m} \tag{9.37}$$

berechnet werden. Der Index 0 kennzeichnet dabei das Depot und c_{lm} gibt die Fahrtkosten von Abnehmer l zu Abnehmer m an.

Liegen die Werte d_{lm} für jede Kombination von Kernorten $m \in \{1,2,...,M\}$ und Abnehmerstandorten $l \in \{1,2,...,L\}$ vor, so kann das Zuordnungsproblem gelöst werden.

Für jede Kundengruppe (Tour) muss dann die Lösung für das entsprechende Rundreiseproblem durch ein geeignetes exaktes oder heuristisches Verfahren bestimmt werden. Hier einige heuristische Verfahren in Kurzform:

- **Nearest Neighbor Heuristik**: Man wählt einen beliebigen Abnehmer als Startpunkt und fügt den Abnehmer zur Tour, der sich am nächsten befindet. So fährt man fort, bis kein Abnehmer mehr übrig bleibt. Der letzte Abnehmer wird dann wieder mit dem Startpunkt verbunden.

- **Farthest Neighbor Heuristik**: Der Startpunkt wird wieder beliebig gewählt und mit dem Abnehmer, der am weitesten weg ist, verbunden. Zu dieser Tour fügt man wieder den Abnehmer dazu, der am weitesten entfernt ist. Das macht man so lange, bis alle Abnehmer erreicht werden.
- **Nearest Insertion Heuristik:** Man startet mit einem beliebigen Abnehmer und wählt dann den nächstgelegenen Abnehmer aus. Dieser Abnehmer wird so in die vorhandene Tour eingeplant, dass die geringste Verlängerung der bisherigen Teilroute entsteht. Das Verfahren wird so lange fortgesetzt, bis die Tour alle Abnehmer umfasst.
- **Farthest Insertion Heuristik**: Diese Heuristik ist so wie die Nearest Insertion Heuristik aufgebaut, mit dem Unterschied, dass immer der am weitesten entfernte Abnehmer auswählt wird.

Ein anderer Ansatz zur Lösung des Tourenplanungsproblems ist das **Saving-Verfahren.** Hier startet man mit einer Lösung, in der jeder Kunde durch eine Einzelbelieferung versorgt wird. Dann wird für jede Verbindung zwischen zwei Abnehmern i und j die Kostenersparnis errechnet, die sich ergibt, wenn der Abnehmer j direkt am Anschluss an Abnehmer i beliefert wird. Das Saving-Verfahren besteht nun darin, die Touren schrittweise solange zu vergrößern, bis die Kapazitätsgrenze der Fahrzeuge erreicht wird. Die Reihenfolge der Aufnahme der Abnehmer in die Touren richtet sich nach der Höhe der Ersparnis. Dieses Prinzip ist in verbesserter Form in Software zur Tourenplanung implementiert.

9.9 Verwendung des Excel-Solvers

In komplexen Anwendungen, wie sie bei der linearen Optimierung auftreten, müssen oft mehrere Parameter gleichzeitig verändert werden, um ein bestimmtes Ziel (Minimum oder Maximum) zu erreichen. Zur Lösung solcher Aufgaben ist der Excel-Solver™ ein sehr brauchbares Werkzeug.

Vor der erstmaligen Verwendung ist der Solver als Add-In zu aktivieren. Bei Office Versionen bis 2003 ist über das Menü Extras → Add-Ins → Solver auszuwählen. Dann ist der Eintrag **Solver** permanent im Menü Extras vorhanden. Bei Office 2007 wählt man nach dem Drücken des Office-Buttons die Schaltfläche Excel-Optionen aus. Links im Menü wird Add-Ins ausgewählt und im Feld daneben der Solver markiert. Anschließend klickt man auf den Button „Gehe zu“ (engl. „Go“) und bestätigt nochmals mit

„OK". Damit ist der Solver aktiviert und kann über die Registerkarte „Daten" (engl. „Data") in der Gruppe Analyse abgerufen werden.

Ruft man den Solver auf, so sind verschiedene Dinge einzugeben:

- **Zielzelle** (engl. „Set Target Cell"): Hier wird mit Hilfe eines Bezugs die Zelle angegeben, in der das Zielfunktional als Formel verarbeitet wurde.
- **Zielwert** (engl. „Equal To"): Man kann auswählen, ob ein Minimum oder ein Maximum des Zielfunktionals gesucht ist. Es wäre auch möglich einen ganz bestimmten Wert für das Zielfunktional anzugeben.
- **Veränderbare Zellen** (engl. „Changing Cells"): Dieser Bezug legt fest, welche Zellen Excel verändern soll, um das gewünschte Ziel zu erreichen. Diese Zellen müssen daher unbedingt mit der Formel in der Zielzelle verknüpft sein.
- **Nebenbedingungen** (engl. „Subject to the Constraints"): Dieses Listenfeld dient der Festlegung von Bedingungen, die bei der Variation der veränderbaren Zellen eingehalten werden müssen. Durch klicken von „Hinzufügen" (engl. „Add") kann man Nebenbedingungen in Form von Gleichungen und Ungleichungen eingeben. Man kann hier auch festlegen, ob bestimmte Größen binär oder ganzzahlig sein sollen. Unter „Zellbezug" (engl. „Cell Reference") gibt man den Bereich ein, für den man einen Grenzwert festlegen will. Unter „Nebenbedingung" (engl. „Constraint") gibt man den Grenzwert selbst ein. Das kann direkt oder wieder mit Hilfe eines Bezugs geschehen.

Ist das alles eingegeben, so kann man durch Klicken von „Lösen" (engl. „Solve") die iterative Variation der veränderbaren Zellen starten. Schließlich teilt das Programm Excel mit, ob es eine Lösung gefunden hat. Wurde eine Lösung gefunden, so hat man die Wahl, ob man die Lösung verwenden, oder lieber die Anfangswerte wieder herstellen will.

Beispiel 9.8

Nun wird das Lineare Optimierungsproblem Beispiel 9.5 der Transportplanung mit Hilfe des Solvers gelöst. Dazu müssen zunächst alle relevanten Daten und Berechnungen für die Nebenbedingungen eingegeben werden. In die Zellen für die gesuchten Liefermengen können vorerst beliebige Zahlen eingetragen werden.

Im Fenster Solver-Parameter (siehe Abbildung 9.10) müssen dann die Zielzelle, der Zielwert, die veränderbaren Zellen und die Nebenbedingungen eingegeben werden. Durch Klicken von „Lösen“ erhält man die gesuchte Lösung (siehe Abbildung 9.9).

Betrieb 1 beliefert also nur die Verbraucher 1 und 3 mit 80 bzw. 20 ME. Der 2. Betrieb versorgt die Verbraucher 2 und 3 mit 90 bzw. 110 ME. Die minimalen Transportkosten betragen 1.260 GE.

	A	B	C	D	E	F	G	H
1	Matrix C				Vektor a		Hilfsvektoren	
2	4	8	6		150		1	1
3	10	3	5		200			
4							1	
5	Gesuchte Liefermengen X				Vektor b		1	
6	80	0	20		80		1	
7	0	90	110		90			
8					130			
9								
10	Deckung des Bedarfs							
11	80	90	130	=	80	90	130	
12								
13	Beschränkung der Liefermöglichkeiten							
14	100	≤	150					
15	200		200					
16								
17	Kosten	1260						

Abbildung 9.9 Excel-Lösung der Transportplanung

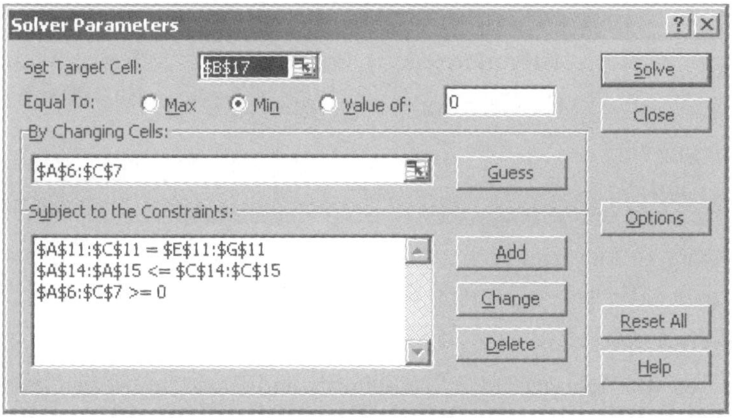

Abbildung 9.10 Eingabe der Solver-Parameter

Beispiel 9.9

Das Beispiel 9.6 zur Produktionsprogrammplanung kann analog wie Beispiel 9.8 gelöst werden. Der Excel-Solver™ liefert dann als maximalen Erlös 2.750 GE, wenn 100 Stück von P_1 und 50 Stück von P_2 produziert werden. Das Produkt P_3 wird hingegen überhaupt nicht gefertigt.

9.10 Übungsaufgaben

Aufgabe 9.1

Die Erforschung des Marktes ergab, dass mindestens 5.000 Farbfernsehgeräte und 8.000 Videorecorder einer Firma pro Jahr abgesetzt werden können. Der Produktionsmanager dieser Firma erhofft einen Verkauf von 15.000 Fernsehern und 20.000 Recordern im Jahr. Die Produktion ist jedoch derzeit auf insgesamt 22.000 Erzeugnisse limitiert. Der Gewinn pro Farbfernsehgerät beträgt 60 €, pro Videorecorder 20 €. Bei welchem Produktionsplan wird maximaler Gewinn erzielt?

Aufgabe 9.2

Ein Landwirt, der 100 ha Land besitzt, will einen Teil davon mit Getreide, einen anderen Teil davon mit Kartoffeln bepflanzen. Insgesamt stehen dem Landwirt 77.000 € und 160 Arbeitstage zur Verfügung. Wie viel ha soll der Landwirt mit Kartoffeln und wie viel mit Getreide bepflanzen, sodass er den größtmöglichen Reingewinn erhält?

	Anbaukosten (in 100 €/ha)	**Arbeitstage pro ha**	**Reingewinn (in 100 €/ha)**
Kartoffeln	7	1	7
Getreide	14	4	21

Tabelle 9.10 Anbaukosten und notwendige Arbeitstage

Aufgabe 9.3

In einem Betrieb werden 2 Produkte P_1 und P_2 erzeugt. Der Gewinn pro Stück beträgt beim ersten Produkt 30 € und beim zweiten Produkt 45 €. Zur Fertigung stehen zwei Maschinen M_1 und M_2 zur Verfügung. Auf M_1 kann man entweder pro Tag 12 Stück von P_1 oder 24 Stück von P_2 oder eine entsprechende Kombination von P_1 und P_2 herstellen. Auf M_2 kann man pro

Tag entweder 16 Stück von P_1 oder 16 Stück von P_2 oder eine entsprechende Kombination von P_1 und P_2 herstellen. In der Montageabteilung A kann man pro Tag 20 Stück von P_1 montieren, in der Montageabteilung B 30 Stück von P_2.

Wie viel Stück von P_1 und P_2 muss der Betrieb pro Tag herstellen, wenn er maximalen Gewinn erzielen will?

Aufgabe 9.4

Eine Metallfabrik erzeugt fünf verschiedene Legierungen aus zwei Metallen A und B. Die Legierungen L_1, L_2, L_3, L_4 und L_5 bestehen zu 10 %, 25 %, 50 %, 75 % bzw. 90 % aus A. Der restliche Anteil ist Metall B. Von A stehen insgesamt 6 Tonnen und von B 4 Tonnen zur Verfügung. Die Nettoerträge beim Verkauf einer Tonne betragen für die 5 Legierungen 500, 400, 300, 200 und 150 €. Erstellen Sie ein Modell, mit dem man die optimale Produktzusammenstellung, die den Gesamtnettoertrag maximiert, bestimmen kann!

Aufgabe 9.5

Zwei Lastwagen unterschiedlicher Größe stehen zum Zementtransport zwischen einem Zementwerk und zwei Baustellen, die beliefert werden sollen, zur Verfügung. Der kleinere LKW (LKW 1) kann 1 Tonne transportieren, der größere LKW (LKW 2) 5 Tonnen. LKW 1 kann maximal 600 Fahrten pro Monat unternehmen, LKW 2 maximal 200 Fahrten. Die 1. Baustelle muss in diesem Monat mit 400 Tonnen Zement beliefert werden, Baustelle 2 mit 100 Tonnen. Die Transportkosten sind in folgender Tabelle angegeben:

	LKW 1	**LKW 2**
Baustelle 1	10	40
Baustelle 2	20	100

Tabelle 9.11 Transportkosten (in GE) für eine Fahrt.

a) Erstellen Sie ein Modell zur Berechnung der minimalen Transportkosten!

b) Nehmen Sie an, dass LKW 2 den gesamten Zement zur Baustelle 2 liefert und 20 Fahrten zu Baustelle 1 macht. Wie oft muss dann LKW 1 noch fahren und wie groß sind die Transportkosten?

c) Finden Sie eine billigere Lösung als die vorher berechnete, welche die Nebenbedingungen Ihres Modells erfüllt!

Aufgabe 9.6

Zwei Produkte P_1 und P_2 werden auf drei Maschinen M_1, M_2 und M_3 hergestellt. Um P_1 herzustellen, muss je 2 Stunden auf den Maschinen M_1 und M_2 gearbeitet werden. Um P_2 herzustellen, werden die Maschinen M_1, M_2, M_3 für 4, 2 bzw. 6 Stunden beansprucht. Pro Monat können maximal 170 Stunden auf M_1, 150 Stunden auf M_2 und 180 Stunden auf M_3 gearbeitet werden, wobei die Kosten pro Maschinenstunde 70 GE bei M_1, 90 GE bei M_2 und 50 GE bei M_3 betragen.

Von P_1 sind noch 8 Stück auf Lager und von P_2 9 Stück. Es soll aber jeweils ein Sicherheitsbestand von 5 Stück berücksichtigt werden. Der Preis beider Produkte kann durch eine Preis-Absatzfunktion beschrieben werden. Der Preis (p_1 bzw. p_2) in Abhängigkeit der Absatzmenge x und die Absatzgrenzen sind in der folgenden Tabelle angegeben.

	Preis-Absatz-Funktion	**Untergrenze**	**Obergrenze**
P_1	$p_1(x) = 3.000 - 4x$	10	60
P_2	$p_2(x) = 4.400 - 6{,}5x$	5	30

Tabelle 9.12 Preis-Absatz-Funktionen und Absatzgrenzen

Die Rohstoffkosten pro Produkt P_1 betragen 750 GE, pro P_2 560 GE. Wie viel Produkte P_1 und P_2 sollen hergestellt werden, damit der Deckungsbeitrag maximal wird?

Aufgabe 9.7

Für ein Tieraufzuchtprogramm stehen 3 Futtermittel A, B und C zur Verfügung, die zwei unentbehrliche Nährstoffe N_1 und N_2 enthalten. Nachfolgende Tabelle gibt den Anteil dieser Nährstoffe und die Preise P pro Mengeneinheit an.

	A	**B**	**C**
N_1	0,2	0,4	0,1
N_2	0,3	-	0,2
P	17	4	8

Tabelle 9.13 Anteil der Nährstoffe pro ME Futtermittel und Preise pro ME

Die Mischung aus den 3 Futtermitteln soll mindestens 12 ME des 1. Nährstoffs und 8 ME des 2. Nährstoffs enthalten. Sie soll außerdem möglichst billig sein. Stellen Sie das Modell auf, mit dem errechnet werden kann, wie viele ME eines jeden Futtermittels für diese Mischung genommen werden müssen unter Berücksichtigung des Kostenminimums.

Aufgabe 9.8

Drei Baustellen benötigen pro Woche 160, 330 bzw. 340 m^3 Schotter, der von drei Kiesgruben mit einer Kapazität von 220, 290 und 320 m^3 angeliefert wird. Die Kosten für den Transport zwischen den Kiesgruben und Baustellen sind in Tabelle 9.14 ersichtlich. Minimieren Sie die Gesamtkosten.

	B_1	**B_2**	**B_3**
K_1	73	109,5	131,4
K_2	73	124,1	167,9
K_3	116,8	138,7	146

Tabelle 9.14 Transportkosten pro m^3 in GE

Aufgabe 9.9

Zwei Materiallager L_1 und L_2 einer Baufirma haben gleichen Lagerbestand von 50 t Material. Die Firma soll drei verschiedene Baustoffhandlungen (A, B, C) mit Material beliefern, wobei A 30 t, B 40 t und C 30 t erhalten soll. Die Transportkosten sind in Tabelle 9.15 abzulesen. Wie soll die Lieferung organisiert werden, damit die Transportkosten minimal werden?

	A	**B**	**C**
L_1	50	60	30
L_2	30	30	20

Tabelle 9.15 Transportkosten pro t

Aufgabe 9.10

Eine Firma stellt Vitamintabletten mit den Vitaminen A, E und C her. Eine solche Tablette soll die Hälfte des Tagesbedarfs decken, d. h. 3.000 – 4.000 Mengeneinheiten (ME) Vitamin A, 10 – 15 mg Vitamin E und 40 mg

Vitamin C. Die folgende Tabelle gibt an, wie viel an den einzelnen Vitaminen aus je 10 g Orangenextrakt, Milchpulver, Leberextrakt, geriebenen Erdnüssen und Ascorbinsäure herauszuholen ist. 1 Gramm eines einzelnen Extrakts kostet 3, 1, 11, 3 bzw. 94 GE.

Wie soll eine solche Tablette zusammengesetzt sein, damit sie den halben Tagesbedarf deckt und die Kosten minimal sind?

	Vitamin A (in ME)	**Vitamin E (in mg)**	**Vitamin C (in mg)**
Orangenext.	200	50	1
Milchpulver	10	0	0
Leberext.	20.000	40	2
Erdnüsse	0	1	2
Ascorbins.	0	0	10.000

Tabelle 9.16 Anteile an Vitamin A, B und C

Aufgabe 9.11

Für die Fertigung eines Auftrages im Umfang von 4.500 Einheiten stehen zwei von der Funktionalität gleiche Maschinen zur Verfügung. Maschine M_1 kann in einer Stunde 50 Einheiten produzieren. Der Materialverbrauch bei Maschine M_1 kostet pro gefertigter Einheit 5 €. Auf einer neueren Maschine M_2 können 100 Einheiten in einer Stunde produziert werden. Der Materialverbrauch bei Maschine M_2 kostet allerdings pro gefertigter Einheit 7,5 €. Aus personaltechnischen Gründen kann zur gleichen Zeit nur eine dieser beiden Maschinen bedient werden. Der Auftrag wurde mit einem Materialaufwand von 30.000 € kalkuliert, dieser Materialaufwand darf nicht überschritten werden. Stellen Sie das Modell zur Berechnung der Belegzeiten der zwei Maschinen auf, wobei minimale Fertigungszeit gefordert wird. Setzen Sie das Modell in Excel um und konfigurieren Sie den Solver.

Aufgabe 9.12

Laut Diätvorschrift darf ein Kranker pro Tag maximal 30 g Fett und 160 g Kohlehydrate zu sich nehmen. Er muss gleichzeitig jedoch täglich mindestens 140 g Eiweiß verzehren. Um den Bedarf zu decken, stehen die Grundnahrungsmittel A und B zur Verfügung. A: 20 % Eiweiß, 6 % Fett, 35 % Kohlehydrate, B: 60 % Eiweiß, 5 % Fett, 20 % Kohlehydrate. Bei welcher Zusammensetzung wird die tägliche Mahlzeit am billigsten, wenn

1 kg von A 1,45 € und 1 kg von B 7,27 € kostet? Lösen Sie die Aufgabe sowohl rechnerisch als auch graphisch.

Aufgabe 9.13

Die Gleichungen (9.38) markieren die Grenzen von Bedingungsbereichen. Wie müssen die Gleichheitszeichen geändert werden, damit eine Lösung des Optimierungsproblems existiert? Lösen Sie das Optimierungsproblem graphisch.

$$\begin{aligned} &4x-5y=-15\\ &5x-4y=53\\ &x-y=7\\ &x=0\\ &y=0\\ &2x+y\rightarrow \text{Max.} \end{aligned} \tag{9.38}$$

Aufgabe 9.14

In einem Betrieb werden zur Erzeugung der Produkte P_1 und P_2 die Maschinen A, B und C eingesetzt. Die höchstmögliche wöchentliche Ausnützung ist in der folgenden Tabelle ersichtlich. Produkt P_1 liefert als Gewinn 28 €, Produkt P_2 15 € pro kg. Welche Menge jedes Produktes soll erzeugt werden, damit der größtmögliche Gewinn erzielt wird? Lösen Sie diese Aufgabe grafisch und in Excel.

	A	**B**	**C**
Zeit für 1 kg P_1	4	10	8
Zeit für 1 kg P_2	8	4	0
maximale Nutzung	80	100	64

Tabelle 9.17 Zeitliche Nutzung der Maschinen (in Stunden)

Aufgabe 9.15

Der Weihnachtsmann muss bis 24.12. noch unzählige Geschenke produzieren und ausliefern. Dabei hat er sich eine Anlage mit verketteten Materialflüssen entworfen. Die Anlage beinhaltet Transportvorrichtungen mit bestimmten Kapazitäten, die in der Zeichnung stehen. Es wird angenommen, dass in den Zwischenknoten des Netzes weder Mengen des Flussmediums entstehen noch verschwinden.

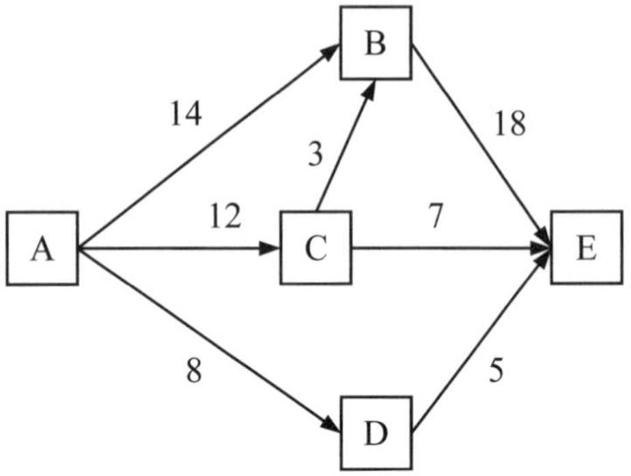

Abbildung 9.11 Materialflüsse (in Stück pro Stunde)

a) Erstellen Sie ein Modell für eine funktionierende Anlage unter Berücksichtigung der Kapazitätsgrenzen der Transportvorrichtungen.

b) Wie viele Geschenke kann der Weihnachtsmann maximal produzieren?

c) Berechnen Sie die Auslastung der einzelnen Transportvorrichtungen.

Aufgabe 9.16

Für vier verschiedene Silvesterfeiern stehen vier verschiedene Lokalitäten zur Verfügung, die jeweils ein anderes Ambiente zu bieten haben. Dazu wurde eine Umfrage bei den verschiedenen Gruppenmitgliedern durchgeführt, was zu folgender Bewertung führte. Die Skala geht von 0 (keine Übereinstimmung) bis 9 (beste Übereinstimmung mit Wünschen). Welche Gruppe soll in welchem Lokal feiern, wenn jedes Lokal von maximal einer Gruppe besucht und den Vorstellungen der Gruppenmitglieder so gut wie möglich entsprochen werden soll?

	Lokal 1	**Lokal 2**	**Lokal 3**	**Lokal 4**
Gruppe 1	7	9	5	0
Gruppe 2	3	6	8	7
Gruppe 3	2	2	5	8
Gruppe 4	2	2	5	8

Tabelle 9.18 Bewertung der Lokale

Aufgabe 9.17

Ein Personalchef hat für 3 offene Stellen 5 qualifizierte Bewerber, deren Einarbeitungszeit durch einen Eignungstest bekannt ist. (Legen Sie als Ergebnis des Eignungstests selbst die Einarbeitungszeiten fest.) Die Einstellung von 3 Bewerbern auf diese Stellen soll so erfolgen, dass die Summe der Einarbeitungszeiten minimal ist. Erstellen Sie ein Modell für die optimale Auswahl der Bewerber.

Hinweis: Führen Sie eine Entscheidungsvariable x_{ij} ein, die 1 ist, wenn der Bewerber i für die Stelle j eingestellt wird und die den Wert 0 annimmt, wenn der Bewerber i für die Stelle j nicht eingestellt wird. Jeder Bewerber kann nur an einer Stelle arbeiten und alle Stellen sind zu besetzen!

Aufgabe 9.18

Ein Industriebetrieb erzeugt drei Produkte P_1, P_2 und P_3, die im Zuge des Herstellungsprozesses drei Fertigungsstraßen F_1, F_2 und F_3 durchlaufen. Die für die Herstellung nötigen Zeiten pro Stück sowie die vorhandene Normalkapazität in Stunden pro Woche sind in Tabelle 9.19 ersichtlich.

	P_1	P_2	P_3	Normalkapazität
F_1	2	1	1	40
F_2	3	2	1	60
F_3	1	2	2	50

Tabelle 9.19 Vorgabezeiten und vorhandene Normalkapazität

	P_1	P_2	P_3	Lager
R_1	0,5	0,9	0,7	50
R_2	5,2	4,3	6,7	150
R_3	3,4	2,8	1,9	180

Tabelle 9.20 benötigte Rohstoffe für Produkte und Beschaffungslager

Die Kosten pro Stunde Normalkapazität betragen 12 € für F_1, 15 € für F_2 und 11 € für F_3. Es besteht bei jeder Fertigungsstraße die Möglichkeit 5 Stunden Überkapazität pro Woche in Anspruch zu nehmen, die Stundenkosten dafür sind aber um 50% höher. Produkt P_1 kann zu einem Preis von 330 € verkauft werden, für P_2 erhält man 390 € und für P_3 410 €.

Für die Herstellung der drei Produkte benötigt man drei verschiedene Rohstoffe R_1, R_2 und R_3. Die benötigten Mengen an Rohstoffen (in kg) für jeweils ein Fertigprodukt und die zur Verfügung stehenden, lagernden Rohstoffe sind in Tabelle 9.20 dargestellt. Ein kg von R_1 kostet 10 €, von R_2 15 € und von R_3 36 €.

Wie sieht das gewinnmaximierende Produktionsprogramm aus?

Aufgabe 9.19

Zwei Straßenbaustellen B_1, B_2 sollen täglich mit Schotter von zwei Schottergruben S_1, S_2 versorgt werden. S_1 kann täglich 100 ME liefern, S_2 150 ME. B_1 benötigt 180 ME, B_2 70 ME. Die Transportkosten von S_1 zu den Baustellen B_1 und B_2 betragen 2 bzw. 4 GE/ME. Die Kosten von S_2 zu B_1 und B_2 betragen 3 bzw. 1 GE/ME. Erstellen Sie ein Modell zur Ermittlung der Liefermengen an die Baustellen mit minimalen Transportkosten.

Aufgabe 9.20

Ein Schiff mit einer Ladefähigkeit von 7.000 t und einer Laderaumkapazität von 10.000 m³ soll drei Güter G_1, G_2 und G_3 in solchen Mengen laden, dass der Frachtertrag möglichst groß wird. Von den drei Gütern steht eine begrenzte Menge zur Verfügung. Berechnen Sie den maximalen Frachtertrag!

	G_1	G_2	G_3
max. Menge in t	3.500	4.000	2.000
Laderaum in m³/t	1,2	1,1	1,5
Frachtertrag in €/t	12	15	17

Tabelle 9.21 maximale Menge, Laderaum und Frachtertrag für Güter

Aufgabe 9.21

Eine Papierfabrik erzeugt Papierrollen in einer Breite von 2.000 mm. Es liegen Aufträge für Rollen von gleichem Durchmesser aber geringerer Breite vor (siehe Tabelle 9.22). Stellen Sie ein Modell zur Ermittlung der Schnittkombinationen mit minimalem Abfall auf und setzen sie es in Excel um.

Hinweis: Betrachten Sie sinnvolle Schnittkombinationen, welche die vorhandene Breite enthalten, und berechnen Sie den Abfall pro Schnittkombination.

	Breite (in mm)	Bedarf (in Rollen)
Auftrag 1	1.200	200
Auftrag 2	620	120
Auftrag 3	400	250

Tabelle 9.22 Aufträge für Rollen

Aufgabe 9.22

Eine Unternehmung will 3 Abnehmerzentren mit Produkten beliefern. Es kommen 3 Produktionsstandorte in Frage. Die Jahresbedarfsmengen der Abnehmerzentren Landeck, Steyr und Wien betragen 80.000, 100.000 bzw. 120.000 ME. Die maximalen Produktionsmengen der potentiellen Produktionsstandorte Linz, Innsbruck und Graz sind durch 200.000, 120.000 und 100.000 ME festgelegt. Es gibt keine produktspezifische Unterscheidung, sondern es wird nur eine kumulierte Betrachtung der Produktionsmengen vorgenommen. Es wird davon ausgegangen, dass bei der Errichtung einer Produktionsstätte jährliche Fixkosten in der Höhe von 450.000 GE einheitlich für alle Standorte anfallen (die Kosten für die Errichtung einer Produktionsstätte sind anteilig bereits in diesen Fixkosten eingerechnet). Die Transportkosten je ME zwischen diesen Orten sind in Tabelle 9.23 ersichtlich.

	Landeck	Steyr	Wien
Linz	120	25	80
Innsbruck	40	90	130
Graz	190	120	100

Tabelle 9.23 Transportkosten in GE/ME

Erstellen Sie ein Modell zur Bestimmung der Anzahl der Produktionsstandorte und der zu realisierenden Standorte unter dem Gesichtspunkt minimaler Kosten bei gleichzeitiger Deckung der Bedarfe der Abnehmerzentren.

Hinweis: Führen Sie Entscheidungsvariable für die Realisierung eines Produktionsstandortes ein.

Aufgabe 9.23

Für die Produktion von zwei Erzeugnissen P_1 und P_2 stehen 3 Fabriken F_1, F_2, F_3 und 2 zentrale Verteilerlager L_1, L_2 zur Verfügung.

Die Kapazitäten der Fabriken sind beschränkt und betragen maximal 200, 150 bzw. 250 Kapazitätseinheiten (KE) für die Fabriken F_1, F_2 und F_3. Die erforderliche Fabrikskapazität (in KE), um eine ME Produkt herzustellen, sind in Tabelle 9.24 angegeben. In den Fabriken F_1, F_2 und F_3 kostet eine KE 100, 120 bzw. 105 GE.

Die fertigen Produkte werden in die beiden zentralen Verteilerlager L_1 und L_2 geliefert. Lager L_1 hat einen Bedarf von 50 ME P_1 und 60 ME P_2, Lager L_2 von 100 ME P_1 und 90 ME P_2, der gedeckt werden muss.

	Produkt 1	**Produkt 2**
Fabrik 1	1	2
Fabrik 2	2	2
Fabrik 3	2	1

Tabelle 9.24 Erforderliche Fabrikskapazitäten für die Produktion

Die Transportkosten von einer Fabrik zu einem zentralen Lager sind vom Produkt unabhängig und sind in folgender Tabelle dargestellt.

	Lager 1	**Lager 2**
Fabrik 1	5	10
Fabrik 2	3	1
Fabrik 3	9	4

Tabelle 9.25 Transportkosten (in GE/ME)

Stellen Sie ein Modell zur Berechnung der zu produzierenden Mengen und der zu transportierenden Mengen auf. Es ist das Ziel „minimale Gesamtkosten“ bei Deckung des Bedarfes zu verfolgen.

Aufgabe 9.24

In der nachstehenden Auflistung sehen Sie Schritte zur Fertigstellung eines Einfamilienhauses, die geschätzte Dauer jedes Schrittes und in Klammer den Vorgängerschritt bzw. die Vorgängerschritte:

1. Grundkauf inkl. Ansuchen um Baubewilligung: 18 Wochen
2. Baustelleneinrichtung und Aushub: 1 Woche (1)
3. Aufschließung für Wasser und Strom: 2 Wochen (1)
4. Rohbau Keller: 2 Wochen (2, 3)
5. Rohbau Haus: 6 Wochen (4)
6. Dachkonstruktion, Dachziegel, Spengler: 4 Wochen (5)
7. Innenausbau: 8 Wochen (5)
8. Putzauftragung (= Fertigstellung): 1 Woche (6,7)

Stellen Sie das Modell zur Bestimmung des spätest möglichen Baubeginns auf, damit die Fertigstellung in KW 36 eines bestimmten Jahres erfolgen kann.

Aufgabe 9.25

Der Bedarf eines Produktes (in ME) ist über den Zeitraum von einem Jahr in Monatsauflösung gegeben:

$$\begin{pmatrix}40 & 50 & 59 & 60 & 75 & 43 & 35 & 55 & 90 & 75 & 80 & 45\end{pmatrix}$$

Weiters ist bekannt, dass für die Produktion einer ME 2 Kapazitätseinheiten (KE) benötigt werden und die Normalkapazität 112 KE beträgt. In jedem Monat ist eine Überkapazität von 10 KE vorhanden. Bei Inanspruchnahme einer KE der Überkapazität entstehen Mehrkosten von 3 GE. Fremdbezug ist nicht möglich. Die Lagerkosten für 1 ME des Produktes je Monat betragen 1,2 GE.

a) Stellen Sie den Bedarf grafisch dar. Wo treten Bedarfsspitzen auf und welche Möglichkeiten gibt es, sie zu glätten?
b) Formulieren Sie ein mathematisches Modell zur Berechnung des optimalen Produktionsprogramms, das die Gesamtkosten aus Lagerung und Überkapazität minimiert.
c) Realisieren Sie dieses Modell in Excel und berechnen Sie das Produktionsprogramm in Monatsauflösung.

Aufgabe 9.26

Für ein Produkt ist die Nachfrage über 6 Perioden gegeben:

$$\begin{pmatrix}90 & 110 & 50 & 110 & 100 & 130\end{pmatrix}$$

Das Produkt wird durch reine Montagearbeiten erzeugt, wobei der Kapazitätsbedarf zur Produktion einer Mengeneinheit (ME) eine Kapazitätseinheit (KE) beträgt. Insgesamt verfügt das Unternehmen in einer Periode über eine Kapazität von 100 KE. Die Herstellkosten für eine ME betragen 12 Geldeinheiten.

Um die Bedarfe decken zu können, besteht die Möglichkeit, einen Kapazitätsabgleich durch Produktion auf Lager bzw. Einsatz von maximal 11 KE an Überkapazitäten pro Periode durchzuführen. Dabei entstehen aber Kosten für die Lagerung von 1 Geldeinheit GE/(ME und Periode) und Mehrkosten von 1,5 GE für jede durch eine Überkapazität erzeugte ME. Zu Beginn der ersten Periode ist das Lager leer. Erstellen Sie ein Produktionsprogramm zur Befriedigung der Periodenbedarfe ohne Lieferverzug unter der Prämisse minimaler Gesamtkosten. Diskutieren Sie auch die Situation höherer Lagerkosten (z. B. 2 GE pro ME und Periode).

Aufgabe 9.27

Ein kontinuierlicher chemischer Produktionsprozess besteht aus zwei Stufen. In der ersten Stufe wird ein Rohstoff eingesetzt, aus dem die Zwischenprodukte 2, 3 und 4 gewonnen werden.

Bei 4 handelt es sich um einen Verluststoff, der zu Kosten von 10 GE je Mengeneinheit entsorgt werden muss. Sämtliche erzeugten Mengen des Zwischenprodukts 3 werden zu einem Preis von 40 Geldeinheiten je Mengeneinheit weiterverkauft. Das Zwischenprodukt 2 wird weiterverarbeitet. Die Betriebskosten der Anlage sind proportional mit dem Faktor 2 zur Einsatzmenge des Rohstoffes, von dem maximal 1.000 ME verfügbar sind. Die Ausbringungsanteile der Anlage für die Zwischenprodukte 2, 3 und 4 sind mit 50 %, 20 % bzw. 20 % gegeben.

In der zweiten Produktionsstufe wird das Endprodukt 6 durch Mischen (additiv) des Zwischenproduktes 2 mit dem zugekauften Einsatzstoff 5 gewonnen. Von diesem sind maximal 200 ME zum Preis von 20 GE je Mengeneinheit verfügbar. Der Anteil der einzelnen Produkte in der Mischung ist beliebig, jedoch muss beachtet werden, dass die beiden in allen Produkten enthaltenen Schadstoffe A und B nur zu höchstens 10,5 % bzw. 7 % im Endprodukt 6 enthalten sein dürfen. Die Schadstoffanteile der einzelnen Produkte sind der nachfolgenden Tabelle zu entnehmen. Das Endprodukt 6 kann mit einem Stückdeckungsbeitrag von 100 GE in beliebiger Menge verkauft werden.

a) Skizzieren Sie den Produktionsprozess in einem Bild.

b) Berechnen Sie das DB-optimale Produktionsprogramm.

	Zwischenprodukt 2	Einsatzstoff 5
Schadstoff A	10 %	12 %
Schadstoff B	4 %	7 %

Tabelle 9.26 Mengenanteil der Schadstoffe in den zu mischenden Produkten

Aufgabe 9.28

Die in einem Betrieb hergestellten Produkte lassen sich zu einer einheitlichen Produktgruppe zusammenfassen, deren Bedarf (in 1.000 ME) für die nächsten 12 Monate wie folgt gegeben ist:

$$\begin{pmatrix} 15 & 4 & 12 & 9 & 15 & 14 & 4 & 6 & 13 & 6 & 12 & 13 \end{pmatrix}$$

Folgende Ausgangsdaten sind zu beachten: Die reguläre Produktionskapazität beträgt 11 KE pro Monat. Eine KE entspricht einer Ausbringung von 1.000 ME. Gegenwärtig ist ein Lagerbestand von 4.000 Produkteinheiten vorhanden. Die Lagerkosten betragen eine GE je 1.000 ME und Periode.

Zum Ausgleich der zeitlichen Bedarfsschwankungen kann unbegrenzt auf Lager produziert werden. Reichen die Produktionskapazität und die vorhandenen Lagerbestände jedoch nicht aus, um den Bedarf einer Periode zu befriedigen, so können die Fehlmengen auch im nächsten Monat nachgeliefert werden, wofür allerdings Fehlmengenkosten für dieses Monat von 2,5 GE je 1.000 ME angesetzt werden. Am Ende des 12. Monats soll ein Lagerstand von 3.000 ME vorhanden sein. Ermitteln Sie das kostengünstigste Produktionsprogramm für die 12 Monate.

Aufgabe 9.29

Zur Herstellung der beiden Endprodukte 1 und 2 werden die selbst erstellten Baugruppen 3, 4 und 5 und das fremdbezogene Rohmaterial 6 eingesetzt. Der Materialfluss mit den zugehörigen Bedarfskoeffizienten ist in folgender Abbildung dargestellt.

Von den beiden Endprodukten können jeweils 100 Einheiten abgesetzt werden. Die Stückdeckungsbeiträge betragen 12 GE für Endprodukt 1 und 16 GE für Produkt 2. Von Rohmaterial 6 sind 1000 Einheiten verfügbar. In der Endmontage können zusammen höchstens 200 Einheiten der beiden Endprodukte 1 und 2, in der Zwischenmontage höchstens 300 Einheiten des Vorproduktes 4, jedoch beliebige Mengen der Vorprodukte 3 und 5 hergestellt werden. Zu den verfügbaren 1000 Einheiten des Rohmaterials 6 können weitere 200 Einheiten zu Mehrkosten von jeweils einer Geldeinheit fremdbezogen werden. Erstellen Sie ein Produktionsprogramm, das den Gesamtdeckungsbeitrag maximiert.

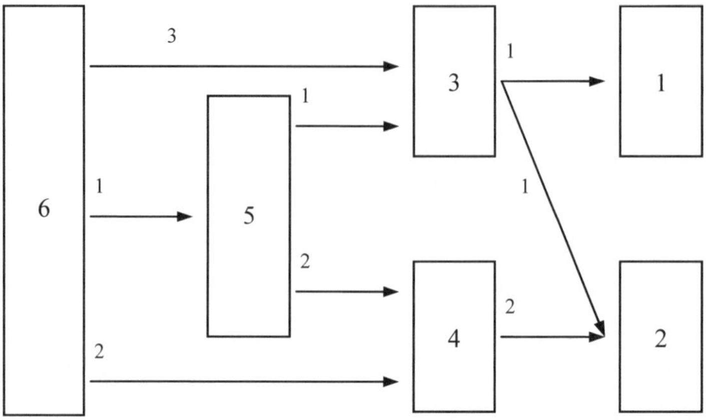

Abbildung 9.12 Materialfluss

Aufgabe 9.30

Ein Betrieb liefert einem Abnehmer ein Produkt nach dem Just-in-Time-Prinzip. In den nächsten sieben Tagen sind die folgenden Bedarfsmengen zwingend zu erfüllen.

$$\begin{pmatrix} 0 & 0 & 20 & 150 & 100 & 90 & 140 \end{pmatrix}$$

Der Transport kann per Bahn oder per LKW durchgeführt werden. Der Bahntransport dauert zwei Tage und kostet 2,5 GE je ME. Der LKW-Transport dauert nur einen Tag, kostet aber 3,5 GE je ME. Grundsätzlich hat die Produktion des Zulieferers synchron (zeitversetzt um Transportzeit) mit dem Bedarf des Abnehmers zu erfolgen, jedoch können vorausproduzierte Erzeugnisse auch bei einem Spediteur zu Kosten von 0,2 GE je ME und Tag zwischengelagert werden. Für die Warenübernahme durch den Spediteur entstehen Handlingkosten von jeweils 0,1 GE pro umgeschlagene ME unabhängig von der Lagerungsdauer. An Lageranfangsbeständen sind im Distributionssystem 40 ME vorhanden. Die Lagerung erfolgt ausschließlich beim Spediteur, die Transportzeit zum Spediteur ist zu vernachlässigen.

Der Zulieferer kann seine Tagesproduktionsrate nur bis maximal 140 Einheiten variieren. Bei einer Tagesproduktionsrate unterhalb von 100 wird mit Leerkosten von 1,5 GE je ME gerechnet, bei einer Tagesproduktionsrate oberhalb von 100 fallen Mehrkosten von 1 GE je ME an.

Berechnen Sie ein kostenminimales Produktions- und Distributionsprogramm. (Tipp: Machen Sie eine Skizze mit den Transportflüssen!)

IV Analysis

Hier erfolgt der mathematisch inhaltliche Schwenk von der Linearen Algebra zur Analysis. Häufig stellen sich in der Betriebswirtschaft Problemstellungen, die nicht mehr durch rein lineare Modelle beschreibbar sind. Dem wird im folgenden Kapitel Rechnung getragen. Die Betrachtung ausschließlich linearer Zusammenhänge wie in der Linearen Algebra wird hier durch die Ergänzung von nichtlinearen Modellen ausgeweitet.

Die Anwendung der Analysis in der Betriebswirtschaft besteht aus zwei großen Gebieten. Ein Bereich beschäftigt sich mit der Beschreibung und Analyse von diskreten Vorgängen wie zum Beispiel diskreten Wachstumsvorgängen oder der Kapitalwertentwicklung. Folgen und Reihen sind für die diskreten Anwendungen die entsprechenden mathematischen Werkzeuge.

Das zweite Gebiet setzt sich mit kontinuierlichen Vorgängen und Größen wie etwa kontinuierlichen Wachstumsvorgängen oder der Lagerbestandsentwicklung auseinander. Diese Vorgänge werden in der Regel mit Funktionen modelliert und mit Hilfe der Differential- und Integralrechnung analysiert.

10 Folgen und Reihen

Folgen dienen beispielsweise zur Modellierung zeitdiskreter Vorgänge. Jeder natürlichen Zahl wird ein Wert, das sogenannte Folgenglied, zugeordnet. Demzufolge ist eine Abbildung von den natürlichen Zahlen $\mathbb{N}$ in die reellen Zahlen $\mathbb{R}$ eine (Zahlen-) Folge, d. h.

$$\begin{aligned} a: \mathbb{N} &\to \mathbb{R} \\ n &\mapsto a(n) = a_n \end{aligned} \quad \text{oder} \quad (a_i)_{i \in \mathbb{N}}. \tag{10.1}$$

Werden nur endlich viele Folgenglieder betrachtet, so schreibt man

$$a_1, a_2, \ldots, a_n \text{ oder } (a_i)_{i=1,\ldots,n}. \tag{10.2}$$

Meint man nur bestimmte zusammenhängende Indexbereiche von $\mathbb{N}$, dann verwendet man

$$(a_i)_{i=n,\ldots,m}. \tag{10.3}$$

Will man ein ganz bestimmtes n ansprechen, weist man mit a_n darauf hin. Wird das n-te Folgenglied durch das vorhergehende Folgenglied n-1 und einen Anfangswert a_0 bzw. a_1 definiert, so nennt man das **rekursive Be-**

schreibung. Wird das n-te Folgeglied hingegen nur als Funktion von n dargestellt, so spricht man von der **expliziten Beschreibung**.

10.1 Einführende Beispiele

Am Beginn werden einfache Folgen dargestellt, die jeweils in aufzählender, rekursiver und expliziter Form angeben sind.

Beispiel 10.1

Die natürliche **Zählfolge** entsteht durch sukzessive Addition der Zahl 1 zum vorhergehenden Folgenglied und entspricht damit dem natürlichen Zählen.

$$\begin{aligned} &1,2,3,4,5,6,7,\ldots \\ &a_1 = 1,\ a_i = a_{i-1} + 1 \\ &a_i = i \end{aligned} \tag{10.4}$$

Beispiel 10.2

Die Folge der geraden bzw. ungeraden Zahlen entsteht jeweils als Teilfolge der Zählfolge

$$\begin{aligned} &2,4,6,8,\ldots && 1,3,5,7,\ldots \\ &a_1 = 2,\ a_i = a_{i-1} + 2 && a_1 = 1,\ a_i = a_{i-1} + 2 \\ &a_i = 2i && a_i = 2i - 1 \end{aligned} \tag{10.5}$$

Beispiel 10.3

Die **harmonische Folge** entsteht durch die Kehrwertbildung der Folgenglieder der Zählfolge.

$$\begin{aligned} &1,\frac{1}{2},\frac{1}{3},\frac{1}{4},\frac{1}{5},\ldots \\ &a_1 = 1,\ a_i = \frac{1}{\dfrac{1}{a_{i-1}} + 1} \\ &a_i = \frac{1}{i} \end{aligned} \tag{10.6}$$

Das Wachstum bzw. die Veränderung von Kennzahlen, die jeweils zu einem bestimmten Zeitpunkt gemessen werden, können typischerweise mit Hilfe von Folgen beschrieben werden. Die folgenden Beispiele vermitteln einen ersten Eindruck über Anwendung und Wesen von Folgen.

10.1.1 Zinseszinsfolge

Das Kapital am Ende des n-ten Jahres (K_n) berechnet sich aus dem Kapital am Ende des Vorjahres (K_{n-1}) und den mit dem Zinssatz p bestimmten Zinsen für ein Jahr. Mit dieser Überlegung erhält man sofort die rekursive Darstellung:

$$K_n = K_{n-1} + p \cdot K_{n-1} = K_{n-1}(1+p) \qquad (10.7)$$

Stellt man K_n als Funktion von n mit Hilfe des Anfangskapitals K_0 und des Zinssatzes p dar, so kommt man zur expliziten Darstellung

$$K_n = K_0(1+p)^n . \qquad (10.8)$$

Das Kapital K_n wird auch als **Endwert** bezeichnet. Aus (10.8) kann man die Zinsen z in n Jahren wie folgt ermitteln.

$$z = K_n - K_0 = K_0(1+p)^n - K_0 = K_0\left((1+p)^n - 1\right) \qquad (10.9)$$

Dividiert man die rechte Seite von (10.8) durch $(1+p)^n$, erhält man den sogenannten **Barwert** - also den Wert zum Zeitpunkt 0 - des Kapitals K_n mit

$$K_0 = \frac{K_n}{(1+p)^n} . \qquad (10.10)$$

Man spricht bei dieser Vorgehensweise auch vom **Abzinsen** oder **Diskontieren**. Stellt man sich hingegen die Frage nach dem verwendeten Zinssatz p bei gegebenem Endkapital K_n , Anfangskapital (Barwert) K_0 und der Laufzeit n, dann ergibt sich der **Zinssatz** als

$$p = \sqrt[n]{\frac{K_n}{K_0}} - 1 . \qquad (10.11)$$

Sind Endkapital K_n, Barwert K_0 und Zinssatz p bekannt, dann kann die **Laufzeit** ermittelt werden durch

$$n = \frac{\log K_n - \log K_0}{\log(1+p)} \tag{10.12}$$

Beispiel 10.4

In ein Sparbuch werden am 1. Januar 2010 100.000 € eingelegt. Wenn eine fixe jährliche Verzinsung von 6 % gegeben ist, kann der Kapitalstand des Sparbuches am 31.12.2015 berechnet werden:

$$K_6 = K_0(1+p)^6 = 100.000 \cdot 1{,}06^6 = 141.851{,}91 \tag{10.13}$$

Beispiel 10.5

Wenn der Anfangsbestand 100.000 € und der Bestand nach 6 Jahren 123.230,60 € ist, kann der Zinssatz p folgendermaßen berechnet werden:

$$p = \sqrt[n]{\frac{K_n}{K_0}} - 1 = \sqrt[6]{\frac{123.230{,}60}{100.000}} - 1 = 0{,}0354 = 3{,}54\,\% \tag{10.14}$$

10.1.2 Geldfond

Ein Geldfond wird durch eine feste, am Jahresanfang (vorschüssig) gezahlte, Rente gespeist. Der Zinssatz p ist konstant und a_i gibt den Wert des Geldfonds nach dem i-ten Jahr an.

Am Anfang des ersten Jahres ist der Betrag R im Geldfond – dieser wird ein Jahr lang verzinst. Somit ist am Ende des ersten Jahres ein Geldwert von

$$a_1 = R(1+p) \tag{10.15}$$

gegeben. Zu diesem Betrag wird sofort am Beginn des zweiten Jahres wieder der fixe Betrag R eingelegt und ein Jahr verzinst. Am Ende des zweiten Jahres ist der Geldfond gegeben durch:

$$a_2 = \left(R + R(1+p)\right)(1+p) = R(1+p) + R(1+p)^2 \tag{10.16}$$

Analog gilt für das dritte Jahr: Einlage des Betrages R am Beginn des Jahres und Verzinsung über das Jahr ergibt

$$a_3 = \left(R + R(1+p) + R(1+p)^2\right)(1+p) = \\ = R(1+p) + R(1+p)^2 + R(1+p)^3 \tag{10.17}$$

Allgemein erhält man für das n-te Jahr einen Geldfond von

$$a_n = R\sum_{i=1}^{n}(1+p)^i . \tag{10.18}$$

Beispiel 10.6

Ein Geldfond wird durch die fixe Einzahlung von 16.666,67 € jeweils zu Jahresbeginn gespeist. Es wird eine fixe jährliche Verzinsung von 6 % über die gesamte Laufzeit von 6 Jahren unterstellt. Der Wert des Geldfonds am Ende des 6. Jahres beträgt dann

$$a_6 = R\sum_{i=1}^{6}(1+p)^i = 16.666{,}67\sum_{i=1}^{6}1{,}06^i = 123.230{,}60 . \tag{10.19}$$

10.1.3 Arithmetische Zahlenfolge

Die arithmetische Zahlenfolge ist durch folgende rekursive und explizite Darstellung definiert:

$$a_{n+1} = a_n + d \text{ bzw. } a_n = a_0 + n \cdot d \tag{10.20}$$

Die arithmetische Folge ist immer durch einen konstanten Zuwachs charakterisiert. Für konstanten Zuwachs Eins sowie Startwert Eins resultiert die Zählfolge. Mit einer arithmetischen Folge lässt sich beispielsweise ein über die Zeit konstanter Produktionsausstoß modellieren.

10.1.4 Geometrische Zahlenfolge

Die geometrische Zahlenfolge ist definiert durch

$$a_{n+1} = q \cdot a_n \text{ bzw. } a_n = a_0 \cdot q^n . \tag{10.21}$$

Setzt man für $q = (1+p)$, wobei p ein über die Zeit konstanter Zinssatz ist, so erhält man die **Zinseszinsfolge** aus (10.8).

10.2 Eigenschaften von Folgen

Folgen kann man anhand von verschiedenen Eigenschaften charakterisieren. Dabei werden im Folgenden die Monotonie, die Beschränktheit und die Konvergenz genauer behandelt.

Eine Folge heißt monoton wachsend (monton fallend) wenn nachfolgende Folgenglieder immer größer (kleiner) sind als deren Vorgänger.

Definition 10.1

Eine Zahlenfolge a_n heißt **(streng) monoton fallend** bzw. **wachsend,** falls für alle n gilt

$$a_{n+1} \underset{\leq}{(<)} a_n \text{ bzw. } a_{n+1} \underset{\geq}{(>)} a_n \tag{10.22}$$

Für eine Zahlenfolge a_n bezeichnet man mit

$$\Delta a_n = a_n - a_{n-1} \tag{10.23}$$

den **Zuwachs**, falls $\Delta a_n > 0$. In diesem Fall gibt der Zuwachs das **absolute Wachstum der Zahlenfolge** an. Das **relative Wachstum einer Zahlenfolge** wird mit der **Wachstumsrate**

$$w(a_n) = \frac{\Delta a_n}{a_{n-1}} \tag{10.24}$$

angegeben.

Mit Hilfe der Zuwächse kann man verschiedene Arten von Wachstum unterscheiden:

- Sind die Zuwächse positiv und darüber hinaus die Folge der Zuwächse Δa_n monoton wachsend, so sagt man, die zugehörige Folge a_n **wächst beschleunigt (beschleunigtes Wachstum).**
- Ist die Folge der Zuwächse monoton fallend, dann spricht man von einem **gebremsten Wachstum**.
- Sind alle Zuwächse identisch, dann liegt ein **lineares Wachstum** vor und wird durch die arithmetische Folge beschrieben.

Auch durch die Wachstumsrate lässt sich Wachstum kategorisieren:

- Bei einer monoton wachsenden Folge mit einer konstanten Wachstumsrate spricht man von einem **exponentiellen Wachstum**. Exponentielles Wachstum wird durch die geometrische Folge beschrieben.
- Ist die Folge der Wachstumsraten $w(a_n)$ monoton wachsend, so wächst die Folge a_n **progressiv** bzw. **superexponentiell**.
- Fällt hingegen die Folge der Wachstumsrate monoton, so spricht man von **subexponentiellem** bzw. **degressivem Wachstum**.

Wichtig ist festzustellen, dass absolute Wachstumskriterien (über den Zuwachs) und relative Wachstumskriterien (über die Wachstumsrate) voneinander unabhängig sind. Siehe dazu folgende zwei Beispiele.

Beispiel 10.7

Die Folge $a_n = 1 + n$ wächst absolut langsamer und relativ schneller als $b_n = 10 + 5n$ und beide linear, da

$$\begin{aligned} &\Delta a_n = 1 < 5 = \Delta b_n, \text{ und} \\ &w(a_n) = \frac{1}{n} > \frac{1}{1+n} = w(b_n). \end{aligned} \tag{10.25}$$

Beispiel 10.8

Die Folge $a_n = a_{n-1} + n$ mit $a_1 = 1$ wächst absolut beschleunigt und relativ subexponentiell, weil

$$\begin{aligned} &\Delta a_n = n \text{ monoton wachsend und da für } n \geq 2 \text{ gilt,} \\ &\text{dass } a_{n-1} \geq n, \text{ ist } w(a_n) = \frac{n}{a_{n-1}} \text{ monoton fallend.} \end{aligned} \tag{10.26}$$

In den anschließenden Beispielen werden weitere Zahlenfolgen bezüglich ihres Wachstumsverhaltens untersucht.

Beispiel 10.9

Die Folge $a_n = n$ wächst linear, da der Zuwachs immer konstant 1 ist.

Die Wachstumsrate ist

$$w(a_n) = \frac{1}{n-1} \tag{10.27}$$

und daher monoton fallend. Es liegt degressives Wachstum vor.

Beispiel 10.10

Die Folge $a_n = n^2$ wächst beschleunigt, weil der Zuwachs $\Delta a_n = 2n - 1$ monoton wachsend ist. Die Wachstumsrate wird beschrieben durch

$$w(a_n) = \frac{2n-1}{(n-1)^2} \tag{10.28}$$

Sie fällt monoton ab, daher wächst die Folge $a_n = n^2$ degressiv.

Beispiel 10.11

In diesem Beispiel wird die Folge

$$a_n = 1 - \frac{1}{n} \tag{10.29}$$

betrachtet. Der Zuwachs und die Wachstumsrate dieser Folge lauten

$$\Delta a_n = \frac{1}{n(n-1)}, \; w(a_n) = \frac{1}{n(n-2)} \tag{10.30}$$

Beide sind monoton fallend, und daher liegt gebremstes, degressives Wachstum vor.

Beispiel 10.12

Für die Folge $a_n = 2^n$ ergibt sich für Zuwachs und Wachstumsrate

$$\Delta a_n = 2^{n-1} \; , \; w(a_n) = 1 \tag{10.31}$$

Da der Zuwachs monoton wächst und die Wachstumsrate konstant ist, spricht man hier von beschleunigtem, exponentiellem Wachstum.

Definition 10.2

Eine Folge a_n heißt nach unten bzw. (nach oben) **beschränkt**, falls es eine Zahl u (bzw. o) gibt, sodass für alle n gilt

$$a_n \geq u \text{ (bzw. } a_n \leq o\text{)} \tag{10.32}$$

Die Zahl u heißt in diesem Fall **untere Schranke**, die Zahl o **obere Schranke** der Folge. Die Folge heißt beschränkt, wenn sie sowohl nach unten als auch nach oben beschränkt ist.

Eine beschränkte Folge besitzt die Eigenschaft, dass alle ihre Folgenglieder wertmäßig innerhalb eines Intervalls liegen.

Die wesentlichste Begriffsbildung ist der Konvergenzbegriff. Anschaulich bedeutet Konvergenz, dass sich die Folgenglieder mit höher werdendem Index dem sogenannten Grenzwert annähern. Es gibt viele Beispiele von konvergenten Folgen, die den Grenzwert nie erreichen aber dem Grenzwert immer näher kommen (z. B. die Nullfolge $\frac{1}{n} \to 0$ nähert sich immer mehr dem Grenzwert Null, erreicht diesen aber nie). Eine konstante Folge (alle Folgenglieder haben den gleichen Wert) ist konvergent.

Definition 10.3

Eine Folge a_n **konvergiert** gegen einen **Grenzwert** $a \in \mathbb{R}$

$$a_n \to a \text{ für } n \to \infty \text{ bzw. } \lim_{n\to\infty} a_n = a \tag{10.33}$$

genau dann, wenn es zu jedem $\varepsilon > 0$ (kann beliebig klein sein) eine natürliche Zahl $N(\varepsilon) \in \mathbb{N}$ gibt, sodass

$$\forall n > N(\varepsilon): \ |a_n - a| < \varepsilon \tag{10.34}$$

Der Grenzwert einer konvergenten Folge (falls existent) ist eindeutig bestimmt. Konvergiert die Folge gegen den Grenzwert 0, so spricht man von einer **Nullfolge**. Konvergiert eine Folge nicht gegen einen Wert, so heißt die Folge **divergent**. Jede konvergente Folge ist beschränkt. Eine beschränkte Folge ist nicht unbedingt konvergent.

Für konvergente Folgen gelten folgende Rechenregeln bzw. Aussagen:

Satz 10.1

Seien a_n und b_n konvergente Folgen mit den Grenzwerten a und b, also

$$a_n \to a, b_n \to b \text{ für } n \to \infty \tag{10.35}$$

und c, d reelle Zahlen, dann gilt für $n \to \infty$

$$\begin{aligned} &|a_n - a| \to 0 \\ &|a_n| \to |a| \end{aligned} \tag{10.36}$$

Eine Linearkombination von Folgen konvergiert gegen die Linearkombination von Grenzwerten.

$$ca_n + db_n \to ca + db \tag{10.37}$$

Das Produkt zweier Folgen konvergiert gegen das Produkt der Grenzwerte.

$$a_n b_n \to ab \tag{10.38}$$

Ist der Grenzwert a von 0 verschieden, dann gibt es einen Index m_0, sodass der Kehrwert der Folgenglieder für alle folgenden Indizes definiert ist und gegen den Kehrwert von a konvergiert.

$$\exists m_0 \in \mathbb{N}\ \forall n \geq m_0 :\ \frac{1}{a_n} \to \frac{1}{a} \tag{10.39}$$

Der Quotient zweier Folgen konvergiert gegen den Quotienten der Grenzwerte.

$$\frac{a_n}{b_n} \to \frac{a}{b} \text{ für } (b \neq 0) \tag{10.40}$$

Im Folgenden werden einige Beispiele von Folgen und deren Eigenschaften angegeben. Beispiel 10.13 zeigt, dass die Grenzwerte von zwei Folgen ident sein können, auch wenn für alle Folgenglieder $a_n < b_n$ gilt.

Beispiel 10.13

Die konstante Folge $a_n = 0$ hat den Grenzwert 0. Die Folge

$$b_n = \frac{1}{n} \tag{10.41}$$

ist durch 1 nach oben und durch 0 nach unten beschränkt. Sie konvergiert ebenfalls gegen 0, aber alle Folgenglieder sind größer als 0 und somit größer als die Glieder der Folge a_n.

In den folgenden vier Beispielen werden die Eigenschaften von den bereits definierten geometrischen und arithmetischen Folgen angegeben. Weiters wird ein verallgemeinertes exponentielles Wachstum untersucht und ein Sättigungsprozess modelliert.

Beispiel 10.14

Eine bedeutende Folge der Finanzmathematik ist die **geometrische Folge** a_n, die in (10.21) definiert ist.

Liegt q im Intervall]-1,1[, dann ist a_n eine Nullfolge. Sind $q > 1$ und das erste Folgenglied positiv, dann wächst die Folge monoton, ist nach oben unbeschränkt und divergent. Für $q < -1$ und $a_0 \neq 0$ ist die geometrische Folge unbeschränkt und divergent.

Beispiel 10.15

Die **arithmetische Folge**, die in (10.20) definiert ist, ist für positive Werte von d eine nach oben unbeschränkte, divergente monoton wachsende Folge.

Beispiel 10.16

Ein Beispiel für ein **verallgemeinertes exponentielles Wachstum** stellt die Folge

$$a_n = A + a_0 (1+p)^n, \; A > 0 \qquad (10.42)$$

dar. Sie ist für positives p eine monoton wachsende unbeschränkte Folge. Die dazugehörige Wachstumsrate

$$w(a_n) = \frac{p}{\frac{A}{a_0 (1+p)^{n-1}} + 1} \qquad (10.43)$$

ist streng monoton wachsend, beschränkt und konvergiert gegen p. Diese Folge ist somit superexponentiell.

Man beachte, dass für $A = 0$ kein superexponentielles Wachstum vorliegt, sondern die Wachstumsrate konstant p wird und damit die Folge exponentielles Wachstum aufweist.

Beispiel 10.17

Ein **Sättigungsprozess** lässt sich beschreiben durch die Folge

$$a_n = \frac{a}{1 + c(1-b)^n} \text{ mit } a,c > 0 \text{ und } b \in \left]0,1\right[\qquad (10.44)$$

Diese Folge ist streng monoton wachsend, beschränkt und konvergiert gegen den Sättigungswert a. Der zugehörige Zuwachs und die Wachstumsrate sind Nullfolgen.

Die folgenden Beispiele beschäftigen sich nochmals genauer mit Grenzwerten von bestimmten Folgen und wie man diese berechnen kann.

Beispiel 10.18

Der Grenzwert der Folge a_n lässt sich auch berechnen, indem man die Folge durch Termumformungen in eine Summe, eine Differenz, ein Produkt oder einen Quotienten von Folgen umformt, deren Grenzwert man bereits kennt (meist Nullfolgen). Zur Grenzwertberechnung kann man dann (10.40) verwenden.

$$a_n = \frac{bn^2 + cn + d}{en^3 + fn + g} = \frac{\frac{b}{n} + \frac{c}{n^2} + \frac{d}{n^3}}{e + \frac{f}{n^2} + \frac{g}{n^3}} \to 0 \qquad (10.45)$$

Beispiel 10.19

Die Folge $a_n = (-1)^n$ ist ein Beispiel für eine Folge, die beschränkt ist (obere Schranke 1, untere Schranke –1), aber nicht konvergiert. Die Werte schwanken immer zwischen 1 und –1, so eine Folge wird auch **alternierend** genannt.

Beispiel 10.20

Die Folge $a_n = \sqrt[n]{c}$ ($c > 0, n \geq 2$) konvergiert gegen 1.

Beispiel 10.21

Eine bekannte Folge ist die Fibonacci-Folge, deren Folgenglieder sich immer aus der Summe der beiden vorangegangenen Folgenglieder berechnen. Diese Folge ist nicht konvergent, ja nicht einmal beschränkt.

$$a_0 = 1, a_1 = 1, a_n = a_{n-1} + a_{n-2} \text{ für } n \geq 2 \qquad (10.46)$$

10.3 Reihen

In vielen Anwendungsbereichen, wie beispielsweise in der Finanzmathematik, ist es notwendig einzelne Folgenglieder (z. B. aus einer Zinseszinsfolge) zu addieren. Berechnet man schrittweise die Summe von Folgengliedern, so entsteht eine neue Folge, die jetzt Reihe genannt wird.

Definition 10.4

Sei a_n eine Folge, dann heißt die durch Bildung von Summen daraus berechnete Folge s_n **Reihe**. Sie ist definiert durch

$$s_n = \sum_{i=1}^{n} a_i \tag{10.47}$$

Die Zahlen s_n werden Teilsummen (**Partialsummen**) genannt, die Zahlen a_i **Reihenglieder**. Eine Reihe ist somit eine spezielle Folge.

Eine Reihe ist konvergent, wenn ihre Partialsummenfolge s_n konvergiert. Der Grenzwert, falls er existiert, wird mit

$$\mathrm{s} = \lim_{n\to\infty} s_n = \sum_{\mathrm{n}=\mathrm{n}_0}^{\infty} a_n \tag{10.48}$$

bezeichnet. Da eine Reihe eine spezielle Folge ist, gelten sämtliche Begriffsbildungen und Aussagen bezüglich Folgen auch für Reihen.

10.3.1 Harmonische Reihe

Als Einstiegsbeispiel wird hier die **harmonische Reihe** präsentiert, deren Bildungsgesetz durch

$$s_n = \sum_{i=1}^{n} \frac{a}{i} \tag{10.49}$$

definiert ist. Sie ist für $a \neq 0$ divergent und unbeschränkt, obwohl die Reihenglieder einer Nullfolge angehören. Nicht jede aufsummierte Nullfolge konvergiert – aber die Reihengliederfolge einer konvergenten Reihe ist immer eine Nullfolge.

10.3.2 Arithmetische Reihe

Die arithmetische Reihe erhält man durch Aufsummieren von Gliedern einer arithmetischen Folge. Sie ist damit definiert durch

$$s_n = \sum_{i=1}^{n} \left(a + (i-1)d \right) \tag{10.50}$$

Durch Umformen dieser Summe erhält man die folgende einfache Formel:

$$s_n = \frac{n}{2}\left(a_1 + a_n \right) \tag{10.51}$$

Die arithmetische Reihe ist für $d > 0$ nach oben unbeschränkt und monoton wachsend (für $d < 0$ nach unten unbeschränkt sowie monoton fallend) und somit für $d \neq 0$ divergent.

10.3.3 Geometrische Reihe

Ein wichtiges Beispiel für Reihen in der Finanzmathematik und insgesamt der Analysis ist die geometrische Reihe. Sie entsteht durch Aufsummieren von Gliedern einer geometrischen Folge und ist durch den Ausdruck

$$s_n = \sum_{i=1}^{n} aq^{i-1} \tag{10.52}$$

gegeben. Für beliebiges q gilt:

$$s_n = a\frac{q^n - 1}{q - 1} \tag{10.53}$$

Damit konvergiert für $-1 < q < 1$ die geometrische Reihe gegen folgenden Grenzwert.

$$s_n \to \frac{a}{1-q} \tag{10.54}$$

Für $q \geq 1 \vee q \leq -1$ und $a > 0$ liegt Divergenz vor, für $q > 0$ monotones Wachstum.

10.3.4 Rentenrechnung bzw. Tilgungsrechnung

Eine wesentliche Anwendung endlicher geometrischer Reihen ist die **Rentenrechnung** . Hierbei geht man von folgendem Szenario aus. Sie besitzen ein bestimmtes Anfangskapital, K das am Ende jedes Jahres mit einem Jahreszinssatz von p verzinst und dann um diesen Zinsbetrag vergrößert wird. Unmittelbar nach der Verzinsung heben Sie jährlich einen Betrag in der Höhe von x ab. Es stellt sich nun die Frage, nach wie vielen Jahren das Kapital aufgebraucht ist.

Das Anfangskapital K wird ein Jahr lang verzinst und am Ende des Jahres wird der fixe Betrag in der Höhe von x abgehoben, damit ergibt sich für den Kapitalstand am Ende des ersten Jahres

$$K(1+p)-x \tag{10.55}$$

Dieser Betrag wird wieder ein Jahr lang verzinst und am Ende des zweiten Jahres wird ebenfalls der Betrag x ausbezahlt.

$$\big(K(1+p)-x\big)(1+p)-x \tag{10.56}$$

Am Ende des dritten Jahres verfügt man über das Kapital:

$$\Big(\big(K(1+p)-x\big)(1+p)-x\Big)(1+p)-x \tag{10.57}$$

Allgemein erhält man für das Kapital am Ende des n-ten Jahres:

$$K(1+p)^n - x\sum_{i=0}^{n-1}(1+p)^i \tag{10.58}$$

Soll das Kapital nach n Jahren aufgebraucht sein, so setzt man den Ausdruck in (10.58) gleich 0. Durch Umformen und Verwenden der Formel (10.53) für die geometrische Reihe ergeben sich folgende funktionale Zusammenhänge:

$$\frac{K}{x} = \sum_{i=0}^{n-1}\frac{(1+p)^i}{(1+p)^n} \underset{j=n-i}{\underset{\uparrow}{=}} \sum_{j=1}^{n}\left(\frac{1}{1+p}\right)^j \underset{q=\frac{1}{1+p}}{\underset{\uparrow}{=}} q\sum_{j=1}^{n} q^{j-1} = q\frac{q^n-1}{q-1} \tag{10.59}$$

Daraus kann auch die Dauer n der Rentenzahlung berechnet werden:

$$n = \frac{ln\left(\frac{K}{x}\frac{q-1}{q}+1\right)}{ln(q)} \tag{10.60}$$

Eine weitere wesentliche Anwendung endlicher geometrischer Reihen ist die **Tilgungsrechnung** . Hierbei geht man von einem ähnlichen Szenario wie oben aus. Es wurde ein einmaliger Kredit mit Kreditsumme K ausbezahlt. Die jährliche Rückzahlung (Annuität) berechnet sich aus der Summe der Tilgungsrate und der Kreditzinsen. Weiters wird angenommen, dass n Jahre lang die Restschuld mit konstantem Zinssatz verzinst wird und gleichbleibende Annuitäten x nachschüssig (am Ende des Jahres) bezahlt werden, bis die Restschuld auf Null gesunken ist.

Die Kreditsumme K wird ein Jahr lang verzinst und am Ende des Jahres wird die erste fixe Annuität in der Höhe von x zurückbezahlt, damit ergibt sich für die Restschuld am Ende des ersten Jahres

$$K(1+p)-x \tag{10.61}$$

Dieser Betrag wird wieder ein Jahr lang verzinst und am Ende des zweiten Jahres wird ebenfalls die Annuität bezahlt.

$$\big(K(1+p)-x\big)(1+p)-x \tag{10.62}$$

Am Ende des dritten Jahres ergibt sich die Restschuld:

$$\Big(\big(K(1+p)-x\big)(1+p)-x\Big)(1+p)-x \tag{10.63}$$

Allgemein erhält man für die Restschuld am Ende des n-ten Jahres:

$$K(1+p)^n - x\sum_{i=0}^{n-1}(1+p)^i \tag{10.64}$$

Soll der Kredit nach n Jahren zurückgezahlt sein (Restschuld nach n Jahren ist null), so setzt man den Ausdruck in (10.64) gleich 0. Durch Umformen und Verwenden der Formel für die geometrische Reihe ergeben sich wieder die bekannten funktionalen Zusammenhänge:

$$\frac{K}{x}=\sum_{i=0}^{n-1}\frac{(1+p)^i}{(1+p)^n}\underset{\substack{\uparrow\\ j=n-i}}{=}\sum_{j=1}^{n}\left(\frac{1}{1+p}\right)^j\underset{\substack{\uparrow\\ q=\frac{1}{1+p}}}{=}q\sum_{j=1}^{n}q^{j-1}=q\frac{q^n-1}{q-1} \tag{10.65}$$

Daraus kann auch die Dauer n der Kreditrückzahlung berechnet werden:

$$n=\frac{ln\left(\frac{K}{x}\frac{q-1}{q}+1\right)}{ln(q)} \tag{10.66}$$

Man sieht also, dass mathematisch gesehen die Rentenrechnung und Tilgungsrechnung nach den gleichen Prinzipien ablaufen. In der Praxis werden sie sich jedoch häufig in Zinssatz und der Verzinsung unterscheiden (z. B. vierteljährliche Verzinsung bei Krediten).

Beispiel 10.22

Angenommen Sie verfügen über ein Anfangskapital von 500.000 € und wollen über 20 Jahre eine jährliche Rente bekommen. Es wird von einer fixen jährlichen Verzinsung von 6 % ausgegangen. Damit betragen die Parameter *K*, *q* und *n*

$$K = 500.000, q = \frac{1}{1,06}, n = 20. \tag{10.67}$$

Die Höhe der Rente *x* kann aus (10.59) berechnet werden.

$$x = \frac{K}{q\frac{q^n - 1}{q - 1}} = 43.592,28 \tag{10.68}$$

10.3.5 Reihendarstellung von Funktionen

Weitere bekannte Reihen, wenn auch nicht mehr ausschließlich Zahlenreihen, sind die bekannten **trigonometrischen Funktionen** und die **Exponentialfunktion**.

$$sin(x) = x - \frac{x^3}{3!} + \frac{x^5}{5!} - \frac{x^7}{7!} \cdots = \sum_{i=0}^{\infty} \frac{(-1)^i}{(2i+1)!} x^{2i+1} \tag{10.69}$$

$$cos(x) = 1 - \frac{x^2}{2!} + \frac{x^4}{4!} - \frac{x^6}{6!} \cdots = \sum_{i=0}^{\infty} \frac{(-1)^i}{(2i)!} x^{2i} \tag{10.70}$$

$$exp(x) = 1 + x + \frac{x^2}{2!} + \frac{x^3}{3!} + \frac{x^4}{4!} \cdots = \sum_{i=0}^{\infty} \frac{x^i}{i!} \tag{10.71}$$

$$\frac{\pi}{4} = 1 - \frac{1}{3} + \frac{1}{5} - \frac{1}{7} \cdots = \sum_{i=0}^{\infty} \frac{(-1)^i}{2i+1} \tag{10.72}$$

10.4 Übungsaufgaben

Aufgabe 10.1

Ist die Folge a_n konvergent oder divergent? Begründen Sie Ihre Aussagen!

a) $a_n = \frac{n+1}{n}$ b) $a_n = \frac{1}{2n} + (-1)^n$ c) $a_n = 2n+1$

d) $a_n = \frac{n+2}{n^2}$ e) $a_n = 1 + \frac{(-1)^n}{n}$ f) $a_n = \frac{n^2-1}{n}$

g) $a_n = \frac{n^2+n+1}{n^3-1}$

Aufgabe 10.2

Bestimmen Sie die Grenzwerte

$$\lim_{n\to\infty} \frac{\left(1+\frac{1}{n}\right)^4 + \left(\frac{1}{n}\right)^2}{1-\frac{1}{2n}} \quad \text{und} \quad \lim_{n\to\infty} \frac{1}{n} \sin(n).$$

Aufgabe 10.3

Entscheiden Sie, ob die folgenden Reihen konvergieren und bestimmen Sie gegebenenfalls ihre Summe. Wie schreibt man diese Reihen mit dem Summenzeichen an?

a) $1 + \frac{1}{3} + \frac{1}{9} + \frac{1}{27} + \frac{1}{81} + \ldots$ b) $1 + \frac{1}{2} + \frac{1}{3} + \frac{1}{4} + \frac{1}{5} + \ldots$

c) $3 - \frac{3}{4} + \frac{3}{16} - \frac{3}{64} + \ldots$ d) $\frac{1}{1\cdot 2} + \frac{1}{2\cdot 3} + \frac{1}{3\cdot 4} + \frac{1}{4\cdot 5} + \ldots$

Hinweis zu b): Schätzen Sie die ersten zwei Glieder nach unten ab, dann die nächsten zwei, die nächsten vier, die nächsten acht, usw.

Hinweis zu d): Benutzen Sie $\frac{1}{n(n+1)} = \frac{1}{n} - \frac{1}{n+1}$

Aufgabe 10.4

Bestimmen Sie für nachstehende Folgen die Grenzwerte (falls existent) und diskutieren Sie deren Eigenschaften wie Monotonie, Beschränktheit und Geschwindigkeit des Wachstums.

a) $\frac{1}{n}$ b) $\left(-\frac{1}{n}\right)^n$ c) $cos\left(\frac{1}{n}\right)$ d) $cos(n)$

Aufgabe 10.5

a_n ist eine arithmetische und b_n eine geometrische Folge. Zeigen Sie folgende Beziehungen und geben Sie jeweils ein anschauliches Beispiel

a) $s_n = \sum_{i=1}^{n} a_i = \frac{n}{2}(a_1 + a_n)$

b) $s_n = \sum_{i=1}^{n} b_i = b_1 \cdot \frac{1-q^n}{1-q}$

Aufgabe 10.6

Auf den bekannten Mathematiker FIBONACCI geht folgendes Rätsel zurück, das unter vereinfachten Annahmen das Wachstum einer Population ohne Ressourcenknappheit und Tod beschreibt: Angenommen Kaninchen sind ein Monat nach ihrer Geburt geschlechtsreif und paaren sich dann eifrig jedes Monat. Die Tragezeit soll auch ein Monat betragen und die Weibchen werfen dann immer ein Pärchen. Wie entwickelt sich die Population ausgehend von einem frisch geborenen Pärchen (gezählt in Pärchen)? Berechnen Sie die Entwicklung im ersten Jahr. Sehen Sie ein einfaches Bildungsgesetz, nach dem sich die Population entwickelt? Untersuchen Sie das Verhältnis der Pärchenanzahl aufeinanderfolgender Monate. Was fällt auf?

Hinweis: zum Zeitpunkt 0 haben Sie also ein Pärchen. Nach einem Monat findet die erste Paarung statt, nach 2 Monaten kommt der erste Nachwuchs. Nach 3 Monaten kommt der zweite Nachwuchs des ersten Pärchens, nach 4 Monaten kommt dann auch der erste Nachwuchs des zweiten Pärchens dazu, usw. Also: 1,1,2,3,…

Aufgabe 10.7

Nicht so bekannt ist der Mathematiker BINET, der eine direkte Formel zur Berechnung der Fibonaccifolge fand: Die Anzahl der Pärchen nach dem n-ten Monat beträgt

$$F_n = aq_1^n + bq_2^n$$

wobei q_1 und q_2 die Lösungen der quadratischen Gleichung $q^2 = q + 1$ sind. Finden Sie die Koeffizienten a und b. Können Sie mit der Formel von Binet die Beobachtung bzgl. des Verhältnisses aufeinanderfolgender Pärchenanzahlen erklären?

Hinweis: a und b lassen sich bereits aus F_0 und F_1 berechnen.

Aufgabe 10.8

Sind nachstehende Folgen beschränkt, monoton wachsend oder monoton fallend? Bestimmen Sie den Zuwachs und die Wachstumsrate.

a) $a_n = \dfrac{n+1}{n}$ b) $a_n = \dfrac{1}{2n} + (-1)^n$

c) $a_n = \dfrac{n+2}{n^2}$ d) $a_n = 1 + \dfrac{(-1)^n}{n}$

e) $a_n = \dfrac{n^2 - 1}{n}$

Aufgabe 10.9

Bestimmen Sie von der rekursiv gegebenen Folge das direkte Bildungsgesetz von a_n bzw. s_n als Ausdruck in n. Geben Sie eine Begründung dafür an, die auch rein anschaulich sein darf.

$$a_0 = 1,\ a_{n+1} = a_n + 2,\ s_n = a_0 + \ldots + a_n \quad (n \ge 0).$$

Aufgabe 10.10

Gegeben sind die Folgen

$$a_n = \left(1 + \frac{1}{n}\right)^n,\ b_n = \left(1 + \frac{2}{n}\right)^n.$$

Die Folge a_n konvergiert gegen die Eulersche Zahl $e = 2{,}71828$. Überlegen Sie nun, dass dann b_n gegen e^2 konvergiert.

Hinweis: Untersuchen Sie zuerst die Teilfolge b_{2n}, und stellen Sie dann sicher, dass mit den restlichen Folgegliedern b_{2n+1} nichts mehr schief gehen kann.

Aufgabe 10.11

Ein Fremdkapital in der Höhe K wird aufgenommen und jährlich zuerst mit einem Zinssatz p verzinst. Die konstante jährliche Rückzahlung r erfolgt anschließend. Geben Sie die Entwicklung des Kreditkontostandes als Folge in aufzählender Form k_1, k_2, k_3, ... k_{10}, in rekursiver Form $k_i = f(k_{i-1})$ und in beschreibender Form $k_i = g(i)$ an. Benützen Sie dazu die Formel für die endliche geometrische Reihe.

Aufgabe 10.12

(Fortsetzung von Aufgabe 10.11) Berechnen Sie aus der Beziehung $k_{10} = 0$ den Wert r in Abhängigkeit von K und p. Wie ist die Beziehung $k_{10} = 0$ zu interpretieren?

Aufgabe 10.13

Sie haben 10.000 €, wollen diese auf 10 Jahre binden.

a) Die Veranlagung erfolgt mit 6 % Zinsen und Wiederveranlagung der ausgeschütteten Zinsen (Thesaurierung). Berechnen Sie das Endkapital.

b) In 10 Jahren erhalten Sie genau 20.000 € zurück. Berechnen Sie den Zinssatz.

Aufgabe 10.14

Sie verwenden ein Kapital von $K = 10.000\,€$ zur Absicherung Ihrer Zukunft. Es erfolgt eine jährliche Verzinsung von $p = 6\,\%$. Am Ende jedes Jahres lassen Sie sich einen auf die gesamte Laufzeit konstanten Betrag X auszahlen. Die Laufzeit beträgt 10 Jahre. Bestimmen Sie den Betrag X so, dass nach Ablauf der Laufzeit das Kapital verbraucht ist.

Aufgabe 10.15

Erstellen Sie eine Excel - Tabelle, mit der Sie die Rente R berechnen, die Sie n Jahre lang jeweils am Jahresende von einem bestimmten Einlagekapital B beheben können (jährlicher Zinssatz = p %), sodass ein bestimmtes Endkapital E übrig bleibt ($0 \le E \le B$).

Untersuchen Sie die Abhängigkeit der Rente vom Betrag B, der Zeit n und dem Zinssatz p, indem Sie einen dieser Parameter ein wenig ändern und die anderen konstant halten. (Verwenden Sie hier zur Einfachheit $E = 0$.) Stellen Sie eine allgemeine Formel auf.

Bemerkung: Man kann hier R auch als jährliche Kreditrückzahlung (Annuität) und B als Kreditbetrag interpretieren.

Aufgabe 10.16

(Fortsetzung von Aufgabe 10.15) Lassen Sie jetzt n gegen Unendlich gehen. Welchen gleichbleibenden Betrag kann man jährlich abheben, ohne das Anfangskapital aufzubrauchen? Warum spielt das Endkapital E eine immer geringere Rolle?

Aufgabe 10.17

Erstellen Sie eine Exceltabelle, die die Entwicklung des Kapitals eines Sparbuches innerhalb von 10 Jahren aufzeigt. Führen Sie drei variable Felder ein: jährlicher Zinssatz p, einmalige Einlage K_0 bei der Eröffnung des Sparbuches und regelmäßige jährliche Einlage K zu Beginn eines Jahres. Bei der Eröffnung wird nur die Eröffnungseinlage getätigt.

Aufgabe 10.18

(Fortsetzung von Aufgabe 10.17) Wie wirkt sich eine Änderung von p, K_0 und K auf den Kontostand nach 10 Jahren aus? Ändern Sie die Parameter geringfügig (z. B. um 10 %) und beobachten Sie dabei die prozentuelle Änderung des Endkontostandes.

Versuchen Sie eine Formel für den Kontostand am Ende des n-ten Jahres abzuleiten. Können Sie anhand dieser Formel die Ergebnisse der vorigen Aufgabe bestätigen?

Aufgabe 10.19

Sie legen jeweils 8 Jahre lang am 1. Jänner € 5.000 auf ein Sparbuch. Vom 9. bis zum 16. Jahr wollen Sie einen konstanten Betrag X jeweils am 1. Jänner abheben. Die jährlichen Zinsen von 5 % werden am 31. Dezember im jeweiligen Jahr gutgeschrieben. Nach Abhebung des letzten Betrages am 1. Jänner des 16. Jahres soll der Kontostand € 0 betragen. Welchen Betrag X können Sie 8 mal abheben?

Aufgabe 10.20

Morgens um 6 Uhr bricht ein Jäger zu seiner 10 km entfernten Jagdhütte auf. Sein Hund läuft doppelt so schnell, kehrt an der Jagdhütte um, läuft zu seinem Herrn zurück und pendelt so ständig zwischen Jäger und Hütte hin und her. Welchen Weg ist der Hund gelaufen, wenn der Jäger um 8 Uhr die Hütte erreicht? Hinweis: Es gibt hier eine ganz einfache und eine etwas kompliziertere Lösung!

Aufgabe 10.21

Ein Anlageberater verspricht Ihnen eine Anlageform, bei der Ihr angelegtes Geld innerhalb eines Jahres verdoppelt wird. Mehr noch: vierteljährlich wird schon anteilsmäßig ein Viertel Ihres Gewinns ausbezahlt, das sie aber auch gleich zu Ihrem angelegten Betrag zuschießen lassen können und das dann 3 Monate später schon mitverzinst wird. Auf welchen effektiven jährlichen Vermehrungsfaktor kommen Sie, wenn Sie jede Auszahlung zusätzlich anlegen?

Wenn der anteilsmäßige Jahresgewinn sogar monatlich bzw. wöchentlich zugeschossen wurde, auf welche effektiven jährlichen Vermehrungsfaktoren kommen Sie dann? Erwarten Sie noch eine große Steigerung, wenn sogar täglich zugeschossen wird?

Aufgabe 10.22

Sie haben einen Kredit von 100.000 € mit einem fixen Zinssatz von 7 % pro Jahr aufgenommen.

a) Wie viel müssen Sie am Ende jeden Jahres zurückzahlen, damit der Kredit nach 10 Jahren getilgt ist? Wenn Sie mit einer durchschnittlichen Inflationsrate von 2 % abzinsen, wie viel müssen Sie nach heutigem Wert insgesamt zurückzahlen?

b) Wenn Sie jährlich nur 12.000 € zurückzahlen wollen, wie lange läuft der Kredit dann? Wie viel müssen Sie am Ende des letzten Jahres noch zahlen? Wie viel müssen Sie (abgezinst wie zuvor) insgesamt zurückzahlen?

Aufgabe 10.23

Sie sind von der Idee fasziniert, nur von den Zinsen Ihres Kapitals zu leben. Nehmen Sie dazu Lebenskosten (pro Jahr) und eine fixe prozentuelle Steigerung pro Jahr (wahrscheinlich über die Inflationsrate hinaus) an. Nehmen Sie weiters eine sichere Veranlagung an, die 6 % Zinsen jährlich abwirft.

Wieviel Startkapital müssten Sie mindestens besitzen, um auf diese Weise „privatisieren" also nur von den Zinsen leben zu können? Wie müssten Sie die Auszahlung im Verhältnis zu den Zinsen ansetzen, damit Ihre steigenden Lebenskosten auf längere Sicht abgedeckt sind? Stellen Sie jeweils das Bildungsgesetz für die jährliche Entwicklung von Kapital und Auszahlung auf. Welche Art von Folgen erhalten Sie?

Aufgabe 10.24

Ein Ball wird aus 1 m Höhe fallen gelassen und springt jeweils auf zwei Drittel der jeweils zuvor erreichten Höhe zurück. Welchen Weg legt der Ball zurück, bis er endgültig zur Ruhe kommt? Machen Sie eine Zeichnung und rechnen Sie zuerst ohne PC.

Aufgabe 10.25

Auf einer Rolle mit 5 cm Durchmesser wird Stoff von 0,5 mm Dicke aufgewickelt

a) Wie lang ist die Stoffbahn, wenn 100 Lagen gewickelt werden? Wie groß ist der Durchmesser der Rolle mit aufgewickeltem Stoff?

b) Der Durchmesser der Rolle mit Stoff ist 20 cm. Wie lang ist die Stoffbahn?

c) Es werden 100 m Stoff aufgewickelt. Wie dick ist die Rolle?

Hinweis: Aufgewickelter Stoff im Querschnitt als Folge von immer größeren konzentrischen Kreisen betrachten.

Aufgabe 10.26

Bei einem Bohnenanbau wird bei 13 % der Pflanzen ein Pilzbefall festgestellt, der sich exponentiell ausbreitet. Eine Verarbeitung der befallenen Pflanzen ist unmöglich. Am fünften Tag nach der Feststellung des Pilzbefalls wird ein Ernteausfall von 18 % der Pflanzen registriert.

a) Welche tägliche Wachstumsrate hat der Pilzbefall?

b) Nach wie vielen Tagen ist die halbe Ernte vernichtet?

c) Die Bohnen benötigen ab dem Zeitpunkt der Feststellung des Pilzbefalls noch 30 Tage zur Reife. Wie viel Prozent der Ernte sind dann vernichtet, wenn keine Gegenmaßnahmen getroffen werden?

Aufgabe 10.27

Herr Maier bekommt von einer Firma eine Stelle angeboten mit folgenden finanziellen Aussichten: Anfangsgehalt 6.000 € pro Jahr und nach jedem Jahr kommen 600 € dazu. Eine andere Möglichkeit wäre: Ebenfalls 6.000 € Anfangsgehalt, aber Steigerung pro Jahr um 8 %. Geben Sie eine Übersicht über den in den ersten zehn Jahren zu erwartenden Verdienst für beide Varianten an. Für welche Variante soll sich Herr Maier entscheiden? Welche Folge bilden die Jahresgehälter bei der ersten bzw. zweiten Variante? Berechnen Sie jeweils die Wachstumsrate.

Aufgabe 10.28

Eine Bäckerei erwägt die Eröffnung einer Filiale mit einem auf fünf Jahre befristeten Mietvertrag. Sie kalkuliert für die Ausstattung 80.000 €. Die jährlichen Ausgaben schätzt sie für diese fünf Jahre jeweils auf 150.000 €, die Einnahmen im ersten Jahr auf 100.000 €, im zweiten Jahr auf 150.000 €, im dritten auf 200.000 € im vierten und fünften Jahr auf 250.000 €. Den Restwert der Ausstattung nach fünf Jahren bewertet sie mit 20.000 €. Ist es für die Bäckerei vorteilhafter, die 80.000 € in eine Filiale zu investieren oder das Geld zu 8 % Zinsen bei einem Geldinstitut anzulegen? (Zur Vereinfachung wird angenommen, dass die gesamten Anschaffungskosten zu Beginn und die Einnahmen und Ausgaben eines Jahres jeweils am Ende dieses Jahres anfallen.)

11 Eindimensionale Differentialrechnung

Die Differentialrechnung ermöglicht für kontinuierliche Kennwerte die Untersuchung von Beschränktheit, Monotonie, Zuwachsart, Extremstellen, Nullstellen usw. Dabei werden kontinuierliche Werte hier durch Funktionen vom Typ $f:\mathbb{R}\rightarrow\mathbb{R}$ modelliert. Demgegenüber sind die im vorigen Kapitel behandelten Folgen für diskrete Kennwerte geeignet. Funktionen haben sich als ein geeignetes Hilfsmittel bewährt, ökonomische Größen in ihrem Änderungsverhalten zu beschreiben. Sie sind deshalb Grundlage für die Analyse und Prognose wirtschaftlicher Entwicklungen.

11.1 Eigenschaften eindimensionaler Funktionen

Einige bei den Folgen eingeführte Eigenschaften lassen sich problemlos auf Funktionen übertragen. Durch die kontinuierlichen Werte von Funktionen kommen noch weitere Eigenschaften dazu.

11.1.1 Beschränktheit und Monotonie

Hier kann man wie bei den Eigenschaften von Folgen die Begriffe der Beschränktheit und Monotonie einführen.

Definition 11.1

Eine Funktion $f:\mathbb{R}\rightarrow\mathbb{R}$ heißt nach **oben** bzw. nach **unten beschränkt**, wenn ihre Bildmenge nach oben bzw. unten beschränkt ist, d.h. wenn es eine Zahl o bzw. u gibt, so dass gilt

$$o \geq y \;\; \forall y \in \left\{ f(x) \middle| x \in \mathbb{R} \right\} \text{ bzw. } u \leq y \;\; \forall y \in \left\{ f(x) \middle| x \in \mathbb{R} \right\} \qquad (11.1)$$

Die Funktion f ist **beschränkt**, wenn sie sowohl nach oben als auch nach unten beschränkt ist.

Definition 11.2

Die Funktion f heißt **monoton wachsend** bzw. **fallend**, wenn für alle $a<b$ gilt

$$f(a) \leq f(b) \text{ bzw. } f(a) \geq f(b) \qquad (11.2)$$

Strenge Monotonie ist gegeben, wenn ein echtes Größer- bzw. Kleinerzeichen gilt.

11.1.2 Grenzwerte von Funktionen und Stetigkeit

Die bisher für Folgen betrachteten Begriffe Grenzwert und Konvergenz können ebenfalls auf Funktionen übertragen werden. Dazu wählt man eine Folge x_n aus dem Definitionsbereich der Funktion *f*. Jetzt kann auf natürliche Weise die Folge der Funktionswerte $y_n = f(x_n)$ gebildet werden. Für diese Folge stellt sich ebenfalls die Frage nach Grenzwert und Konvergenz. Zum besseren Verständnis der Zusammenhänge dient folgendes Beispiel.

Beispiel 11.1

In Abbildung 11.1 ist eine Funktion $f(x)$ dargestellt. Wählt man die zwei gegen den Wert *a* konvergenten Folgen

$$\begin{aligned} x_n &= \left(a - \frac{1}{n}\right) \to a \\ \hat{x}_n &= \left(a + \frac{1}{n}\right) \to a \end{aligned} \tag{11.3}$$

so zeigen die entsprechenden Folgen der Funktionswerte ganz unterschiedliche Verhaltensmuster:

$$\begin{aligned} f(x_n) &\to h \\ f(\hat{x}_n) &\to H \end{aligned} \tag{11.4}$$

Beide Folgen von Funktionswerten konvergieren, ihre Grenzwerte sind aber, wie man sieht, verschieden.

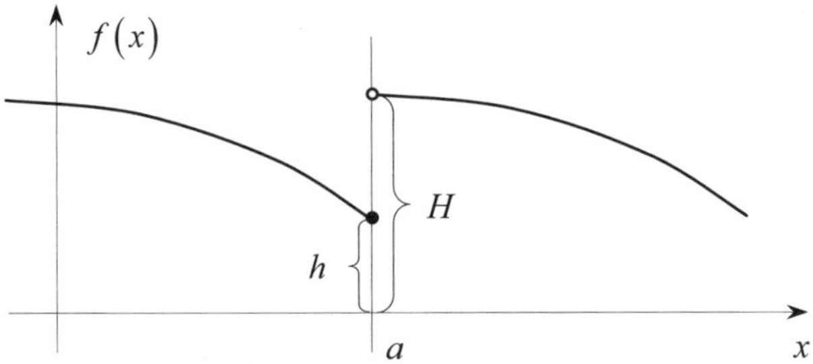

Abbildung 11.1 Unstetige Funktion

Diese Betrachtung führt auf den Begriff des Grenzwertes einer Funktion. Aufgrund des verschiedenartigen Verhaltens der Funktionswerte in der Nähe des Punktes a kann man für die Funktion f nicht sinnvollerweise von einem Grenzwert im Punkt a sprechen. Fordert man hingegen für jede gegen a konvergente Folge die Konvergenz der Folge der Funktionswerte gegen ein und denselben Grenzwert $f(a)$, kann man diesen Grenzwert sinnvoll als Grenzwert der Funktion f im Punkt a festlegen. Genauer gilt:

Definition 11.3

A heißt **Grenzwert der Funktion** f im Punkt a genau dann, wenn für alle Folgen (x_n) mit $x_n \to a$ die Folgen der Funktionswerte $f(x_n)$ gegen den selben Grenzwert A konvergieren, d.h. $f(x_n) \to A$. In diesem Fall schreibt man $\lim\limits_{x \to a} f(x) = A$.

Die Grenzwertdefinition für Funktionen kann jetzt dazu verwendet werden, um eine weitere wichtige Eigenschaft von Funktionen – die Stetigkeit – zu definieren.

Definition 11.4

Die Funktion f heißt an der Stelle a **stetig**, wenn der Grenzwert existiert und dieser gleich dem Funktionswert an dieser Stelle ist, d.h.

$$\lim_{x \to a} f(x) = f(a) \tag{11.5}$$

Gibt es eine Folge $x_n \to a$, deren Folge von Funktionswerten $f(x_n)$ divergiert oder gegen einen anderen Grenzwert als $f(a)$ konvergiert, dann ist f an der Stelle a **unstetig**. In diesem Fall heißt a Unstetigkeitsstelle.

Eine Funktion f heißt stetig, wenn f an allen Stellen des Definitionsbereiches stetig ist.

Beispiel 11.2

Die **Signumfunktion** (Vorzeichenfunktion) ist zum Beispiel an der Stelle $x = 0$ unstetig, wie ihr Graph in Abbildung 11.2 zeigt. Die Signumfunktion ist außerdem beschränkt und monoton wachsend.

$$sgn: \mathbb{R} \to \mathbb{R}$$
$$x \mapsto \begin{cases} 1 & x > 0 \\ 0 \text{ für } & x = 0 \\ -1 & x < 0 \end{cases} \tag{11.6}$$

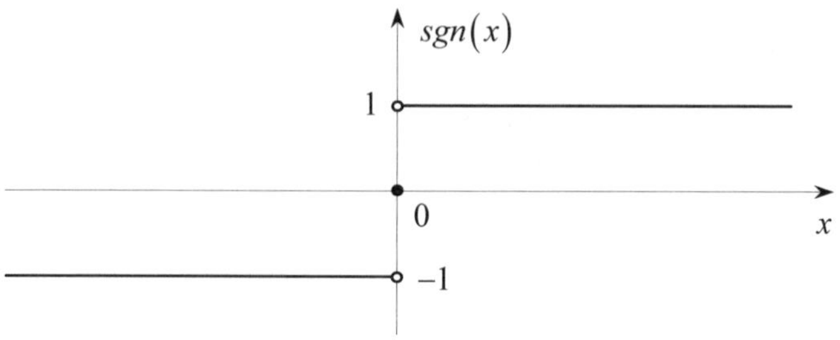

Abbildung 11.2 Signumfunktion

Beispiel 11.3

Die **Kosinusfunktion** ist stetig, beschränkt und nicht monoton. Schränkt man den Definitionsbereich auf $[0,\pi]$ ein, so ist sie dort monoton fallend.

$$cos: \mathbb{R} \to \mathbb{R}$$
$$x \mapsto cos(x) \tag{11.7}$$

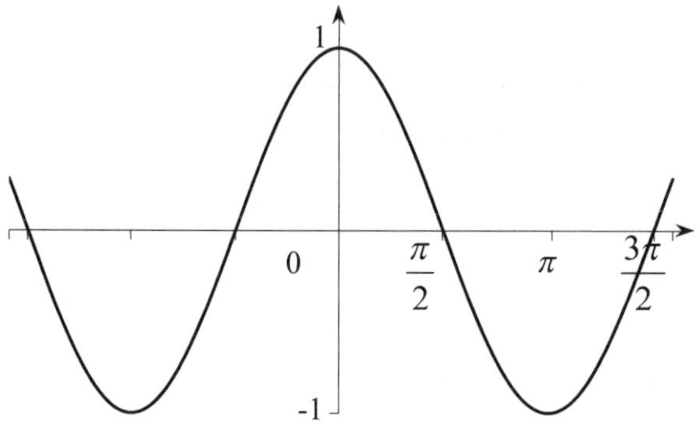

Abbildung 11.3 Kosinusfunktion

Im Folgenden sind die wesentlichsten Operationen für Funktionen angeführt, welche die Stetigkeitseigenschaft bewahren.

Satz 11.1

Seien $f,g:\mathbb{R}\to\mathbb{R}$ stetig im Punkt a mit den Grenzwerten $f(a)$ und $g(a)$. α und β sind reelle Zahlen. Dann gilt:

Jedes Vielfaches αf von f und jede Linearkombination $\alpha f+\beta g$ von f und g sind in a stetig.

$$\begin{aligned}&\lim_{x\to a}\alpha f(x)=\alpha f(a)\\&\lim_{x\to a}\left(\alpha f(x)+\beta g(x)\right)=\alpha f(a)+\beta g(a)\end{aligned}\qquad(11.8)$$

Das Produkt und der Quotient von f und g sind in a stetig.

$$\begin{aligned}&\lim_{x\to a}\left(f(x)g(x)\right)=f(a)g(a)\\&\lim_{x\to a}\left(\frac{f(x)}{g(x)}\right)=\frac{f(a)}{g(a)}\quad\left(g(a)\neq 0\right)\end{aligned}\qquad(11.9)$$

In einer Reihe von Zusammenhängen spielen sogenannte einseitige Grenzwerte von Funktionen eine Rolle. Beispielsweise werden solche betrachtet, wenn eine Funktion in einem abgeschlossenen (die Randpunkte gehören dazu) Intervall $a\leq x\leq b$ oder abgekürzt $x\in[a,b]$ definiert ist und das Verhalten der Funktion in den Randpunkten a und b untersucht wird. Entsprechend der Definition des Grenzwertes einer Funktion gilt analog:

Definition 11.5

A^+ (bzw. A^-) heißt **rechtsseitiger (bzw. linksseitiger) Grenzwert** der Funktion f an der Stelle a genau dann, wenn für alle Folgen x_n mit $x_n\to a$ und $x_n>a$ (bzw. $x_n<a$) die Folgen der Funktionswerte $f(x_n)$ gegen den selben Grenzwert A^+ (bzw. A^-) konvergieren. In diesem Fall schreibt man

$$\lim_{x\to a+0}f(x)=A^+ \text{ (bzw. } \lim_{x\to a-0}f(x)=A^-\text{).}\qquad(11.10)$$

Die Definition der Stetigkeit von Funktionen in Randpunkten eines abgeschlossenen Intervalls $[a,b]$ bedient sich der entsprechenden einseitigen Grenzwerte (linksseitig bzw. rechtsseitig), indem für die Stetigkeit an der Stelle *a* (bzw. *b*) gefordert wird, dass

$$\lim_{x \to a+0} f(x) = f(a) \text{ bzw. } \lim_{x \to b-0} f(x) = f(b) \qquad (11.11)$$

Daher nennt man in diesem Fall eine Funktion *f* in *a* rechtsseitig stetig (bzw. in *b* linksseitig stetig).

Besitzt eine Funktion an einer Stelle sowohl den rechtsseitigen als auch den linksseitigen Grenzwert und sind diese gleich, dann existiert für diese Funktion an dieser Stelle auch ein Grenzwert, und dieser ist gleich dem rechts- und linksseitigen Grenzwert.

Beispiel 11.4

Im Folgenden wird die Stetigkeit von verschiedenen Funktionen an der Stelle $x = 2$ überprüft.

Die Funktion $f(x) = (x-2)^2$ ist an der Stelle 2 stetig. Die Signumfunktion $f(x) = sgn(x-2)$ ist an der Stelle 2 unstetig, da der linksseitige und rechtsseitige Grenzwert verschieden sind.

$$\lim_{x \to 2-0} sgn(x-2) = -1 \text{ und } \lim_{x \to 2+0} sgn(x-2) = 1 \qquad (11.12)$$

Die Betragsfunktion $f(x) = |x-2|$ ist hingegen wieder stetig im Punkt 2, da beide Grenzwerte existieren und gleich sind.

$$\lim_{x \to 2} |x-2| = 0 \qquad (11.13)$$

11.1.3 Zwischenwertsatz

Für die Ermittlung der Nullstellen von Funktionen liefert der **Zwischenwertsatz** eine praktische Hilfestellung. Er lautet:

Satz 11.2

Ist *f* in einem abgeschlossenen Intervall $[a,b]$ definiert und stetig und gilt $f(a) \neq f(b)$, dann gibt es zu jeder Zahl *A* zwischen $f(a)$ und $f(b)$ eine Zahl *c* mit $a < c < b$, sodass $f(c) = A$ gilt. Zur Veranschaulichung hilft nachstehende Abbildung.

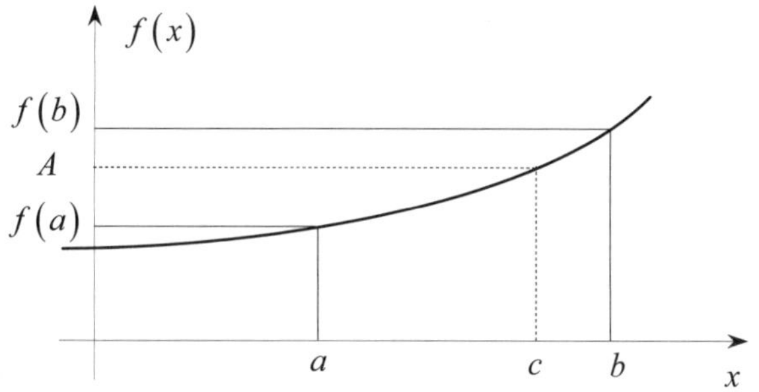

Abbildung 11.4 Visualisierung des Zwischenwertsatzes

Hat eine stetige Funktion einen positiven Wert an der Stelle a und einen negativen Wert an der Stelle b (oder umgekehrt), so kann man aus dem Zwischenwertsatz ableiten, dass die Funktion im Intervall $[a, b]$ eine Nullstelle haben muss.

11.2 Ableitung

Wirtschaftliche Prozesse sind durch Veränderungen zahlreicher Kennwerte gekennzeichnet. Was ist aber Veränderung und wie wird sie gemessen? Zur Beantwortung dieses Fragenkomplexes hat sich die Differentialrechnung bewährt.

11.2.1 Differenzenquotient

Das Verständnis der Veränderung einer Funktion $f:\mathbb{R}\to\mathbb{R}$ wird wesentlich durch die Untersuchung der folgenden Messgrößen gefördert:

Definition 11.6

Seien $x\in\mathbb{R}$ eine Veränderliche und $x_0\in\mathbb{R}$ beliebig aber fest gewählt und die Änderung in x

$$\Delta x = x - x_0. \qquad (11.14)$$

Dann wird die Veränderung der Funktion f zwischen x und x_0 wird berechnet als

$$\Delta f(x) = f(x) - f(x_0). \qquad (11.15)$$

Der Quotient aus dieser Veränderung und der Änderung in x heißt **Differenzenquotient** von f an der Stelle x.

$$\frac{\Delta f(x)}{\Delta x} = \frac{f(x) - f(x_0)}{x - x_0} \tag{11.16}$$

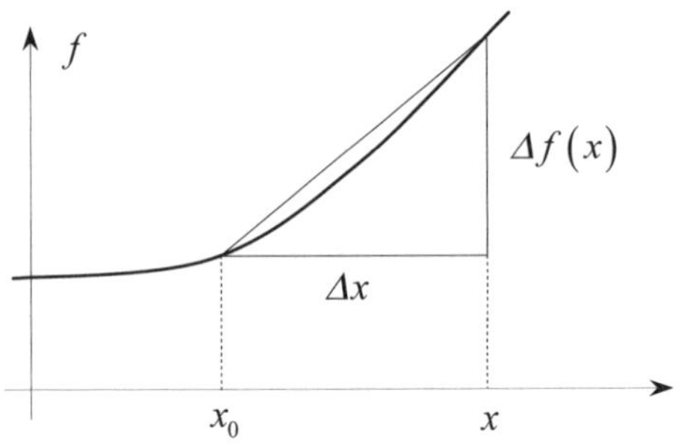

Abbildung 11.5 Visualisierung des Differenzenquotienten

Abbildung 11.5 gibt einen Eindruck von den zu untersuchenden Messgrößen. Der Differenzenquotient ist als Maß für die Änderung der Funktion f an der Stelle x nur eingeschränkt geeignet, weil er noch von Δx abhängt.

11.2.2 Differentialquotient

Um eine Größe zu erhalten, die nicht mehr von Δx abhängt, untersucht man den Grenzwert des Differenzenquotienten für $x \to x_0$ oder anders formuliert $\Delta x \to 0$.

Definition 11.7

Falls für ein beliebiges, aber fix gewähltes x_0 der Grenzwert

$$\lim_{x \to x_0} \frac{f(x) - f(x_0)}{x - x_0} = \lim_{\Delta x \to 0} \frac{\Delta f(x)}{\Delta x} = \frac{d}{dx} f(x_0) = f'(x_0) \tag{11.17}$$

existiert, dann heißt dieser Grenzwert **Ableitung** der Funktion f an der Stelle x_0 oder auch **Differentialquotient**. Die Funktion f heißt **differenzierbar**, wenn f in jedem Punkt x ihres Definitionsbereiches differenzierbar ist.

Die Ableitung an der Stelle x kann als Anstieg bzw. **Steigung** der Kurve im Punkt x (Steigung der Tangente im Punkt $f(x)$ an den Funktionsgraphen) interpretiert werden (siehe Abbildung 11.6).

Ist eine Funktion f differenzierbar, so kann die **Ableitung** der Funktion f bestimmt werden. Die Ableitung selbst ist eine Funktion der Form

$$\begin{aligned} f' &: \mathbb{R} \to \mathbb{R} \\ x &\mapsto f'(x) \end{aligned} \qquad (11.18)$$

Falls f' wieder differenzierbar ist, kann man die zweite Ableitung bilden. Durch wiederholte Anwendung des Differenzierens in einem Punkt x erhält man allgemein die Ableitung n-ter Ordnung an der Stelle x mit der Schreibweise

$$f^{(n)}(x) \text{ bzw. } \frac{d^n f(x)}{dx^n} \qquad (11.19)$$

Für die erste, zweite bzw. dritte Ableitung verwendet man die Schreibweisen f', f'' bzw. f'''. Eine Sprechweise ist häufig zu finden: Differenzierbare Funktionen werden auch als **glatt** bezeichnet, und sie sind desto glatter, je öfter sie differenzierbar sind.

Beispiel 11.5

Mit Hilfe von (11.17) kann der Differentialquotient (1. Ableitung) der quadratischen Funktion $f(x)=x^2$ berechnet werden.

$$\begin{aligned} f'(x) &= \lim_{h\to 0}\frac{(x+h)^2-x^2}{h} = \lim_{h\to 0}\frac{x^2+2xh+h^2-x^2}{h} = \\ &= \lim_{h\to 0}(2x+h) = 2x \end{aligned} \qquad (11.20)$$

11.2.3 Ableitungsregeln

Zur Ermittlung der Ableitungen von Funktionen ist es nicht erforderlich, immer die jeweiligen Grenzwerte zu berechnen, sondern es genügt, einige Grundableitungen und ein paar Rechenregeln zu kennen und diese entsprechend anzuwenden. In Tabelle 11.1 ist eine Auswahl an häufig verwendeten Grundfunktionen mit deren Ableitungen angeführt.

ktion	Ableitung
$x) = C,\ x \in \mathbb{R},\ C$ konstant	$f'(x) = 0$
$f(x) = x^k, x \in \mathbb{R}, k \in \mathbb{N} \setminus \{0\}$	$f'(x) = kx^{k-1}$
$f(x) = x^k, x \in \mathbb{R} \setminus \{0\}, k \in \mathbb{Z}$	$f'(x) = kx^{k-1}$
$f(x) = x^a, x \in \left]0, +\infty\right[, a \in \mathbb{R}$	$f'(x) = ax^{a-1}$
$f(x) = e^x, x \in \mathbb{R}$	$f'(x) = e^x$
$f(x) = a^x, x \in \mathbb{R}, a > 0$	$f'(x) = a^x \ln a$
$f(x) = \ln x, x \in \left]0, +\infty\right[$	$f'(x) = \frac{1}{x}$
$f(x) = \log_a x, x \in \left]0, +\infty\right[,\ a > 0$ und $a \neq 1$	$f'(x) = \frac{1}{x \ln a}$
$f(x) = \sin x,\ x \in \mathbb{R}$	$f'(x) = \cos x$
$f(x) = \cos x,\ x \in \mathbb{R}$	$f'(x) = -\sin x$

Tabelle 11.1 Ableitungen der Grundfunktionen

Satz 11.3

Die folgenden **Differentiationsregeln** sind für Funktionen f und g dargestellt, die in den betrachteten Punkten x definiert und differenzierbar sind.

Das Differenzieren erfüllt die Eigenschaft der **Linearität**.

$$(af + bg)'(x) = af'(x) + bg'(x),\ a, b \in \mathbb{R} \tag{11.21}$$

Das Produkt zweier Funktion wird mit Hilfe der **Produktregel** abgeleitet.

$$(fg)'(x) = f'(x)g(x) + f(x)g'(x) \tag{11.22}$$

Für die Ableitung eines Quotienten gilt die **Quotientenregel**.

$$\left(\frac{f}{g}\right)'(x) = \frac{f'(x)g(x) - f(x)g'(x)}{\left(g(x)\right)^2} \tag{11.23}$$

Die Hintereinanderausführung von Funktionen wird mit Hilfe der **Kettenregel** differenziert.

$$(f \circ g)'(x) = \big(f(g(x))\big)' = f'(g(x))g'(x) \tag{11.24}$$

Für jede streng monotone Funktion *f* kann die Umkehrfunktion f^{-1} gebildet werden. Die Ableitung dieser Umkehrfunktion kann mit folgender Regel berechnet werden, wenn $f'\left(f^{-1}(x)\right) \neq 0$ gilt.

$$\left(f^{-1}\right)'(x) = \frac{1}{f'\left(f^{-1}(x)\right)} \tag{11.25}$$

Beispiel 11.6

Dieses Beispiel zeigt die Anwendung der Quotienten- und Kettenregel zur Berechnung der 1. Ableitung der Funktion *f*.

$$\begin{aligned} f(x) &= \frac{e^{(x-2)^2}}{x^3} \\ f'(x) &= \frac{2e^{(x-2)^2}(x-2)x^3 - 3e^{(x-2)^2}x^2}{x^6} = \frac{e^{(x-2)^2}\left(2x(x-2)-3\right)}{x^4} \end{aligned} \tag{11.26}$$

11.2.4 Einführende Beispiele

Einige Beispiele zeigen jetzt, wozu und wie die Differentialrechnung in Anwendungen eingesetzt wird.

Beispiel 11.7

Sei $x(t)$ der Aufenthaltsort eines Teilchens zum Zeitpunkt *t*, das sich entlang einer Geraden bewegt. Die **Geschwindigkeit** (genauer: Betrag der Geschwindigkeit) $v(t)$ (zurückgelegter Weg pro Zeiteinheit) ist dann die Ableitung

$$v(t) = x'(t). \tag{11.27}$$

Analog ergibt sich die **Beschleunigung** $a(t)$ als

$$a(t) = v'(t) = x''(t). \tag{11.28}$$

Zeitliche Ableitungen werden oft auch als $x'(t) = \dot{x}(t)$ dargestellt.

Beispiel 11.8

Die erste Ableitung dient zur Definition der **Steigung einer Funktion**. Sei f eine Funktion. Im Punkt $(x_0, f(x_0))$ wird eine **Tangente** an die Kurve gelegt, deren Steigung als Steigung der Funktion definiert wird. Für den Anstiegswinkel α der Tangente in diesem Punkt gilt dann $tan\alpha = f'(x_0)$.

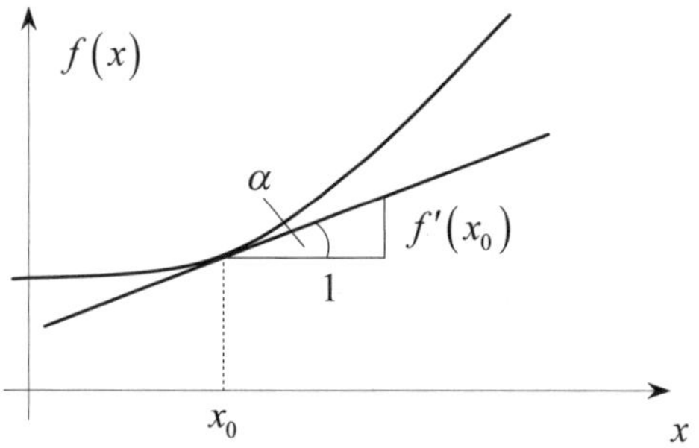

Abbildung 11.6 Visualisierung des Anstiegs einer Funktion

Beispiel 11.9

Die Ableitung einer betriebswirtschaftlichen Größe hat die wichtige Interpretation, um wie viel sich die betriebswirtschaftliche Größe ändert, wenn die Veränderliche um einc Einheit erhöht wird:

- DieZeitliche Ableitung des Lagerbestandes ist somit die Änderung des Lagerbestandes pro Zeiteinheit (= Lagerzugang – Lagerabgang)
- Die Ableitung der Gesamtkosten nach dem Produktionsausstoß ist die Erhöhung der Gesamtkosten, wenn eine Mengeneinheit mehr gefertigt wird (= Grenzkostensatz)
- Die Ableitung der Absatzfunktion nach dem Verkaufspreis gibt die Reduktion des Absatzes bei gleichzeitiger Erhöhung des Preises um eine Geldeinheit an (siehe auch Preis-Absatz Elastizität)

Beispiel 11.10

Die Beurteilung des Wachstums verschiedener wirtschaftlicher Kenngrößen gehört zu den zentralen Managementaufgaben. Folgendes Beispiel zeigt auf, dass man bei nicht genauer Angabe des Bezugssystems beinahe jede beliebige Aussage folgern kann. Es werden zwei Betriebe betrachtet. Die Funktion

$$x(t) = 40 + 2t \tag{11.29}$$

beschreibt den Umsatz des ersten Betriebes (t in Jahre). Der Umsatz des zweiten Betriebes wird durch folgende Funktion angegeben:

$$y(t) = 500 + 14t \tag{11.30}$$

Nun soll untersucht werden, welcher Betrieb die bessere Umsatzentwicklung hat.

Interpretiert man „besser" mit „größtem absoluten Zuwachs nach einem Jahr", so ergibt sich für den ersten Betrieb 2 und für den zweiten Betrieb nach einem Jahr 14. Der zweite Betrieb wäre also besser.

Interpretiert man „besser" mit „größtem Zuwachs pro Zeit" so folgt für den ersten Betrieb

$$\lim_{d \to 0} \left(\frac{x(t+d) - x(t)}{d} \right) = x'(t) = 2 \tag{11.31}$$

und für den zweiten Betrieb

$$\lim_{d \to 0} \left(\frac{y(t+d) - y(t)}{d} \right) = y'(t) = 14 \tag{11.32}$$

Der zweite Betrieb wäre also ebenfalls besser.

Interpretiert man „besser" mit „höchste relative prozentuelle Veränderung zum Vergleichszeitpunkt 0 nach einem Jahr", so folgt für den ersten Betrieb 5 % und für den zweiten Betrieb 2,8 %. Der erste Betrieb wäre also besser.

Bei Vergleichen und Bewertung von Kennzahlen ist also immer das Vergleichssystem bzw. Bewertungssystem anzugeben.

11.2.5 Feststellung von Funktionseigenschaften

Mit Hilfe des Differenzialquotienten einer Funktion können die Eigenschaften einer Funktion, die teilweise schon in Abschnitt 11.1 behandelt wurden, einfacher untersucht werden. Auch zwischen der Stetigkeit und der Differenzierbarkeit einer Funktion gibt es einen Zusammenhang.

Satz 11.4

Ist eine Funktion f an der Stelle x **differenzierbar**, so ist die Funktion an dieser Stelle auch **stetig**. Eine stetige Funktion muss aber nicht notwendigerweise differenzierbar sein.

Satz 11.5

- Eine differenzierbare Funktion f ist in einem Intervall $[a,b]$ **konstant** genau dann, wenn für alle x aus diesem Intervall $f'(x)=0$ ist.
- Wenn für alle x aus dem Intervall $[a,b]$ $f'(x)\leq 0$ bzw. $f'(x)<0$ ist, so ist f **monoton (bzw. streng monoton) fallend**.
- Wenn für alle x aus dem Intervall $[a,b]$ $f'(x)\geq 0$ bzw. $f'(x)>0$ ist, so ist f **monoton (bzw. streng monoton) wachsend.**

Bezüglich der Umkehrung ist Vorsicht geboten: Ist eine differenzierbare Funktion streng monoton wachsend im Intervall $[a,b]$, so folgt für alle $x\in[a,b]$ $f'(x)\geq 0$. Gleichheit kann auch angenommen werden, wie z. B. bei der Funktion $x\mapsto x^3$ an der Stelle 0.

Ist eine differenzierbare Funktion streng monoton fallend im Intervall $[a,b]$, so folgt für alle $x\in[a,b]$ $f'(x)\leq 0$.

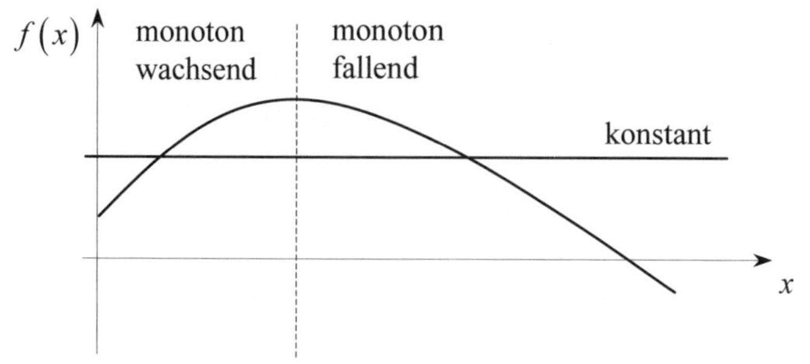

Abbildung 11.7 Funktionen mit unterschiedlichem Monotonieverhalten

11.2.6 Extremstellen

Unter Extremstellen einer Funktion versteht man jene x-Werte, deren zugehöriger Funktionswert ein Maximum oder ein Minimum ist. Man unterscheidet dabei, ob diese Eigenschaft nur in einer Umgebung von x (lokal) oder im gesamten Definitionsbereich der Funktion (global) gilt.

Definition 11.8

Eine differenzierbare Funktion $f:\mathbb{R}\rightarrow\mathbb{R}$ hat an der Stelle m ein **lokales oder relatives Minimum** (bzw. **Maximum**), falls

$$\begin{aligned}&\exists\delta>0\forall x\in\left]m-\delta,m+\delta\right[\text{ mit } x\neq m: f(m)<f(x)\\&\qquad\qquad(\text{bzw. } f(m)>f(x))\end{aligned} \quad (11.33)$$

m heißt Minimumstelle (bzw. Maximumstelle) und $f(m)$ der Minimumwert (kurz: **Minimum**) bzw. Maximumwert (kurz: **Maximum**). Allgemein spricht man auch von **Extremwert**, wenn die Unterscheidung zwischen Minimum und Maximum nicht gemacht wird.

Gilt darüber hinaus für alle x aus dem Definitionsbereich, dass $f(m)<$ (bzw. $>$) $f(x)$, so spricht man von einem **globalen oder absoluten Minimum** (bzw. **Maximum**).

Eine wichtige Eigenschaft lokaler Extrema beschreibt folgender Satz:

Satz 11.6

Für jede lokale Extremstelle m, die nicht am Rand des Definitionsbereiches liegt, gilt: $f'(m)=0$.

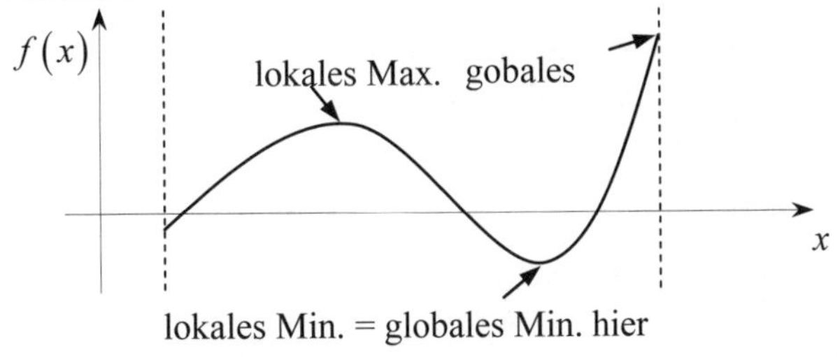

Abbildung 11.8 Extremstellen einer in einem Intervall definierten Funktion

Umgekehrt folgt aus $f'(m)=0$ nicht unbedingt, dass m eine Extremstelle ist. Man spricht allgemein nur von einem **stationären Punkt**, falls $f'(m)=0$. Ist m aber stationärer Punkt und wechselt die Ableitung das Vorzeichen in einer Umgebung von m, so liegt tatsächlich ein Extremwert vor. Genauer formuliert, gilt:

Satz 11.7

Sei $f:[a,b]\to\mathbb{R}$ eine differenzierbare Funktion und $m\in\,]a,b[$ ein stationärer Punkt. Gibt es ein $d>0$, sodass

$$\forall x\in\,]m-d,m[:\ f'(x)>0\wedge\forall x\in\,]m,m+d\,[:f'(x)<0 \qquad (11.34)$$

gilt, dann ist m eine lokale Maximumstelle. (Die Funktion ist vor m monoton wachsend und kurz nach m monoton fallend.)

Gibt es ein $d>0$, sodass

$$\forall x\in\,]m-d,m[:\ f'(x)<0\wedge\forall x\in\,]m,m+d[:\ f'(x)>0 \qquad (11.35)$$

gilt, dann ist m eine lokale Minimumsstelle. (Die Funktion ist vor m monoton fallend und nach m monoton wachsend.)

Wechselt das Vorzeichen hingegen nicht, gilt also für alle x in einer Umgebung der betrachteten Stelle m immer eine der beiden Ungleichungen $f'(x)\leq 0$ bzw. $f'(x)\geq 0$, so hat f keine Extremstelle bei m. Zum Beispiel liegt für die Funktion $x\mapsto x^3$ für $x=0$ eine solche Situation vor.

Das Vorliegen einer lokalen Extremstelle kann außerdem durch eine andere hinreichende Bedingung überprüft werden, die wie folgt aussieht:

Satz 11.8

f nimmt in x_0 ein lokales Extremum an, genau dann, wenn für alle $i=1,\dots,n-1$, wobei n eine gerade Zahl ist, gilt , dass

$$f^{(i)}(x_0)=0 \text{ und } f^{(n)}(x_0)\neq 0 \qquad (11.36)$$

f besitzt in x_0 ein lokales Minimum, wenn

$$f^{(n)}(x_0)>0 \ (f \text{ konvex}) \qquad (11.37)$$

f besitzt in x_0 ein lokales Maximum, wenn

$$f^{(n)}(x_0) < 0 \text{ (}f\text{ konkav)} \tag{11.38}$$

Für die Berechnung des **globalen Minimums** ist das Minimum aus den lokalen Minima und den Funktionswerten $f(a)$ und $f(b)$ an den Intervallgrenzen zu bilden, das **globale Maximum** ergibt sich als Maximum aller lokaler Maxima und den Funktionswerten $f(a)$ und $f(b)$ an den Intervallgrenzen a und b.

11.2.7 Konvexität und Konkavität einer Funktion

Das Krümmungsverhalten (Konvexität und Konkavität) einer Funktion kann mit Hilfe der zweiten Ableitung genauer untersucht werden. Anschaulich sind diese Begriffe so zu verstehen: Liegt die Verbindungsgerade zweier beliebig gewählter Punkte des Funktionsgrafen über der Funktion, so ist diese Funktion konvex. Liegt die Verbindungsgerade unterhalb der Funktionswerte, dann ist die Funktion konkav. Eine Funktion muss aber nicht im gesamten Definitionsbereich gleich gekrümmt sein. Ein Punkt, in dem sich das Krümmungsverhalten ändert, nennt man Wendepunkt (siehe Abbildung 11.9). Nun zur exakten mathematischen Definition:

Definition 11.9

Eine Funktion $f:[a,b]\to\mathbb{R}$ heißt **konvex** genau dann, wenn für alle $x,y\in[a,b], x\neq y$ und reelle Zahlen $\lambda\in[0,1]$ gilt, dass

$$f(\lambda x+(1-\lambda)y)\leq\lambda f(x)+(1-\lambda)f(y) \tag{11.39}$$

Steht an Stelle von $\leq$ ein $\geq$ Zeichen, so heißt die Funktion **konkav**. Gilt in (11.39) echt kleiner bzw. echt größer, so sagt man streng konvex bzw. streng konkav.

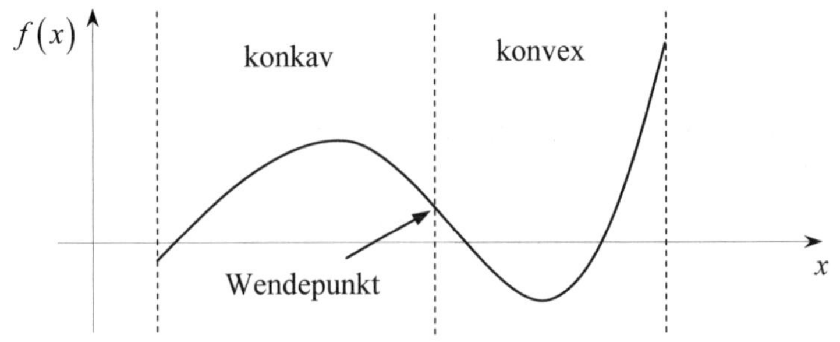

Abbildung 11.9 Krümmungstypen

Beispiel 11.11

Die Funktion $x \mapsto x^2$ ist eine streng konvexe Funktion. Die Funktion $x \mapsto x^3$ ist für positive *x* streng konvex und für negative *x* streng konkav.

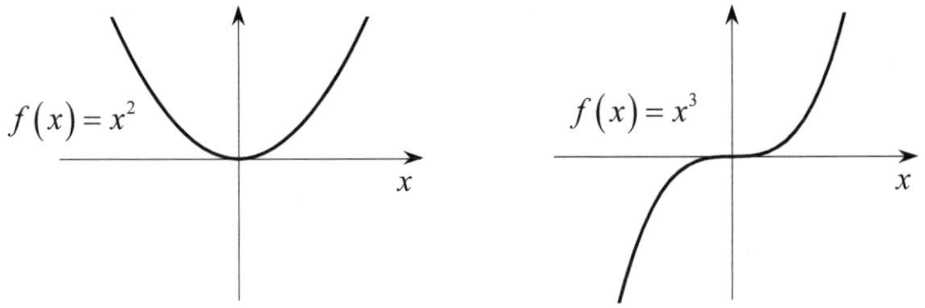

Abbildung 11.10 Graphen von Polynomfunktionen

Ist *f* eine konvexe Funktion, so ist *-f* eine konkave Funktion (und umgekehrt). Mit Hilfe der zweiten Ableitung lässt sich leicht beurteilen, ob eine Funktion konvex oder konkav ist.

Satz 11.9

Ist $f:[a,b] \to \mathbb{R}$ eine zweimal differenzierbare Funktion und gilt

$$\forall x \in \left]a,b\right[: f''(x) \geq 0 \qquad (11.40)$$

dann ist *f* **konvex**. Gilt hingegen

$$\forall x \in]a,b[: f''(x) \le 0 \tag{11.41}$$

dann ist *f* **konkav**.

Ein Punkt, in dem die Krümmung (von konkav zu konvex bzw. von konvex zu konkav) wechselt, heißt **Wendepunkt**. Ist a ein Wendepunkt einer zweimal differenzierbaren Funktion, dann ist $f''(a) = 0$.

Die Umkehrung gilt aber nicht, aus $f''(a) = 0$ folgt also nicht unbedingt, dass a ein Wendepunkt ist. Ein Gegenbeispiel stellt die Funktion $x \mapsto x^4$ dar. Weiters kann ein Wendepunkt keine Extremstelle sein.

Definition 11.10

Mit Hilfe der ersten und zweiten Ableitung lässt sich für die **Krümmung** ein Maß $k(x)$ definieren, welches das Krümmungsverhalten genau spezifiziert.

$$k(x) = \frac{f''(x)}{\sqrt{\left(1+\left(f'(x)\right)^2\right)^3}} \tag{11.42}$$

Die folgende Formel gibt den Krümmungsradius an und beschreibt, wie stark die Funktion im Punkt x gekrümmt ist. Je kleiner der Krümmungsradius $r(x)$, desto stärker ist die Funktion gekrümmt.

$$r(x) = \frac{1}{k(x)} \tag{11.43}$$

11.3 Anwendungen der Differentialrechnung

11.3.1 Klassifikation und Vergleich von Wachstum

Für ein Merkmal bzw. eine Kennzahl $f(t)$, deren Ableitung $f'(t) \ge 0$ ist für alle Werte der Veränderlichen t, liegt Wachstum vor. $f(t)$ ist also monoton steigend. Dieses Wachstum kann durch die zweite Ableitung genauer charakterisiert werden.

- **Beschleunigtes Wachstum** liegt dann vor, wenn $f''(t) \ge 0$ und $f'(t) \ge 0$,

- **lineares Wachstum**, wenn $f''(t)=0$ und $f'(t)\geq 0$, und
- **gebremstes Wachstum**, wenn $f''(t)\leq 0$ und $f'(t)\geq 0$

  (jeweils für alle Zeitpunkte t) gilt.

Weiters unterscheidet man zwischen absolutem und relativem Wachstum.

- Man sagt, eine Kennzahl x wächst im Intervall $[a,b]$ **absolut schneller** als die Kennzahl y, wenn $x'(t)\geq y'(t)\geq 0$ für alle $t\in[a,b]$.
- x wächst im Intervall $[a,b]$ **relativ schneller** als die Kennzahl y, wenn für alle $t\in[a,b]$ gilt

$$\frac{x'(t)}{x(t)}\geq\frac{y'(t)}{y(t)} \text{ und } x'(t)\geq 0 \text{ und } y'(t)\geq 0 \qquad (11.44)$$

Der Quotient aus Ableitung und Funktionswert heißt **Wachstumsrate.**

$$w_x(t)=\frac{x'(t)}{x(t)} \qquad (11.45)$$

Es kann durchaus vorkommen, dass x absolut schneller wächst als y und y relativ schneller wächst als x.

Ähnlich wie über die zweite Ableitung das Wachstum charakterisiert werden kann, kann auch über die Wachstumsrate das Wachstum in drei Typen unterteilt werden.

Für eine monoton steigende Kennzahl y liegt per Definition ein

- **exponentielles Wachstum** vor, falls $w_y(t)$ konstant ist,
- **superexponentielles Wachstum (progressiv)** vor, falls $w_y(t)$ monoton steigend
- **subexponentielles Wachstum (degressiv)** vor, falls $w_y(t)$ monoton fallend ist.

Beispiel 11.12

Für die Funktionen $x(t)=40+2t$ und $y(t)=500+14t$ aus Beispiel 11.10

liegt lineares absolutes Wachstum von 2 und 14 vor, also wächst y absolut schneller als x. Bei der Betrachtung des relativen Wachstums ergibt sich

$$\frac{x'(t)}{x(t)}=\frac{2}{40+2t}=\frac{14}{280+14t}>\frac{y'(t)}{y(t)}=\frac{14}{500+14t}. \tag{11.46}$$

Beide Funktionen wachsen daher subexponentiell und x wächst relativ schneller als y.

Beispiel 11.13

Folgende Funktion ist ein Beispiel für beschleunigtes und superexponentielles Wachstum

$$\begin{aligned}&\text{Sei } f(x)=e^{x^2} \text{ mit } x>0. \text{ Dann gilt}\\&f'(x)=2xe^{x^2}>0 \text{ für } x>0 \text{ und } f''(x)=2e^{x^2}+4x^2e^{x^2}>0\\&\Rightarrow \text{ beschleunigtes Wachstum}\\&\frac{f'(x)}{f(x)}=\frac{2xe^{x^2}}{e^{x^2}}=2x \text{ monoton wachsend}\\&\Rightarrow \text{ superexponentielles Wachstum}\end{aligned} \tag{11.47}$$

Beispiel 11.14

Stetiges exponentielles Wachstum wird ganz allgemein durch den Funktionsausdruck

$$y(t)=y_0e^{(t-t_0)w} \tag{11.48}$$

charakterisiert. Interessiert man sich für den Zeitpunkt t_d, bei dem eine **Verdoppelung der Kennzahl** an der Stelle t eintritt, so ergibt sich dieser durch folgende Rechnung:

$$
\begin{aligned}
&y_0 e^{(t_d - t_0)w} = y(t_d) = 2y(t) = 2y_0 e^{(t-t_0)w} \\
&(t_d - t_0)w = ln 2 + (t - t_0)w \\
&t_d - t = \frac{ln 2}{w}
\end{aligned}
\tag{11.49}
$$

Man beachte, dass die verstrichene Zeit sowohl von der Höhe des Kennwertes als auch vom betrachteten Zeitpunkt t unabhängig ist, lediglich die konstante Wachstumsrate w ist entscheidend.

Ebenso interessant ist das **Überholproblem** für zwei stetig exponentiell wachsende Kennzahlen. Man betrachte dazu zwei stetige exponentiell wachsende Kennzahlen:

$$
x(t) = x_0 e^{(t-t_0)v}, \quad y(t) = y_0 e^{(t-t_0)w} \tag{11.50}
$$

wobei x eine höhere Wachstumsrate als y hat und der Anfangswert von x kleiner ist als von y:

$$
v > w, \quad x(t_0) = x_0 < y(t_0) = y_0 \tag{11.51}
$$

Gesucht ist nun der Zeitpunkt $t_ü$, an dem x die Kennzahl y überholt. Durch Gleichsetzen der beiden Kennzahlen erhält man

$$
x(t_ü) = x_0 e^{(t_ü - t_0)v} = y(t_ü) = y_0 e^{(t_ü - t_0)w} \tag{11.52}
$$

Durch Umformen und Logarithmieren der Gleichung kann der Überholzeitpunkt berechnet werden:

$$
\frac{y_0}{x_0} = e^{(t_ü - t_0)(v-w)}, \quad t_ü = t_0 + \frac{ln\left(\frac{y_0}{x_0}\right)}{v-w}. \tag{11.53}
$$

Beispiel 11.15

Ein Wald hat einen Eichenbestand von 200 Festmeter und einen Fichtenbestand von 100 Festmeter. Der Eichenbestand verdoppelt sich alle 20 und der Fichtenbestand alle 10 Jahre. Wie lange dauert es bis sich beide Baumarten die Waage halten?

Beide Bestände können mit Hilfe von Exponentialfunktionen beschrieben werden. Die Wachstumsrate ergibt sich dabei aus der Verdopplungszeit, wie in (11.49) ersichtlich ist.

$$x_{Eiche}(t) = 200e^{\frac{ln2}{20}t}, \quad x_{Fichte}(t) = 100e^{\frac{ln2}{10}t} \tag{11.54}$$

Beide Baumarten halten sich die Waage, wenn die Bestände gleich sind. Daraus kann nach (11.53) berechnet werden, dass das in 20 Jahren der Fall sein wird.

$$t_{ü} = \frac{ln2}{\frac{ln2}{10} - \frac{ln2}{20}} = 20 \tag{11.55}$$

Beispiel 11.16

Im Zusammenhang mit exponentiellem Wachstum wird häufig eine logarithmische Darstellung der Funktionswerte gewählt, bzw. Skalierung der y-Achse vorgenommen. Den Übergang der qualifizierenden Begriffe, wie etwa absolutes bzw. relatives Wachstum beim Wechsel der Darstellungsform, zeigen Abbildung 11.11 und Abbildung 11.12 anschaulich. Der Übergang erfolgt rechnerisch, indem die betrachtete Funktion $f(x) = ae^{bx}$ durch Logarithmieren linearisiert wird.

Es gilt also

$$ln(f(x)) = ln(ae^{bx}) = ln(a) + bx \tag{11.56}$$

Achtsamer Umgang mit den Begriffen absolutes und relatives Wachstum ist hier angeraten. Ein absoluter Zuwachs b in der logarithmischen Darstellung entspricht einem relativen Zuwachs b für die betrachtete Exponentialfunktion (siehe Abbildung 11.11 und Abbildung 11.12).

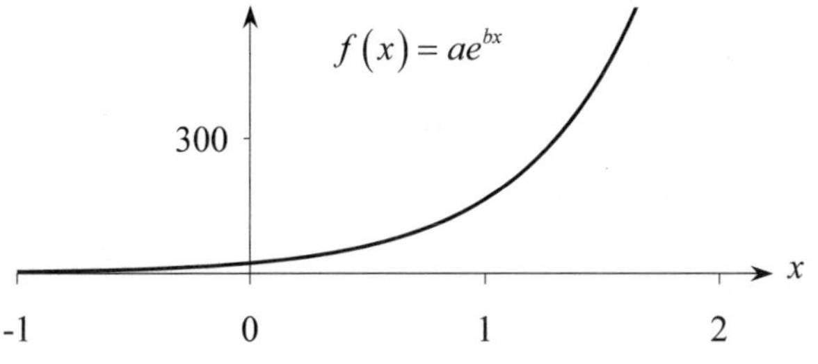

Abbildung 11.11 Arithmetische Skalierung einer Exponentialfunktion

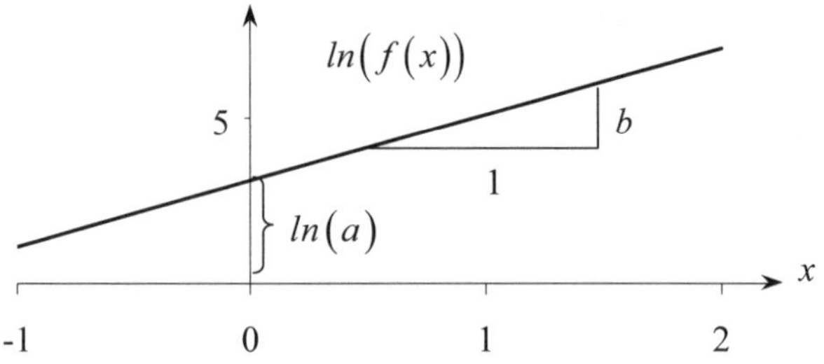

Abbildung 11.12 Logarithmische Skalierung einer Exponentialfunktion

Hängt die Kennzahl y (z. B. Gewinn) von der Kennzahl x (z. B. Umsatz) ab, also $y(x)$, so lässt sich diese Abhängigkeit mit folgendem Term genauer qualifizieren.

Definition 11.11

Der Ausdruck

$$e(y,x) = \frac{y'(x)x}{y(x)} \tag{11.57}$$

heißt **Elastizität** von y bezüglich x. Die Elastizität kann interpretiert werden als Wert der prozentuellen Änderung der Zielgröße y bei prozentueller Änderung ihrer Einflussgröße x.

Damit ist eine Kategorisierung der Abhängigkeit von x und y möglich:

y ändert sich in Abhängigkeit von x

- **unterproportional**, wenn $0 < e(y,x) < 1$
- **proportional**, wenn $e(y,x) = 1$
- **überproportional**, wenn $e(y,x) > 1$

Beispiel 11.17

Wie ändert sich die Funktion $f(x) = x^3 + 2$ in Abhängigkeit von x für positive x? Folgende Rechnung gibt darauf die Antwort:

$$e(f,x) = \frac{3x^2 x}{x^3 + 2} = \frac{3x^3}{x^3 + 2} \tag{11.58}$$

Weil die Elastizität für x im Bereich zwischen 0 und 1 kleiner 1 ergibt, ist f hier unterproportional zu x, bei $x = 1$ ist f proportional zu x und für $x > 1$ ist f überproportional zu x.

11.3.2 Minimale Stückkosten

x sei die Anzahl der Mengeneinheiten, die ein Betrieb von einem Erzeugnis in einem bestimmten Zeitintervall herstellt (Ausbringungsmenge, Output). $K(x)$ seien die Gesamtkosten, die bei der Produktion von x Mengeneinheiten entstehen.
Die Funktion

$$K : \mathbb{R}_0^+ \to \mathbb{R}, x \mapsto K(x) \tag{11.59}$$

heißt **Gesamtkostenfunktion**. Es ist leicht einzusehen, dass die Gesamtkostenfunktion $K(x)$ immer eine monoton wachsende Funktion sein muss.

Eine mögliche typische Form der Gesamtkostenfunktion K ist durch

$$K(x) = px + \frac{A}{1 + be^{-cx}}, c > 0,\ p,\ A,\ b \in \mathbb{R} \tag{11.60}$$

gegeben. Dabei ist der Term px als der proportionale Kostenanteil zu interpretieren. Der Graph dieser typischen Form ist in Abbildung 11.13 zu sehen.

Der Quotient

$$k(x) = \frac{K(x)}{x} \tag{11.61}$$

gibt dann die Produktionskosten je Mengeneinheit (Stückkosten, Durchschnittskosten) an. Die Funktion

$$k:\mathbb{R}_0^+ \to \mathbb{R},\ x \mapsto k(x) \tag{11.62}$$

wird daher **Stückkostenfunktion** bzw. Durchschnittskostenfunktion genannt. Die zu $K(x)$ aus (11.60) gehörige Stückkostenfunktion ist in Abbildung 11.14 visualisiert.

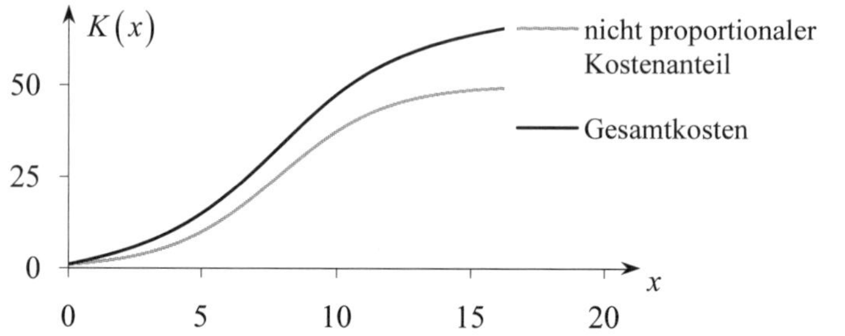

Abbildung 11.13 Gesamtkostenfunktion und nicht proportionaler Anteil

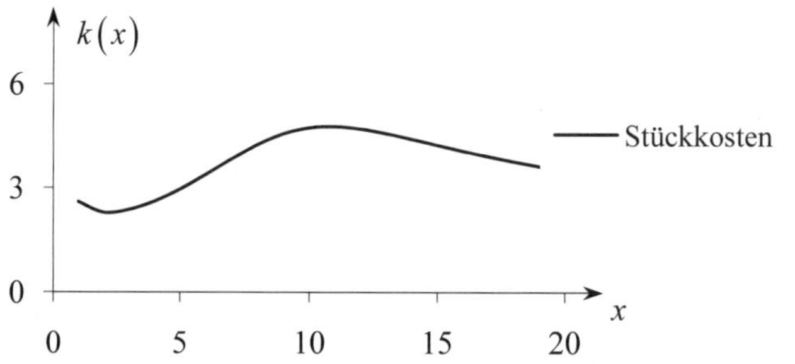

Abbildung 11.14 Stückkostenfunktion

In der Praxis kann sich nun folgendes Problem stellen: Bestimme jene optimale (im Sinne von minimalen Stückkosten) Ausbringungsmenge x, die mindestens a Einheiten und maximal b Einheiten umfasst.

Mathematisch betrachtet ist das globale Minimum der Stückkostenfunktion in einem Intervall $[a,b]$ gesucht. Die Funktion wird durch die Differentialrechnung einer lokalen Betrachtung zugänglich. Die Ableitung der Stückkostenfunktion ist durch den Ausdruck

$$k'(x) = \frac{xK'(x) - K(x)}{x^2} = \frac{K(x)}{x^2}\left(e(K,x) - 1\right) \tag{11.63}$$

gegeben. Die hinreichende Bedingung für ein lokales Minimum aus (11.63) (Vorzeichenwechsel der Ableitung von negativ auf positiv an der Minimumstelle) ist somit äquivalent zu einem Vorzeichenwechsel von negativ auf positiv des Ausdruckes $e(K,x)-1$. Daher kann bezüglich der Elastizität folgende Aussage getroffen werden:

Satz 11.10

Die Stückkostenfunktion $k(x)$ hat genau dann ein relatives Minimum in x_0, wenn es ein $d > 0$ gibt, sodass

$$e(K,x)\begin{cases} <1 & x \in \left]x_0 - d, x_0\right[\\ =1 \quad \text{für} & x = x_0 \\ >1 & x \in \left]x_0, x_0 + d\right[\end{cases} \tag{11.64}$$

gilt. Dabei bezeichnet K die Gesamtkostenfunktion. Die Outputmenge x_0 minimaler Stückkosten heißt auch **Betriebsoptimum**.

Definition 11.12

$K'(x)$ wird als **Grenzkostenfunktion** bezeichnet und gibt näherungsweise an, um wie viel die Gesamtkosten steigen, falls man eine Einheit mehr produziert.

Aus Bedingung (11.64) folgt unmittelbar, dass die Grenzkosten im Betriebsoptimum gleich den minimalen Stückkosten sind.

Beispiel 11.18

Für die nachstehende Gesamtkostenfunktion

$$K(x) = x^3 + 75x + 100 \tag{11.65}$$

ergibt sich als Stückkostenfunktion

$$k(x) = \frac{K(x)}{x} = x^2 + 75 + \frac{100}{x}. \tag{11.66}$$

Die Ausbringungsmenge, bei der die Stückkosten minimal sind, lässt sich mit Hilfe der 1. Ableitung berechnen.

$$\begin{aligned} k'(x) &= 2x - \frac{100}{x^2} \overset{!}{=} 0 \\ x_{\text{opt}} &= \sqrt[3]{50} = 3{,}68. \end{aligned} \tag{11.67}$$

Da die zweite Ableitung an dieser Stelle größer 0 ist, handelt es sich um ein lokales Minimum.

11.3.3 Gewinnmaximum

Neben der alleinigen Betrachtung der Kosten ist auch die Gegenüberstellung von Umsatz und Kosten interessant. Im wirtschaftlichen Umfeld werden hier zwei Fälle unterschieden, die den Preis und damit den Umsatz beeinflussen:

- Vollständige Konkurrenz, keine Preis-Absatz-Elastizität

  Hier spricht man auch vom Polypol, bei dem durch das Auftreten von vielen Anbietern vollständige Konkurrenz herrscht. Dadurch ist der erzielbare Preis konstant und unabhängig von den Absatzmengen.

- Angebotsmonopol, stark ausgeprägte **Preis-Absatz-Elastizität**

  Beim Monopol bzw. stark ausgeprägter Preis-Absatz-Elastizität sind Preis und Absatz voneinander abhängig. Diese Situation wird durch eine Preis-Absatz-Funktion modelliert.

Im Falle **vollständiger Konkurrenz** entspricht der Umsatz der Funktion $U(x) = px$ mit dem Preis p und der Absatzmenge x. Daher erhält man für die Gewinnfunktion $G(x)$ die Differenz zwischen Umsatzerlösen $U(x)$ und Gesamtkosten $K(x)$:

$$G(x) = U(x) - K(x) = px - K(x) \tag{11.68}$$

Durch Differenzieren erhält man die notwendige und hinreichende Bedingung für ein lokales Gewinnmaximum

$$\begin{aligned} G'(x) &= p - K'(x) = 0 \Rightarrow p = K'(x) \\ G''(x) &= -K''(x) < 0 \Rightarrow K''(x) > 0 \end{aligned} \tag{11.69}$$

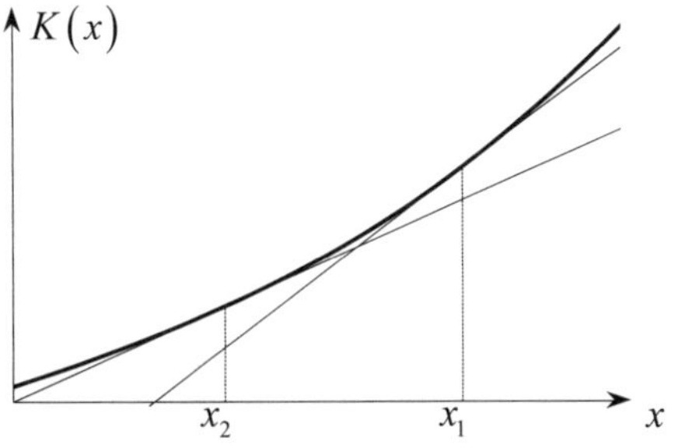

Abbildung 11.15 Gewinnmaximierende (x_1) und stückkostenminimierende Ausbringungsmenge (x_2)

Eine gewinnmaximierende Absatzmenge x_{max} liegt bei vollständiger Konkurrenz genau dann vor, wenn der Preis p gleich den Grenzkosten $K'(x_{max})$ ist und x_{max} in einem Bereich wachsender Grenzkosten liegt.

Im Fall eines **Monopols** oder Zutreffen einer stark ausgeprägten Preis-Absatz-Elastizität ergibt sich die entsprechende Gewinnfunktion

$$G(x) = U(x) - K(x) = xp(x) - K(x). \tag{11.70}$$

$K(x)$ bezeichnet wieder die Gesamtkostenfunktion und $p(x)$ gibt die Preis-Absatz-Funktion an. Für lokale Extremstellen muss gelten:

$$\begin{aligned} G'(x) &= p(x) + xp'(x) - K'(x) = 0 \text{ und} \\ G''(x) &= 2p'(x) + xp''(x) - K''(x) < 0 \end{aligned} \tag{11.71}$$

Da es sich im Regelfall bei der Preis-Absatz-Funktion für steigende Absatzmengen um eine monoton fallende Funktion handelt, ist der Term $xp'(x) < 0$. Im Gewinnoptimum müssen die Grenzkosten also geringer sein als der erzielbare Preis.

Beispiel 11.19

Für die Gesamtkostenfunktion (11.65) und einen fixen Stückpreis von 150 € lautet die Gewinnfunktion

$$G(x) = 150x - \left(x^3 + 75x + 100\right) = -x^3 + 75x - 100. \qquad (11.72)$$

Die Ausbringungsmenge, die maximalen Gewinn liefert, kann mit Hilfe der 1. Ableitung berechnet werden.

$$\begin{aligned} &G'(x) = -3x^2 + 75 = 0 \\ &x = 5 \end{aligned} \qquad (11.73)$$

11.3.4 Optimale Lagerhaltung (Formel von Andler)

Betrachtet wird das Einkaufslager eines Betriebs für ein spezifisches Teil über einen gewissen Zeitraum T. Der Verbrauch des Teils erfolgt konstant in der Zeit. Die Liefer- und Lagerkapazität wird als unbeschränkt angenommen. Außerdem wird angenommen, dass die unmittelbaren Bestellkosten pro Einheit unabhängig von der Bestelllosgröße sind.

Wird ein sehr großes Los bestellt, das den ganzen Bedarf für den betrachteten Zeitraum deckt, können die Fixkosten für die Bestellungen stark reduziert werden. Gleichzeitig ist aber mit einem Ansteigen der Lagerkosten zu rechnen.

Wird in sehr kleinen Losen bestellt, so sind die Lagerkosten gering, allerdings steigen die Fixkosten für die Bestellungen an, da häufiger bestellt werden muss.

Gesucht ist also eine optimale Bestelllosgröße, damit der Bedarf gedeckt wird und die beeinflussbaren Gesamtkosten, die sich in diesem Modell aus Lagerkosten und bestellfixen Kosten zusammensetzen, minimal sind. Aus der optimalen **Losgröße** ergibt sich unter den getroffenen Prämissen unmittelbar der optimale Zeitabstand zwischen zwei Bestellungen. Dieser Zeitraum heißt **Bestellzykluslänge**. Das behandelte Modell ist in der deutschsprachigen Literatur als Formel von **Andler**, bzw. als wirtschaftliche Losgröße und in der englischen Literatur als EOQ (Economic Order Quantity) bekannt.

Zur übersichtlicheren und prägnanteren Formulierung des Modells werden folgende Bezeichnungen eingeführt:

T ..... Gesamtzeitdauer (betrachteter Zeitraum)
R ..... Gesamtbedarf im Zeitraum T
q ..... Losgröße in Mengeneinheiten
n ..... Anzahl der notwendigen Bestellungen
t_s ..... Bestellzykluslänge (Zeit zwischen zwei Bestellungen)
k_s ..... fixe Kosten pro Bestellung
k_L ..... Lagerkosten pro Mengeneinheit und Zeiteinheit

Die Anzahl der Bestellungen lässt sich mit Hilfe des Gesamtbedarfs und der Losgröße errechnen.

$$n = \frac{R}{q} \tag{11.74}$$

Ebenso ergibt sich die Bestellzykluslänge aus bereits definierten Größen

$$t_s = \frac{T}{n} = \frac{Tq}{R} \tag{11.75}$$

Abbildung 11.16 zeigt den idealisierten Lagerbestandsverlauf eines Einkaufslagers, das einen konstanten Verbrauch aufweist. Für die durch die Bestellzykluslänge bzw. Bestelllosgröße beeinflussbaren Gesamtkosten ergibt sich

$$K(q) = nk_s + k_L\left(\frac{nqt_s}{2}\right) = \frac{k_L T}{2}q + \frac{k_s R}{q} \tag{11.76}$$

Der lineare Teil in den Kosten stellt die gesamten Lagerkosten bezogen auf die Periode T dar, der zweite Teil die gesamten Bestellkosten. Die Lagerkosten erhält man, indem man die Fläche unter der Lagerbestandsfunktion berechnet und diese mit den Lagerkostensatz multipliziert. Die Bestellkosten ergeben sich aus dem Bestellkostensatz mal Anzahl der Bestellungen in der Periode. Die Entwicklung der Gesamtkosten ist in Abbildung 11.17 graphisch dargestellt.

Für die optimale Bestelllosgröße bzw. die optimale Bestellzykluslänge folgt aus (11.76) mittels Differentialrechnung

(11.77)

$$q_{\text{opt}} = \sqrt{\frac{2k_s R}{k_L T}} \text{ und damit } t_{\text{opt}} = \sqrt{\frac{2k_s T}{k_L R}}$$

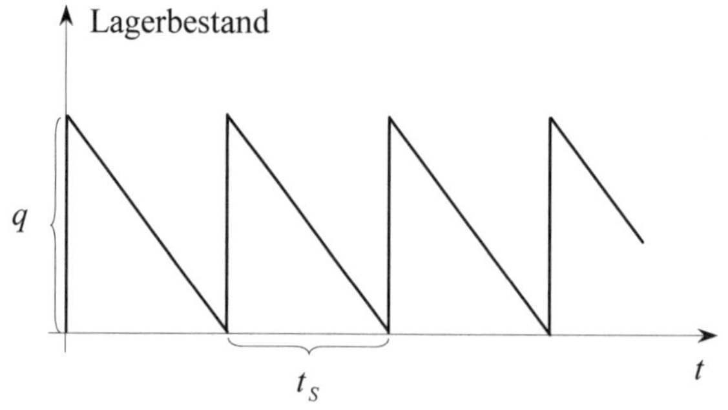

Abbildung 11.16 Lagerbestandsverlauf für ein Einkaufslager nach Andler

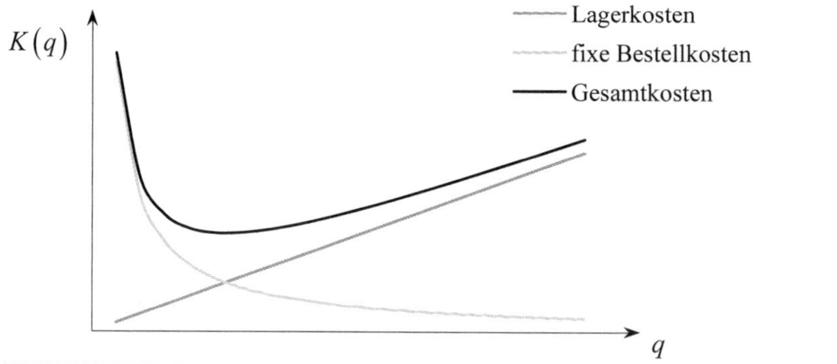

Abbildung 11.17 Zusammensetzung der Gesamtkosten aus Lager- und bestellfixen Kosten

Dieses Modell kann ebenfalls auf die Situation angewendet werden, wenn ein Teil auf einer Maschine (mit unendlicher Kapazität) produziert wird. Die Bestellkosten entsprechen dann den Rüstkosten.

Beispiel 11.20

Die optimale Bestellmenge nach EOQ, wenn eine durchschnittliche Nachfrage von 10 Stück pro Tag besteht, die Lagerkosten pro Tag und Stück mit 0,1 € beziffert werden und die Orderkosten pro Bestellung sich auf 100 € belaufen, kann mit (11.77) berechnet werden.

$$q_{\text{opt}} = \sqrt{\frac{2 \cdot 100 \cdot 10}{0,1}} = 141,42 \tag{11.78}$$

11.3.5 Taylorreihe

Die besondere Eigenschaft, eine entsprechend oft differenzierbare Funktion lokal durch ein Polynom zu approximieren (anzunähern), wird durch den **Satz von Taylor (Taylorformel bzw. Taylorreihe)** präzisiert:

Satz 11.11

Sei $f:[a,b] \to \mathbb{R},\ x \mapsto f(x)$ eine n-mal differenzierbare Funktion. Dann kann in einer Umgebung von x_0, d. h. in einem offenen Intervall $]x_0 - \delta, x_0 + \delta[$, $\delta > 0$, die Funktion f durch folgendes Polynom n-ten Grades approximiert werden:

$$f(x) \approx f(x_0) + \sum_{i=1}^{n} \frac{f^{(i)}(x_0)}{i!}(x - x_0)^i \tag{11.79}$$

Der Fehler, den man bei einer Approximation macht, ist in der Größenordnung von $(x - x_0)^n$.

Glatte Funktionen können durch die Taylorreihe lokal besonders gut approximiert werden. Der Satz von Taylor wird oft für den Fall von $n = 1$ angewandt - d. h. man approximiert die Funktion durch eine Gerade (Tangente).

Beispiel 11.21

Für die Funktion f wird eine quadratische Approximation an der Stelle $x_0 = 0$ mit Hilfe von (11.79) berechnet.

$$f(x) = e^x + x^2 - 10$$

$$f(x) \approx f(0) + f'(0)x + \frac{f''(0)}{2}x^2 = \tag{11.80}$$

$$= 1 - 10 + x + \frac{1+2}{2}x^2 = \frac{3}{2}x^2 + x - 9$$

11.3.6 Lösung nichtlinearer Gleichungen - Newtonverfahren

Eindimensionale nichtlineare Gleichungen werden durch einen Term der Form

$$f(a) = 0,\ a \in \mathbb{R},\ a \text{ gesucht}, f : \mathbb{R} \to \mathbb{R} \text{ nichtlinear} \tag{11.81}$$

bestimmt. Sie können nicht immer explizit gelöst werden. Man kann sich zur Lösung solcher Probleme oft mit numerischen, iterativen Verfahren behelfen. Ein sehr leistungsfähiges Verfahren - das **Newtonverfahren** - wird hier diskutiert. Man beachte allerdings, dass Fragen der Existenz und Eindeutigkeit einer Lösung wesentlich komplexer sind als im linearen Fall.

Ausgehend von der linearen Approximation durch die abgebrochene Taylorreihe nach dem ersten Glied (Annäherung der Funktion durch die Tangente im entsprechenden Punkt) versucht man anstatt die nichtlineare Gleichung zu lösen, den Schnittpunkt der Tangente mit der x-Achse zu suchen. Die Idee ist nun, durch einen iterativen Prozess beliebig nahe an die Lösung heranzugelangen, und zwar so nahe, dass der Abstand zwischen der tatsächlichen und iterativ ermittelten Lösung unter einer festgelegten Toleranzgrenze liegt. Falls die betrachtete Funktion f glatt genug ist und die Betrachtung an einer „geeigneten“ Stelle begonnen wird, erhält man durch wiederholtes Anwenden von dieser Iteration, wie in Tabelle 11.2 angedeutet, eine beliebig genaue Näherung der tatsächlichen Lösung.

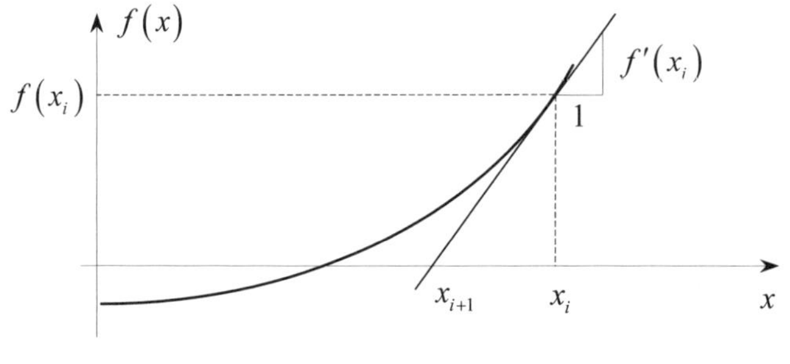

Abbildung 11.18 Iterationsschritt des Newtonverfahren

Der i-te Schritt im Newtonverfahren zur Lösung von $f(x) = 0$ dient zur Berechnung der Näherungslösung x_{i+1} und wird wie folgt vorgenommen:

$$
\begin{aligned}
&f(x_i+h)\approx f(x_i)+f'(x_i)h=0 \Rightarrow h=-\frac{f(x_i)}{f'(x_i)}\\
&x_{i+1}=x_i+h=x_i-\frac{f(x_i)}{f'(x_i)}
\end{aligned}
\tag{11.82}
$$

Der Newtonschritt kann graphisch so interpretiert werden: Approximiere die Funktion, deren Nullstelle gesucht ist, am derzeitigen Iterationspunkt durch eine Gerade (Tangente), schneide diese Tangentengerade mit der x-Achse, und verwende diesen Schnittpunkt als nächst bessere Lösung.

Für genügend glatte Funktionen, geeigneten Startwert x_0 und bei Existenz einer Nullstelle ist eine rasche Konvergenz der Folge x_i gegen eine Nullstelle zu erwarten.

Beispiel 11.22

Dieses Beispiel zeigt die Umsetzung der Rechenmethode und vermittelt einen Eindruck von der Konvergenzgeschwindigkeit. Es soll folgende Gleichung gelöst werden:

$$e^x+x^2=10 \tag{11.83}$$

Damit ergibt sich für die Funktion f

$$
\begin{aligned}
&f(x)=e^x+x^2-10\\
&f'(x)=e^x+2x
\end{aligned}
\tag{11.84}
$$

Also gilt für die Folgenglieder

$$x_{i+1}=x_i-\frac{e^{x_i}+x_i^2-10}{e^{x_i}+2x_i} \tag{11.85}$$

In untenstehender Tabelle sind acht Iterationsschritte mit jeweils zwei verschiedenen Startpunkten durchgerechnet. Dabei wird die schnelle, quadratische Konvergenz besonders deutlich. Quadratische Konvergenz bedeutet dabei, dass nach jedem Iterationsschritt der Abstand der Näherungslösung zur „wahren" Lösung unter den quadrierten Abstand der Näherungslösung vor der Iteration zur Lösung sinkt.

Startwert 4		Startwert -1	
x_i	$\frac{f(x_i)}{f'(x_i)}$	x_i	$\frac{f(x_i)}{f'(x_i)}$
4	0,968050	-1	-5,288899
3,03194983	0,743627	-6,2888989	-2,349892
2,28832252	0,352947	-3,9390066	-0,704359
1,93537515	0,062267	-3,2346472	-0,078122
1,87310835	0,001661	-3,1565255	-0,000993
1,87144760	1,1453E-06	-3,1555325	-1,606E-07
1,87144645	5,4433E-13	-3,1555323	-4,251E-15
1,87144645	0	-3,1555323	-2,834E-16

Tabelle 11.2 Iterationsschritte des Newtonverfahrens

11.4 Übungsaufgaben

Aufgabe 11.1

Welche dieser Funktionen sind auf ganz $\mathbb{R}$ stetig? Falls nicht, wo sind Unstetigkeiten?

a) Absolutbetrag: $|x| = \begin{cases} x & \text{für } x \geq 0 \\ -x & x < 0 \end{cases}$

b) Signum („Vorzeichen"): $sgn(x) = \begin{cases} 1 & x > 0 \\ 0 & \text{für } x = 0 \\ -1 & x < 0 \end{cases}$

Aufgabe 11.2

Überlegen Sie: Für beliebige reelle Zahlen $a_0,\dots,a_n$ und $a_n \neq 0$ ist die Polynomfunktion von $\mathbb{R}$ nach $\mathbb{R}$, $f(x) = a_n x^n + a_{n-1}x^{n-1} + \dots + a_0$ stetig.

Aufgabe 11.3

Sie fahren mit dem Auto von Steyr nach Linz. Dazu zockeln Sie zuerst eine halbe Stunde mit (durchschnittlich) 70 km/h nach Enns und dann auf der Autobahn weitere 20 Minuten mit 100 km/h. Nach einem Aufenthalt von 80 Minuten fahren Sie mit den gleichen Geschwindigkeiten wieder zurück. Erstellen Sie dazu ein Geschwindigkeits-Zeit-Diagramm und ein Weg-Zeit-Diagramm nach obigen groben Angaben (Weg = zurückgelegte Straßenkilometer; die Zeitachse jeweils als x-Achse; vernachlässigen Sie Geschwindigkeitsschwankungen und nötige Beschleunigungen). Welcher der entstehenden Graphen ist stetig?

Aufgabe 11.4

Zeichnen Sie den Graphen der Funktion $y = x^2$. Sie sollen nun näherungsweise im Punkt $(1,1)$ die Tangente legen. Dazu suchen Sie nacheinander die Punkte am Graphen für $x = \frac{1}{2}, \frac{3}{4}, \frac{7}{8}$ und $\frac{15}{16}$ und legen von diesen Punkten jeweils eine Gerade durch $(1,1)$. Wie entwickelt sich die Steigung? Welchen Grenzwert für die Steigung der Tangente erwarten Sie?

Aufgabe 11.5

Sie sollen nun den Grenzwert der Steigung für obige Tangente exakt berechnen. Dazu betrachten Sie für x der Einfachheit wegen die Folge

$$\left(1 - \frac{1}{n}\right), \text{ also } \left(0, \frac{1}{2}, \frac{2}{3}, \frac{3}{4}, \ldots\right)$$

woraus sich die Folge der Steigungen bestimmen lässt, die entsteht, wenn Sie wie oben für die entsprechenden Punkte am Graphen die Verbindungsgerade zu $(1,1)$ aufstellen. Der Grenzwert ist dann leicht abzulesen.

Aufgabe 11.6

Führen Sie für die Funktion $f(x) = x(x-2)^3$ im Intervall $[-0{,}25; 2{,}75]$ eine Kurvendiskussion durch:

a) Zeichnen Sie den Graphen.
b) Ermitteln Sie die Nullstellen und Extrema.
c) Ermitteln Sie Monotonieintervalle und Wendepunkte und bestimmen Sie das Krümmungsverhalten.
d) Berechnen Sie für $x = 0{,}5$ und $x = 2{,}5$ die Krümmung und den Krümmungsradius.
e) Bestimmen Sie für $x = -0{,}23$ die Steigung der Kurve.

Aufgabe 11.7

Sie haben die Aufgabe, einen Weg von $P=(0,1)$ nach $Q=(1,-1)$ so anzulegen, dass die Errichtungskosten minimal sind. In der oberen Halbebene sind die Kosten pro Laufmeter 2 €, in der unteren 1 €. Suchen Sie die x-Koordinate des Überganges von der oberen Halbebene zur unteren Halbebene.

Aufgabe 11.8

Führen Sie für die Funktion $f(x)=e^{-x^2}$ eine Kurvendiskussion durch.

a) Zeichnen Sie den Graphen.

b) Ermitteln Sie etwaige Nullstellen und Extrema.

c) Ermitteln Sie Monotonieintervalle und Wendepunkte.

d) Wohin konvergiert die Funktion für $x \to \pm\infty$?

Aufgabe 11.9

Wie lang darf eine Leiter maximal sein, um sie waagrecht um eine Ecke tragen zu können, in der ein 1 m breiter und ein 2 m breiter Gang rechtwinkelig aufeinander treffen?

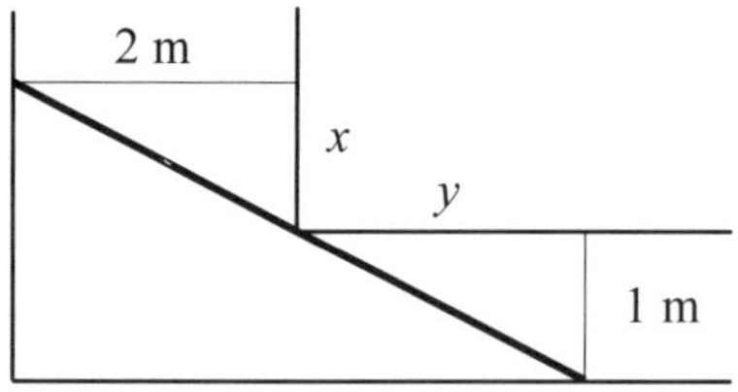

Abbildung 11.19 Rechtwinkeliger Gang

Aufgabe 11.10

Licht bewegt sich interessanterweise so, dass es dabei die kürzeste Zeit benötigt (z. B. geradlinige Ausbreitung). Auch beim Übergang von zwei Medien mit unterschiedlicher Ausbreitungsgeschwindigkeit (z. B. Luft und Wasser) wird Licht so gebrochen, dass es Ausgangs- und Endpunkt über den schnellsten Weg verbindet. Angenommen Sie möchten vom Punkt

$P=(0,1)$ einen Laserstrahl zum Punkt $Q=(1,-1)$ senden, wobei sich das Licht oberhalb der x-Achse nur halb so schnell wie unter der x-Achse ausbreiten kann. Dann kommen Sie auf das gleiche Optimierungsproblem und somit einen Lichtweg über $X=(0{,}299;\,0)$. Für Licht kennt man aber auch das Brechungsgesetz (siehe Abbildung 11.20):

$$\frac{sin(\alpha_1)}{sin(\alpha_2)}=\frac{v_1}{v_2}$$

Rechnen Sie nach, dass die gefundene Lösung X tatsächlich das Brechungsgesetz erfüllt.

Aufgabe 11.11

Das Brechungsgesetz (bzw. das Licht!) „löst“ also ein Optimierungsproblem! Rechnen Sie nun allgemein nach, dass das Brechungsgesetz aus der minimalen Zeit für den Lichtweg folgt. Setzen Sie dazu allgemeine Geschwindigkeiten v_1, v_2 an und $Q=(q,-1)$, P wie oben. Sie brauchen dazu nur die Bedingung an die erste Ableitung der benötigten Zeit in Abhängigkeit von x geringfügig umzuformen, wobei $X=(x,0)$.

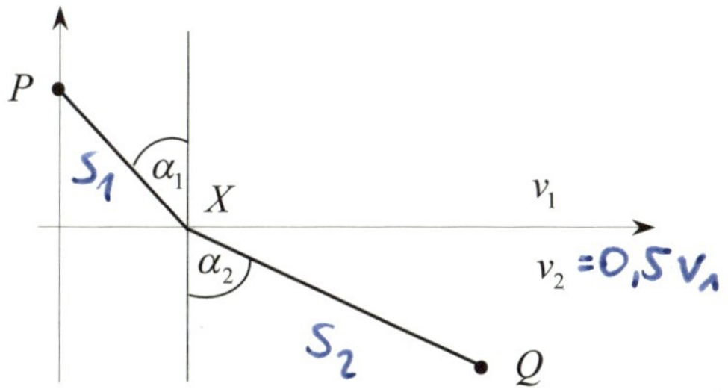

Abbildung 11.20 Brechungsgesetz

Aufgabe 11.12

Angenommen die menschliche Erdbevölkerung wächst gemäß dem Gesetz $b(t)=b_0e^{\alpha t}$ $(\alpha>0)$, mit b Größe der Erdbevölkerung, t Zeit und b_0 Anfangsbestand. Die Erdbevölkerung hat sich in etwa alle 35 Jahre verdoppelt und im Jahre 1960 gab es schätzungsweise 3 Milliarden Menschen. Berechnen Sie unter der Annahme, dass sich die Erdbevölkerung wie bisher vermehrt, ihre Größe im Jahr 2001, 2010, 2060 und 2460. Welche Wachstumsrate ist festzustellen. Der feste (nicht von Wasser bedeckte) Teil der Erdoberfläche ist ungefähr $102 \cdot 10^{12}$ m^2 groß. Wie viel Quadratmeter davon wird ein Mensch im Jahr 2460 zur Verfügung haben? Unterziehen Sie die Ergebnisse einer kritischen Diskussion, inwieweit dieses Modell realitätsnahe ist.

Aufgabe 11.13

Machen Sie eine Skizze und eine ausführliche Kurvendiskussion (Stetigkeit, Nullstellen, Extremstellen, Wendepunkte, Asymptoten, ...) des Sättigungsprozesses:

$$f(t) = \frac{a}{1+cb^t} \quad \text{mit } a,\ c > 0,\ b \in]0,1[\quad \text{und } t \geq 0$$

Interpretieren Sie zusätzlich die Parameter *a*, *b* und *c*.

Aufgabe 11.14

Diskutieren Sie folgende Kurve (Graph, Stetigkeit, Monotonie, Extrema, Wendepunkte, Grenzwerte für $x \to \pm\infty$):

$$f(x) = \begin{cases} e^x & x \leq 0 \\ \dfrac{1}{2-e^x} \quad \text{für} & x \in]0, ln(2)[\\ e^x & x \geq ln(2) \end{cases}$$

Aufgabe 11.15

Lösen Sie nachstehende Gleichungen näherungsweise mit dem Newtonverfahren: Wählen Sie geeignete Startwerte und führen Sie mindestens 5 Iterationsschritte durch. Wie viele Lösungen haben jeweils die Gleichungen? Machen Sie zu einer der Gleichungen außerdem eine Skizze, die das Newtonverfahren anhand Ihrer Iterationswerte veranschaulicht.

a) $x^2 = 2$

b) $3\cos(x) = \dfrac{x^2}{4}$

c) $e^x - x^3 = 10$

Aufgabe 11.16

Lösen Sie nachstehende Gleichungen näherungsweise mit dem Newtonverfahren (wählen Sie geeignete Startwerte x_0). Wie viele reelle Nullstellen haben die angegebenen Funktionen?

a) $\cos x + x^2 = 2$

b) $x^3 + 2x - 5 = 0$

c) $x^4 + 11x^3 + 3x^2 + 2x + 17 = 0$

Aufgabe 11.17

Skizzieren Sie den Verlauf der Stückkostenfunktion bei folgenden Gesamtkosten:
$K(x) = a\sqrt{x} + b, \quad K(x) = ax + b, \quad K(x) = ax^2 + b, \quad K(x) = ax^3 - bx^2 + c$
wobei *a, b, c* positive Konstanten sind. Wo gibt es echte Minima?

Aufgabe 11.18

Entwickeln Sie folgende Funktionen in eine Reihe bis zum 4. nicht verschwindenden Term.

a) $\ln(x)$ an der Stelle $x_0 = 1$

b) $\ln(1+x)$ an der Stelle $x_0 = 0$

c) $\frac{e^x}{x^2}$ an der Stelle $x_0 = 0$

d) $\sin(x)$ an der Stelle $x_0 = \frac{\pi}{2}$

Aufgabe 11.19

Von einem Unternehmen sind folgende funktionale Beziehungen bekannt:

$$G(t) = \frac{1}{10 - U(t)} \quad \text{und} \quad U(t) = 7e^{0{,}1t}$$

wobei *G* den Gewinn in Mio. €, *U* den Umsatz in Mio. € und *t* die Zeit in Jahren ($t \in [0{,}3]$) darstellt.

a) Berechnen Sie den Gewinn in Abhängigkeit zur Zeit.

b) Welches Wachstum (beschleunigt, linear, gebremst) liegt für den Gewinn bzw. den Umsatz vor?

c) Welche der beiden Kennzahlen wächst absolut bzw. relativ schneller?

d) Wird das Gewinnwachstum unterproportional, proportional oder überproportional vom Umsatzwachstum beeinflusst?

Aufgabe 11.20

Gegeben ist die Gesamtkostenfunktion $W(x)=3x^3-11x^2+22x+4$. Berechnen und skizzieren Sie die Fixkostenfunktion (unabhängig von produzierter Menge), die Funktion der variablen Kosten (abhängig von produzierter Menge), die Stückkosten, den variablen Stückkostenanteil sowie den fixen Stückkostenanteil und die Grenzkostenfunktion. Berechnen Sie die minimalen Stückkosten.

Aufgabe 11.21

Ein Unternehmen stellt einen Dachgepäckträger für PKWs zum Transport von Sportmotorrädern her und ist Monopolist auf diesem Markt. Im letzten Jahr wurden 50 Dachgepäckträger zu einem Preis von 8.000 GE verkauft. Bei einer Preiserhöhung um 400 GE wird nach einer Marktforschungsuntersuchung ein Rückgang des Absatzes auf 45 Stück erwartet. Die Preis-Absatz-Funktion wird als linear angenommen. Die Gesamtkosten der Produktion betragen

$$K(x)=\frac{1}{9}x^3-8x^2+600x+20.000$$

Ermitteln Sie rechnerisch, bei welcher Preis-Mengen-Kombination das Gewinnmaximum erreicht wird. Berechnen Sie den entsprechenden Verkaufspreis. Wie kann man $K'(x)$ interpretieren?

Aufgabe 11.22

Für ein Unternehmen ist folgende Gesamtkostenfunktion gegeben:

$$y(x)=0{,}9+\frac{20}{1+20e^{-0{,}4x}}$$

Die Funktion $y(x)$ gibt die Gesamtkosten des Unternehmens in Mio. € an, falls genau x Mio. Tonnen produziert werden. Der Produktionsausstoß x ist mit 4,5 Mio. Tonnen beschränkt. Berechnen Sie den optimalen Produktionsausstoß für

a) minimale Gesamtkosten
b) minimale Stückkosten
c) maximalen Umsatz, wenn der Verkaufspreis 2 Mio. € pro Mio. Tonne beträgt.
d) maximalen Gewinn (Umsatzerlös – Gesamtkosten)
e) Visualisieren Sie die Kurvenverläufe und interpretieren Sie Ihre Ergebnisse!
f) Welche der vier (a-d) Optimalitätsansätze sind überhaupt sinnvoll?

Aufgabe 11.23

Eine wichtige Anwendung der Differentialrechnung liegt in der Fehlerrechnung: Der (absolute) Fehler $\Delta f(x) = f(x) - f(x_0)$ einer Funktion f kann durch die Formel

$$|\Delta f(x)| \approx \left|\frac{df}{dx}(x_0)\right| \cdot |\Delta x|$$

abgeschätzt werden, wobei $\Delta x = x - x_0$.

Bearbeiten Sie damit folgende zwei Probleme:

a) In der Formel für das Endkapital mit Zinseszinsen

$$K_n = K_0 \cdot \left(1 + \frac{p}{100}\right)^n$$

sei $K_0 = 10.000$ €, $n = 10$ und $p = 3$ %. Welche Auswirkung hat eine Unsicherheit des Zinssatzes von $\pm 0,5$ % auf das Endkapital?

b) Eine Firma erzeugt würfelförmige Kartons. Wie groß darf der relative Fehler in der Seitenlänge der Kartons höchstens sein, damit der (relative) Fehler beim Volumen 3 % nicht überschreitet?

Aufgabe 11.24

Der Holzbestand eines Tannenwaldes ist durch 1.200 m³ und der eines Buchenwaldes mit 1.500 m³ gegeben. Der Kubikmeterpreis für Tannenholz beträgt 20.000 € und der von Buchenholz 25.000 €. Beide Holzbestände unterliegen einem exponentiellen Wachstum. Die Wachstumsrate der Tannen ist um 0,01 größer als die Wachstumsrate der Buchen.

Wie lange dauert es, dass der Tannenbestand größer ist, als der Buchenbestand? Wie lange dauert es, bis der Wertbestand der Tannen größer ist als der Wertbestand der Buchen?

Aufgabe 11.25

Ein Produkt wird kontinuierlich zu 50 ME pro ZE aus einem Lager ausgeliefert. Die Belieferung des Lagers erfolgt in regelmäßigen Abständen, wobei pro Lieferung 100 GE und je ME 10 GE zu zahlen sind. x ist der konstante Belieferumfang in ME. Aus Sicherheitsgründen erfolgt die Belieferung bereits, falls der Lagerstand von 150 ME erreicht worden ist. Die Lagerkosten pro ZE und ME sind durch 0,15 GE gegeben. Stellen Sie den Lagerstandsverlauf und die Gesamtkosten graphisch dar und berechnen Sie die optimale Liefermenge x und den optimalen Zeitabstand d zwischen zwei Lieferungen für den Zeitraum von 365 ZE.

Aufgabe 11.26

Die Umsatzfunktion lautet $U(x) = p(x)x$. Beantworten Sie unter Verwendung mathematischer Hilfsmittel die Frage, wie sich Preis und Absatz zueinander verhalten müssen, damit eine Umsatzsteigerung eintritt. Verwenden sie dazu das Konzept der Elastizität.

Überprüfen Sie Ihre Behauptung anhand der Preis-Absatz-Funktion $p(x) = 4.000 - 0,1x$ im Intervall $[1; 40.000[$.

Aufgabe 11.27

Skizzieren Sie eine Konstellation einer Funktion und eines Iterationsschrittes im Newtonverfahren, wo dieses in einen Zyklus gerät (also hängen bleibt und nicht weiter konvergiert). Machen Sie eine Zeichnung und erklären Sie die benannte Situation formelmäßig.

Aufgabe 11.28

Die Beschaffungsabteilung eines Unternehmens soll einen Rohstoff unter Berücksichtigung der Beschaffungskosten, der Lagerkosten und der Lagerkapazität kostenoptimal einkaufen. Der Jahresbedarf beläuft sich auf 900 t, der Einstandspreis pro t ist durch einen Rahmenvertrag fix mit 2.400 € gegeben, die fixen Bestellkosten werden mit 500 GE festgesetzt.

Das Unternehmen verfügt über zwei Lager, wobei im ersten Lager mit 80 t Lagerkapazität Lagerkosten von 200 GE pro Monat und Tonne angesetzt sind, im zweiten Lager mit 6 t Lagerkapazität aber nur 50 GE pro Monat und Tonne. Die Ware muss aus logistischen Gründen ungeteilt in einem Lager untergebracht werden. Der Lagerabgang ist in jeder Periode konstant, es bestehen keine Restriktionen bei den Liefermengen.

Berechnen Sie die kostenminimalen Bestellmengen.

Aufgabe 11.29

In einem Produktionslager (Endproduktlager) wird ein Teil aus dem vorgelagerten Montageprozess gelagert. Der Montageprozess arbeitet immer mit einer konstanten Produktionsgeschwindigkeit von 72 ME/ZE (technologisch bedingt) und immer nur dann, wenn das Lager leer wird. Der Lagerabgang wird konstant mit 50 ME/ZE angenommen. In dem betrachteten Zeitraum sollen insgesamt 27.000 ME des Teiles ausgeliefert werden.

Es ist die kostenminimale Montagelosgröße unter Betrachtung der anfallenden Rüstkosten und Lagerkosten zu berechnen, wenn die Rüstkosten bei jeder Losauflage 210 € und die Lagerkosten pro ME und ZE 55 € betragen. Hinweis: unbedingt Skizze mit Lagerzugangs- und Lagerabgangskurve machen!

Aufgabe 11.30

Herr Q, der Leiter einer Qualitätsabteilung, muss für einen neuen Kunden erstmals und ab sofort eine 100 %-Kontrolle der Produkte einführen. So plötzlich ist das nur durch eine Einstellung von 20 Facharbeitern möglich. Gleichzeitig holt er sich Angebote für eine Anlage zur automatischen Qualitätskontrolle ein, die dann nur von 2 Facharbeitern bedient werden müsste.

Nach Aussieben der ihm verlässlich erscheinenden Angebote erhält er untenstehende Tabelle. Welches ist die kostengünstigste Variante, wenn der Lohn eines Facharbeiters mit 50.000 GE brutto pro Monat veranschlagt wird? Wann amortisiert sich die Anlage?

Firma	Preis in Mio. GE	Entwicklungszeit
Alpha Imaging	8,2	4 Monate
Quality Control	4,4	8 Monate
Pythax	11,6	3 Monate

Tabelle 11.3 Angebote zur automatischen Qualitätskontrolle

Aufgabe 11.31

(Fortsetzung von Aufgabe 11.30) Beim Betrachten der Preise, aufgetragen über der Entwicklungszeit, meint Herr Q einen exponentiellen Abfall des Preises mit der Entwicklungszeit zu sehen. Das bringt ihn auf eine Idee: Da er jeder Firma vorerst höchste Termindringlichkeit zur Angebotslegung angegeben hat, überlegt er, ob er nicht Kosten sparen könnte, wenn er mit den „schnelleren" Firmen noch über eine etwas längere Entwicklungszeit und dafür geringeren Preis verhandeln soll. Passen Sie dazu eine Kurve der Form $p(t) = ae^{bt} + c$ an die Werte in obiger Tabelle an und stellen Sie damit eine Preisfunktion in Abhängigkeit der Entwicklungszeit auf. Mit welcher Entwicklungszeit erhält man mit diesem Ansatz das theoretische Kostenminimum? Mit welchen Vorstellungen bzgl. Preis und Zeit könnte Herr Q damit in die Verhandlungen gehen?

Hinweis: Um *a, b, c* zu bestimmen, stellen Sie durch Einsetzen der Werte drei Gleichungen auf. Durch Eliminieren kommen Sie auf zwei Gleichungen ohne *c*, woraus Sie durch Dividieren auch noch *a* eliminieren können. Zur Kontrolle: $b \approx -0{,}6,\ \ c \approx 4$ (bei obigen Einheiten)

Aufgabe 11.32

Entwickeln Sie mit den Daten in Tabelle 11.4 eine Beschaffungsregel mit optimalen Bestelllosgrößen. Dabei geben R den Jahresverbrauch in Stück, k_S die Kosten pro Bestellung, k_L die Lagerkosten pro Stück und Woche, P den Normalpreis, Q die Rabattgrenze in Stück und p den Preisnachlass in Prozent an.

	R	k_S	k_L	P	Q	p
Gehäuse	1.456	1.200	9	890	70	8
Gehäuserahmen	1.456	1.000	8,5	750	90	10
Steckklemmen	26.387	540	0,2	2,5	400	10
Display	17.288	620	9	540	200	10
LED	6.802	600	0,3	7,5	1.500	8
Schrauben	64.426	900	0,1	1,2	3.000	8
Kondensatoren	9.132	600	0,8	3	1.000	10

Tabelle 11.4 Bestelldaten

12 Mehrdimensionale Differentialrechnung

Wurden im vorigen Kapitel Funktionen der Bauart $f:\mathbb{R}\to\mathbb{R}$ betrachtet, so werden jetzt Abbildungen untersucht, die es ermöglichen, die in ökonomischen Anwendungen sehr oft von mehreren Einflussgrößen abhängigen Kennzahlen zu modellieren. Sie müssen also Funktionen der Form

$$\begin{aligned} &f:\mathbb{R}^n\to\mathbb{R}\\ &(x_1 \quad \cdots \quad x_n)\mapsto f\big((x_1 \quad \cdots \quad x_n)\big)\end{aligned} \tag{12.1}$$

sein. So sind beispielsweise für die Herstellung eines Handys verschiedene Produktionsfaktoren wie Einzelteile, Energie, Produktionsanlagen und natürlich Arbeitskraft erforderlich.

Beispiel 12.1

Zur Herstellung eines Handys wird von jedem Produktionsfaktor eine Menge x_i zum jeweiligen Preis von p_i benötigt. Die Kosten ergeben sich dann als Funktion

$$\begin{aligned} &K:\mathbb{R}^{2n}\to\mathbb{R}\\ &K(x_1,x_2,\ldots,x_n,p_1,p_2,\ldots,p_n)=\sum_{i=1}^{n}x_ip_i\end{aligned} \tag{12.2}$$

Demnach wird also einer Anzahl von Parametern (z. B. n Parameter entsprechen mathematisch einem Vektor der Dimension n) genau eine reelle Zahl zugeordnet.

Speziell für $n=2$ kann man sich so eine Funktion gut geometrisch veranschaulichen, indem über jedem Punkt der Ebene ein Wert als Höhe über diesem Punkt aufgetragen wird. Es entsteht eine Reliefdarstellung einer Landschaft, ein sogenanntes Funktionsgebirge (siehe Abbildung 12.1). Als bildliche Darstellung solcher Funktionen werden auch häufig **Höhenlinien** (Niveaulinien) verwendet. Höhenlinien sind die Punkte der Landschaft auf gleicher Höhe, entsprechen also der Menge $\{(x,y)\,|\,f(x,y)=c, c\in\mathbb{R}\}$ aller Punkte mit gleicher Höhe (siehe Abbildung 12.2).

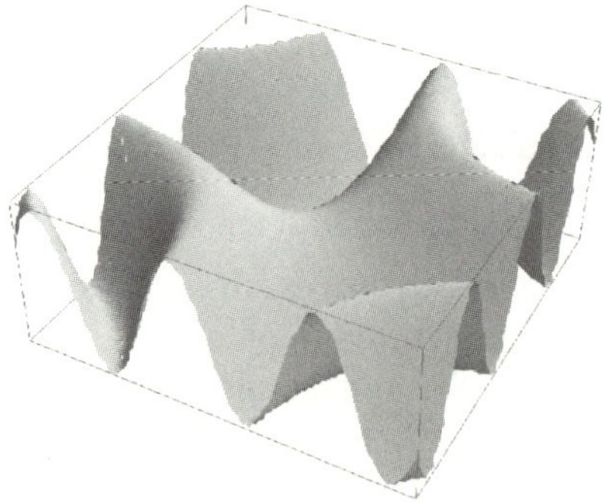

Abbildung 12.1 Funktionsgebirge der Funktion $sin(xy)$

→ Projektion in 2D

Abbildung 12.2 Höhenlinien der Funktion $sin(xy)$

Ebenso wie im eindimensionalen Fall gibt es im Mehrdimensionalen spezifische Eigenschaften der Funktionen wie beispielsweise das Krümmungsverhalten, die in ihrer Beurteilung und Verwendung weiterhelfen.

12.1 Eigenschaften mehrdimensionaler Funktionen

Linearität, Konvexität, Konkavität usw. werden analog zum Eindimensionalen definiert. Die Linearität ist nichts Neues mehr, die allgemeinste Klasse dieser Funktionen wurde bereits ausführlich im Abschnitt Lineare Algebra behandelt. Zur Wiederholung sei sie nochmals hier speziell für die jetzt betrachteten Funktionen dargestellt:

Definition 12.1

Eine Funktion $f: A \to B, A \subseteq \mathbb{R}^n, B \subseteq \mathbb{R}$ heißt **linear** genau dann, wenn

$$f(ax+by) = af(x) + bf(y) \tag{12.3}$$

für $a,\ b \in \mathbb{R}$ und $x,\ y \in A$ gilt.

Es lässt sich zeigen, dass genau Funktionen der Form $f(x) = vx^T$ mit $v,\ x \in \mathbb{R}^n$ lineare Funktionen sind.

Bevor die Konvexität und Konkavität einer Funktion eingeführt werden können, folgt noch eine kurze Auseinandersetzung mit dem Definitionsbereich.

Definition 12.2

Eine **Menge** A heißt **konvex**, wenn für zwei beliebige Punkte $x,\ y$ aus der Menge A auch deren Verbindungsgerade vollständig in A liegt, mathematisch exakt formuliert und in Abbildung 12.3 anschaulich gemacht heißt das:

A ist konvex genau dann, wenn für alle $x,\ y \in A$ und $\lambda \in [0,1]$

$$\lambda x + (1-\lambda) y \in A \tag{12.4}$$

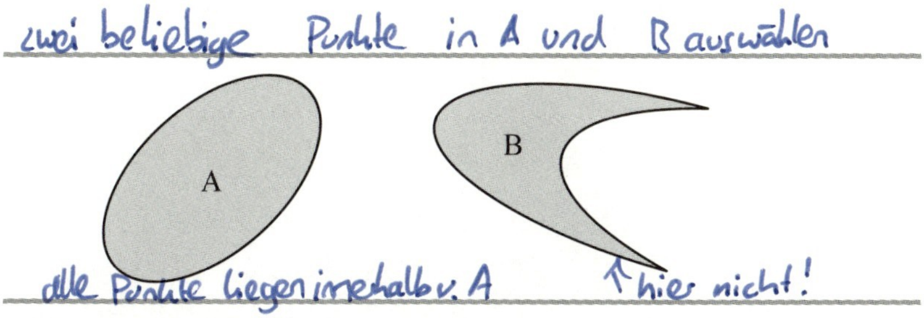

Abbildung 12.3 Konvexe Menge A, nicht konvexe Menge B

Definition 12.3

Eine Funktion $f: A \to B$ heißt **konvex** genau dann, wenn für alle Punkte $x,\ y$ mit $x \neq y$ aus der konvexen Menge A und $\lambda \in [0,1]$ gilt, dass

$$f(\lambda x+(1-\lambda)y)\leq\lambda f(x)+(1-\lambda)f(y). \tag{12.5}$$

Steht an Stelle von ≤ ein ≥ Zeichen, so heißt die Funktion **konkav**. Gilt echt kleiner bzw. echt größer, so sagt man streng konvex bzw. streng konkav. Ist *f* eine konvexe Funktion, so ist *-f* eine konkave Funktion (und umgekehrt).

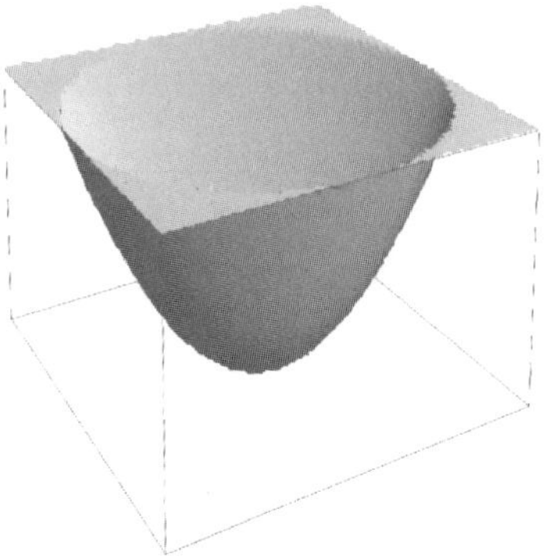

Abbildung 12.4 konvexe Funktion

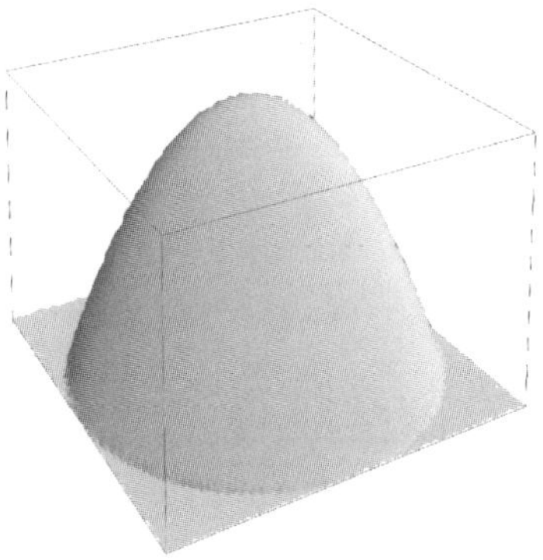

Abbildung 12.5 konkave Funktion

Die Untersuchung der Kennzahlen bezüglich ihres Änderungsverhaltens, Abhängigkeiten von anderen Kennzahlen und Optimalitätsbetrachtungen ist im Mehrdimensionalen vom mathematischen Standpunkt aus wesentlich komplexer als im Eindimensionalen. Ein erster Schritt in diese Richtung ist die isolierte Betrachtung von Einzelwirkungen einer Einflussgröße. Eine damit verbundene zentrale Begriffsbildung ist die partielle Ableitung.

12.2 Ableitung

Ziel ist es, die Erkenntnisse für Funktionen im Eindimensionalen auf den Fall von Funktionen mit mehreren Einflussgrößen zu verallgemeinern und die dort gestellten Fragen auch hier zu beantworten.

12.2.1 Partielle Ableitung

Der Ableitungsbegriff, der aus dem Eindimensionalen bekannt ist, wird nun auf Abbildungen vom Typ $f:\mathbb{R}^n \to \mathbb{R}$ übertragen. Der Begriff der Stetigkeit einer derartigen Funktion *f* wird analog zum eindimensionalen Fall erklärt:

Definition 12.4

$g \in \mathbb{R}$ heißt **Grenzwert der Funktion** *f* im Punkt $a \in \mathbb{R}^n$ genau dann, wenn für alle Folgen $(x_n) \in \mathbb{R}^n$ mit $\lim\limits_{n\to\infty} x_n = a$ die Folgen der Funktionswerte $f(x_n)$ gegen den selben Grenzwert *g* konvergieren, d. h. $\lim\limits_{n\to\infty} f(x_n) = g$.
In diesem Fall schreibt man $\lim\limits_{x\to a} f(x) = g$.

Definition 12.5

f heißt an der Stelle *a* **stetig**, wenn der Grenzwert existiert und dieser gleich dem Funktionswert an dieser Stelle ist, d. h. $\lim\limits_{x\to a} f(x) = f(a)$.

Wenn der Grenzwert

$$\lim_{x_i \to a_i} \frac{f(a_1 \cdots a_{i-1}, x_i, a_{i+1}, \cdots a_n) - f(a_1 \cdots a_{i-1}, a_i, a_{i+1}, \cdots a_n)}{x_i - a_i} \tag{12.6}$$

existiert, dann heißt dieser Grenzwert **partielle Ableitung erster Ordnung** der Funktion *f* nach x_i im Punkt *a*.

Die Schreibweise für die partielle Ableitung von *f* an der Stelle *a* ist

$$f_{x_i}(a) \text{ oder } \frac{\partial f(a)}{\partial x_i}\,. \tag{12.7}$$

Existiert für alle x die partielle Ableitung in die i-te Richtung, so bezeichnet man die Funktion

$$\begin{aligned} D_i f : \mathbb{R}^n &\to \mathbb{R} \\ a &\mapsto f_{x_i}(a) \end{aligned} \tag{12.8}$$

ebenfalls als partielle Ableitung nach x_i.

Beispiel 12.2

Bildet man beispielsweise die partiellen Ableitungen der Funktion K aus (12.2), so erhält man

$$\begin{aligned} K(x_1, x_2, \ldots, x_n, p_1, p_2, \ldots, p_n) &= \sum_{i=1}^{n} x_i p_i \\ \frac{\partial K(x_1, x_2, \ldots, x_n, p_1, p_2, \ldots, p_n)}{\partial x_i} &= p_i \\ \frac{\partial K(x_1, x_2, \ldots, x_n, p_1, p_2, \ldots, p_n)}{\partial p_i} &= x_i \end{aligned} \tag{12.9}$$

Da die partielle Ableitung nach x_i an der Stelle a als Ableitung der eindimensionalen Funktion

$$\begin{aligned} f : \mathbb{R} &\to \mathbb{R} \\ x_i &\mapsto f(a_1, \ldots, a_{i-1}, x_i, a_{i+1}, \ldots, a_n) \end{aligned} \tag{12.10}$$

an der Stelle a_i interpretiert werden kann, gelten alle bekannten Rechenregeln der Ableitung im eindimensionalen Fall zur Berechnung der partiellen Ableitung.

Man kann zeigen, dass aus der partiellen Differenzierbarkeit einer Funktion f nicht notwendigerweise die Stetigkeit von f folgt.

Falls für die partielle Ableitung erster Ordnung $D_i f$ obiger Limes (12.6) wieder existiert, kann man damit die **partielle Ableitung zweiter Ordnung** definieren. Durch mehrmaliges Anwenden dieser Ableitung kann die partielle Ableitung beliebiger Ordnung definiert werden. Die Schreibweise hierbei ist

$$f_{x_i x_j} \text{ oder } \frac{\partial^2 f}{\partial x_i \partial x_j} \tag{12.11}$$

für die partiellen Ableitungen zweiter Ordnung, und für die partiellen Ableitungen m-ter Ordnung schreibt man

$$\frac{\partial^m f}{\partial x_{i_1} \partial x_{i_2} \ldots \partial x_{i_m}}, \; i_j \in \{1,\ldots,n\} \tag{12.12}$$

Die Reihenfolge der Ableitung (zuerst nach x_i oder x_j bei zweiter Ordnung) spielt dabei nur dann keine Rolle, falls die entsprechenden partiellen Ableitungen in einer Umgebung des betrachteten Punktes existieren und dort stetig sind.

Beispiel 12.3

Von nachstehender Funktion wird die partielle Ableitung zweiter Ordnung gebildet. Dabei sieht man, dass die Reihenfolge der Ableitung bei dieser Funktion keine Rolle spielt.

$$\begin{aligned} & f(x,y) = x^2 + xy - e^y \\ & \frac{\partial^2 f(x,y)}{\partial x \partial y} = \frac{\partial}{\partial y}(2x + y) = 1 \\ & \text{oder} \\ & \frac{\partial^2 f(x,y)}{\partial y \partial x} = \frac{\partial}{\partial x}(x - e^y) = 1 \end{aligned} \tag{12.13}$$

12.2.2 Vollständige Ableitung und Taylorreihe

Den Einfluss von Änderungen der Einflussgrößen auf die Funktionswerte kann man ähnlich wie im eindimensionalen Fall mit Hilfe der folgenden Betrachtungen untersuchen.

Definition 12.6

Eine Funktion $f : \mathbb{R}^n \to \mathbb{R}$ heißt vollständig differenzierbar im Punkt x, falls für f in einer Umgebung von x eine Darstellung der angeführten Bauart existiert

$$f(x+h) \approx f(x) + \sum_{i=1}^{n} f_{x_i}(x) h_i, \quad x, h \in \mathbb{R}^n \tag{12.14}$$

Satz 12.1

Ist eine Funktion $f: \mathbb{R}^n \to \mathbb{R}$ (vollständig) differenzierbar, dann ist *f* stetig und partiell differenzierbar.

Satz 12.2

Wenn alle partiellen Ableitungen erster Ordnung existieren und in einer Umgebung von x stetig sind, so gilt lokal folgende **lineare Approximation** (Taylorreihe abgebrochen nach dem ersten Glied):

$$f(x+h) \approx f(x) + \sum_{i=1}^{n} f_{x_i}(x) h_i, \quad x, h \in \mathbb{R}^n \tag{12.15}$$

Der Fehler, der dabei gemacht wird, ist von der Größenordnung

$$r = \sqrt{\sum_{i=1}^{n} h_i^2} \tag{12.16}$$

Der Ausdruck (12.15) dient zur Angabe der Änderung der Funktion *f* in erster Näherung insgesamt, nicht nur in eine bestimmte Richtung x_i separat betrachtet. Die Funktion f ist dann also differenzierbar, sie ist durch eine lineare Funktion wie in Term (12.15) approximierbar.

Satz 12.3

Existieren darüber hinaus alle partiellen Ableitungen zweiter Ordnung und sind diese in einer Umgebung von x stetig, so gilt nachstehende **quadratische Approximation** (Taylorreihe abgebrochen nach dem zweiten Glied):

$$f(x+h) \approx f(x) + \sum_{i=1}^{n} f_{x_i}(x) h_i + \frac{1}{2} \sum_{i=1}^{n} \sum_{j=1}^{n} f_{x_i x_j}(x) h_i h_j, \quad x, h \in \mathbb{R}^n \tag{12.17}$$

mit einem Fehler der Größenordnung von

$$r^2 = \sum_{i=1}^{n} h_i^2 \qquad (12.18)$$

12.2.3 Gradient, verallgemeinerte Kettenregel und Richtungsableitung

Wie im eindimensionalen Fall bietet sich auch im mehrdimensionalen Fall die Differentialrechnung als Hilfsmittel zur Bestimmung von Extremstellen an. Hierbei ist die Sachlage jedoch erheblich komplexer. Bevor es um das Auffinden der „richtigen" Kandidaten für Extremstellen geht, müssen noch einige Zusammenhänge analysiert werden.

Definition 12.7

Falls alle partiellen Ableitungen erster Ordnung existieren, dann definiert man den Vektor

$$grad\, f(x) = \left(f_{x_1}(x), \cdots, f_{x_n}(x)\right) \in \mathbb{R}^n \qquad (12.19)$$

als **Gradient** von f an der Stelle x. Der Gradient stellt nach Satz 12.2 die **vollständige Ableitung** einer mehrdimensionalen Funktion dar, sofern die partiellen Ableitungen stetig sind.

Geometrisch ist der Gradient im zweidimensionalen Fall leicht interpretierbar: Der Gradient an der Stelle $(x, y) \in \mathbb{R}^2$ gibt jene Richtung der Ebene (des Definitionsbereiches der Funktion) an, in der die „Funktionslandschaft" ausgehend vom Punkt (x, y) den steilsten Anstieg hat. Eine weitere schöne Eigenschaft ist, dass der Gradient immer normal zur entsprechenden Höhenlinie steht, genauer formuliert normal zur Tangente an die Höhenlinie. Abbildung 12.6 zeigt die Gradienten in einigen Punkten des Definitionsbereiches.

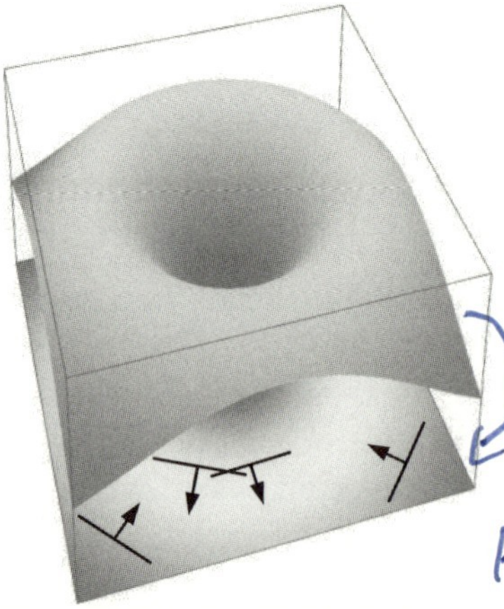

Abbildung 12.6 Darstellung einiger Gradienten

Definition 12.8

Existieren alle partiellen Ableitungen zweiter Ordnung, dann heißt die folgende Matrix **Hessematrix** an der Stelle x der Funktion f.

$$Hf(x) = \begin{pmatrix} f_{x_1x_1}(x) & \cdots & f_{x_1x_n}(x) \\ \vdots & & \vdots \\ f_{x_nx_1}(x) & \cdots & f_{x_nx_n}(x) \end{pmatrix} \in \mathbb{R}^n_n \tag{12.20}$$

Die Hessematrix stellt die zweite Ableitung mehrdimensionaler Funktionen dar, falls die partiellen Ableitungen zweiter Ordnung stetig sind. Die Hessematrix ist in diesem Fall eine symmetrische Matrix. Dann lässt sich obige Approximation (12.17) (**Taylorreihe** nach dem zweiten Glied abgebrochen) kompakt formulieren als

$$f(x+h) \approx f(x) + \langle \operatorname{grad} f(x), h \rangle + \frac{1}{2}\langle h, Hf(x)h^T \rangle \tag{12.21}$$

Eine Verallgemeinerung der Kettenregel führt zur vollständigen Ableitung von verketteten mehrdimensionalen Funktionen.

Definition 12.9

Seien *f* und *g* folgende Funktionen

$$\begin{aligned} f : \mathbb{R}^n &\to \mathbb{R} \qquad \text{und} \qquad & h : \mathbb{R} &\to \mathbb{R}^n \\ (x_1,\ldots,x_n) &\mapsto y & z &\mapsto (h_1(z),\ldots,h_n(z)) \end{aligned} \tag{12.22}$$

Dann ist die Hintereinanderausführung $f \circ h$ eine Funktion mit einem eindimensionalen Definitions- und Bildbereich

$$\begin{aligned} f \circ h : \mathbb{R} &\to \mathbb{R} \\ z &\mapsto f(h(z)) \end{aligned} \tag{12.23}$$

und deren **vollständige Ableitung** berechnet sich wie folgt:

$$(f \circ h)'(z) = \frac{d(f \circ h)(z)}{dz} = \sum_{i=1}^{n} \frac{\partial f}{\partial x_i}(h(z)) \frac{dh_i}{dz}(z) \tag{12.24}$$

Ein Beispiel zum Differenzieren unter Verwendung der Kettenregel macht den Zusammenhang klar.

Beispiel 12.4

Gegeben sind die Funktionen *f* und *h*

$$f : \begin{pmatrix} x \\ y \end{pmatrix} \to x^2 + y^2, \; h(z) = \begin{pmatrix} z \\ -z \end{pmatrix}. \tag{12.25}$$

Die Hintereinanderausführung $g = f \circ h$ lautet dann

$$g(z) = f(h(z)) = 2z^2 . \tag{12.26}$$

Die vollständige Ableitung kann dann berechnet werden als

$$g'(z) = 2x - 2y = 4z . \tag{12.27}$$

Satz 12.4

Interessiert man sich für die Änderung der Funktion in eine bestimmte Richtung *v*, so erhält man diese **Richtungsableitung** durch folgende Betrachtung unter der Voraussetzung, dass die partiellen Ableitungen in einer Umgebung von x stetig sind bzw. dass die Funkion differenzierbar ist

$$\lim_{\lambda \to 0} \frac{f(x+\lambda v)-f(x)}{\lambda} = \frac{\partial f}{\partial v}(x) = \langle grad\, f(x), v \rangle \qquad (12.28)$$

Partielle Ableitungen sind somit Richtungsableitungen in Richtung der Basisvektoren.

Definition 12.10

Für vektorielle Funktionen $f: \mathbb{R}^n \to \mathbb{R}^m$ wird die Differenzierbarkeit komponentenweise eingeführt. Sind also alle Komponentenfunktionen $f_i: \mathbb{R}^n \to \mathbb{R}$ differenzierbar ($i = 1,...,m$), dann ist auch f differenzierbar. Die erste Ableitung von f wird als **Jakobimatrix**

$$Jf(x) = \left(\frac{\partial f_i(x)}{\partial x_j} \right)_{i,j} \in \mathbb{R}^n_m \qquad (12.29)$$

bezeichnet. Die Taylorreihe abgebrochen nach dem ersten Glied lässt sich mit dieser Definition kompakt als

$$f(x+h) \approx f(x) + h\left(Jf(x)\right)^T, h \in \mathbb{R}^n \qquad (12.30)$$

schreiben. Der gemachte Fehler ist in der Größenordnung von $\|h\|$.

Beispiel 12.5

Für die Funktion

$$f: (x,y) \to \left(x^2 + \frac{1}{y}, y + 2x \right) \qquad (12.31)$$

führt die Berechnung der ersten Ableitung auf die Jakobimatrix

$$Jf(x,y) = \begin{pmatrix} 2x & -\frac{1}{y^2} \\ 2 & 1 \end{pmatrix}. \qquad (12.32)$$

12.2.4 Nichtlineare Gleichungen - Newtonverfahren

Wie im eindimensionalen Fall, können auch nichtlineare mehrdimensionale Gleichungen, die nicht direkt aufgelöst werden können, näherungsweise durch das **Newtonverfahren** gelöst werden, falls Konvergenz gegeben ist. Man beachte allerdings, dass die Existenz und Eindeutigkeit der Lösung hier wesentlich komplexer ist als im eindimensionalen oder linearen Fall. Ein Newton-Schritt zur Lösung von $f(x)=0$ mit $f:\mathbb{R}^n \to \mathbb{R}^n$ stellt sich folgendermaßen dar:

$$\begin{aligned} & f(x_i+h) \approx f(x_i) + \left(Jf(x_i)h^T\right)^T = 0 \Rightarrow \\ & h^T = -\left(Jf(x_i)\right)^{-1} f(x_i)^T \\ & x_{i+1} = x_i + h \end{aligned} \tag{12.33}$$

In jedem Iterationsschritt ist ein n-dimensionales lineares Gleichungssystem zu lösen. Bei genügend glatten Funktionen, einem geeigneten Startwert und der Existenz einer Nullstelle ist eine lokale quadratische Konvergenz der Folge $(x_i) \in \mathbb{R}^n$ gegen eine Nullstelle zu erwarten.

12.2.5 Elastizität mehrdimensionaler Funktionen

In wirtschaftlichen Anwendungen sind sehr oft Kennzahlen zu entwickeln und betrachten, die von mehreren Einflussgrößen abhängen. Hier stellen sich Fragen nach Kombinationen von Einflussparametern, welche die betrachtete Kennzahl optimieren. Beispielsweise wird ein gewinnmaximierender Produktmix gesucht. Eine Aussage über den Einfluss von Parametern auf eine Kennzahl liefert die Elastizität.

Definition 12.11

Analog zum eindimensionalen Fall wird die **partielle Elastizität** als

$$e(f,x_i) = f_{x_i}(x)\frac{x_i}{f(x)} \tag{12.34}$$

definiert. $e(y,x_i)$ gibt näherungsweise die prozentuelle Änderung von f an, wenn x_i um ein Prozent erhöht wird und die anderen Einflussgrößen x_j $(j \neq i)$ konstant gehalten werden.

Aus der obigen linearen Approximationsdarstellung (12.15) (Taylorreihe) ergibt sich des Weiteren, dass näherungsweise die relative Änderung von f gleich der Linearkombination der relativen Änderungen der einzelnen Einflussfaktoren ist, wobei die Koeffizienten der Linearkombination die entsprechenden partiellen Elastizitäten sind. Formal ausgedrückt bedeutet das

$$\frac{f(x+h)-f(x)}{f(x)} \approx \sum_{i=1}^{n} e(f,x_i)\frac{h_i}{x_i} \qquad (12.35)$$

Da die partielle Elastizität eine dimensionslose Größe ist, eignet sie sich gut für den Vergleich zweier Kennzahlen.

12.3 Extremwerttheorie für Funktionen mit mehreren Variablen

12.3.1 Extremwerte ohne Nebenbedingungen

Im Folgenden wird immer die Existenz der für die Betrachtung notwendigen Ableitung vorausgesetzt und überdies ihre Stetigkeit angenommen.

Satz 12.5

Für jede lokale Extremstelle a der Funktion $f:\mathbb{R}^n \to \mathbb{R}$ gilt stets

$$grad\, f(a) = 0\,. \qquad (12.36)$$

Diese Bedingung ist wie im eindimensionalen Fall $f'(a)=0$ jedoch nur notwendig aber nicht hinreichend für die Existenz eines Extremums, wie das folgende Beispiel zeigt.

Beispiel 12.6

Gegeben ist die Funktion

$$\begin{aligned} f &: \mathbb{R}^2 \to \mathbb{R} \\ (x,y) &\mapsto xy \end{aligned} \qquad (12.37)$$

deren Graph in nachstehender Abbildung veranschaulicht ist.

Für den Gradienten ergibt sich

$$grad\, f(x,y) = (y,x) \qquad (12.38)$$

und damit ist der Punkt $(0,0)$ der einzige Punkt, an dem der Gradient verschwindet. Es gilt aber für alle positiven x und y, dass $f(x,y)>0$ ist und für alle positiven x und negativen y, dass $f(x,y)<0$. Somit kann kein Extremum in $(0,0)$ vorliegen. Hier liegt ein sogenannter Sattelpunkt vor.

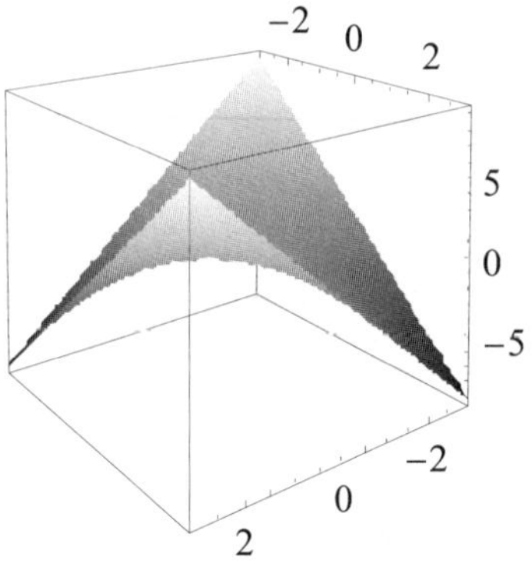

Abbildung 12.7 Funktionsgraph der Funktion xy

Es ist also ein Kriterium notwendig, das für die in Frage kommenden Punkte Auskunft gibt, ob ein Extremum vorliegt. Dazu gibt es jetzt einige Vorbereitungen.

Definition 12.12

Eine symmetrische Matrix heißt **positiv definit** (bzw. **negativ definit**) genau dann, wenn für alle $v \in \mathbb{R}^n, v \neq 0$ gilt

$$\langle v, Av^T \rangle > 0 \ \left(\text{bzw. } \langle v, Av^T \rangle < 0\right) \tag{12.39}$$

Für $n=2$ liegt eine positiv definite Matrix vor, wenn

$$a_{11} > 0 \text{ und } a_{11}a_{22} - a_{12}^{\ 2} > 0 \tag{12.40}$$

und eine negativ definite Matrix, falls

$$a_{11} < 0 \text{ und } a_{11}a_{22} - a_{12}^{\ 2} > 0 \tag{12.41}$$

Insbesondere ist für $a_{11}a_{22} - a_{12}^{\ 2} < 0$ die Matrix weder positiv noch negativ definit und damit nicht definit. Allgemein kann mit Hilfe der

Hauptminoren die Definitheit bestimmt werden. Sei $A \in \mathbb{R}_n^n$ eine quadratische Matrix der Dimension n. Dann ist der ***i*-Hauptminor** M_i definiert als

$$M_i = det\begin{pmatrix} a_{11} & \cdots & a_{1i} \\ \vdots & \ddots & \vdots \\ a_{i1} & \cdots & a_{ii} \end{pmatrix} \tag{12.42}$$

Satz 12.6

Eine Matrix ist **positiv definit** genau dann, wenn alle ihre Hauptminoren positiv sind, und eine Matrix ist **negativ definit**, wenn die Hauptminoren alternierendes Vorzeichen haben, wobei der erste Hauptminor negativ sein muss (also $M_1 < 0,\ M_2 > 0,\ M_3 < 0,\ M_4 > 0, \ldots$). Falls beide Fälle nicht zutreffen, ist sie nicht definit.

Mit diesen Bezeichnungen ist es möglich, eine hinreichende Bedingung für Extremstellen zu formulieren:

Satz 12.7

Für die Stelle a sei $grad\, f(a) = 0$ und für alle x aus in einer Umgebung von a sei die Hessematrix $Hf(x)$ positiv definit (bzw. negativ definit). Dann ist a eine **lokale Minimumstelle** (bzw. eine **lokale Maximumstelle**). Weiters gilt in Analogie zum eindimensionalen Fall: Ist in einem Bereich die Hessematrix einer Funktion positiv (bzw. negativ) definit, so ist die Funktion in diesem Bereich **konvex** (bzw. **konkav**). Gilt für einen Punkt $grad\, f(a) = 0$ und $Hf(a) \neq 0$ nicht definit, dann handelt es sich um einen **Sattelpunkt** (siehe Abbildung 12.7).

12.3.2 Extremwerte mit Gleichungen als Nebenbedingungen

Häufig ist ja nicht nur ein nichtlineares Zielfunktional zu minimieren, sondern es sind zusätzlich noch Nebenbedingungen zu berücksichtigen. Es geht um folgendes Problem: Gesucht ist ein lokales Extremum der Funktion f unter Nebenbedingungen g.

$$\begin{array}{ll} f : \mathbb{R}^n \to \mathbb{R} & g : \mathbb{R}^n \to \mathbb{R}^m \\ f(x) \to \text{Min.}(\text{oder Max.}), & g(x) = 0 \end{array} \tag{12.43}$$

Durch das Bilden der **Lagrangefunktion**

$$L(x,\lambda) = f(x) + \sum_{i=1}^{m} \lambda_i g_i(x) \tag{12.44}$$

und die Einführung der sogenannten Lagrange-Multiplikatoren λ_i gelingt es, die Extremwertaufgabe mit Nebenbedingung in eine Extremwertaufgabe ohne Nebenbedingung aber höherer Dimension überzuführen. Die notwendigen Bedingungen für ein lokales Extremum der Lagrangefunktion sind

$$\begin{aligned} \frac{\partial L}{\partial x_i} &= f_{x_i}(x) + \sum_{j=1}^{m} \lambda_j \frac{\partial g_j(x)}{\partial x_i} = 0 \text{ für alle } i = 1,\dots,n \\ \frac{\partial L}{\partial \lambda_j} &= g_j(x) = 0 \text{ für alle } j = 1, \dots, m \end{aligned} \tag{12.45}$$

Die Ableitung nach λ_j ergibt also die Nebenbedingungen. Nun zwei konkrete Beispiele dazu:

Beispiel 12.7

An einer Engpassmaschine werden zwei Finalprodukte gefertigt. Die Produktionskapazität für Produkt 1 beträgt 200 ME/Schicht und für Produkt 2 500 ME/Schicht. Da die Maschine ein Engpass ist, wird die Kapazität der Maschine zu 100 % ausgenützt. Dieser Sachverhalt lässt sich durch die Gleichung

$$\frac{x_1}{200} + \frac{x_2}{500} = 1 \tag{12.46}$$

beschreiben. x_1 und x_2 geben dabei die produzierten Mengen pro Schicht von Produkt 1 bzw. 2 an. Wie viel soll von jedem Produkt pro Schicht erzeugt werden, damit der zu erzielende Deckungsbeitrag maximal wird?

Die Preise der Finalprodukte werden durch folgende Preis-Absatz-Funktionen beschrieben:

$$\begin{aligned} p_1(x_1) &= -0{,}001x_1 + 20 \\ p_2(x_2) &= -0{,}003x_2 + 10 \end{aligned} \tag{12.47}$$

Die variablen Kosten für Produkt 1 und 2 betragen 8 bzw. 5 GE. Als Deckungsbeitrag ergibt sich daher:

$$\begin{aligned} DB(x_1,x_2) &= p_1(x_1)x_1 + p_2(x_2)x_2 - 8x_1 - 5x_2 \\ &= -0{,}001x_1^{\ 2} - 0{,}003x_2^{\ 2} + 12x_1 + 5x_2 \to \text{Max.} \end{aligned} \tag{12.48}$$

Die notwendigen Bedingungen für das Maximum sind

$$\begin{aligned} &-0{,}002x_1 + 12 + 0{,}005\lambda = 0 \\ &-0{,}006x_2 + 5 + 0{,}002\lambda = 0 \\ &0{,}005x_1 + 0{,}002x_2 = 1 \end{aligned} \tag{12.49}$$

Durch Lösen dieses Gleichungssystems erhält man

$$x_1 \approx 177 \text{ ME}, x_2 \approx 57 \text{ ME}, \lambda \approx -2.329 \tag{12.50}$$

Beispiel 12.8

In einem Unternehmen stehen zwei verschiedene Produktionsfaktoren zur Verfügung. x_i bezeichnet die Einsatzmenge des i-ten Faktors (zum Beispiel Arbeit, Kapital) und p_i den Preis des i-ten Faktors pro Mengeneinheit. Für die Kosten der Produktion ergibt sich somit

$$k(x_1,x_2) = p_1x_1 + p_2x_2 \tag{12.51}$$

Der Produktionsausstoß f eines bestimmten Produktes hängt von den eingesetzten Produktionsfaktoren ab. Dieser funktionale Zusammenhang sei bekannt und durch die Funktion

$$f(x_1,x_2) = cx_1^{c_1}x_2^{c_2} \text{ mit } c,\ c_1,\ c_2 \in \mathbb{R} \tag{12.52}$$

gegeben. Gesucht ist nun jene Kombination der Produktionsfaktoren, die einen fix vorgegebenen Ausstoß E ermöglicht und kostenminimal ist:

$$k(x_1,x_2) \to \text{Min. unter der Bedingung } f(x_1,x_2) = E \tag{12.53}$$

Die notwendigen Bedingungen für das Minimum lauten also

$$\begin{aligned} &p_1 + \lambda cc_1x_1^{c_1-1}x_2^{c_2} = 0 \\ &p_2 + \lambda cx_1^{c_1}c_2x_2^{c_2-1} = 0 \\ &cx_1^{c_1}x_2^{c_2} - E = 0 \end{aligned} \tag{12.54}$$

Setzt man in diese Gleichungen für die Konstanten die Werte

$$p_1 = 10,\ p_2 = 5,\ c_1 = c_2 = 0{,}5,\ c = 10,\ E = 100 \tag{12.55}$$

ein, so ergibt sich als Kandidat für die optimalen Einsatzmengen

$$x_1 = 5\sqrt{2},\ x_2 = 10\sqrt{2} \tag{12.56}$$

12.3.3 Extremwerte mit Ungleichungen als Nebenbedingungen

Zu lösen ist die Extremwertaufgabe

$$f(x) \to \text{Min.} \tag{12.57}$$

unter den Nebenbedingungen

$$h_i(x) \geq b_i \ \left(\text{für } i = 1,\ldots,m\right) \tag{12.58}$$

Dazu wird angenommen, dass alle notwendigen partiellen Ableitungen existieren und stetig sind. Weiters sollen f und $b - h(x)$ konvexe Funktionen sein, und es existiert zumindest ein Punkt, sodass die Nebenbedingungen mit echt größer (>) erfüllt werden können.

Satz 12.8

Notwendig und hinreichend dafür, dass im Punkt x_0 obiges Optimierungsproblem gelöst wird, ist die Existenz nichtnegativer Zahlen $\lambda_i(\geq 0)$ derart, dass für Sie die **Kuhn-Tucker Bedingungen** gelten.

$$\begin{aligned} & f_{x_i}(x_0) - \sum_{j=1}^{m} \lambda_j \frac{\partial h_j(x_0)}{\partial x_i} = 0 \text{ für alle } i = 1,\ldots,n \\ & h_j(x_0) \geq b_j \ \text{ für alle } j = 1,\ldots,m \\ & \sum_{j=1}^{m} \lambda_j \left(h_j(x_0) - b_j\right) = 0 \end{aligned} \tag{12.59}$$

Beispiel 12.9

Die Produktionsfunktion

$$\begin{aligned} & h: \mathbb{R}^2 \to \mathbb{R} \\ & (x_1, x_2) \mapsto c x_1^{c_1} x_2^{c_2} \end{aligned} \tag{12.60}$$

ist für positive x_1, x_2, c, c_1 und c_2 (mit: $c_1 \in]0,1[$ und $c_2 < 1 - c_1$) eine konkave Funktion, denn die Hessematrix ist negativ definit, somit ist $E - h(x)$ konvex.

Es sollen nun die Kosten minimiert werden unter der Nebenbedingung, dass der Ausstoß mindestens E ist. Mathematisch formuliert lautet dieses Problem

$$\begin{aligned} &k(x_1, x_2) = p_1 x_1 + p_2 x_2 \to \text{Min.} \\ &h(x) \geq E \end{aligned} \qquad (12.61)$$

Aus den Kuhn-Tucker Bedingungen ergeben sich folgende Gleichungen für die Bestimmung des optimalen Faktoreinsatzes.

$$\begin{aligned} &p_1 - \lambda c c_1 x_1^{c_1 - 1} x_2^{c_2} = 0 \\ &p_2 - \lambda c x_1^{c_1} c_2 x_2^{c_2 - 1} = 0 \\ &c x_1^{c_1} x_2^{c_2} \geq E \\ &\lambda\left(c x_1^{c_1} x_2^{c_2} - E\right) = 0 \\ &\lambda \geq 0 \end{aligned} \qquad (12.62)$$

Aus der vierten Bedingung kann man ablesen, dass entweder $\lambda = 0$ gilt oder die Ungleichung in Bedingung 3 als Gleichheit gilt. In diesem Beispiel führt $\lambda = 0$ auf einen Widerspruch, wenn man die ersten beiden Bedingungen betrachtet. D. h. die Lösung befindet sich am Rand des durch die Ungleichung beschriebenen Bereichs, und die Lösung ist daher identisch zu Beispiel 12.8.

12.4 Übungsaufgaben

Aufgabe 12.1

Die Funktion $f(x,y)=e^{-(x^2-xy+y^2)}$ hat in etwa die Form eines Hügels über dem Ursprung (siehe Abbildung 12.8).

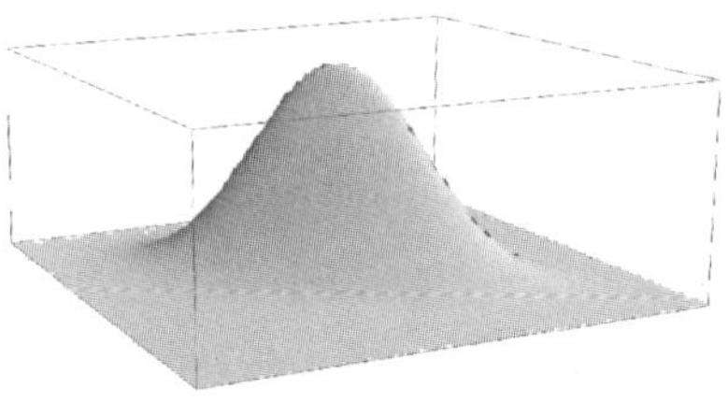

Abbildung 12.8 Zweidimensionale Funktion aus Aufgabe 12.1

Gesucht ist nun die Richtung mit dem flachsten Abstieg vom Gipfel aus. Reduzieren Sie dazu zuerst diese 2-dimensionale Funktion auf eine 1-dimensionale Funktion, indem Sie folgende Ersetzung vornehmen

$$(x,y)=(cos(a)t, sin(a)t)$$

und für a verschiedene, aber konstante Winkel annehmen. (Diese Funktion in t liefert nun den Querschnitt des Berges mit einer Ebene, die um den Winkel a von der x-Achse weggedreht ist. Machen Sie sich z. B. Graphen für $a=0°,20°,40°$). Bestimmen Sie den steilsten Abfall für jede Richtung (zweite Ableitung nach t gleich 0 setzen) in Abhängigkeit vom Winkel a (oder für viele Winkel a), und entscheiden Sie dann, für welchen Winkel dieser steilste Abfall am kleinsten ist.

Folgende Formeln könnten hilfreich sein:

$$sin^2(a)+cos^2(a)=1 \text{ und } sin(a)cos(a)=\frac{1}{2}sin(2a)$$

Aufgabe 12.2

Zeichnen Sie die Graphen der folgenden Funktionen und bilden Sie jeweils die Gradienten:

a) $f(x,y)=xy, y>0$ b) $f(x,y)=x^2-y$

c) $f(x,y)=y\cdot sin(x)$ d) $f(x,y)=\sqrt{x^2+y^2}$

Aufgabe 12.3

Visualisieren Sie die Funktion $f(x,y)=x^2+2x-y+2y^2$ und berechnen Sie die erste Näherung (Taylor, Approximation durch Tangentialfläche). Geben Sie den Fehler an, der dadurch entsteht, dass Sie im Punkt $P_0=(2,1)$ eine Tangentialebene legen und statt der tatsächlichen Funktionswerte in den Punkten $P_1=(2{,}01;1{,}01)$ bzw. $P_2=(2{,}1;1{,}1)$ die entsprechenden Punkte auf der Tangentialebene berechnen.

Aufgabe 12.4

Auf wie viel Prozent genau können Sie das Volumen eines Kreiskegels bestimmen, von dem Sie den Umfang der Bodenfläche und die Höhe messen, wenn Sie Längenmessungen auf 2 % genau durchführen können? Hinweis: Taylorreihe nach erstem Glied abbrechen hilft!

Aufgabe 12.5

Berechnen Sie für folgende Funktionen die Hessematrix:

a) $f(x,y)=e^{-(x^2+y^2)}$

b) $f(x,y,z)=xyz$

Aufgabe 12.6

(Fortsetzung von Aufgabe 12.5) Überlegen Sie für obige Funktionen, ob die Hessematrix positiv definit, negativ definit oder indefinit ist. Was heißt das anschaulich? Was gilt bzgl. Definitheit der Hessematrix an der Stelle $(1,1)$ bzw. $(1,1,1)$?

Aufgabe 12.7

Berechnen Sie für folgende Funktion f die Jakobi-Matrix und nähern Sie f damit um den Punkt P linear (Taylorreihe bis zum ersten Glied) an:

$$f(x,y,z)=\left(\frac{x}{y},\frac{y}{z},\frac{z}{x}\right), P=(1,2,3)$$

Aufgabe 12.8

Lösen Sie folgendes Optimierungsproblem mit Nebenbedingung zuerst durch „Hinschauen" und dann mittels Lagrange-Multiplikator:

$$f(x,y) = x + y \to \text{Max.}$$
$$x^2 + y^2 = 1$$

Aufgabe 12.9

Welches ist der höchstgelegene Schnittpunkt der Ebene $3x + 2y - z = 0$ mit dem elliptischen Zylinder $x^2 + 2y^2 = 1$ (z beliebig)? Finden Sie dazu das Maximum von $z(x,y) = 3x + 2y$ unter der Nebenbedingung des Zylinders.

Aufgabe 12.10

Der Luftdruck über einem Gebiet ist gegeben durch die Funktion

$$p(x,y) = 10 + sin\left(x^2 - y^2\right) \cdot exp\left(-x^2 - y^2\right)$$

a) Berechnen Sie den Druckgradienten zuerst allgemein und dann im Punkt $(1,1)$. Welche physikalische Bedeutung hat dieser Gradient? Was würde man in einem Wetterbericht sagen?

b) Zeigen Sie allgemein, dass die Druckgradienten senkrecht auf den Kurven gleichen Luftdrucks (den Isobaren) stehen. Hinweis: Leiten Sie die Gleichung der Isobaren $p(x(t), y(t)) = c$ vollständig nach t ab!

Aufgabe 12.11

In der Physik verwendet man statt kartesischen Koordinaten (x,y,z) oft Kugelkoordinaten (r,ϑ,φ). Die Umrechnung erfolgt mit Hilfe der Formeln

$$x = r\cos\varphi\,\sin\vartheta,\quad y = r\sin\varphi\,\sin\vartheta,\quad z = r\cos\vartheta$$
$$\left(r > 0,\ 0 \le \varphi \le 2\pi,\ 0 \le \vartheta \le \pi\right)$$

Berechnen Sie die Jakobi-Matrix der Transformation $(r,\vartheta,\varphi) \to (x,y,z)$ sowie die zugehörige Determinante.

Aufgabe 12.12

Die beeinflussbaren Kosten in der Fertigungssteuerung eines bestimmten Betriebes setzten sich hauptsächlich aus Lagerkosten und Umrüstkosten zusammen. In Abhängigkeit der Losgröße q_1 für Produkt A und q_2 für Produkt B ergab sich aufgrund einer Analyse folgende Kostenfunktion

$$k(q_1, q_2) = 100Tq_1 + 120Tq_2 + \frac{8R_1}{q_1} + \frac{7R_2}{q_2}$$

wobei $T = 5$ der betrachtete Zeitraum, $R_1 = 400$ der Bedarf an A und $R_2 = 600$ der Bedarf an B ist. Berechnen Sie die optimalen Losgrößen q_1 und q_2.

Aufgabe 12.13

Die Produktivität eines Betriebes hängt ab von der Anzahl x der Beschäftigten und der Größe y des investierten Kapitals. Eine typische Produktivitätsformel ist

$$P(x, y) = 50xy - x^2 - 3y^2$$

wobei y das Kapital in Millionen € angibt. Man nennt die partiellen Ableitungen dieser Funktion Grenzproduktivität der Arbeit bzw. des Kapitals.

a) Berechnen Sie die Grenzproduktivität für $x = 10$, $y = 5$ und deuten Sie diese anschaulich.

b) Welche Änderung erfährt die Produktivität, wenn jeweils x bzw. y um 1 % vergrößert werden?

13 Integralrechnung

Bereits im Abschnitt Differentialrechnung wurde zur Ermittlung des Lagerbestandes zu jedem Zeitpunkt die Fläche unter der Lagerbestandskurve, wenn auch mittels der einfachen Dreiecksflächenformel, berechnet. Die Lagerbestandskurve entspricht in vielen Fällen aber nicht dieser dort verwendeten idealisierten Form, und der Lagerbestand lässt sich aus diesem Grund nicht durch einfache analytische Flächenformeln bestimmen.

Andererseits sind in wirtschaftlichen und technischen Anwendungen häufig Flussbeziehungen wie beispielsweise ein Lagerzu- und -abfluss gegeben, die ein Änderungsverhalten widerspiegeln, wobei die resultierenden Bestände über einen bestimmten Zeitraum gefragt sind. Diese und ähnliche Aufgaben lassen sich mit Hilfe der Integralrechnung lösen.

Eine andere Betrachtungsweise ist die Integralrechnung als Operation, die invers (Umkehroperation) zur Differentialrechnung ist. Diesen Sachverhalt behandelt der folgende Punkt.

13.1 Stammfunktion

Definition 13.1

Sei $f:\mathbb{R}\to\mathbb{R}$ eine Funktion. F heißt **Stammfunktion** von f, falls für alle x

$$F'(x)=f(x) \tag{13.1}$$

gilt. Falls $F(x)$ eine Stammfunktion zu f ist, dann ist auch $F(x)+c$ (mit einer beliebigen Konstanten c) eine Stammfunktion zu f. Stammfunktionen werden häufig mit Großbuchstaben gekennzeichnet.

Anstatt von einer Stammfunktion wird auch vom **unbestimmten Integral** gesprochen. Häufig wird die Stammfunktion auch mit

$$F=\int f \tag{13.2}$$

bezeichnet. Da das Integrieren die Umkehrung zum Differenzieren ist, kann die Tabelle aus dem Abschnitt Ableitungsregeln zur Bestimmung der Stammfunktionen der Grundfunktionen verwendet werden. Neben der Linearität sind vor allem die partielle Integration (Gegenstück zur Produktregel) und die Substitutionsregel (Gegenstück zur Kettenregel) von Bedeutung.

Satz 13.1

Das Integrieren erfüllt die Eigenschaft der **Linearität**.

$$\int af(x)+bg(x)dx = a\int f(x)dx + b\int g(x)dx \tag{13.3}$$

Satz 13.2

Das aus der Produktregel abgeleitete Integrationsverfahren heißt **Partielle Integration.** Die aus der Differentialrechnung bekannte Produktregel lautet

$$(gf)' = g'f + gf' \tag{13.4}$$

Durch Integrieren dieser Gleichung erhält man

$$\int (gf)' = \int g'f + \int gf' \tag{13.5}$$

Da das Integrieren die Umkehrung des Differenzierens ist, vereinfacht sich die linke Seite der vorigen Gleichung zu gf. Nach einer einfachen Umformung ergibt sich daraus die Regel zur partiellen Integration:

$$\int g'f = gf - \int gf' \tag{13.6}$$

Satz 13.3

Folgendes Integral, das eine Hintereinanderausführung von Funktionen beinhaltet, soll mittels der **Substitution** berechnet werden:

$$\int f(g(x))g'(x)dx \tag{13.7}$$

Dazu wird die Funktion $g(x)$ durch eine neue Variable y ersetzt (substituiert). Dadurch ergibt sich

$$\begin{aligned} & y = g(x) \\ & \frac{dy}{dx} = g'(x) \Rightarrow dx = \frac{dy}{g'(x)} \end{aligned} \tag{13.8}$$

Eingesetzt in das ursprüngliche Integral erhält man die Substitutionsregel

$$\int f(g(x))g'(x)dx = \int f(y)dy \text{ mit } y = g(x) \tag{13.9}$$

Beispiel 13.1

Eine Stammfunktion von xe^x kann mit Hilfe der partiellen Integration bestimmt werden. Dabei wird x als *f* und e^x als g' in (13.6) eingesetzt.

$$\int xe^x dx = xe^x - \int e^x dx = xe^x - e^x = (x-1)e^x \tag{13.10}$$

Zur Berechnung einer Stammfunktion von der Funktion xe^{x^2} kann die Substitution verwendet werden. Dabei wird x^2 durch y substituiert.

$$\begin{aligned} &y = x^2 \\ &\frac{dy}{dx} = 2x \Rightarrow dx = \frac{dy}{2x} \\ &\int xe^{x^2} dx = \frac{1}{2}\int e^y dy = \frac{1}{2}e^y = \frac{1}{2}e^{x^2} \end{aligned} \tag{13.11}$$

13.2 Bestimmtes Integral

Bis jetzt wurde das Integrieren lediglich als Umkehrung des Differenzierens betrachtet. Es gibt aber noch einen weiteren anschaulichen Zugang zum Integral, nämlich über die Flächenberechnung.

Definition 13.2

Sei f eine reelle Funktion vom abgeschlossenem Intervall $A = [a,b]$ nach *B*. Dann wird das **bestimmtes Integral** über dem Intervall $[a,b]$ definiert durch

$$\int_a^b f(x)dx = F(x)\Big|_a^b = F(b) - F(a), \tag{13.12}$$

wobei *F* eine beliebige Stammfunktion von *f* ist. *a* und *b* werden als **Integrationsgrenzen** bezeichnet.

Anschaulich kann das bestimmte Integral als die eingeschlossene Fläche zwischen den Funktionswerten $f(x)$ im Bereich zwischen *a* und *b* mit $a < b$ und der *x*-Achse interpretiert werden. Vorsicht ist bei Flächen unterhalb der *x*-Achse geboten. Das bestimmte Integral liefert hier einen negativen Wert. Falls über Bereiche integriert wird, bei denen sowohl positive als auch negative Funktionswerte auftreten, ergibt das bestimmte Integral die Flächendifferenz.

Das bestimmte Integral betriebswirtschaftlicher Größen über eine Zeitperiode entspricht dem kumulierten Wert der betriebswirtschaftlichen Größe:

- Bestimmtes Integral des Tagesumsatzes über ein Jahr entspricht dem gesamten Jahresumsatz.
- Bestimmtes Integral des Lagerzuganges abzüglich bestimmtem Integral des Lagerabganges über ein Jahr beschreibt die Lagerbestandsänderung während des Jahres.
- Bestimmtes Integral der Ausbringung einer Anlage über einen bestimmten Zeitraum entspricht der gesamten Ausbringung während dieses Zeitraumes.

Allgemein besteht folgender Zusammenhang zwischen bestimmtem Integral, Stammfunktion und Differentialrechnung:

Satz 13.4

Formel (13.13) ist als **Hauptsatz der Differential- und Integralrechnung** bekannt:

$$f(x)=\frac{d}{dx}\int_a^x f(s)\,ds=\frac{d}{dx}\big(F(x)-F(a)\big)=\frac{d}{dx}F(x) \tag{13.13}$$

Aus der Definition des bestimmten Integrals lassen sich einfach folgende Eigenschaften ableiten.

Satz 13.5

Stimmen die beiden Integrationsgrenzen überein, so ist der Wert des Integrals 0.

$$\int_a^a f(x)\,dx=0 \tag{13.14}$$

Vertauscht man die beiden Integrationsgrenzen, so ändert sich das Vorzeichen des bestimmten Integrals.

$$\int_a^b f(x)\,dx=-\int_b^a f(x)\,dx \tag{13.15}$$

Die Berechnung des bestimmten Integrals lässt sich in Teile aufspalten, sodass

$$\int_a^b f(x)dx = \int_a^c f(x)dx + \int_c^b f(x)dx, \tag{13.16}$$

wobei $a < c < b$ gelten muss.

Die im Zusammenhang von unbestimmten Integralen angeführten Rechenregeln und Eigenschaften wie die Linearität gelten ebenfalls für das bestimmte Integral. Bei der Substitutionsregel müssen allerdings die Grenzen auch transformiert werden, wie unter anderem der folgende Satz zeigt.

Satz 13.6

Die Regel der **partiellen Integration** für das bestimmte Integral lautet:

$$\int_a^b g'f = gf\Big|_a^b - \int_a^b gf' \tag{13.17}$$

Die Berechnung eines Integrals mittels **Substitution** erfolgt durch Anwendung der Formel

$$\int_a^b f(g(x))g'(x)dx = \int_{g(a)}^{g(b)} f(y)dy \text{ mit } y = g(x) \tag{13.18}$$

Wird ein bestimmtes Integral der Form

$$p(t) = \int_{g(t)}^{h(t)} f(x)dx \tag{13.19}$$

betrachtet, dessen Grenzen Funktionen sind, wobei für alle t $g(t) < h(t)$ gilt und alle beteiligten Funktionen genügend glatt sind, so gilt für die Ableitung von p (aufgrund der Kettenregel)

$$p'(t) = f(h(t))h'(t) - f(g(t))g'(t) \tag{13.20}$$

Beispiel 13.2

Die beiden folgenden bestimmten Integrale werden mit Hilfe der partiellen Integration bzw. Substitution berechnet (vgl. Beispiel 13.1).

$$\int_0^1 xe^x dx = xe^x\Big|_0^1 - \int_0^1 e^x dx = e - e + 1 = 1 \tag{13.21}$$

$$\int_0^2 xe^{x^2} dx \underset{y=x^2}{\overset{\uparrow}{=}} \frac{1}{2}\int_0^4 e^y dy = \frac{1}{2}\left(e^4 - 1\right) \approx 26{,}8 \tag{13.22}$$

Beispiel 13.3

Der Verlauf des Lagerbestandes wird über die gesamte Periode $[0,T]$ durch die Funktion

$$y(t) = 100 + 0{,}4t - 0{,}01t^2 \tag{13.23}$$

beschrieben. Die Periodenlänge ist $T = 52$ Wochen. Dann kann der durchschnittliche periodenbezogene Lagerbestand berechnet werden:

$$\begin{aligned} y_{Durchschnitt} &= \frac{1}{T}\int_0^T y(t)\,dt = \frac{1}{52}\int_0^{52} 100 + 0{,}4t - 0{,}01t^2 dt = \\ &= \frac{1}{52}\left(100t + 0{,}2t^2 - \frac{0{,}01}{3}t^3\right)\Bigg|_0^{52} = 101{,}39 \end{aligned} \tag{13.24}$$

Beispiel 13.4

Kennt man die Beschleunigung als Funktion der Zeit und die Anfangsgeschwindigkeit, so kann die Geschwindigkeit in Abhängigkeit der Zeit durch Integrieren berechnet werden:

$$\begin{aligned} &a(t) = 10 + t, v(0) = 0 \\ &v(t) = v(0) + \int_0^t a(\tau)\,d\tau = 10t + \frac{1}{2}t^2 \end{aligned} \tag{13.25}$$

Ebenso kann der Aufenthaltsort in Abhängigkeit der Zeit bestimmt werden, wenn man den Startort und die Geschwindigkeitsfunktion bereits kennt.

$$\begin{aligned} &s(0) = 0 \\ &s(t) = s(0) + \int_0^t v(\tau)\,d\tau = 5t^2 + \frac{1}{6}t^3 \end{aligned} \tag{13.26}$$

Beispiel 13.5

Die zeitliche Ableitung der Funktion

$$y(t) = \int_0^{t^3} x(\tau)d\tau \tag{13.27}$$

wird mit Formel (13.19) berechnet als

$$y'(t) = 3t^2 x(t^3). \tag{13.28}$$

Beispiel 13.6

Auf einem Markt stellt sich durch Gegenüberstellung von Angebotsfunktion $g(x)$ und Nachfragefunktion $f(x)$ ein Gleichgewichtspreis ein, der durch den Schnittpunkt (x_1, p_1) der beiden Funktionen bestimmt ist (siehe Abbildung 13.1).

Manche Konsumenten wären aber auch bereit, einen höheren Preis als den Gleichgewichtspreis für das Produkt zu zahlen. Dadurch, dass sie das Produkt zu einem niedrigeren Preis erwerben können, sparen sie einen bestimmten Betrag ein, der Konsumentenrente genannt wird.

$$KR = \int_0^{x_1} f(x)dx - p_1 x_1 \tag{13.29}$$

Ebenso wären auch einige Produzenten bereit, das Produkt zu einem niedrigeren Preis zu veräußern. Sie erzielen durch den Gleichgewichtspreis eine Mehreinnahme, die Produzentenrente.

$$PR = p_1 x_1 - \int_0^{x_1} g(x)dx \tag{13.30}$$

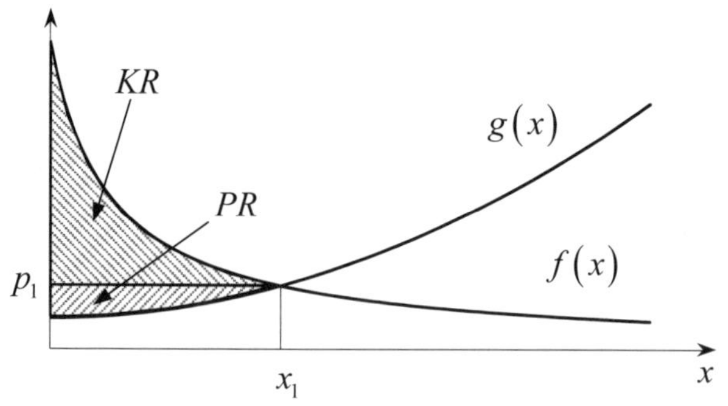

Abbildung 13.1 Konsumenten- und Produzentenrente

13.3 Uneigentliche Integrale

Uneigentliche Integrale sind „bestimmte Integrale" mit der Eigenschaft, dass entweder die Intervallgrenze unendlich ist oder ein offenes Intervall vorliegt und der Funktionswert an der Intervallgrenze gegen unendlich geht. Unter bestimmten Bedingungen hat die eingeschlossene Fläche zwischen den Funktionswerten $f(x)$ und x-Achse einen endlichen Wert - das „bestimmte" Integral existiert also. Man spricht dann vom uneigentlichen Integral.

Definition 13.3

Falls der Grenzwert

$$\lim_{b\to\infty}\int_a^b f(x)dx \qquad (13.31)$$

existiert, sagt man zu diesem Wert **uneigentliches Integral** der Funktion f bezüglich des Intervalls $[a,\infty[$ und schreibt dafür

$$\int_a^\infty f(x)dx \qquad (13.32)$$

Man spricht auch von einer integrierbaren Funktion f im unbeschränkten Intervall $\left[a,\infty\right[$. Falls der Limes der Stammfunktion $\lim\limits_{x\to\infty} F(x) = F(\infty)$ existiert und endlich ist, gilt

$$F(\infty) - F(a) = \int_a^{\infty} f(x)dx \tag{13.33}$$

Sei $f : A \to B$ eine Funktion, wobei A das halboffene Intervall $\left[a,b\right[$ ist, und $f(b)$ nicht definiert, d. h. die Funktion geht gegen + oder – Unendlich an der Stelle b. Falls der Grenzwert

$$\lim_{s \to b} \int_a^s f(x)dx \tag{13.34}$$

existiert, sagt man zu diesem Wert **uneigentliches Integral** der Funktion f bezüglich des Intervalls $\left[a,b\right[$ und schreibt dafür

$$\int_a^b f(x)dx. \tag{13.35}$$

Man spricht auch von einer integrierbaren Funktion f im Intervall $\left[a,b\right[$. Falls der Limes der Stammfunktion $\lim\limits_{x\to b} F(x) = F(b)$ existiert und endlich ist, gilt

$$F(b) - F(a) = \int_a^b f(x)dx. \tag{13.36}$$

Beispiel 13.7

Das folgende uneigentliche Integral existiert nicht, da der Grenzwert nicht endlich ist.

$$\int_0^1 \frac{1}{t^2}dt = -1 - \lim_{t\to 0} \frac{-1}{t} \tag{13.37}$$

Wählt man als Intervallgrenzen jedoch 1 und unendlich, so kann der Wert des uneigentlichen Integrals bestimmt werden.

$$\int_1^\infty \frac{1}{t^2}dt = \lim_{t\to\infty} \frac{-1}{t} + 1 = 1 \qquad (13.38)$$

13.4 Numerische Integration

Die Integration einer Funktion ist oft sehr schwierig - bei manchen Funktionen ist die explizite Angabe der Stammfunktion gar nicht oder erst mit Hilfe schwerer mathematischer Geschütze möglich.

Es werden daher im Folgenden zwei Möglichkeiten der numerischen Integration von Standardsituationen vorgestellt. Gesucht ist prinzipiell eine numerische Approximation des bestimmten Integrals

$$\int_a^b f(x)dx, \qquad (13.39)$$

wobei zunächst die Grenzen a und b so zu wählen sind, dass die Funktionswerte von f in diesem Intervall nicht ihr Vorzeichen wechseln. Jeder Fall kann unter Berücksichtigung von (13.16) auf diese Situation zurückgeführt werden. Das Intervall $[a,b]$ wird jetzt in beiden Fällen durch n äquidistant verteilte Punkte x_i (Stützstellen), $i = 1,...,n$, mit $x_1 = a$ und $x_n = b$ unterteilt. Der Flächeninhalt kann nun durch Annäherung durch Teilflächen bestimmt werden (als Flächeninhalte werden hier positive oder negative Werte zugelassen).

13.4.1 Rechtecksregel

Die **Rechtecksregel** verwendet dazu Rechtecke, die über den Stützstellen $x_2,...,x_n$ errichtet und deren Höhe durch die Funktionswerte an diesen Stützstellen gebildet werden. Die Summe der Rechtecksflächen approximiert hier das bestimmte Integral wie folgt:

$$f(x_2)h + f(x_3)h + ... + f(x_n)h = h\sum_{i=2}^{n} f(x_i), \qquad (13.40)$$

wobei h die Breite der Säule ist und durch folgende Formel berechnet werden kann:

$$h = \frac{b-a}{n-1}. \qquad (13.41)$$

Der durch Anwendung der Rechtecksregel verursachte Approximationsfehler ist für glatte Funktionen in der Größenordnung von $\frac{(b-a)^2}{n-1}$.

13.4.2 Trapezregel

Wird das bestimmte Integral durch Aufsummieren der Flächeninhalte der $n-1$ Trapezsäulen approximiert, so spricht man von der **Trapezregel** . Die i-te Trapezsäule mit den Eckpunkten

$$\left(x_i,0\right),\ \left(x_{i+1},0\right),\ \left(x_i,f(x_i)\right),\ \left(x_{i+1},f(x_{i+1})\right) \qquad (13.42)$$

besitzt den Flächeninhalt

$$\frac{h\left(f(x_i)+f(x_{i+1})\right)}{2} \qquad (13.43)$$

mit h wie oben. Insgesamt erhält man die Trapezregel zur Berechnung der Näherung des bestimmten Integrals:

$$\int_a^b f(x)dx \approx \left(\frac{f(a)+f(b)}{2}+\sum_{i=2}^{n-1} f(x_i)\right)\frac{b-a}{n-1} \qquad (13.44)$$

Der durch Anwendung der Trapezregel verursachte Approximationsfehler ist für glatte Funktionen in der Größenordnung von $\frac{(b-a)^3}{12(n-1)^2}$. Abbildung 13.2 zeigt die Trapezregel.

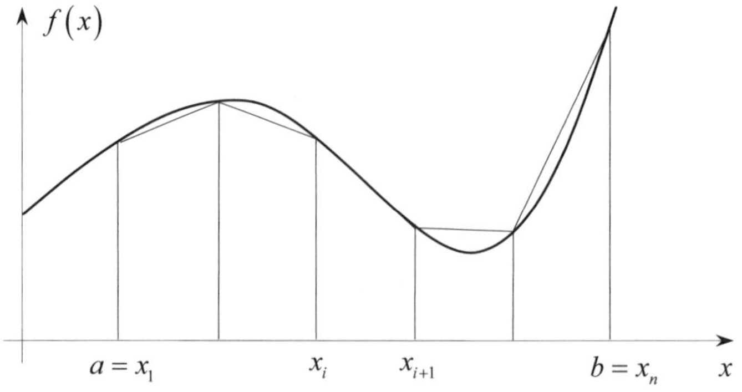

Abbildung 13.2 Trapezregel mit äquidistant verteilten Stützstellen

13.5 Anwendungen der Integralrechnung

13.5.1 Verlauf des Lagerbestandes

Es wird hier eine kontinuierliche aber nicht notwendigerweise konstante Entnahme in einem Lager angenommen. Falls der Lagerbestand den Bestellpunkt unterschreitet, erfolgt eine Auffüllung des Lagers. Der Lagerbestand zu jedem Zeitpunkt t sei durch die Funktion $y(t)$ ausgedrückt. $y(t)$ ist zwischen zwei Auffüllpunkten eine monoton fallende Funktion und ist an einem Auffüllzeitpunkt unstetig, weil von einer schlagartigen Auffüllung ausgegangen wird.

Sei nun $z(t)$ die kontinuierliche Auslieferungsmenge (Lieferintensität) zum Zeitpunkt t und Z die Stammfunktion von z. Die beschriebene Situation ist in Abbildung 13.3 dargestellt.

Für t_1 und t_2 ($t_1 < t_2$) zwischen zwei Auffüllungszeitpunkten gilt, dass

$$y(t_2) = y(t_1) - \left(Z(t_2) - Z(t_1)\right) = y(t_1) - \int_{t_1}^{t_2} z(s)\,ds \qquad (13.45)$$

und damit gilt in differenzieller Form

$$y'(t) = -z(t) \qquad (13.46)$$

Zwischen zwei Auffüllungszeitpunkten gilt also, dass die Ableitung des Lagerbestandes die negative Auslieferungsmenge ist.

Interessiert man sich für die gesamte Lagermenge Y in einem bestimmten Zeitraum, so ist die Funktion y über diesen Zeitraum zu integrieren.

$$Y = \int_0^T y(t)dt \tag{13.47}$$

Man kann damit zum Beispiel die Lagerkosten K_L in diesem Zeitraum berechnen, wenn man die Lagerkosten k_L pro Mengeneinheit und Zeiteinheit kennt.

$$K_L = k_L Y = \int_0^T k_L y(t)dt \tag{13.48}$$

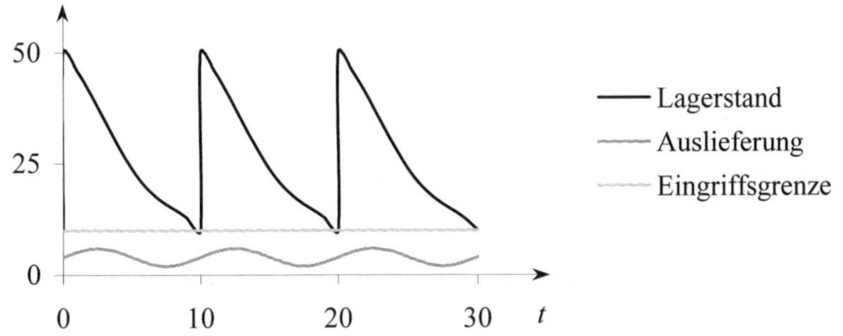

Abbildung 13.3 Lagerstand, Auslieferintensität und Eingriffsgrenze

Falls der Lagerverlauf stetig ist, kann man folgende allgemeine Beziehung zwischen Lagerbestand y, Lagerzufuhr x und Lagerabgang z formulieren.

$$y(t) = y(0) + \int_0^t x(s)ds - \int_0^t z(s)ds \tag{13.49}$$

Formel (13.49) sagt aus, dass der Lagerbestand zu einer bestimmten Zeit die Summe aus Anfangslagerbestand und kumuliertem Lagerzugang bis zu diesem Zeitpunkt abzüglich des kumulierten Abganges bis zu diesem Zeitpunkt ist.

Diese Formel kann man auch in einer differenziellen Form angeben:

$$y'(t) = x(t) - z(t) \tag{13.50}$$

Die zeitliche Änderung des Lagerbestandes ist also gleich dem Lagerzugang abzüglich dem Lagerabgang.

Beispiel 13.8

Das Wasservolumen in einem Stausee beträgt 50.000 m³. Pro Minute werden durch die Turbinenrohre 1.000 m³ Wasser abgeführt. Nach meteorologischen Schätzungen ist die Wasserzufuhr durch die Funktion

$$x(t)=2000\left(1-e^{-0{,}1t}\right) \tag{13.51}$$

in m³ pro Minute gegeben. Das Wasservolumen zu einem Zeitpunkt t kann mit (13.49) beschrieben werden.

$$\begin{aligned} y(t) &= 50.000+\int_0^t 2.000\left(1-e^{-0{,}1s}\right)-1.000ds = \\ &= 30.000+20.000e^{-0{,}1t}+1.000t \end{aligned} \tag{13.52}$$

Gesucht ist der Zeitpunkt, an dem der Stausee „übergeht", wenn das bei einem Volumen von 60.000 Kubikmeter passiert. D. h.

$$\begin{aligned} &30.000+20.000e^{-0{,}1t}+1.000t=60.000 \\ &\Rightarrow 20e^{-0{,}1t}+t-30=0 \end{aligned} \tag{13.53}$$

Diese Gleichung kann mit dem Newtonverfahren oder dem Excel-Solver™ näherungsweise gelöst werden. Der gesuchte Zeitpunkt ist

$$t \approx 28{,}89 \text{ Minuten.} \tag{13.54}$$

13.5.2 Instandhaltung

Es wird eine Maschine, deren Leistungsvermögen vom Betriebsalter abhängt, betrachtet. Ein Beispiel dafür ist der Produktionsausstoß in Abhängigkeit des Betriebsalters. Anstatt einer Maschine kann auch eine Komponente wie zum Beispiel die normale Abnützung eines Werkzeuges betrachtet werden. Die Funktion $f(t)$ beschreibt die Intensität des möglichen Produktionsausstoßes in Abhängigkeit des Betriebsalters. Stochastische (zufällige) Einflüsse werden dabei negiert. Damit gibt

$$p(t)=\int_0^t f(s)\,ds \tag{13.55}$$

den gesamten Produktionsausstoß bis zum Zeitpunkt t an. Seien nun k die laufenden Kosten der Maschine pro Zeiteinheit und K die Kosten für die Erneuerung der Maschine, so ergeben sich für die Betriebsdauer t durchschnittliche Stückkosten $s(t)$ (Gesamtkosten pro Produktionseinheit) von

$$s(t) = \frac{kt + K}{p(t)} \tag{13.56}$$

Der optimale Zeitpunkt dafür, dass die Maschine ausgetauscht und erneuert wird, ist der Zeitpunkt minimaler Stückkosten. Um diese Berechnung durchführen zu können, wird für f folgende Funktion verwendet:

$$f(t) = \frac{1}{(1+ct)^2}. \tag{13.57}$$

Damit ergibt sich für den gesamten Produktionsausstoß

$$p(t) = \frac{1}{c}\left(1 - \frac{1}{1+ct}\right) = \frac{t}{1+ct} \tag{13.58}$$

und für die durchschnittlichen Stückkosten

$$s(t) = kct + k + Kc + \frac{K}{t}. \tag{13.59}$$

Um die minimalen Stückkosten zu berechnen, benötigt man die erste Ableitung von s:

$$s'(t) = kc - \frac{K}{t^2} \tag{13.60}$$

Der optimale Erneuerungszeitpunkt ergibt sich aus der Nullstelle von s'.

$$t_{opt} = \sqrt{\frac{K}{ck}} \tag{13.61}$$

Die Zusammenhänge der einzelnen Größen sind in den nächsten beiden Abbildungen visuell zusammengefasst.

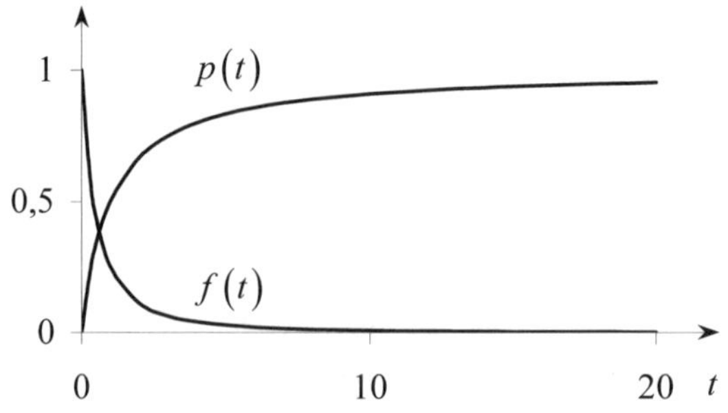

Abbildung 13.4 Produktionsausstoß über die Einsatzzeit

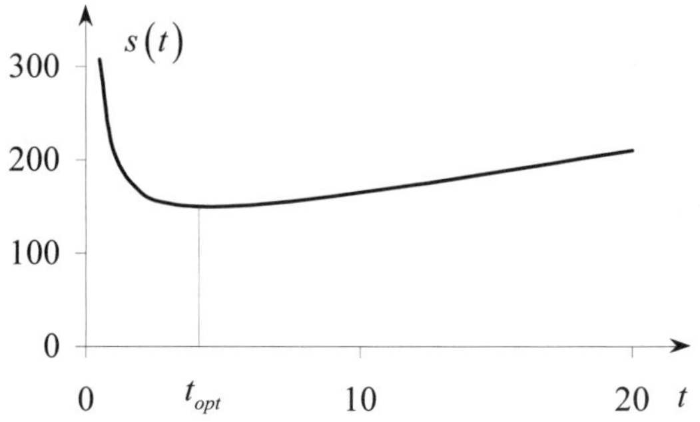

Abbildung 13.5 Stückkostenverlauf über die Einsatzzeit

13.6 Übungsaufgaben

Aufgabe 13.1

Berechnen Sie die bestimmten Integrale: $\int_{-2\pi}^{\frac{\pi}{2}} sin^3 x dx$, $\int_{4}^{8} \frac{3x^2 - 4x - 2}{x^3 + x^2 - 2x} dx$

Aufgabe 13.2

Berechnen Sie die Integrale von der vorhergehenden Aufgabe mit der Rechtecksregel und Trapezregel. Vergleichen Sie die Ergebnisse und überprüfen Sie die Approximationsfehler.

Aufgabe 13.3

f sei eine stetig differenzierbare Funktion im Intervall $[a,b]$. $s(x)$ bezeichnet die Länge des Bogens der Kurve $y=f(x)$, der zwischen Anfangspunkt A und Endpunkt B liegt.

$$A=(a,f(a)),\ B=(b,f(b))$$

Die Bogenlänge s ist positiv, wenn $x>a$, negativ, wenn $x<a$ und 0, wenn $x=a$. Leiten Sie mit Hilfe der Differential- und Integralrechnung eine Formel für die Länge s des Bogenstückes zwischen a und b ab. Hinweis: Verwenden Sie als Näherung des Bogens zwischen Teilstücken $[x_0,x]$ eine Tangente und überlegen Sie sich den Zusammenhang für $x \to x_0$.

Aufgabe 13.4

Berechnen Sie die Bogenlänge für die Funktion $f(x)=x^2$ im Intervall $[0,2]$ mit Hilfe der abgeleiteten Formel aus Aufgabe 13.3.

Aufgabe 13.5

Für den Zusammenhang zwischen Kosten K und dem Produktionsoutput x sei im Bereich $100<x<500$ die Kostenelastizität

$$e(K,x)=1{,}5+\frac{96}{x-64}$$

gegeben. Die Kosten für die Produktion von 100 ME betragen 540 . Ermitteln Sie die Kostenfunktion $K(x)$ für $100<x<500$.

Aufgabe 13.6

Der stündliche Kohleverbrauch y (in Tonnen) eines Schiffes wächst mit der Geschwindigkeit v (Seemeilen pro Stunde) nach dem Gesetz $y(v) = 1{,}4+0{,}0025v^2$. Aus einer Auswertung des Fahrtenschreibers ergibt sich für die Geschwindigkeit im Zeitraum 0 Uhr bis 15 Uhr ein Verlauf gemäß der Funktion $v(t)=-0{,}005t^4+0{,}2t^3-2{,}83t^2+15t$. Die Kosten für eine Tonne Kohle belaufen sich auf 2.800 GE. Wieviel Geld wird von 0 Uhr bis 12 Uhr zum Kamin hinausgeheizt? Wie weit kommt das Schiff mit der Kohlemenge T von 20 Tonnen?

Aufgabe 13.7

Für die Ermittlung der Grenzkostenkurve wurden in einem Betrieb folgende Daten aufgenommen. Wie lautet die Gesamtkostenfunktion, wenn die Fixkosten 8 € betragen?

Produktionsmenge	2	2,5	3	3,5	4	4,5
Änderung der Gesamtkosten je ME	2,61	1,55	0,81	0,34	0,19	0,35

Tabelle 13.1 Daten für Grenzkostenkurve

Aufgabe 13.8

Die Anzahl der ankommenden und abreisenden Gäste im Alpenhotel kann in der Zeit von 25.12.- 11.1. näherungsweise durch die Funktionen

$$f_{an}(t) = 0{,}025t^3 - 0{,}825t^2 + 6{,}3t + 9 \quad F_{an}(t) = \frac{1}{160}\cdot t^4 - 0{,}275\cdot t^3 + 3{,}15t^2 + 9t$$

$$f_{ab}(t) = -0{,}007t^3 + 0{,}2t^2 - 0{,}03t + 2 \quad F_{ab}(t) = -\frac{7}{4000}t^4 + \frac{1}{15}t^3 - \frac{3}{200}t^2 + 2t$$

beschrieben werden. Der Zeitpunkt $t = 0$ entspricht dem Beginn des oben genannten Zeitraumes, an dem noch 37 Personen im Hotel einquartiert sind.

a) Stellen Sie die Funktion der Ankünfte und Abreisen grafisch dar.

b) Welche Funktion beschreibt den Zuwachs zum Zeitpunkt t?

c) Wie viele Personen sind am 11.1. in diesem Hotel einquartiert?

d) Wie viele Gäste sind nach t Tagen im Hotel

e) Zu welchem Zeitpunkt sind die meisten Gäste im Hotel? Berechnen Sie die Anzahl der ankommenden und abreisenden Gäste zu diesem Zeitpunkt und interpretieren Sie das Ergebnis.

Aufgabe 13.9

Der Absatz eines Produktes pro Tag kann mit Hilfe der Funktion

$$a(t) = 100te^{-t^2} + 100$$

beschrieben werden, wobei t die Anzahl der Tage nach Start einer Werbekampagne für dieses Produkt ist. Wie groß ist der durchschnittliche Absatz dieses Produktes in den ersten 20 Tagen bzw. in den darauf folgenden 10 Tagen?

Aufgabe 13.10

Die Preis-Absatz-Funktion für ein bestimmtes Produkt ist durch die Funktion

$$p(x) = 500 + \frac{1000}{x+1}$$

gegeben, wobei p der Preis in € und x der Absatz in ME ist. Bestimmen Sie den durchschnittlichen Preis, wenn der Absatz zwischen 49 und 99 ME gleichverteilt liegt.

Aufgabe 13.11

Die Nachfragefunktion p und die Angebotsfunktion q für ein Produkt sind in Abhängigkeit der Stückzahl x gegeben:

$$p(x) = \sqrt{49 - 6x}\,,\; q(x) = x + 1$$

Berechnen Sie die Konsumenten- und Produzentenrente.

Aufgabe 13.12

Der Verlauf des Lagerstands verhält sich gemäß der Vorschrift

$$l(t) = \frac{x + 1000}{t + 1 - i\,d} \quad \text{für } t \in \left[id, (i+1)d\right[\quad \text{und } i = 0, 1, 2, ..., n-1$$

im Zeitraum $T = nd = 365$. Die Belieferung des Lagers mit x ME erfolgt in regelmäßigen Abständen d und kostet 800 GE. Als Sicherheitsbestand werden 1.000 ME vereinbart. Die Lagerkosten pro ZE und ME sind als 0,2 GE gegeben. Stellen Sie den Lagerbestandsverlauf graphisch dar, und berechnen Sie die optimale Belieferungsmenge x und den optimalen Zeitabstand d zwischen zwei Lieferungen. Berechnen Sie die gesamten Lagerkosten für diesen Zeitraum.

V Anhang

14 Stichwortverzeichnis

H

I

J

K

L

M

N

O

P

Q

R

S